AF131874

Alexandre Tilly

Die Memoiren des Grafen von Tilly

2. Band

Alexandre Tilly

Die Memoiren des Grafen von Tilly
2. Band

ISBN/EAN: 9783744654173

Hergestellt in Europa, USA, Kanada, Australien, Japan

Cover: Foto ©ninafisch / pixelio.de

Weitere Bücher finden Sie auf **www.hansebooks.com**

SEXUALPSYCHOLOGISCHE BIBLIOTHEK

ERSTE SERIE

HERAUSGEBER

DR. MED. IWAN BLOCH

DIE MEMOIREN DES GRAFEN VON TILLY

ZWEITER BAND

MIT EINEM VORWORT VON

FEDOR VON ZOBELTITZ

ERSTE BIS FÜNFTE AUFLAGE.

LOUIS MARCUS VERLAGSBUCHHANDLUNG
BERLIN

Alle Rechte vorbehalten.

Inhalt.

Vierzehntes Kapitel.

Le Sage seul dispose de son sort; les autres ne vont pas, ils sont entraînés.

Der Schiffer, der auf kühnem Fahrzeuge hundertmal dem stürmischen Weltmeere getrotzt hat, und dessen Gefahren und Schlünden nur durch ein halbes Wunder entgangen ist, vertraut sich den Wellen aufs neue an. — Der Jäger, welchen sein wildes Roß quer durch den Wald fortreißt und der, ein zweiter Hippolyt, auf dem Sande geschleift worden, der die Spuren seines Blutes trägt, heilt seine Wunden; kaum von den Todespforten zurück, noch schwach und kraftlos, hört er das Wiehern und Stampfen der Rosse, das Hundegebell, den Schall des Waldhorns, das Hussa des Jagdgefolges; er springt auf vom Lager, er fliegt neuem Vergnügen zu, verbunden mit neuen Gefahren. — Jener Greis, dessen dürre gerunzelte Hand beim Goldwühlen erstarrt, stand vor kurzem mit einem Fuße im Grabe, schon sah er den gierigen Erben jeden seiner Atemzüge zählen und auf den letzten harren, schon sah er ihn in Gedanken und mit Sehnsucht die Schätze verschwenden, die er mühsam gesammelt hat; er strengt sich an, erhebt sich vom Lager, lebt halb wieder auf, und kriecht zitternd in seine Kleider. . . . . Wird er die kleine Lebensfrist genießen? Wird er von dem Golde Gebrauch machen, das der Erbe schon mit den Augen verschlang, um es zu versplittern und des Erblassers zu spotten? Nein, er scharrt von neuem, er bewacht den Geldkasten von neuem, bleich und hager, bis die Parze seinen Faden zerschneidet und er mit Entsetzen stirbt, weil ihm seine Einbildungskraft die Beerdigungskosten vorrechnet! — Und jener Jüngling, der in früheren Jahren seine Unschuld in den Schlingen der Sirenen verlor und mit seinem Golde unschuldige Schlachtopfer erkauft hat, — der, edler Liebe unwürdig, sein Herz an die Wollust gehängt und sein Leben in Sinnlichkeit aufgelöst hat, — dessen Geschäft und Handwerk die Verführung war: — er wird nie von dieser Schandbahn zurückweichen, nie den Kreis verlassen, in welchen ihn Verirrung und Verblendung gebannt haben; er wird sterben, wie er gelebt hat, wird im grauen Haar noch Liebe und Eroberung träumen und, über diesen einzigen Punkt getäuscht, über alle anderen entzaubert, den Geist verzweifelnd aufgeben.

Nach dem Verlust, den ich erlitten, nach dem tiefen Eindruck, den er auf meine Seele gemacht, glaubte ich mein Herz für die Liebe und ihre mannigfachen Gefahren verschlossen. Ich widerstand ihr, oder vielmehr, von ihren Pfeilen kaum geritzt, hatte ich nicht einmal das Verdienst des Widerstandes. Einem Schmerze preisgegeben, der nur einen verschiedenen Charakter angenommen hatte, ohne etwas von seiner Stärke verloren zu haben, fand ich in ihm einen Trauerreiz, den ich für die Gewähr einer unerschütterlichen Gleichgültigkeit hielt. — Täuschende Einbildung! Trügerische Hoffnung der Ruhe! Ich verlor sie, diese Ruhe, bei einer, die mich keine Gefahr ahnen ließ!

Es war damals ziemlich allgemein Sitte, daß die jungen Leute, die das Schauspiel besuchten, zwischen beiden Stücken in das Versammlungszimmer*) der Schauspieler

---

*) Foyer.

gingen, wo sie die hübschesten und liebenswürdigsten Aktricen antrafen. Mademoiselle Adeline, deren Bekanntschaft ich schon früher gemacht hatte, als Sennecterre ihr den Hof machte, hatte damals den Gipfel ihres Bühnenrufes erreicht. Zwar nicht in der Schauspielkunst die erste, obschon nicht ohne Talent, war sie es unstreitig in der Buhl- und Verführungskunst. Im Vaterlande der Bajaderen würde sie Königin derselben gewesen sein. Ihr Gesicht hatte nicht die regelmäßigen Züge, die Maler und Bildhauer zum Modell wählen; wohl aber waren sie geeignet, den Kopf des Weisen zu verrücken und den schlafenden Satyr aus der Ermattung des Rausches zu wecken. Es war ein Ensemble, eine Tournüre, deren Geheimnis sie allein besaß; dabei war ihrer Unterhaltungssprache ein sehr freies Geplauder eigen, das aber die Grenze des Wohlstandes nie überschritt, während Augen und Blicke das Ungesagte ergänzten.

Um die Zeit, von der ich rede, lebte sie mit einem Manne, der sie mit Wohltaten überhäufte, und der, um sie zu bereichern, nichts weiter bedurfte, als es zu wollen, und er wollte es. Dieser Mann war Veimeranges. Er war oft nahe daran, Minister zu werden, begnügte sich aber sehr weislich mit der Gewalt, die er ziemlich despotisch über den Marschall von Ségur, und vor allem über Herrn von Calonne ausübte. Aus diesen zwei ergiebigen Quellen schöpfte seine Habsucht und seine Unersättlichkeit. Man kann nicht von ihm sagen, daß er ein Mann von Geist gewesen, aber ein Mann von Kopf war er, das heißt, er war ein tüchtiger Arbeiter und ein spekulativer Finanzier. Doch war er es nur bis zu dem Augenblick, wo sich die Liebe seiner bemächtigte und er in die Schlingen der Sirene fiel — in einem Alter, wo der Verliebte wieder Kind wird und wo die Leidenschaft an Stärke zunimmt, weil sie den Menschen am schwächsten findet. So erging es ihm, die Liebe machte ihn für die Geschäfte ungeschickt und stürzte ihn in tausend

Torheiten. Früher galt er für den Verfasser lichtvoller
Aufsätze und Abhandlungen, worin freilich die Akademie
eine Menge Fehler der Schreibart gefunden haben würde,
die aber für das Finanzfach und die Staatsverwaltung
das waren, was sie sein sollten, weil sie das Ziel im Auge
behielten, die Fragen erörterten, sie unter ihren verschiedenen Gesichtspunkten darstellten und die Aufgaben
lösten. Ich für mein Teil habe nichts von ihm gesehen, als
einige Briefchen an den Gegenstand seiner Zärtlichkeit,
an die Dame seiner Gedanken, die sich die Freiheit nahm,
sich über ihn lustig zu machen. Diese Episteln waren Erzeugnisse der stockdummsten Anbetung, dabei erbärmlich
stilisiert, kaum französisch und, a u f E h r e ! nicht einmal
orthographisch geschrieben.

Das ist — a u f E h r e ! — die reine lautere Wahrheit!

Ruf und Nachruhm! Stimme des Publikums! Wie
oft seid ihr der schallende Nachhall der Lüge! O Fortuna! Blinde Göttin, wie wenig entscheidend sind deine
Urteile, wie bedeutungsleer deine Gunstbezeigungen!

Damals wurde V e i m e r a n g e s' Geliebte, A d e l i n e,
von vielen jungen Leuten meiner Bekanntschaft förmlich
belagert, deren Absicht nicht so sehr war, sie ihrem Anbeter abzugewinnen, als ihn zu foppen. So pflegt es zu
gehen: Mancher, den man nicht achtet, weil er nichts
in den Augen der Welt ist, wird zu etwas, wenn man
Vergnügen daran findet, ihn zu demütigen. A d e l i n e n s
Herz war frei. Sie betrachtete sich als W i t w e. Ihre letzte
Liebe war abgestorben; getrennt von d e m*), der sie in
hohem Grade besessen hatte, fühlte sie keinen Trieb, ihm
einen Nachfolger zu geben. Seinem Andenken treu, und
aus Herzensleere auch V e i m e r a n g e s — nicht untreu,
war ihre Wahl noch auf keinen Dritten gefallen, als einer
meiner Freunde, der einen hohen Begriff von seinen Verdiensten hatte und sich für unüberwindlich hielt, mich

---

*) Der Marquis von S e n n e c t e r r e.

unbedachtsamerweise und fast wider meinen Willen mit sich ins Foyer fortzog. War es meine niedergeschlagene Miene, die sie rührte, genug, meine Traurigkeit machte Eindruck auf s i e , so wie ihre Reize aufhörten, gleichgültig für mich zu sein, sie machte meine Eroberung, ohne daß ich es merkte, sie bestimmte mir eine Stelle, um die so viele buhlten, ich fühlte mich zu ihr hingezogen und erhielt den Zutritt zu ihr. So geschah es, daß sich ein Verhältnis entspann, das von meiner Seite mit so viel Anstand, so viel Methode, mit einer so reinen Ehrbarkeit angefangen wurde, als käme es darauf an, das Herz einer Jungfrau, einer Vestalin, einer zweiten Frau von T o u r - v e l*) zu gewinnen. Indem ich ihr von meiner früheren Liebe erzählte, fand ich mich, ohne es zu wissen, in eine neue verwickelt.

Habe ich hier nicht das menschliche Herz mit allen seinen Gebrechlichkeiten und Schwächen nach dem Leben geschildert?

Dieser Verkehr, anfänglich nur dem Vergnügen gewidmet, verwandelte sich bald in die zärtlichste Zuneigung und gewann volle Herrschaft über mich. Ich überließ mich meiner Leidenschaft um so mehr, da mir von allen Seiten Hindernisse in den Weg gelegt wurden und eine starke Opposition sich gegen mich erhob: Dadurch, daß man aus unzeitigem Eifer das Verhältnis kurz und schnell abbrechen wollte und sich dabei ungeschickt benahm, befestigte man den Bund unserer Herzen. Der Mensch leistet Widerstand, wenn man ihn mit Gewalt zwingen will, er gibt nach, sobald man sich das Ansehen gibt, ihn sich selbst zu überlassen. Nitimur in vetitum semper.

---

*) In den Liaisons dangereuses.

Es bildete sich eine förmliche Verschwörung von seiten derer, die wirklichen oder vorgeblichen Anteil an mir nahmen; man wolle mich, so hieß es, aus den Schlingen retten, die mir gelegt würden; man wolle mich den Gefahren entreißen, die mir drohten, man wolle meiner Moralität, die im Begriffe stehe, Schiffbruch zu leiden, zu Hilfe kommen. Sogar die erste Dame in Frankreich — ich könnte sagen, in Europa — ließ sich herab, mir bittere Vorwürfe machen zu lassen. Die grundloseste Verleumdung hat diesen Zeitpunkt meines Lebens mit ihrem Gifte überschüttet und denselben mit den schwärzesten und gehässigsten Farben ausgemalt. Wie die Unglücklichen, die den wilden Tieren vorgeworfen wurden, wurde ich es dem Teile des Publikums, dessen Geschäft und Leben darin besteht, den guten Namen anderer zu schänden.*) Man setzte hinzu: „Ich richte Herrn von Veimeranges zugrunde und bediene mich dazu der Gewalt Adelinens über ihn. Das sei der Grund und die Erklärung meiner Beharrlichkeit bei einer Person, die nichts an sich habe, wodurch sich eine unedle Leidenschaft rechtfertigen ließe, eine Leidenschaft, die, wenn sie ernsthaft gemeint sei, nur um so lächerlicher sein würde."

Nichtsdestoweniger hat es seine Richtigkeit. Wer Adeline gesehen und gekannt hat, ist leidenschaftlich in sie verliebt gewesen; bei einer großen Verführungsgabe war sie — obschon nicht ohne Fehler — weniger tadelns- und verdammungswert als viele Frauen, von denen man Gutes sagt.

Ebenfalls hat es seine Richtigkeit, daß Herr H . . . de Saint-Foy, als Börsen- und Spielspekulant und Agioteur in ganz Paris bekannt, mir damals einen Rein-

---

*) Hier ist im Original folgende Stelle gestrichen aber noch lesbar: „Mademoiselle Adeline — so hieß es von mir — betröge Herrn von Veimeranges, und ich betröge sie beide."

gewinn von zweihunderttausend Franken bei einem Geschäft anbot, welches er mit dem A b b é d' E s p a g n a c
betrieb, und daß beide Herren mir auf meinen Anteil einen
ersten Vorschuß von zehntausend Franken machten. Herr
v o n S a i n t - F o y stellte mir ein Blatt*) zu. Auf diesem
Blatte, so viel ich mich dessen entsinnen kann — denn von
einem Geschäft dieser Art, von dem ich so wenig verstand und das meiner Lebensweise so fremd war, ist es
unmöglich, die genauen Einzelheiten anzugeben — standen f ü n f Z a h l e n. Es kam darauf an, daß V e i m e -
r a n g e s seinerseits f ü n f d a m i t ü b e r e i n s t i m -
m e n d e darunter setzte. Ich ersuchte A d e l i n e n um
die Gefälligkeit, diesen Auftrag zu übernehmen. Sie tat
es in der Ueberzeugung, mir einen Dienst zu leisten und
stellte mir am folgenden Tage das gehörig agnoszierte
Blatt wieder zu. Ich legte es einem Wechselmakler, Namens P . . . d e C . . . vor, der, ich weiß nicht was, darunter schrieb und es mir zurückgab. So kam es endlich
in Herrn d e S a i n t - F o y s Hände, und dieser zahlte
mir einige Tage nachher zweiundzwanzig Kassenscheine,
jeden von tausend Franken, aus. Er begleitete die Papiere
mit einer langen Auseinandersetzung, die ich kaum an-
hörte, und worin er sich Mühe gab, mir zu beweisen, es
finde sich in der Berechnung ein Irrtum von fünfhundert-
vierunddreißigtausend Franken, woraus sich denn nur ein
Reingewinn von sechsundsechzigtausend Franken ergebe,
dessen Dritteil — nämlich zweiundzwanzigtausend Franken — er die Ehre habe, mir als meinen Anteil bar zuzustellen. B a r ê m e selbst hätte nicht besser rechnen
können.**)

---

*) Une Carte.
**) Hier findet sich wieder in der Handschrift eine ausge-
strichene Stelle. Hier ist sie: „Was aber noch mehr seine Richtigkeit hat, ist, daß ich von A d e l i n e nie, nicht einmal als
Darlehn, die geringste Summe begehrt habe: eine Niederträch-

Inzwischen schloß ich mich mehr und mehr an die an, von welcher man mich durchaus, selbst durch die unwürdigsten Mittel, trennen wollte. Diese Verfolgung knüpfte das Band nur fester, und machte zur Leidenschaft, was sonst vielleicht eine vorübergehende Neigung und Grille*) gewesen sein würde. Eine Frau von großem Verstande, eine Freundin von mir oder vielmehr von meiner Familie, ließ mich ersuchen, zu ihr zu kommen und bearbeitete mich förmlich mit Gründen, die mich bewegen sollten, von A d e l i n e abzulassen; da aber ihre Gründe nichts vermochten, setzte sie Schmähungen an die Stelle, schimpfte auf A d e l i n e und auf mich, und ereiferte sich dergestalt, daß ich lachen mußte, weil der Zorn ihre an sich häßlichen Züge vollends verunstaltete. Unter andern fragte sie mich: Was ich zwischen der ersten und vornehmsten Buhlerin in Paris**) und einer Straßendirne von der Rue St. Honoré für einen Unterschied fände; worauf ich zur Antwort gab: „D i e s e n, daß letztere, ohne Erziehung, ohne Geschmack, nur für Ihren L a k a i e n gefährlich ist, während jene, mit dem reichen Schmuck der Verführung angetan, Ihren F r e u n d, Madame, Ihren B r u d e r an sich lockt, und wohl gar Sie Ihres L i e b-

---

tigkeit, die mir meine Vernunft untersagt haben würde, wenn auch mein Herz der Versuchung hätte unterliegen können. Ich war innigst überzeugt, daß sie mir mein Verlangen aus Eigenliebe abgeschlagen und mich selbst mit Verachtung entlassen haben würde. Deswegen sage ich auch in einem Briefe, den ich mich gedrungen fühlte an die Königin zu schreiben, und worin ich sie um die Gnade ersuchte, einen Augenblick bei einem für die Königl. Majestät so unwürdigen Gegenstand zu verweilen: „Meine Ehre, die ich, wenn's möglich ist, noch höher halte als Ew. Majestät, zwingt mich zu dieser Rechtfertigung." — Man wird bald unten sehen, was zu diesem Briefe die Veranlassung gewesen."
     *) Fantaisie.
     **) La courtisane la plus huppée de Paris.

habers, Ihres Gatten beraubt." — Diese Antwort
mißfiel der Dame sehr, denn ihr Herr Gemahl, auf
den sie, bei ihrem Mangel an Reizen, kindisch genug war,
eifersüchtig zu sein, unterhielt damals eine kleine Tänzerin.

Inzwischen beging die Königin (denn ich sehe mich
genötigt, bei dieser Veranlassung, wo ihr erhabener Name
ungenannt bleiben sollte, ihrer noch einmal zu erwähnen)
die folgewidrige Ungerechtigkeit, durch ein Wort — das
vom Throne herab denjenigen, den es trifft, auf der
Stelle vernichtet — einem jungen Manne die Ehre zu
rauben. „Ich mag (sagte sie) nichts mehr von Herrn
von Tilly wissen, der öffentlich mit einer Schauspielerin auf Kosten des Herrn von Veimeranges lebt,
welcher den Staat bestiehlt."*)

Das letzte war begründeter als das erste. Veimeranges schöpfte aus den öffentlichen Quellen, ich hingegen aus den Quellen meines Privatvermögens, die von
Jahr zu Jahr mehr versiegten. Er, versunken und verloren in dem Strudel von Paris und sich nicht zum besten
mit seinem Gewissen stehend, stellte sich, als habe er die
Donnerworte nicht gehört: Ich hingegen hatte sie gehört
und wollte sie gehört haben. Ich fliege nach Versailles, pallidus morte futura, die Wut im Herzen, einer Verzweiflung preisgegeben, die ich nicht zu verbergen suchte.
Ich eile zur ersten Kammerfrau der Königin, um eine
Audienz bei Ihrer Majestät zu erhalten. Ich erfahre nach-
mittags, sie sei mir verweigert worden. Ich wende mich an
die Palastdame, Herzogin von F . . ., die es nicht vergessen haben kann. Wieder eine abschlägige Antwort.
Jetzt schrieb ich an die Königin:

---

*) An dieser Stelle stand vorher: „Der öffentlich auf Kosten
einer Aktrice und des Herrn von V . . . . lebt, welcher, wie
man sagt usw.

„Allerdurchlauchtigste usw.*)

Mit einem Erstaunen, dem nur meine Verzweiflung gleichkommt, habe ich den Ausspruch**) Ew. Majestät über mich vernommen. Die Ew. Majestät schuldige Ehrerbietung schließt weder die Wahrheit, noch die Pflicht meine Ehre zu retten aus. Die Ehre ist mir teurer als das Leben. Auf die Gefahr, Ihre Königliche Gnade auf immer zu verlieren, wage ich es, Ew. Majestät untertänigst vorzustellen, daß Sie, gewiß ohne es zu wollen, mir die grausamste***), die unheilbarste Wunde geschlagen haben.

Es kann Ew. Majestät nicht unbekannt sein, daß mich die Vorsehung durch Geburt erhoben und mit Glücksgütern beschenkt hat. Noch mehr aber bin ich mit Abscheu gegen alles geboren, was unedel ist. Es liegt vielleicht in meinem Charakter, Eigenes zu verschwenden, aber die Niederträchtigkeit, Fremdes anzunehmen, ist fern von mir.

Ich muß Ew. Majestät um Verzeihung bitten, wenn ich auf Einzelheiten eingehe, wenn ich Ihr Zartgefühl verletze. Aber meine tödlich gekränkte Ehre zwingt mich dazu, — meine Ehre, die ich, wenn's möglich ist, noch höher halte als Ew. Majestät selbst.

Ich gestehe, daß ein Verkehr, der sich die Mißbilligung Ew. Majestät zugezogen hat, tadelnswert ist, daß er aber eine so öffentliche Rüge, und zwar aus dem Munde Ew. Majestät verdiene, kann ich mich nicht überzeugen. Sie ist das Resultat verleumderischer Anschuldigungen, deren Opfer geworden zu sein ich mich nie trösten werde.

Ew. Majestät wissen, daß in Frankreich die Verleumdung niemanden schont, daß ihre Waffe alles trifft, selbst den Thron. (!) In meiner frühesten Jugend†) bin ich Zeuge gewesen, daß Ew. Majestät Tränen vergossen haben, weil Sie verleumdet wurden; — und jetzt, jetzt da

---

*) Madame.
**) Les réflexions.
***) La plus sanglante.
†) Dans mon enfance; als Page.

ich der Gegenstand der Verleumdung bin, geben Sie dieser Furie so leichtes Gehör, jetzt findet die Furie Glauben bei Ew. Majestät? Habe ich denn, ich, der das Glück gehabt, unter Ihren Augen erzogen zu werden, Ihren Haß verdient? Habe ich mich so vieler Gnade unwürdig gemacht? Die Furie findet Glauben bei Ew. Majestät, als wenn Ew. Majestät, von der Vorsehung so hoch gestellt, die Welt nicht kennen müßten.

Ich werde mich hinfort enthalten, vor Ew. Majestät zu erscheinen, wie ich es schon seit geraumer Zeit getan, obschon Sie geruht haben, mir sagen zu lassen: „Ihre Ungnade erstrecke sich nicht so weit, mich aus Ihrer Gegenwart zu verbannen, die erbetene Audienz sei mir bloß versagt worden, weil Sie mir nichts zu sagen hätten.“ Der Himmel würde mir alles gewährt haben, hätten Ew. Majestät mich von jeher des S c h w e i g e n s gewürdigt, mein Leben würde nicht vergiftet, meine Ehre nicht verletzt worden sein.

Sollte dieses Schreiben, dieser schwache Ausdruck meines Schmerzes, mir Verfolgung zuziehen, so wage ich es, Ew. Majestät zu beteuern, daß, nach dem was geschehen ist, jeder neue Unfall mich nur unempfindlich finden würde. Ew. Majestät haben mir alles genommen, selbst die Macht, Ihre Gnade wieder zu gewinnen, sie würde mir kein Ersatz für Ihre verlorene Achtung sein.

Mein sehnlichster Wunsch ist, daß kein tiefer Kummer je das Herz Ew. Majestät verwunde. Der höchste Rang hat seine Leiden. Das Glück Ew. Majestät ist mein sehnlichster Wunsch, obschon meine Jugend von Ihnen gebrandmarkt worden ist. Ich werfe mich Ihnen zu Füßen und flehe nochmals untertänigst um Verzeihung, wenn ich Ew. Majestät von Dingen habe unterhalten dürfen, die Ihrer Beachtung unwürdig sind. Ich ersterbe usw.“

Meine Freunde sahen mich schon in der Bastille; ich selbst zweifelte nicht daran und erwartete meine Haft mit so wenig Unruhe, daß ich mich nicht einmal wunderte, als sie nicht erfolgte. Ich nahm Abschied von V e r - s a i l l e s und habe es nicht eher wiedergesehen als in den ersten Stürmen und Gefahren des Hofes. Die Königin wunderte sich über meine Erscheinung; es schien sie zu befremden, mich unter denen zu sehen, die sie i h r e P a r t e i nannte, und die in meinen Augen von der Partei waren, zu welcher sich der ganze französische Adel hätte bekennen sollen. Ich blieb bei einigen Zeichen ihrer Gnade kalt und wunderte mich über ihre Verwunderung. Ich hätte das nicht tun sollen, sie handelte ihrem Charakter gemäß. Da sie selbst nicht verzeihen und ein gefaßtes Vorurteil nicht ablegen konnte, so war es natürlich, daß sie mir eine gleiche Denkungsart zuschrieb und über meine plötzliche Wiederkehr stutzte.

Können diejenigen, welche über Völker herrschen, wohl die Bedachtsamkeit in ihrem Tadel, in ihrer Ungnade zu weit treiben? Können sie behutsam genug im Strafen sein, da ihre Strafen einem ganzen Leben Glanz und Farbe rauben? Sollten sie nicht mit einem Urteil, mit einer Rüge, die so viel Folgen nach sich zieht, ratsam umgehen? Sollten sie nicht vor einer Ungerechtigkeit zittern, welche die Schicksale eines Unschuldigen aus den Angeln hebt und ihn allen feindseligen Leidenschaften, allen Verschwörungen des Hasses und Neides entgegen- schleudert, welche nie tätiger und giftiger sind, als wenn der, den sie verletzten, stolz genug ist, der Gefahr zu trotzen, und mutig genug, sich nicht hinter dem Schild der Mittelmäßigkeit verbergen zu wollen. Die Beherrscher der Völker sollten Anstand nehmen, über den Schuldigen den Stab zu brechen, denn ein Wort aus ihrem Munde ist oft eine zu schwere Strafe für ihn, sie sollten ihre großen Ziviltodesurteile nur für diejenigen aufbewahren, welche der Spruch der allgemeinen Meinung schon aus dem Schoß der Gesellschaft verstoßen hat, weil sie Verbrechen begingen, über die zwar das Gesetz nicht entschieden hat, die aber von der Gesamtheit der Menschen*) dem Richterstuhl der Menschheit zugewiesen sind. Zum Unglück ist in dem Zeitpunkt, wo ich schreibe, diese Waffe in den Händen der Machthaber beinahe zerbrochen; ihre Gewalt, selbst auf dem Throne des asiatischen Despotismus, hat vor dem inneren Gerichtshofe des Verstandes zu viel verloren, um ihr altes Ansehen noch behaupten zu können, wo ein Wort strafte, wo ein Band belohnte. Ehedem galt eine Idee für eine Macht, jetzt sind die großen Hebel zersprungen und liegen unter Gebirgen von Trümmern begraben. Neue Meinungen sind aus den Ruinen hervorgegangen und die alten haben sich mit der Gestalt der Erde verändert.

Ich meinesteils appellierte von diesem Verdammungsspruch der Königin, der mich bürgerlich tötete, an die Geduld, ich appellierte mit Gelassenheit und Stolz an die Wahrheit, die nicht immer siegt, aber immer tröstet. Der gesunde Teil des Publikums und wer mich kannte, ließ mir Gerechtigkeit widerfahren; wer aber Vergnügen daran findet, das Böse zu glauben, verdient nicht, daß man ihn zurechtweise. Im Grunde meines Herzens war ich der Todfeind der Königin geworden; aber ich achtete mich selbst, folglich untersagte ich mir, von ihr zu sprechen, oder wenn ich es tat, geschah es immer mit der schuldigen Ehrerbietung, selbst zu einer Zeit, wo es schon Sitte war, ihren Namen ohne Schonung zu nennen. Die Revolution und die Schicksale der unglücklichen Fürstin söhnten mich ebenso schnell mit ihr aus, als das ihr entfallene Wort mich ihr entfremdet hatte. Es kostete mich kein Opfer, der Wollust der Rache zu entsagen, und noch jetzt weiß ich es mir Dank**), und wünsche mir Glück,

*) La république.
**) Zur Zeit der ersten National-Versammlung speiste ich einst beim Herzog von B i r o n in Versailles. Ich sprach mit Feuer über die Zeitumstände und machte Eindruck. M i r a b e a u, einer von den Gästen, obschon von entgegengesetzten Grund-

seit langer Zeit nur an ihren Mut im Sturm, an ihre Seelengröße im Schiffbruch gedacht zu haben.

So war ich denn, noch so jung, in dem unermeßlichen Paris verloren, ohne Bestimmung, ohne Zweck, ohne Führer. Die mächtige Hand, die in meinen frühesten Jahren sich über mich erstreckt hatte, war mir entzogen! Ich überließ mich dem Ungefähr. Ohne Plan, ohne Absichten, entmutigt, ungewiß wie ein Reisender, welchen Weg ich einschlagen sollte, wählte ich den ersten besten, und — traf den s c h l e c h t e s t e n. Abgestumpft, erbittert, bestätigte ich das über mich ergangene ungerechte Urteil durch Gleichgültigkeit, Leichtsinn und Mißgriffe aller Art!!

Ich habe diesen Teil meiner Memoiren weitläufiger auseinandersetzen müssen, weil die Epoche für mein ganzes Leben wichtig und entscheidend gewesen ist, weil sie mich in eine neue Richtung versetzt hat. Von nun an stürzte ich mich in den Strom der Lüste, suchte Wirklichkeit in dem Scheine, stieß von mir, was ich Hirngespinste des Ehrgeizes und Emporkommens nannte, begab mich sogar der Achtung, die man durch Entsagung und Opfer erkauft, und lebte nur für Genuß und Vergnügungen, die mir Gewohnheit und Mißbrauch zum Bedürfnis gemacht hatten.

Hätte ich an dem Gebäude meines Glücks gearbeitet, wer weiß, ob in den Tagen, wo alles umgestürzt wurde, auch dieses nicht zertrümmert worden wäre?

----

sätzen, schloß sich mir an, als wir aufstanden. „Mein guter Freund," so lauteten seine eigenen Worte, „schlagen Sie sich zu uns†); ich verspreche Ihnen Glück und Ruhm." — „Stehen Sie mir aber auch," versetzte ich, „vor der Reue und vor dem Galgen?"

†) Venez avec nous.

Würde ich in diesem Fall wohl weniger verloren und meinen Verlust weniger gefühlt haben? Ist mir nicht die Erinnerung an jene Tage geblieben, an jene glücklich verträumten Tage, deren Bild mir noch immer vorschwebt? Habe ich nicht mein Leben genossen? Habe ich mir doch nur Leichtsinn und keine grobe Lasterhaftigkeit vorzuwerfen!

Folgt aber daraus, daß ich gut gewählt habe, und daß andere ebenso wählen müssen? Keineswegs. Ich warne jeden Jüngling, meinem Beispiele zu folgen. Er vermeide den Weg, den ich betreten habe! Er lerne von mir, wie sehr man sich auf diesem Wege verrechnet und verirrt; lauter Nichtigkeit und Täuschung, lauter Ekel und Sättigung, Verachtung, Verworfenheit, zu spätes Erwachen vom Rausche der Wollust, zu späte Reue über vernachlässigte Pflichten, über eine verlorene Zeit, welche Flügel hat und keine ehrenvolle Spur hinterläßt.

Ich erzähle weiter und komme auf meine Liebschaft mit A d e l i n e n zurück*).

Diese Liebschaft war eine förmliche Leidenschaft. Adeline teilte sie mit mir, und wenn es irgend möglich ist, die weiblichen Gefühle zu durchschauen, so darf ich nicht zweifeln, A d e l i n e, die sich unserm Geschlechte so sehr nahte, habe mich wirklich geliebt, obschon man ihr schuld gab: sie liebe nichts. V e i m e r a n g e s erschöpfte

---

*) Der Verfasser macht hier die Anmerkung: „Man wundere sich nicht, wenn man auf Versetzungen, auf Vor- und Rücksprünge in der Zeitordnung stößt. Dieses und die eingestreuten Abschweifungen mögen immerhin die Leser ein wenig stören, wenn sie nur das Interesse der E r z ä h l u n g heben. Ich fühle, wie sehr dieser Teil meines Lebens, bestehend in Jugendhändeln und Liebesabenteuern, dieses Hilfsmittels bedarf.“

sich in den Erregungen einer fruchtlosen Eifersucht.
Er versuchte alles, mich von A d e l i n e n zu trennen; es
gelang ihm nicht. Endlich wendete er sich geradezu an
mich; er machte zwei verschiedene Angriffe, um zu seinem
Zweck zu gelangen. Der erste bestand darin, daß er mir
ein Stück Hausmauer auf den Leib stürzen ließ. Ja, ja, ein
Stück Gemäuer im eigentlichsten Sinn! Ich war gewohnt,
mein Kabriolett etwa hundert Schritte von der Wohnung
seiner Ungetreuen halten zu lassen, wenn ich seinen Wagen
vor der Tür fand. Dann stieg ich aus und brachte die
Zeit bis Mitternacht bei dem Prinzen d' H é n i n zu, dessen
Hotel an ihre Wohnung stieß. Der Prinz mochte zu Hause
sein oder nicht, gleichviel, ich fand, was ich brauchte, ein
geheiztes Zimmer, Licht und Bücher. V e i m e r a n g e s
hatte durch Kundschafter, woran es ihm, da er reichlich
bezahlte, nicht gebrach, Wind bekommen. Auf seinen Befehl mußte jemand auf die Vormauer klettern (das Haus
gehörte dem berühmten P a u l J o n e s), sich verbergen,
und mir beim Vorübergehen einen steinernen Löwen, einen
Helm, ein Stück Karnies, nebst anderen Zieraten von
Stukkaturarbeit auf den Leib herabschleudern. Die Masse,
die meinem Kopfe galt, rollte aber zu meinen Füßen hin,
und bedeckte mich mit Staub und Sand. Hätte sie mich
getroffen, so wäre ich wenigstens drei Monate nicht imstande gewesen, das Bett zu verlassen, und nichts be-
ruhigt über einen Rival so sehr als eine dreimonatliche
Abwesenheit. Mir blieb hier nichts übrig, als den Vorfall zu belachen und künftig hübsch mitten in der Straße
zu bleiben. — Sechs Wochen später hatte ich mit V e i -
m e r a n g e s eine Zusammenkunft, ich weiß nicht mehr
wo und weshalb. Er betrug sich sehr gleisnerisch, sprach
mit Salbung, wie ein Vater zu seinem Sohne, sagte, es
sei unverantwortlich, daß ein Mann wie ich nichts tue
als sich mit Liebeleien abgeben*). Er setzte hinzu: sein

---

*) Faire l'amour.

Glück habe ihm zu einem Kredit verholfen, den er nicht besser benutzen könne, als zu meinem Vorteil; er schätze sich glücklich, mir dienen zu können; es hänge bloß von mir ab, als Oberst nach O s t i n d i e n zu gehen, und mit Vergnügen biete er mir hunderttausend Franken an, zur Reise und meine Schulden zu bezahlen. Ich entging seinen Schlingen, wie ich seinem Löwen entgangen war, und brach die Unterhandlung ab.

Ich war es endlich satt, den lästigen V e i m e - r a n g e s immer auf meinem Wege zu finden, und, verliebt wie ich es war — und wie ich es so oft im Leben gewesen bin — erklärte ich A d e l i n e n, sie sei reich genug, um unabhängig zu sein, ein geteiltes Herz sei nichts für mich, sie müsse zwischen V e i m e r a n g e s und mir wählen, und kurz, wenn sie ihm nicht den Abschied gäbe, würde ich den meinigen nehmen.

Sie gab nach — ob gern oder ungern, will ich nicht entscheiden — genug, sie gab nach, und brachte mir gewiß ein kleines Opfer.

Für V e i m e r a n g e s war dieses der empfindlichste Schlag. Sein Schmerz, der einem jungen Anfänger in der Liebe zur Ehre gereicht haben würde, machte ihn, den alten Liebhaber, höchst lächerlich. Seit der Zeit lebte er nicht mehr, er vegetierte. Sein Stern war erblaßt. Ein Unglück zog das andere nach sich. Ein bekannt gewordenes ärgerliches Ereignis gab ihm den letzten Stoß, er verlor die Bedeutung, die er, man weiß nicht wie, erworben hatte, und das Spiel, zu welchem er in Versailles seine Zuflucht nahm, richtete ihn vollends zugrunde. Wie gesagt, Herr P a l*** (so hieß des Emporkömmlings Familienname) führte von nun an ein unscheinbares Pflanzenleben, verlor sein Ansehen, und sogar den Ruf eines reichen Mannes. Spekulanten und Spieler wissen nie selbst, was sie besitzen, und wie lange sie es besitzen. Und überdies schlägt sich Fortuna fast immer auf die Seite derer, die ihren vorigen Günstling beneiden und

ihn zu stürzen suchen, sie verbündet sich gegen ihn
mit den jüngeren Nachfolgern, hilft sein Glück unter-
graben und freut sich seines Falles. Sind es nicht immer
die höchsten Eichen, die der Blitz am ersten trifft und
spaltet?

Ich habe Gelegenheit gehabt, V e i m e r a n g e s einigemal wiederzusehen, als ich die Ketten längst nicht mehr
trug, die uns gemeinschaftlich gefesselt hatten. Er war
unverständig genug, sich ihrer zu erinnern, und mir nicht
zu verzeihen. Seine Augenbrauen buschten sich zusammen
und gaben ihm, so oft ich ihm begegnete, das Ansehen
eines kranken Ebers. Vergebens lächelte ich ihm zu; er
wollte immer seine Hauer in mich einsetzen.

Beim Ausbruch der Revolution wurde er etwas
menschlicher. Es war sein Glück; dieser Annäherung
hat er vielleicht sein Leben zu verdanken. Wir waren
in der Kirche unserer Sektion zusammengetroffen. Er
hatte eben einen harten Stand, in ungleichen Streit verwickelt mit einem Volksrepräsentanten, der früher Kutscher bei der Herzogin von P o l i g n a c gewesen war. Dieser H e r r ging ihm scharf zu Leibe, und forderte nichts
Geringeres von ihm als den Kopf. Seine Beredsamkeit war
nicht kunstgerecht, aber desto eindringlicher, und gerade
so, wie sie sich für den großen Haufen der Zuhörer paßte.
Ich erinnere mich unter andern, daß der Redner den unglücklichen V e i m e r a n g e s als Mitglied des Comité
Autrichien angab (die allerfürchterlichste Anschuldigung
beim Volke, noch gefährlicher, als die des Aristokratismus).
Er beantragte eine Haussuchung, nannte den Zitternden
einen Staatsaussauger, einen zweiten F o u l o n, und versprach sich und der Versammlung, Tonnen Goldes bei
ihm zu finden. V e i m e r a n g e s, der sein Leben lang
kein gewandter Redner gewesen war, verwirrte sich dergestalt in seiner Verteidigung, daß er Gefahr lief, augenblicklich zur Laterne geführt zu werden. Sein Dickkopf
hatte ein so durchaus stupides Ansehen gewonnen, sein

offener Mund stammelte Verneinungen, welche wie Bejahungen lauteten, und ihn härter anklagten, als ein festes, ruhiges Schweigen. Auf seinen gewöhnlich so roten, jetzt so blassen Wangen schwebte der Tod. Alle Symptome der Straffälligkeit standen auf seiner Stirn geschrieben. In seinen Augen las man sein Verdammungsurteil und das Geständnis eines Veruntreuers, der seinen Henkern zuruft: „Knüpft mich auf!"

Der Zeitabschnitt, von dem ich rede, fällt in die drei bis vier Tage, die der Abholung des Königs von Versailles nach dem Stadthause von Paris vorausgingen. Damals rettete die angesteckte dreifarbige Kokarde dem Könige das Leben; allem Anschein nach war aber die Absicht nicht gewesen, ihn so wohlfeilen Kaufs davon kommen zu lassen. Diesmal noch wurde den Faktionen ein Strich durch die Rechnung gemacht. Noch war der bittere Kelch, den er, wie der Weltheiland, dessen Ergebung in den Willen Gottes ihm zum Muster diente, leeren sollte, nicht bis an den Rand gefüllt, er sollte ihn bis auf die Hefe ausleeren. Noch einmal ward ihm erlaubt, die Tuilerien wiederzusehen, um sich von dort aus auf den grenzenlosen Ozean der Revolution einzuschiffen. Noch brachte er das Leben, aber mit den bittersten Kränkungen, in das Schloß zurück. Aber königliche Würde, Thron, Zepter und Krone sind verschwunden, die Tore der Hauptstadt sind verschlossen, Männer, schrecklicher noch durch ihr Ansehen als durch ihre Waffen, durchlaufen die Gassen und laden vor jeder Tür die Bürger ein, sich in den Sektionen oder auf dem Stadthaus einzufinden. Für die Sektionen werden Tempel und Kirchen bestimmt, weil es naturgemäß scheint, wenn Menschen sich versammeln, um unnatürlichen Drangsalen und ebenso unnatürlichen Verbrechen Einhalt zu tun, daß es vor Gottes Antlitz geschehe, damit sie in ihrer gemeinsamen Not die Säulen umfassen mögen, welche die Erde mit dem Himmel verbinden.

So geschah es denn, wie ich oben gesagt habe,

2*

daß ich nach einem vergeblichen Versuche, aus Paris zu
entkommen, zugleich mit dem Herzog von Aumont,
mit Sartines und Morinval in unserer Sektions-
kirche eintraf. Hier wurden wir alle drei einstimmig zu
Vorständen gewählt; mir ward die Stelle eines Sekretärs
für die militärische Abteilung. Diese Erfahrung hat mich
belehrt, daß, wenn alles, was in Frankreich etwas vorstellte
oder besaß, im Lande geblieben wäre, die Revolution eine
andere Richtung genommen und zu anderen Resultaten
geführt haben würde. Uebrigens war es bei dieser Gelegenheit, daß ich meinem Rival den Dienst leistete, den
er nicht imstande war, von sich selbst zu erhalten. Ich
sprang auf einen Tisch, und mit Hilfe meiner guten
Lunge und einiger wohlklingender Redensarten brachte
ich es dahin, daß der Ex-Automedon auf die Straße
gestoßen, und der arme Veimeranges, auf den er
es gemünzt hatte, in eine kleine Kapelle gebracht wurde,
aus der ich ihn heimlich befreite, noch ehe er Zeit gefunden, sich auf die Knie zu werfen und sein Stoßgebet
zu verrichten. Doch muß ich zur Steuer der Wahrheit
nicht zu berichten vergessen, daß er noch vorher einen
lichten Finanzgedanken von sich gab, er fügte nämlich
am Schluß meiner Schutzrede für ihn als Peroration die
Worte hinzu: „Meine Herren Präsidenten (die Herren H...
und S... von der französischen Akademie waren es beide),
ich bin ein guter, patriotischer Bürger, und lege tausend Taler auf den Altar des Vaterlandes nieder.'' Das
nenne ich Beredsamkeit à la Veimeranges und à la Beau-
jon, und stelle sie weit über die des Cicero und aller
Rhetoriker und Rhetoren. Gleichwohl wär' es vielleicht
für den unglücklichen Mann besser gewesen, bei dieser
Gelegenheit umzukommen, wenigstens würde er nicht eines so entsetzlichen Todes gestorben sein, als den er sich
bald nachher selbst gegeben hat. Denn, um der Verfolgung der Trabanten des Terrorismus zu entfliehen,
sprang er von einem fünften oder sechsten Stock auf die

Straße und wurde zerschmettert in ein Hospital gebracht, wo er — welch ein Glückswechsel und welch
ein Lebensende für ihn — den Geist aufgab.

———

Ich verlasse ihn, und komme auf mich zurück.
Meine Circe und ich fanden noch immer Vergnügen,
uns zu lieben, und durch unsre Liebe die Stadt zu er-
bauen*), aber der mächtige Talisman, das Vergnügen, den
Argus zu täuschen — und der noch mächtigere, das Vergnügen, immer neue Schwierigkeiten zu überwinden, war
für uns verloren gegangen. Mars und Venus, mit denen
wir uns übrigens nicht vergleichen wollen, liebten sich nur
deswegen so lange und so heftig, weil sie sich vor den
Schlingen und Verfolgungen Vulkans in acht zu nehmen
hatten, aber einmal aus den künstlichen Netzen befreit,
fing ihre Liebe an abzunehmen. Auch wir gerieten in das
Netz — der Langeweile, das haltbarste und unauflöslich-
ste von allen. Unsre Zärtlichkeit hatte bereits ein ganzes
Jahr gedauert, als meine treulose Geliebte mir in der
Person des kleinen Sartine, welcher wie so viel andere
unter dem Beile Robespierres gefallen ist, einen Gehilfen und Stellvertreter gab.

Dieses Männchen war eine Geldmaschine für alle
Pariser Mädchen, die von ihm zogen und sich über
ihn lustig machten. Ich selbst habe mir vorzuwerfen,
ihn manches liebe Mal gequält und eingeschüchtert zu
haben. Um so unlieber war mir seine Adjunktur; ich
suchte vergebens, der neuen Spekulation Adelinens
Hindernisse in den Weg zu legen. Meine Ungetreue ließ
sich nichts anfechten, und gab mir den Abschied, ohne
daß ein vorhergegangener Blitz mir diesen Donnerschlag
angekündigt hätte.

———

*) Edifier.

Ich hatte sie nach einer zärtlichen Nacht verlassen, und hielt mich ihrer Liebe so gewiß, wie l a C h â t r e der schriftlichen Versicherung seiner N i n o n*), als ich am folgenden Morgen eine B o n b o n n i e r e mit ihrem Porträt, welche ich bei ihr hatte liegen lassen, zurückerhielt. Sie enthielt ein Zettelchen, und der Zettel meinen förmlichen, feierlichen Abschied und ein Lebewohl. Er war geschrieben, wie dergleichen Billetts, worin man einen Liebhaber verabschiedet, seit Anbeginn der Welt geschrieben worden sind, und es bis an der Welt Ende sein werden. Man rechnete auf meine Freundschaft; man versprach mir gegenseitige Freundschaft ... es war rührend, es war herrlich! Man sah sich wider Willen zu diesem Schritte gezwungen, man mußte, wie Z e m i r e n s Vater, eine Reise machen, vielleicht eine sehr lange, usw.

Mein aufgeregtes Gemüt zeigte sich in seiner vollen Leidenschaftlichkeit. Mich auf solche Weise mit einer so platten Wendung verstoßen zu sehen! Ich kochte vor Rache und Liebe. Ich bestellte Postpferde, bestellte sie wieder ab. Den ganzen Tag suchte ich A d e l i n e n in der unermeßlichen Steinmasse auf, die ich vielleicht nie wiedersehen werde, in Paris, wo sie eigentlich n i c h t war, denn sie hatte sich in ein kleines Haus am Ende der Elysäischen Felder zurückgezogen.

Bald schämte ich mich meiner Schwäche, mein Stolz erwachte, aber das Herz ist wie der Puls, beide schlagen nachlassend und ungleich. Ich wollte A d e l i n e n vergessen, aber d i e vergessen, die uns den Abschied gegeben hat, ist nicht so leicht. O Frauen, Frauen! Wenn ihr alle eure Vorteile kenntet, ihr würdet noch mehr unsre Tyrannen sein, als ihr es seid! Vierzehn Tage quälte ich

---

*) Anspielung auf den bekannten Ausruf der Ninon Lenclos: „Ah le bon billet qu'a la Châtre!" Sie hatte ihm schriftlich ewige Treue geschworen und erinnerte sich dieses Versprechens in den Armen eines anderen.   U e b e r s.

mich mit einer ohnmächtigen Wut; endlich, um es auf einem neuen Wege zu versuchen, ward ich krank. Das half. A d e l i n e zeigte sich wieder. Ich erhielt Zutritt. Man versprach mir, wenn ich mich r u h i g verhalten wollte, e i n z i g für mich zu leben. Ich verstand den Sinn dieser 'Redensart, sie war zu abgenutzt. Das Wort r u h i g gab meiner Liebe den Gnadenstoß und ließ in meinem Herzen nur einen Wunsch zurück, den Wunsch der Rache. Auf der Stelle suchte ich ihn zu erfüllen, und um meiner gánz gewiß zu sein, wählte ich A d e l i n e n s geschworene Feindin, und machte der Schauspielerin D u f a y e l den Hof. Mademoiselle D u f a y e l war damals ein liebenswürdiges Mädchen; über ihre Grazie vergaß man fast ihre Libertinage, eine angenehme Figur erhob ihren Verstand. Sie hatte mit A d e l i n e n bei demselben Theater gestanden, war wegen eines schändlichen Verbrechens — welches sie übrigens n i c h t begangen hatte — entlassen worden; sie und A d e l i n e verabscheuten einander und trieben Haß und Feindschaft so weit, daß sie aus fein ausgesonnener Lokalrache sich in derselben Straße, nur wenige Häuser voneinander, eingemietet hatten.

Auch meine Rache war gut ausgesonnen. Zum Schein mit A d e l i n e n versöhnt, war ich der D u f a y e l geheimer Liebhaber geworden, und zu gleicher Zeit beider untertäniger Diener und Anbeter. Ich schreibe der einen (D u f a y e l), daß ich eine Landpartie vorhabe, der anderen (A d e l i n e n), daß ich ihr am Abend zu Befehl stehe. Alles gelingt, und ich finde mich als den neuen Liebhaber meiner alten Gebieterin ein. Zärtliche Eidschwüre, verliebtes Entzücken, wiederholte Beteuerungen einer unverbrüchlichen Liebe, Bitte um Verzeihung: wir ließen es an nichts fehlen. . . . Der Morgen bricht an, ich spiele die Verzweiflung . . . war ich doch so glücklich gewesen! . . . mußten uns schon trennen! Ich: „Also liebst du mich?" Sie: „Mehr als jemals!" — Ich: „Und willst mich nie wieder verlassen?" — Sie: „Eher sterben!" —

Ich: „Nun, so stirb, denn nimmermehr siehst du mich wieder! Vergiß mich," setzte ich mit einer Theaterstimme hinzu, „vergiß mich, ich liebe eine andere!"

Man wollte aufschreien, mich halten, aber ich war schon fort.

Wie unerschöpflich sind die Hilfsquellen der Eigenliebe! Ich war von meiner Leidenschaft geheilt, weil ich Zeit gehabt hatte, auf ihre Kosten meiner Eitelkeit Nahrung zu geben, weil ich meiner Einbildungskraft tausendmal vorgesagt und wiederholt hatte: Du wirst sie nicht wiedersehen, aber es ist dein Wille, du trennst dich von ihr, aber es ist dein Vorsatz, du bist es, nicht sie, der die Worte gesprochen hat: „Wir sehen uns nicht wieder!"

Ihr armen, schwachen Liebhaber, die ihr euch nicht trösten könnt, und euch nie trösten werdet, daß man euch entlassen hat (und ich habe dergleichen gekannt und kenne noch heutigen Tages dergleichen!), hättet ihr am Tage eurer Verabschiedung eurer treulosen Geliebten den Wind aus den Segeln genommen, ihr würdet am Morgen ruhig erwacht sein, ihr würdet die Nacht sanft und süß geschlummert haben, euer Herz wäre rein und lauter geworden, wie das Wasser der Springquellen.

Den Vorsprung gewinnen — das ist das ganze Geheimnis: Hoc opus, hic labor est.

Denselben Abend schickte ich zu Mademoiselle Dufayel, ließ ihr sagen, ich sei zurück, und ersuchte sie um ein Nachtessen und Frühstück. Sie werde mich erwarten, war die Antwort. Mit dem Schlage Mitternacht bin ich bei ihr. Mitternacht ist die Schäferstunde. Wir sind halb eingeschlafen, es wird an die Haustür gepocht, als wolle man sie einschlagen. Ein halb entkleidetes Kammermädchen stürzt zu uns herein, und fragt, ob geöffnet werden solle. „Nein", ist die Antwort, aber es war zu spät. Ein plumper oder bestochener Kutscher hat schon die reißenden Wölfe in den Schafstall gelassen.

Wer waren diese Wölfe? Adeline und der Prinz d'Hénin, der bei ihr zu Nacht gespeist hatte und nun — höchst albern*) — es auf sich nehmen wollte, uns auszusöhnen, sie vernünftig zu machen, und mich wieder zu ihren Füßen zurückzuführen. „Aufgemacht!" rief im Vorzimmer eine wütende Stimme, „aufgemacht, unwürdige Rivalin, Bübin, die mir meinen Liebhaber geraubt hat." Und sich nun an mich wendend: „Ungeheuer, du sollst sehen. . ." Jetzt ließ auch der Prinz seine Worte vernehmen. Ich schweige mäuschenstill. Mademoiselle Dufayel erhebt ihre Stimme, spielt die Verwunderte, legt Würde in ihre Antwort, droht mit der Polizei, weil man sich unterfange, sie zur ungebührlichen Stunde in ihrer Wohnung zu stören, und das Hausrecht verletze, und die Nachbarschaft in Aufruhr bringe, und eine Person, wie sie, von einem so unbescholtenen Rufe, einem nächtlichen Skandal aussetze. Während so von beiden Seiten der verschlossenen Türe parlamentiert wird, hatte ich mich in aller Eile angekleidet und auf einer kleinen, geheimen Treppe ein kleines, verborgenes Zimmerchen erstiegen, nämlich das geheime Laboratorium der Grazien, das Zeughaus der künstlichen Schönheitsmittel, die Rüstkammer, in welcher die Waffen geschmiedet wurden, wodurch meine Gottheit ihre Triumphe erfocht. — Ach, diese Gottheit hat mir hinterdrein den Text tüchtig dafür gelesen, daß ich in das Innerste ihres Tempels und Heiligtums eingedrungen war. Ich hatte aber nicht Lust, mich bei einem Vorfall sehen zu lassen, der eine gewisse Oeffentlichkeit erhalten konnte, und wo meine Gegenwart ein Zeugnis zu meinem Nachteil abgelegt haben würde.

Nach langem Parlamentieren zog sich die verlassene Adeline zurück. Der Prinz gab ihr den Arm, eine Freundin begleitete sie, eine Vertraute zog hinterdrein, vor ihr ging ein Bedienter mit einer Fackel. Der Rückzug

---

*) Comme un nigaud.

erfolgte in voller Schlachtordnung; man begab sich in ein hübsches Haus, das A d e l i n e vor kurzem in der Nähe hatte einrichten lassen. Ich war indessen fast vor Kälte umgekommen, ohne daß er's hören konnte, rief ich dem Prinzen d ' H é n i n vom Fenster eine gute Nacht zu und legte mich schlafen, um mich wieder zu erwärmen.

Die Didone abbandonata fühlte den Schimpf so tief, daß sie darüber in eine Krankheit verfiel. Ich trieb die Grausamkeit so weit, daß ich acht Tage lang mein Kabriolett öffentlich vor der Tür ihrer Rivalin halten ließ, nach deren Ablauf ich Mademoiselle D u f a y e l für ihre Artigkeit dankte und mich nach einer andern umsah.

Wäre A d e l i n e so klug gewesen, eine vollkommene Gleichgültigkeit vorzutäuschen, so würde ich meine Rache für abgeschlossen gehalten und sie nicht weiter getrieben haben. So aber hinterbrachte man mir, sie mache einen gewaltigen Lärm von der Sache, und gebe zu erkennen, daß sie empfindlich gereizt sei. Das bewog mich, eine zweite Person aufzusuchen. Ich hielt es für Pflicht, bei einer jungen Aktrice von demselben Theater vorzusprechen, und dieser, von der ich wußte, wie verhaßt sie ihr war, meine Huldigung anzubieten. Es war M a d e - m o i s e l l e R o s a l i e, gegenwärtig die Gattin eines unsrer vorzüglichsten Landesverteidiger, des Generals L e g... Beide Damen hatten, was man eine Kulissenfehde nennt, miteinander gehabt. Vor allen Dingen waltete aber unter ihnen der Streit ob, wer die besten Liebhaber und die schönste Garderobe besitze. Ich legte eine ziemliche Beharrlichkeit in die Versuche, die ich anstellte, zum näheren Umgang mit R o s a l i e n zu gelangen; während die lebhafte Blondine, in den Grenzen einer preiswürdigen Leidenschaft mit dem Prinzen J o s e f v o n M o n a c o befangen, meinen zärtlichen Bewerbungen einen übel angebrachten Widerstand entgegensetzte. Allein da sie das

beste Herz von der Welt hatte und der größte Tollkopf*)
in ganz Frankreich war, so gewann ich sie in kurzer Zeit
durch die Erzählung meines Abenteuers mit A d e l i n e n,
und zog sie in meine Verschwörung gegen sie hinein.
Es vergingen ein paar Wochen, es wurden zwei bis drei
Briefe gewechselt, zuletzt verschaffte mir das Opfer eines
Porträts, das ich brachte, die Erhörung meiner Wünsche,
und alles Glück was man haben kann, wenn man erhält,
was man verlangt. Als A d e l i n e diesen neuen Sieg
erfuhr, verlor sie den Kopf, ihre Verzweiflung war grenzenlos. Es wurden ehrwürdige Abgeordnete abgeschickt.
Schon hatte sie (es ist zum Totlachen!) zu einer Audienz
beim Polizeiminister eine Witwentoilette gemacht, sie
wollte in dieser Audienz ihr Bild zurückverlangen, welches
in die Hände einer kleinen Person gefallen sei, der, ein
Erzbösewicht, sie (A d e l i n e n) verraten und aufgeopfert
habe. Schon war sie im Begriff, diese lächerliche Klage
einzureichen, als infolge eines noch lächerlicheren Hin-
und Hertreibens und ernsthafter Konferenzen beschlossen,
bedungen und festgesetzt ward, daß beide Damen eine
Zusammenkunft haben sollten, worin Mademoiselle A d e -
l i n e die Großmut ihrer Rivalin in Anspruch nehmen,
diese ihr mit aller dem Gegenstande angemessenen Würde
das fragliche preisgegebene Bildnis zurückstellen und i c h
a l l e i n bei meinen weiblichen Zeitgenossen und bei der
weiblichen Nachwelt für ein Ungeheuer erklärt werden
sollte. Von beiden kontrahierenden hohen Teilen wurde
nun der Vergleich unterzeichnet, eine ewige, unverbrüch-
liche Freundschaft beschworen, ein enges Bündnis verabredet. In dieser offiziellen Akte befand sich kein geheimer Artikel zu meinen Gunsten. Ueberhaupt liegt etwas
so Ansteckendes in der Schadenfreude, die das wankel-
mütige schöne Geschlecht darin findet, uns zu verleum-
den, daß selbst meine neue Geliebte, die göttliche R o -

---

*) Mauvaise tête.

s a l i e , die größten Schmähreden über ihren teuren Liebhaber führte, ihn unaussprechlich straffällig fand, und mit
ihrer alten Feindin, meiner ehemaligen Geliebten, gemeinschaftlich gegen mich loszog. Als ich sie wieder besuchte,
fand ich sie noch dergestalt von diesem rührenden Auftritte erschüttert, daß es mir ein gut Teil Mühe und Arbeit
kostete, den Grund, den ich durch die Zusammenkunft beider Mächte verloren hatte, wieder zu gewinnen. Ich hatte
aber das große Glück gehabt, ihnen zum Annäherungs-
punkte zu dienen... Und nun traue man noch den W e i -
b e r n , und verlasse sich auf sie, man sei ihnen nah oder
fern! Geht's aber wohl mit den F r e u n d e n besser?
Man gehe und sehe!

Wie das Reich der Mazedonier aufgehört hat, wie
Troja gefallen ist, wie so viel andere Denkmäler, die wir
für unvergänglich hielten, in Staub und Asche zerstiebt
sind — so hatte auch meine Leidenschaft für die feinste
aller Koketten, für A d e l i n e , aufgehört. A l c i b i a d e s ,
S o k r a t e s , selbst A l e x a n d e r   d e r   G r o ß e , Helden,
deren Wert den meinigen weit übersteigt, haben die reizenden Mädchen ihrer Zeit geliebt und gefeiert, welche, ohne
sich mit den unsrigen messen zu können, gleichwohl im
geistreichen Griechenland die Königinnen spielten. Das
Blumenmädchen von Sicyon, G l y c e r i o n , deren Name
allein schon die Herzen bewegt und in Gefahr bringt,
ist von dem zahlreichen Heere ihrer Anbeter, denen sie
selbstgeflochtene Lorbeer- und Rosenkränze aufsetzte, über-
menschlich gepriesen, abgöttisch verehrt worden. Ihr und
aller ihrer Schwestern Andenken ist jedem Herzen, das für
Liebe geschaffen ist, heilig. Die Buchstaben und Silben,
die jene Namen bilden, sind von Mund zu Mund, von
Jahrhundert zu Jahrhundert geflogen, und werden auf
jedem Blatte der Bücher der Liebe gefunden. Die Züge
und Handlungen ihres ganz erotischen Lebens hat die
Geschichte bei einer Nachwelt verewigt, welche zur größern Hälfte in dem Wahne steht, Leben sei Liebe, und

Liebe sei die einzige Wirklichkeit im Leben, und der Ruhm
nur eine Chimäre. Ihre Reize findet man überall abgebil-
det, ihre Namen auf allen Lippen. Und ich sollte verdammt sein, von denen zu schweigen, welche sie nachge-
ahmt, vielleicht übertroffen haben? Nein, mag auch ein
mürrischer Rezensent, ein strenger Leser, bei meinen treuen
Erzählungen den Kopf schütteln, und sie für unwürdig
erklären, in der Geschichte einen Raum einzunehmen,
mag er über meine Gemälde den verschämten Schleier der
Moralität ausbreiten, meine modernen Laïs und Phrynen
werden ihn lüften; ich werde ihnen eine Säule errichten,
da ich ihnen keinen Tempel bauen kann, wie es ihres-
gleichen in Athen widerfuhr, in Athen, das sich so gut
und besser als unsre heutigen Richter auf wahres Verdienst verstand.

Meine neue Verbindung mit R o s a l i e n ging ihren
Weg, war aber kein Himmel ohne Wolken. Der Prinz J o -
s e f v o n M o n a c o war nicht der einzige Rival, dessen
Mitbewerbung ich entgegenarbeiten mußte; ein anderer,
der C h e v a l i e r d e l a C u r n e, ein junger, frei-
gebiger Mann, von vortrefflichstem Herzen, war fast
noch verliebter als ich. Allen Wünschen der liebenswürdigen R o s a l i e zuvorkommend, machte er Anspruch
auf eine Gunst, die man nicht immer mit Schätzen
erkauft, weil D a n k b a r k e i t nicht immer L i e b e ist.
Ich erinnere mich, aus dem Munde dieser Zauberin,
die uns vielleicht alle drei ein wenig an der Nase
herumführte, gehört zu haben: „L a C u r n e sei der-
jenige von uns, für 'den sie die meiste, auf Achtung
gegründete Freundschaft empfinde." Man kennt aber den
Sinn dieses Wortes. Was ist F r e u n d s c h a f t für den,
der L i e b e begehrt? Ein Bündnis zwischen Schwäche
und Stärke; eine Verbindung zwischen dem unschuldigen
Lamme und dem reißenden Tiger; ein Kranker, der sich
nach Hilfe sehnt, und den man mit kalten Trostesworten

hinhält. Uebrigens wurden wir auf eine neue Probe gestellt. Rosalie ward Mutter. Jeder von uns hielt sich für den Vater. Eine Tochter wurde geboren. Man sagte damals, daß sie mir ähnlich sei. Ich weiß es nicht und werde es nie wissen, wie so viele Dinge auf dieser Erde.

———

Ich kann diesen Abschnitt nicht schließen, ohne Rosalien und ihren Charakter näher zu beschreiben. Sie war eine allerliebste Person; reizend, geistreich, heftig, mutwillig, aber im Grunde wirklich gut. Ich bin ihr ewige Freundschaft schuldig, und habe nie aufgehört, ihr Freund zu sein. Mein Herz ist ihr auf allen ihren Glückswegen gefolgt; ich weiß, sie hat den Hafen erreicht, und freue mich darüber, wie über mein eigenes Schicksal. Ich werde Gelegenheit finden, im Laufe dieser Memoiren wieder von ihr zu sprechen. Bis dahin begnüge sich der Leser mit zwei oder drei Anekdoten.

Der Marquis von Genlis war ihre erste Liebe. Sie gestand ihm einst, mit vieler Naivheit: „Wenn das, was du für mich, und ich für dich fühle, mich glücklich machen soll, so muß ich dir offenherzig gestehen, daß ich mich in der Wahl meiner Bestimmung vergriffen habe."

Der Prinz von Saint-Maurice hatte sie verlassen und ihr eine gewisse Demoiselle Thévenot vorgezogen, die sich durch große, stark hervorstehende Augen bemerklich machte. Rosalie sagte einst von ihm: „Man sieht wohl, daß Saint-Maurice ein vollkommener Hofmann ist; er lebt und webt im Oeil de boeuf*)."

———

*) Ein Wortspiel. Das Oeil de boeuf war in den Tuilerien der Aufenthalt der Hofleute, die beim Könige ihre Aufwartung machten; aber Oeil de boeuf, zu Deutsch Ochsenauge, erinnert an den Beinamen der Juno im Homer. Uebers.

Der Herzog von Fronsac hatte die Schwäche, vom Theaterpersonale, das unter ihm, als Oberkammerherrn, stand, gebieterisch*) das Prädikat Monseigneur zu verlangen. Einst, als er Rosalien im Foyer, in Gegenwart mehrerer, sehr hart behandelte, machte sie ihm, statt aller Antwort, eine tiefe Verbeugung und sagte: „Monseigneur, was Sie da sagen, ist erlogen**)!" Das war gut oder nicht gut, wie man will; mich ging's nicht an. Aber den Abend darauf begegnet mir der Herzog im Theater auf der Treppe, hält mich auf, und sagt mir zu meinem Befremden: „Ich ersuche Sie, Herr Graf, der Demoiselle Rosalie begreiflich zu machen, was sie mir schuldig ist; widrigenfalls werde ich Sie beide trennen müssen und die Demoiselle auf sechs Wochen nach der Force†) bringen lassen." — Meine Antwort war: „Ich habe zweierlei nicht gewußt: Erstlich, daß Sie mich für denjenigen halten, der die Aktricen in der Achtung, die sie Ihnen schuldig sind, unterrichten soll; und zweitens, daß Sie ein genaues Tagebuch über meine Besuche bei ihnen führen." Ich sah ihn dabei starr an; es entstand eine Pause. Er schwieg. Wir setzten unsern Weg fort; er die Treppe hinauf, ich die Treppe hinab.

Ich kann mich nicht enthalten, noch folgenden lustigen Streich von Rosalien zu erzählen. Ich war eines Morgens bei ihr, als man mir ein Billett von einer Dame brachte, das den Wunsch enthielt, eine Verbindung mit mir anzuknüpfen, und mir eine Bestellung unter der Arcade Soubise in der Mittagsstunde gab. „Man werde mich," sagte das Billett, „in einem Fiaker erwarten, da man aus Rücksichten den eigenen Wagen nicht neh-

---

*) Très-impérativement.
**) Monseigneur, vous en avez menti!
†) Ein bekanntes Gefängnis in Paris, wohin man, wie nach Four l'Evêque oder Fort l'Evêque, die widerstrebenden Schauspieler bringen ließ.   Uebers.

men dürfe." — R o s a l i e fragte mit scheinbarer Gleichgültigkeit nach dem Inhalt des Zettels. — „Ein höflicher
Mahnbrief," sagte ich, „von einem Gläubiger, ganz im
langweiligen Stil dieser Herren." Ich nehme bald darauf
Abschied, mache zu Hause die ausgesuchteste Toilette,
fliege zum Rendezvous, finde den Fiaker, springe hinein,
falle der Frau, die ich mir als einen Engel, als eine
Göttin denke, zu Füßen. Sie ist dicht verschleiert; ich
spreche von Liebe, von Verlangen; will die Wolkenhülle
zerteilen. . . . Plötzlich regnet es Schläge, Vorwürfe,
Scheltworte; s i e war's, R o s a l i e war's. — Ich sammle
mich und spreche mit angenommener Kälte: „Ich habe
mich dir zu Gefallen einem Scherze hingegeben,
der dir Vergnügen zu machen schien: Glaubst du, ich
hätte nicht gewußt, von wem der Zettel kam?" — Mit
diesen Worten begleitete ich sie nach Hause. Doch war
mir nicht wohl zumute, denn sie hatte sich nicht täuschen
lassen. Wir schmollten beide unterwegs. — Desto besser;
um so süßer war die Versöhnung.

Nun auch ein Wort von A d e l i n e n. Indem ich
heute, nach zwanzig Jahren, meiner Feder freien Lauf
lasse und über die leichtsinnigste Periode meines Lebens
scherzend hinwegzuhüpfen scheine, muß ich sehr ernsthaft
gestehen, daß meine Leidenschaft für sie mich länger als
jede andere beherrscht, mich auf eine unbegreifliche Art
unterjocht hat. Einige Jahre waren wir Feinde geblieben,
und A d e l i n e hatte kein Geheimnis daraus gemacht.
Aber bei einer gewissen Gelegenheit, in einer wichtigen
Lage, leistete sie mir einen Dienst, der eine aufrichtige
Aussöhnung zur Folge hatte. A d e l i n e besaß ein zartes
Gefühl, ein gutes Herz; sie siegte über die Eitelkeit
ihres Geschlechts, dem die Rache so natürlich ist. — Die

L i e b e war verschwunden; mit ihr der H a ß. Es blieb kein Gegenstand der Fehde zurück. Sie benahm sich mit einer Größe, der ich hier Gerechtigkeit widerfahren lasse.

Erinnern sich meine Leser noch der hübschen S o p h i e v o n L o r v i l l e, die ich in einem Alter geliebt hatte, wo das Herz jung und rein ist, und zum Lieben so wenig bedarf und verlangt. Doch was sage ich? S o p h i e gehörte nicht zu denen, die man leicht und oberflächlich lieben kann; sie besaß alles, was den Wildesten*) fesseln konnte. Ich hatte lange keine Nachrichten von ihr gehabt; mein Herz konnte ihrer entbehren, konnte sie aber nicht vergessen; ihr Bild s c h l i e f in mir. Es e r w a c h t e. Sie war jetzt Witwe. Als ihr Gatte, ein Edelmann aus einem sehr guten Hause, den sie halb wider Willen genommen hatte, gestorben war, lud sie mich auf ihr Landgut, hundert Lieues von Paris, ein. Beim ersten Anblick eines Gesichts, worauf Liebe und Schwermut nicht nur S p u r e n zurückgelassen, sondern sich tief und unauslöschlich eingegraben hatten, fühlte ich mich gerührt, erschüttert. Ich fand ihr Herz w o und w i e ich es verlassen hatte; bloß ihre Person hatte sie ihrem Gemahl abgetreten. Wir verstanden uns im ersten Augenblick, und nach einigen Fragen und Antworten über ihn war nicht mehr die Rede davon. „Er war," sagte sie, „ein schlichter, guter Mann**), der mich mehr liebte, als nötig war: Eine andere wäre glücklich mit ihm gewesen." — Die Erinnerung an Frau von . . . machte uns weichherzig. Wir teilten unsere Rührung einander mit. Nur in der Abgeschiedenheit kann man weinen. Ich vergoß bei ihrem Andenken Tränen,

---

*) Les plus sauvages.
**) Honnête homme.

welche bei unserm Abschiede in Paris und bei der Nachricht von ihrem Tode nicht geflossen waren. Ich söhnte mich mit dem Schatten meiner Jugendfreundin aus. Die Unglückliche! Ihre einzige Schuld war, einen Leichtsinnigen, der es nicht verdiente, zu sehr geliebt zu haben.

S o p h i e war vollkommen gleichgültig gegen den Verdacht, den meine Erscheinung bei ihr in der Nachbarschaft erregen konnte. Ihre Absicht war, sich ins südliche Frankreich zurückzuziehen. Hier war sie geboren. Ihr Gemahl hatte sie in eine unabhängige Lage versetzt, und sie war entschlossen, ihrer Freiheit nicht wieder zu entsagen. Er hatte ihr sein ganzes Vermögen hinterlassen, und mit ihm einen einzigen Sohn, der aber schon im ersten Lebensjahre starb. In den Augen der Welt mußte sie glücklich scheinen, war es aber nicht: Der Zwang, in welchem sie gelebt hatte, war ihrem Herzen verderblich gewesen, hatte es auf lange Zeit zerdrückt. Noch immer lasteten die Bande, welche sie an einen zwar achtungswerten Mann, den sie aber nicht liebte, gefesselt hatten, mit vollem Gewicht auf ihrem schon von Natur trübsinnigen Gemüte; in dem langsamen und beständigen Gefühl der Geduld und der Ergebung war in ihr die Quelle eines Glückes versiegt, an welches die jugendliche Hitze zu leicht und die kalte Vernunft zu schwer glaubt. So drückte sie sich über diesen Gegenstand aus; ich habe ihre Worte nur nachgeschrieben.

Bald nach mir traf der Mann, mit welchem ich sie in der Folge verbunden habe, und der dieses Schatzes wert ist, auf seinem benachbarten Landgut ein. Ihn begleitete Herr v o n C a z a l è s, der mit ihm bei demselben Regiment stand. C a z a l è s war damals ein junger unbedeutender Dragoneroffizier, der noch nichts von der hohen Beredsamkeit ahnen ließ, von der er in der Assemblée constituante so glänzende Proben abgelegt hat. Er selbst hatte keine Ahnung davon, und noch weniger den Vorgeschmack seines nachherigen, in meinen Augen

übertriebenen Rufes, welchen er großenteils seiner Dreistigkeit und seinen Lungen verdankte. Auch er würde nicht
abgeneigt gewesen sein, bei S o p h i e n sein Heil zu versuchen und mit eben der Stimme, welche seitdem auf der
Rednertribüne gedonnert hat, zu ihren Füßen zu seufzen,
— allein er besaß nichts von dem, was ihn ihr hätte
empfehlen können; seine Formen und Manieren standen
zu sehr im Widerspruch mit den ihrigen. Der Mann
hingegen, welcher später ihr Gatte ward, liebte sie
noch ehe sie den Mund geöffnet, und e r r i e t sie, sobald er sie erblickt hatte. Sein eigenes Gemüt gab ihm
den Aufschluß über das ihrige. Er sah, fühlte, handelte
mit Gefühl; dabei war sein Verstand sehr ausgebildet, und
die schönen Künste hatten sein Empfindungsvermögen*)
erhöht und verfeinert. Nur bei wenigen Menschen findet
man so viel Talente beisammen, besonders solche, die sich
bei Frauen anbringen lassen und sich ihres Ohrs bemächtigen, das ihrem Herzen immer so nahe liegt, während
das bei uns Männern so selten der Fall und der Abstand zwischen beiden so groß ist. — Ich kannte ihn vorher nicht; er machte beim ersten Blick meine Eroberung
und den tiefen Eindruck, vor welchem ich später,
nach so vielen Veranlassungen zum Mißtrauen, mich zu
verwahren habe lernen müssen. Er machte mir Entdeckungen, vertraute mir Geheimnisse, womit er länger
hätte an sich halten sollen; ich nahm sie in mich auf,
wie einer, der das Vertrauen zu verdienen glaubt; ich
erwiderte sie wie einer, dessen Ehre ihn verpflichtet, die
gute Meinung, die man von ihm hat, zu rechtfertigen.
Er forschte nicht, ob ich der Liebhaber der Person sei,
die er zu seiner Gattin zu machen wünschte; er ersuchte
mich, ihn zu unterstützen, als k ö n n e ich mich nicht
mit ihm kreuzen, und ich diente ihm so treu und redlich,
als wäre S o p h i e von je her mir f r e m d gewesen. Er

---

*) Sa sensibilité.

setzte mir, tief ins einzelne gehend, seine ganze Lage
auseinander und schien überzeugt, daß, wenn ich die
Partie angemessen f ü r s i e fände, sie sich d u r c h m i c h
dazu überreden lassen würde. Seine Verhältnisse waren
von der Art, daß sie zum Leben in der Provinz hinreichten,
und für S o p h i e n annehmbar scheinen konnten. Was
er ihr aber noch mehr anbot, was er ihr als höhere Mit-
gift anrechnete, war ein guter Ehegatte, auf den sie sich
vertrauensvoll stützen konnte, um Arm in Arm durch
das Leben zu wandeln, — ein schönes edles Gemüt, um
sie während der kurzen Lebenstage zu trösten, die nur
d e n e n so lang dünken, die zusammen alt werden, ohne
gelernt zu haben, sich einander zu schätzen und ihr gegenseitiges Dasein durch Freundschaft zu versüßen.

Ich übernahm das Geschäft, S o p h i e n vernünftig
zuzureden; ich legte alle meine Kunst in meine Ueber-
redungsgründe; es war kein leichtes Stück Arbeit. Selbst
die anspruchsloseste Frau, mit welcher man aufrichtig
zu reden berechtigt ist, vermag nicht der Weiblichkeit
und Eitelkeit insoweit zu entsagen, daß sie Geschmack
an der Erklärung des Mannes finden sollte, der zu ihr
spricht: „Ich liebe Sie genug, um zu wünschen, Sie mit
einem andern glücklich zu sehen."

So ging's S o p h i e n; sie weigerte sich, mich anzuhören und äußerte ein Befremden, das ich bei jeder anderen für Verdruß*) genommen haben würde, so sehr
trug es die Farbe der getäuschten Erwartung. Ich drang
in sie; jetzt verwandelte sich der Verdruß in Traurigkeit. Ich wollte nun kalte mathematische Gründe vorbringen; ich wollte ihr begreiflich machen, daß, was auf
einige Zeit gefiele, den Vorteil nicht überwiegen müsse,
der sich über ein ganzes Leben erstrecke usw. — „Es
sei wohl recht, sagte sie, daß ich so denke und, da ich
ihr das Leben verdorben hätte, auch einigermaßen bemüht

---

*) Dépit.

sei, es zu verschönern; sie danke mir, könne mir aber keine Aussicht auf den glücklichen Erfolg meiner Vorschläge gewähren. ..." Dann folgten einige Tränen, welche noch deutlicher sprachen. Beides bestärkte mich aber in dem Vorsatz, bei meinem System der reinen Freundschaft zu verharren und die Bolzen zu einer schnellen Verheiratung zu schmieden. Diese Idee ward in mir die vorherrschende; ich ließ keine Gelegenheit vorübergehen, mit aller Zartheit, die ich vermochte, und die der Gegenstand erforderte, i h n und s i e näher zu bringen*); ich ermutigte Herrn v o n V . . . . . (diesen Namen trägt jetzt S o p h i e), und hieß ihn an einem Siege nicht verzweifeln, welchen Beharrlichkeit von der einen Seite und dépit von der andern immer zuletzt unfehlbar davontragen lassen.

Was man hier lesen wird, half der Sache mehr nach, als alle meine Bemühungen.

Ein Pariser Parlamentsrat meiner Bekanntschaft hatte eine Schwester. Diese lebte in der Nähe von S o p h i e n s Landgut, in einer Stadt, wo ihr Gemahl Präsident war. S o p h i e hatte einen zwar nur unbedeutenden Prozeß vor seinem Gerichtshofe, wollte ihn aber doch gewinnen und bat mich, statt ihrer, mit dem Richter zu sprechen, dem sie sich empfehlen zu lassen bis jetzt versäumt hatte. Ich versprach ihr der Präsidentin Vermittlung, welche ich, wegen meiner früheren Verhältnisse mit deren Bruder, erwarten durfte. Demzufolge reiste ich nach der Stadt. Mein erster Gang war zum Präsidenten. Er war in der Session. Ich ließ mich bei seiner Gemahlin melden. Sie empfing mich mit aller Vorbereitung und sorgfältigen Aufmerksamkeit**), die man einem Pariser Besuch schuldig zu sein glaubt. Sie war ausnehmend schön und wäre nicht der Umstand gewesen, daß in ihrem Wesen sich ein

---

*) De les apprivoiser.
**) Recherche.

Ernst, eine Bedächtigkeit, eine Steifheit äußerte, die wir
collet-monté zu nennen pflegen, und die dem Hause eines
Präsidenten wie der Schnupfen anklebt, so würde sie
unter den Sirenen ihres Geschlechts eine der gefährlichsten gewesen sein.

Ich fing damit an, der Dame eine Litanei von Ge-
meinplätzen, über mein Entzücken, sie so vollkommen
zu finden, über ihre Schönheit, ihre Reize usw. vorzu-
leiern; und da sie vermutlich seit langer Zeit nicht aus
diesem Strom von Süßigkeiten getrunken hatte, so ließ
sie keinen Tropfen vorbeifließen, hielt meine Worte für
Floskeln des neuesten Geschmacks, ja noch mehr, für die
Sprache der feurigsten Leidenschaft, für unverkennbare
Symptome der Ueberraschung und Liebe.

Ihre Augen dankten mir; nur lag in ihnen ein Zug
von Ruhe und weltklugem Ansichhalten, der mich
hätte bescheiden und zurückhaltend machen sollen. Doch
das waren nun einmal nicht meine Haupteigenschaften.
Von Natur dreister und verwegener als man es bei Frauen
sein soll, ward ich bei dieser Gelegenheit so dringend,
so zärtlich, griff ihr Herz mit so großem Ungestüm und
Sturmlaufen an, daß ich in einer halben Stunde weiter
mit ihr kam, als mich eine förmliche Belagerung in einem
Monat gebracht haben würde. Jetzt aber, wieder zu sich
gekommen, überließ sie sich ihrem Schmerze, vergoß einen
Tränenstrom, rief in ihrer Verzweiflung den Tod zu Hilfe
— als der verehrlichste aller Männer, ihr würdiger Gemahl, ins Zimmer trat. Ich nahm mich zusammen und
schien beschäftigt, sie methodisch über ein zufälliges Unglück zu trösten, dessen Urheber man in mir nicht erraten
durfte. Gleichwohl gestehe ich, daß eine gespenstische Erscheinung keinen solchen Eindruck hätte auf mich machen
können, als die ihres Gatten. Ich war noch unschlüssig,
welches Unglück ich ersinnen, welche Wendung ich der
Sache geben sollte, und begnügte mich, in meine Züge
den Ausdruck des Schmerzes zu legen, der den Tröster

und Teilnehmer begleitet, — als sie, unterstützt vom Genius
des weiblichen Geschlechts, der in den wichtigsten Augenblicken keinen seiner Schützlinge im Stich läßt, auch wenn
sie zu den Unerfahrensten gehören — ihren Gemahl an-
redet: „Sie sehen, mein Lieber, den Grafen von Tilly.
Sein Besuch erschüttert mich; er hat Briefe aus Paris,
die ihm melden, daß Frau von Bel . . . ., meine beste
Freundin, wie Sie wissen, so gefährlich krank ist, daß
beim Abgange der Post an ihrem Leben verzweifelt und
mit jedem Augenblick ihr Ende erwartet wurde."

Außer mir vor Verwirrung, vor Staunen, vor Be-
wunderung; in der Stellung eines Mannes, der über etwas
Außerordentliches stutzt, und dem dieses ein schafmäßiges
Ansehen gibt, — konnte ich nur die Worte: „Zu wahr!
Zu wahr!"*) stammeln und sie mit einer Art von Seufzer
begleiten. Während aber der Präsident mit feierlichem
Ton ein langes und schönes Klagelied über das Leben von
Paris vorbrachte, über die Unvorsichtigkeit der jungen
Frauen, die sich vor der Zeit ins Grab stürzen, — erholte ich mich so vollkommen, daß ich die strafbare
Dreistigkeit hatte, seine Rede zu überbieten, und noch
weiter zu gehen als seine Wohlweisheit. Ich machte nun
die umständliche Beschreibung von der Krankheit der
Dame Bel . . . ., setzte den Anfang derselben, die Fortschritte, den Charakter auseinander, bezeichnete die Abwechslung, sprach vom Entscheidungspunkt, . . . gab das
Bulletin jedes Tages, nannte die Aerzte, die sie behandelt
hatten, die Fehler, die von ihnen begangen worden und
die ihr unfehlbar das Leben kosten würden. Ich führte
mehrere Personen namentlich an, die sich zweimal des
Tages nach ihrem Zustand erkundigt hatten, mit einem
Gefühl und einer Teilnahme, welche zu jetzigen Zeiten
immer seltener würden, und deren Abnahme mich, in
diesem Jahrhundert des Egoismus, einigermaßen zum

---

*) C'est trop vrai — ein Doppelsinn.

Menschenhaß berechtigten. Der biedere Präsident hörte mir mit einem Gesicht zu, das ganz in Sentimentalität getaucht und aufgelöst war. Ich war im Zuge, die herrlichsten Dinge vorzubringen, als ich zufällig den Blick auf seine Gattin warf. Welche Aufmerksamkeit, welches natürlich scheinende Auffassen meiner Lügen! Welche Falschheit! Welche sprechende Anstrengung ihres ganzen Wesens bei meinen Worten! Welchen Wert ihre in Tränen schwimmenden Augen auf den Redner zu legen schienen! Dieses Kunstspiel*), das den berüchtigsten Koketten Ehre gemacht haben würde, brachte mich wieder zu mir selbst, führte mich auf meine Lieblingsbetrachtungen über das weibliche Geschlecht und dessen unversiegbaren Schatz von angeborener Heuchelei zurück und erfüllte mich mit dem Eisgefühl der empörtesten Bewunderung.

Der Präsident lud mich mit vieler Artigkeit zu Mittag ein; ich nahm die Einladung mit Dank an, aber die schöne Wirtin entschuldigte sich: Es sei ihr unmöglich, zur Tafel zu kommen; der Schmerz habe ihr alle Eßlust geraubt; die ganze Welt sei ihr verhaßt. Zugleich richtete sie, mit vielem Anstand und auf den Boden gehefteten Augen, ihre Entschuldigung besonders an mich. Ihr gesenkter Blick verhinderte sie, in dem meinigen zu lesen, wie sehr zur Unzeit ich ihre Verstellung angebracht fände. Ein Oberstleutnant von der Kavallerie und der Prior eines Klosters stellten sich als Gäste ein, so daß unserer vier bei Tische saßen. Der Prior hatte in seiner Jugend in Paris die Fastenpredigten gehalten. Er führte uns aus seinen Vorträgen einige Stellen an, die ich wiedererkannte: Sie waren vom Pater Neuville.**) Die beiden anderen Herren bewunderten über alles die Pracht der Antithesen, die, wie man weiß, der Hauptfehler dieses

---

*) Manoeuvre.
**) Ein bekannter Jesuit und geistlicher Redner, dessen Predigten in sieben Bänden erschienen sind.   Uebers.

Redners und das Hauptkennzeichen seiner Schreibart sind. Der Oberst sprach mit Sachkenntnis von seinem Fache; der Präsident trug einige erstaunliche Causes célèbres aus seiner Praxis vor, und ich tischte ihnen zum Nachessen etwas aus der skandalösen Chronik von Paris auf, schilderte absichtlich meine Helden mit den schwärzesten Farben und stellte sie als Warnungstafeln auf, als moralische Landplagen, gegen welche die Gesellschaft in Masse auftreten und die strengste Gerechtigkeit üben sollte. Zum Schlusse wurden Kaffee und Liköre herumgereicht, und schon um vier Uhr befand ich mich recht sehr kleinstädtisch*) auf der Straße, recht sehr großstädtisch über die Auftritte mit der Präsidentin lachend und mich wundernd, wie in der Provinz, ein Mann aus der feinen Welt**) bei Leuten, die er nie gesehen, eine gute Mahlzeit finden und das Herz der Hausfrau gewinnen kann, während sich in Paris eine Menge Menschen vergebens um eine Mahlzeit und eine Frau bemühen.

Welch eine herrliche Polizei in der menschlichen Gesellschaft! Sie beweist, selbst den größten Holzköpfen, welche Fortschritte die Aufklärung und Bildung gemacht hat und wieviel weiter wir in dem System der Vervollkommnung vorgerückt sind.

Der gütige, freundliche Präsident, dessen Gast ich war, ermangelte nicht, mir in Sophiens Angelegenheit seinen ganzen Beistand zu versprechen; in der Sache schien ihm alles Recht auf ihrer Seite zu sein. Ich reiste ab, kam zu Sophien, und fühlte mich doppelt stolz; einmal über die Verhandlung mit dem Präsidenten, über die ich ihr Bericht erstattete; zweitens über meine Verhandlung***) mit der Präsidentin, deren ich keine Erwähnung tat. Herr von V ... war mit Sophien

---

*) Provincialement.
**) Un homme de bonne compagnie.
***) Expédition.

nicht weiter gekommen, obschon er nicht vom Schlosse und von ihrer Seite gewichen war. Den ganzen Tag spielte er abwechselnd die Geige und auf dem Klavier, sang dabei, bot alle seine Künste und Talente auf, weil er glaubte bemerkt zu haben, daß sein Spiel und sein Gesang mehr Wirkung auf S o p h i e n hervorbrächten, als seine Person; denn S o p h i e selbst war eine große Virtuosin in der Musik. Trotz dem allen machte er gleichwohl so langsame Fortschritte, daß ich ungeduldig darüber wurde, und ungeduldiger als er selbst, denn er war der ruhigste, bescheidenste Liebhaber, unfähig eine Gelegenheit herbeizuführen oder zu benutzen, eine Ueberraschung zu erfinden und Vorteil daraus zu ziehen. Er wollte sich gerade so u n s c h u l d i g verheiraten, wie sein Vater und sein Großvater und spann seinen Liebesroman aus, wie er es in irgendeinem Roman gelesen hatte. Oft fand ich ihn vor dem Piano, die melancholischen Augen schmachtend rollend, seine Seele in den Gesang legend, mit Stimme und Gebärden zur liebenswürdigen Tyrannin, die er noch nicht erweicht hatte, um Gunst und Gegenliebe flehend.

Ich durfte ihm nicht anders zu Hilfe kommen, als durch meinen Rat. Das tat ich denn auch redlich, wohl wissend, daß es kein besseres Mittel gibt, ein Weib s t a r k zu machen, als wenn man es recht sehr bittet, s c h w a c h zu sein.

Was mich selbst betrifft, so trieb mich mein böser Genius wieder nach der Stadt, zu meiner schönen Betrübten. Der Präsident empfing mich mit offenen Armen. Wir speisten beide allein. Er liebte L ü n e l zu trinken, zog ihn dem R o m a n é e*) vor, pries mir das köstliche Getränk, erwartend, daß ich in sein Lob einstimmen sollte.

---

*) La Romanée ist eine Gegend in Bourgogne im Kanton N u i t s, unweit V o s n e s, berühmt durch das herrlichste Burgundergewächs. Der dortige Wein kam nicht in den Handel und gehörte früher dem Hause B o u r b o n - C o n t i. U e b e r s.

Ich goß ein paar Gläser hinunter und war so gefällig, ihm n i c h t zu sagen: Daß sein Lünel ein Damenwein sei, ein Wein für junge Demoiselles, ein fader, süßlicher Wein ohne Kraft und Würze. Allmählich hatte ich mich daran gewöhnt, stellte mich wenigstens so, und mir wurde zuletzt das Lob des Lünel so geläufig, daß ich beim Präsidenten für einen stattlichen Weintrinker galt. Drei Tage später bat ich mich wieder zu Gaste, in der Hoffnung, nicht nur Lünel zu trinken, sondern auch meine schöne Wirtin an der Tafel zu finden, und da ein Präsident immer Geschäfte nach Tische hat, mit ihr allein bleiben zu können. Ich irrte mich nicht, sie erschien bei Tische. Er hatte ihr viel zu meinem Lobe gesagt und sie enthusiastisch versichert, ich sei ein junger Mann wie es wenige gäbe, ein junger Mann, der allen Gefahren und Versuchungen von Paris glücklich entgangen sei, ein seltenes Muster von Anstand und Sitten. Sie ihrerseits hatte von meinem ersten Betragen den Teil vergessen, der mir geschadet haben würde und nur dasjenige im Gedächtnis behalten, was sich entschuldigen ließ; denn die Frauen sind immer der Meinung, daß sie auf uns Männer einen so unwiderstehlichen Eindruck machen, daß es keinen leidenschaftlichen Ausbruch, keine S o t t i s e gibt, die sie uns nicht zugute halten könnten. Ich hatte mich auf eine Weise bei ihr eingeführt, die ihr keine Zeit zur Besinnung ließ, und zu spätes Nachdenken sucht ein Frauenzimmer gern von sich zu entfernen. Die Frauen lieben an uns Mut, folglich auch Keckheit, selbst ein wenig Unverschämtheit. Die großen Bewegungen und Kraftäußerungen des Geistes setzten ihre zarte Organisation in Erstaunen; alles, was den Stempel der Sonderbarkeit trägt, richtet in ihren Köpfen eine augenblickliche Verwirrung an. Meine Präsidentin beobachtete sich sehr bei Tische, sie zeigte mir einen zürnenden Blick, aber keine Verachtung. Der meinige flehte um Gnade, aber mit Stolz und ohne Kriecherei. Sie zog während des ersten Ganges ihren Fuß zurück, wenn ihn der meinige suchte; als ich aber im Laufe der Unterredung von dem Kummer sprach, der seit einigen Tagen an meinem Herzen nagte, schlich sich unbemerkt ihr Fuß näher, um nach der Ursache zu fragen; die Hand folgte dem Fuße unter den Tisch; das Herz war schon vorausgeeilt.

Ein unfehlbares Mittel, die Frauen zu besiegen, wäre folgendes: Man müßte erst für sie s t e r b e n und dann wieder für sie l e b e n. . . . Nicht eine einzige würde standhalten!

Anbetungswürdiges Geschlecht, nimm die Scherze nicht zu genau, die mir die leichtsinnige Erzählung der leichtsinnigen Streiche meiner leichtsinnigen Jugend in die Feder gibt. Ohne euch Frauen, was wäre das Leben? Wer trüge Begehren danach? Ihr allein ebnet den Pfad des Tränentals, in welchem wir eine kurze Zeit fortwandeln, ohne den Ausgang abzusehen. Eure Stimme ist es, die uns tröstet. Der Wunsch, euch zu gewinnen, macht uns schlechter in dem, was euch betrifft, aber besser in allem übrigen. Ihr verbreitet euren Glanz über unser finsteres, unscheinbares Dasein. Der wilde Mensch, den ihr nicht zähmt und erweicht, ist ein schon in diesem Leben verworfenes Ungeheuer, ein Bösewicht. Die Männer würden sich untereinander zerfleischen, trätet ihr nicht als vermittelnde Engel unter sie und ließet sie fühlen, daß sie ein Herz haben!

Das ist mein Ernst, das übrige war Scherz.

———

Unser Mittagsmahl wollte kein Ende nehmen. Endlich wurde die Tafel aufgehoben; der Präsident entfernte sich und seine Gemahlin und ich blieben allein, wie ich es vorausgesehen hatte. Ich ging nun mit meiner Verteidigung logisch zu Werke, schob alles auf die Rechnung

einer unwiderstehlichen Sympathie, eines überraschenden
Gefühls, das mich augenblicklich ergriffen, fortgezogen und
aus Rand und Band gebracht habe. Ich mußte eine Menge
Vorwürfe anhören oder vielmehr n i c h t anhören, weil sie
mir schon bekannt waren; alles, was sie mir sagte, hätte ich
mir selbst sagen können. Es wurde mir die Versicherung gegeben: Mein Sieg würde keinen zweiten nach sich ziehen*).
Ich bewies dagegen, daß es unerhört, unzart, unverantwortlich von mir sein würde, ihn nicht zu verfolgen; ich
stellte den Grundsatz auf: Eine Frau von Ehre und Gefühl, der so etwas begegnet sei, habe kein Mittel sich
wieder zu rehabilitieren, als wenn sie sich einer Empfindung
überlasse, deren Dauer und Leidenschaftlichkeit ihr zur
Entschuldigung diene. Man wollte behaupten, man habe
meine Schuld nicht geteilt, sei nicht für mein Verbrechen
solidarisch verbindlich. Ich gab es zu, aber nur bis zu
einem gewissen Punkt, denn (bemerkte ich ganz leise), bei
Tafel sei sie nicht neutral geblieben, und schon vorher
(setzte ich hinzu) sei sie meine Retterin gewesen, als sie
den Scheintod ihrer Freundin mit so w a h r e n Tränen
beweint habe. Ich gab ihr zu bedenken: In welche Verlegenheit ich sie gestürzt haben würde, hätte ich die Grausamkeit gehabt, sie im Stich zu lassen, oder das Ungeschick, in ihre glückliche Erfindung nicht einzustimmen.
— Man errötete einmal über das andere ... man wußte
nicht, was man antworten sollte .... man fing an,
sich bloßzustellen, sich zu verraten. — Ich hielt ein,
um ihrer zu schonen, und überließ sie ihrem Kampfe
zwischen Sehnsucht und Scham. Es entstand ein langes
Schweigen, während jede Minute von mir benutzt wurde.
Ich unterbrach es durch einzelne Liebkosungen und durch
die Beteuerung: ich wolle nur unter einer Bedingung
glücklich sein — nur wenn s i e mein Glück teile. Sie
teilte es.

---

*) N'aurait point de lendemain.

Dieses Glück dauerte zwei Monate ohne Störung, ohne Wolken. — Wie? Zwei ganze Monate? Ist es möglich? Hab' ich es wirklich so niedergeschrieben? — Nun ja, denn sie sprach mir von einer abwesenden Schwester, die sie alle Tage erwarte, und deren Bekanntschaft ich zu machen wünschte.

Aber ach:
Le Temps voile et dévoile tout*).

Ein nichtswürdiger Bedienter sah uns, verriet uns dem Präsidenten, wollte sich durch die Entdeckung bei ihm beliebt machen. Dem Präsidenten gab dieser Verrat den Todesstoß. Er würde gern die Unwissenheit, worin er lebte, und die der Angeber ihm raubte, mit dem Leben bezahlt haben. Er konnte dem Berichte nicht Glauben beimessen, wollte nur den eigenen Augen trauen, verbarg sich, und sah. Aber er vergoß kein Blut, er machte es wie J o c o n d e**), ergriff die beste Partei, schonte und achtete das Leben seiner ungetreuen Hälfte. Beredter als der Fürst der Lombardei, hielt er uns eine Strafrede, wie sie C i c e r o in der Toga gehalten haben würde, und schloß sie damit, daß er mir das Haus verbot und seiner Gattin mit dem Kloster drohte.

Diese Drohung ließ ihn in meiner Achtung sinken.

Aber schon am Abend weinte sie so sehr ... so sehr, daß er nahe daran war, ihr Abbitte zu tun und sich einzubilden, er habe falsch gesehen. Er nahm sie mit sich aufs Land, weil es im Leben Vorfälle gibt, gegen welche die Einsamkeit die beste Arznei ist. Soviel ich weiß, hat sich ihre Strafe darauf beschränkt, ebenso ist mir versichert worden, daß er gegen sie den Vorfall niemals erwähnt hat.

Von nun an stieg er wieder in meiner Achtung.

---

*) Die Zeit deckt alles zu und auf.
**) In den Contes de la Fontaine.

Wie glücklich sind die Ehemänner, die sich mit Klugheit und Mäßigung in ihr Schicksal zu finden und zu ergeben wissen! Der Präsident war einer davon, einer der
ausgezeichnetsten, eine unbestechliche, unerschütterliche
Magistratsperson aus dem goldenen Zeitalter — denn
S o p h i e gewann den Prozeß, obschon i c h mich für
sie verwendet hatte.

So war der Präsident.

L a B r u y è r e sagt irgendwo: „Wüßte man, was
unser bester Freund von uns gesagt hat, man würde aufhören, der seinige zu sein." Ich meinesteils sage: Wer
würde mit seiner Frau glücklich sein, wüßte er um alle
ihre Geheimnisse?

Der Präsident hat sich nie weiter danach erkundigt.

Ich erwartete, wie ich schon gesagt habe, seine
Schwägerin. Aber die Art, wie ich mich hatte überraschen lassen, machte Aufsehen (denn jede Ueberraschung
spricht gegen uns), und da nichts so schnell in Umlauf
kommt, als das Böse, so erhielt auch S o p h i e Wind
davon. Es verdroß sie; sie erklärte mir nun rund heraus,
sie werde sich vermählen. Das war mir nichts Neues,
ich hatte sogar aufgehört, ihr davon zu sprechen.

Als ich Herrn v o n V... sein Glück hinterbringen
wollte, fand es sich, daß er es schon wußte. Hierdurch
verletzt, machte ich ihm Vorwürfe, daß er mir die
Sache verschwiegen hätte; er beantwortete sie mit Kälte
und schob die Schuld auf Sophien, die ihm Still-
schweigen auferlegt habe. Ich zog hieraus den Schluß,
daß ich ihr Vertrauen zum Teil verloren hatte.

Auch die beste Frau verstellt sich! Allein sie hatte so
viel Ursache, sich über mich zu beschweren, daß ich nicht
den Mut hatte, ihr Vorwürfe zu machen. Es war mir im
Gegenteil lieb, daß sie dem biederen Manne ihre Hand
gab, daß sie sich von meinen Bitten und seiner Beharrlichkeit hatte rühren lassen, nur hätte ich gewünscht, daß
sie länger widerstanden hätte. — Warum? Den geheimen

Grund zu diesem Wunsche fand ich in meinem Herzen, als es zu s p ä t war. Ich unterdrückte schnell die augenblickliche Aufwallung und ein schmerzliches Gefühl, dessen ich mich zu schämen hatte. Ich gewann den Sieg über mich und machte die letzte Anstrengung, um das Glück des Mannes beschleunigen zu helfen, den ich nicht mehr als einen Rivalen betrachten durfte. Ich führte das Paar in die Kirche. S o p h i e, blaß wie der Tod, hatte Mühe, ihre Fassung zu behalten, ohne Zweifel dachte sie an die Ludwigskirche in Versailles zurück und an die schwache Liebe, die wir auf Felsengrund zu bauen geglaubt hatten. Als sie mit bebender Stimme das J a sprechen sollte, welches sie zum Eigentum eines andern machte, fragten mich ihre Augen um Rat und Erlaubnis. Ich wandte die meinen von ihr ab, sie schwammen in Tränen. Ich stürzte aus der Kirche, ohne die Vollendung der Weihe abzuwarten, um mich nicht der Gefahr auszusetzen, Zeuge und Ankläger ihres Meineides zu sein. Meine ersten Versuche, einen Schmerz zu überwältigen, den ich mir selbst geschaffen hatte, waren fruchtlos; ich war nicht imstande, den Ausbruch zu bemeistern, der sich meiner bemächtigt hatte und mir im ersten Augenblick, als ich sie wiedersah, die Worte auspreßte: „Möge die Schranke, die sich zwischen uns beiden erhoben hat, mich nicht so leicht Ihre Freundschaft verlieren lassen, als sie mich meiner anderen Rechte beraubt hat!" Dieser Vorwurf war durchaus unstatthaft und unzeitig. Auch hatte er eine plötzliche Ohnmacht zur Folge — ihre A n t w o r t, meine S t r a f e.

Aber das war auch das letzte Symptom einer unsinnigen Eifersucht, der letzte Funke eines verlöschenden Feuers, die letzte Aeußerung eines Gefühls, welches einen so großen Einfluß auf mein Leben gehabt hat, und — treu bewahrt — mich vor unzähligen Klippen geschützt haben würde, an welchen das Schiff meiner Jugend gescheitert ist.

Lebe wohl, teure, zärtlich geliebte S o p h i e! Du

warst die erste, die in meinem Herzen unbekannte
Empfindungen und Rührungen weckte, die erste, für die
ich Tränen über eine mit Schwierigkeiten kämpfende
Leidenschaft vergossen habe. Lebe wohl, die engste zärtlichste Freundschaft wird uns bis ins Grab vereinen!!
Dieses ist mein Trost. Noch einmal, lebe wohl, mögest
du ebenso das Glück genießen, als du verdienst, es zu
kennen, dieser Wunsch enthält alles, und ist dir Bürge
für mich und dich.

Mit Tagesanbruch verließ ich das Schloß, und bei
meiner natürlichen Abneigung gegen das Abschiednehmen
hinterließ ich ein Schreiben an S o p h i e n und an ihren
Gatten.

„Sie werden hier beide den Ausdruck einer Zuneigung finden, die sich nie verleugnen wird, den
Ausdruck des Wunsches, daß Ihr Leben ebenso ruhig
und heiter sein möge, als das meinige bewegt und stür-
misch ist. — Ich habe Ihnen ein Glück vorbereitet,
dem ich entsage . . . das größte von allen . . . das Glück,
sich mit einem Herzen zu verbinden, welches man schätzt,
welches man liebt, und die Gewißheit zu haben — die
schönste für die Zukunft — daß diese Verbindung nur
mit dem Tode aufhören wird. Mögen Sie sich in Kindern
überleben, die Ihrer würdig sind! Kinder sind ein Geschenk des Himmels, wenn er sie uns nicht zur Strafe
gibt; die Ihrigen werden Ihr Trost sein. Wie könnten sie,
von Ihnen entsprossen, nicht gedeihen? Um dieses Glück
beneide ich Sie, fühle mich aber nicht berufen, es zu
verdienen, denn um dessen wert zu sein, und es ganz zu
genießen, bedarf es einer Beständigkeit, welche die Leidenschaften und der Strudel der Welt mir geraubt haben,
und einer Treue, die mein Herz, vom flatterhaften Instinkt
getrieben, nicht fest hält, und die ich im Strome böser
Gewohnheit ohne Rückkehr verloren habe. Ich bedarf

Ihrer Freundschaft, mich über die Opfer zu trösten, die ich Ihnen bringe, und bitte darum bis zu dem Augenblick, wo ich aufhören werde, sie zu verdienen, das heißt, bis zu meinem letzten Atemzuge. Ich verlasse Sie, aber das Beste in mir, meine innigste Seele, bleibt bei Ihnen zurück!" —

Ich verließ diesen Aufenthalt, als wäre es nicht mein Wille gewesen, ihn zu verlassen; ich verließ ihn ungern und mit Reue.

Die Leichtigkeit, sich in alle Lebensereignisse zu fügen, sich mit Ungestüm an etwas zu hängen, und sich mit Ergebung davon loszureißen, ist eines der sonderbarsten Attribute unsers Wesens. Die Fähigkeit, von einem Gegenstand zum andern überzugehen, die dem Menschengeschlechte überhaupt eigentümlich ist, und nur in den einzelnen sich modifiziert — diese Neigung, abgöttisch zu lieben, was man einst grausam vernachlässigen wird, ein Geschöpf wie eine Gottheit zu verehren, dessen Namen wir einst mit Gleichgültigkeit aussprechen hören und selbst aussprechen werden — diese Gewalt — diese Möglichkeit — d e m fremd zu werden, was uns zu einem zweiten Ich geworden war, nichts für d i e zu empfinden, die einst unsre ganze Empfindung war, kein Herz für diejenige zu haben, für die einst unser Herz allein schlug — diese unerklärliche Wandelbarkeit im Menschen ist eine der unauflöslichen Aufgaben unserer Organisation, eines der dunkelsten Rätsel unseres Wesens, und vielleicht der Hauptvorwurf, den wir unsrer Natur, unserm Seelenbau zu machen haben, weil er uns beständig auf die Betrachtung zurückführt, daß alle unsre Triebe*) nur Trümmer sind, und unser ganzes Ich nur eine große Ruine.

---

*) Affections.

Ich möchte einen Menschen kennen, der in seinem
ganzen Leben nur z w e i Frauen geliebt hätte. Ich setze
noch ferner den Fall, er sei von b e i d e n durch die Macht
der Umstände, durch den Lauf der Dinge getrennt worden,
welche immer mehr Kraft haben als die Menschen und
sie mit sich fortreißen; ich nehme an, daß er keine von
beiden wiederzusehen bekomme, ohne aufs innigste gerührt zu werden, ohne daß ihr Name ihn in Verwirrung
setze; ich nehme ferner an, er spreche von ihnen nur
mit einer Art von Andacht, oder noch lieber, er v e r -
m e i d e es, von ihnen zu sprechen; ich nehme an, daß ihr
Andenken sein Herz unverwundbar gegen alle Pfeile der
Liebe, gegen alles mache, was an Liebe grenzt oder ihren
Namen trägt. — Würde i c h einer der Glücklichen dieser
Erde, wäre e r unglücklich — ich würde ihn zu meinem
Freunde machen; mein Vertrauen in ihn würde grenzenlos und unwillkürlich sein. Wäre er arm, ich machte ihn
zum Herrn und Hüter meiner Schätze, wäre mein Tod
sein Vorteil, ich legte unbedenklich mein Leben in seine
Hände. Auch ohne Glauben an Gott, an Himmel und
an Hölle, auch ohne Furcht vor menschlichen Gesetzen,
und außer ihrem Bereich, würde ein Mann wie dieser in
meinen Augen ein rechtschaffener Mann sein.

———

Es fing an Abend zu werden, als ich in die Stadt
kam. Ich erfuhr, daß Frau v o n L. C..., die Schwester
der Präsidentin, welche früher eingetroffen war, aus ihrem
Unwillen gegen mich kein Geheimnis machte, daß sie
ihren Beschwerden freien Lauf ließ, daß sie sich selbst
zum Nachteil ihrer Schwester offen erklärte, und mich
laut und bitter den Urheber ihres Unglücks nannte. Ich
erfuhr zugleich, wie streng ihre Grundsätze, wie feind-
selig ihre Vorurteile gegen mich waren. — Wieviel Gründe

für mich, sie anzugreifen, sie zu überwältigen! Wieviel
Antriebe für einen Kopf, wie der meinige damals war,
nichts aus der Acht zu lassen, was mir zu einer süßen
Rache verhelfen, nichts zu versäumen, was mir den
Triumph über ihre Liebe erwerben konnte. Dazu gehörte
Nachdenken, Sammlung und ein genau entworfener Plan.
Ich brachte die ganze Nacht damit zu.

Am Morgen erbat ich mir unter einem erborgten
Namen die Erlaubnis, ihr in einer wichtigen Angelegenheit aufwarten zu dürfen. Ein Reisender wünsche sie zu
sprechen, könne sich nur wenige Stunden in der Stadt
aufhalten, und habe ihr die allerdringendsten Aufschlüsse
mitzuteilen. Mein Jäger hinterbrachte mir, die Dame habe
Anstand genommen, und sich vorläufig und angelegentlich nach dem Namen des Durchreisenden erkundigt, der
sich auf eine so geheimnisvolle Weise melden ließe. Das
bewog mich, auf der Stelle zu ihr zu gehen und mich
für einen Grafen von Chantenay auszugeben. Chantenay war der Name eines meiner Güter. Ich wurde angenommen und fand eine Frau, die nicht nur alle
Reize besaß, welche mir die öffentliche Stimme versprochen hatte, sondern auch solche, auf die ich nicht
vorbereitet worden war, nämlich: ein Organ, einen Ton,
eine Haltung, die mich entzückten, und dabei etwas Im-
posantes und Würdevolles im Wesen, das mich stutzig
machte. Als es vollends dahin kam, daß ich mich nennen
mußte, und ich es mit allen Zeichen der Bescheidenheit,
der Reue, in gesenkter Stellung und mit niedergeschlagenen
Augen tat — ja, da mußte ich die ganze Litanei der Ge-
meinplätze und Gemeinklagen über meine grenzenlose
Vermessenheit anhören, sie in ihrem Hause, in ihrem
eigenen Zimmer zu beleidigen, ihr Trotz zu bieten, nachdem ich ihre Familie beschimpft, und Trauer und Schande
über sie gebracht hätte. Sie bat mich, mich augenblicklich zu entfernen, und legte in dieses Verlangen ein
Feuer, eine dringende Ungeduld, welche an Haß grenzte.

Sie begreife nicht, sagte sie, was ich für eine Mitteilung, für einen Auftrag haben könne, die nur im geringsten dem Widerwillen die Wage hielten, den sie gegen mich zu haben gestand. — „Verdiente ich ihn, diesen Widerwillen," versetzte ich, „so würde ich untröstlich sein." — „Wie?" unterbrach sie mich lebhaft, „sind Sie nicht...? Aber keine Gegenklage, keine Vorwürfe, keine Erklärungen; geben Sie mir nur soviel zu, Herr Graf, daß wir beide uns nichts zu sagen h a b e n, und zu sagen haben k ö n n e n." — Mit diesen Worten verneigte sie sich mit vieler Würde gegen mich, und ging auf ihr Kabinett zu. Das durfte ich nicht zugeben; ich warf mich am Eingang auf die Knie und wagte es, die Hand zu berühren, welche in diesem Augenblicke mit kaltem Blute mein Todesurteil unterzeichnet haben würde, so blitzte ihr Auge, so bebte ihre Stimme vor Zorn. Sie entriß mir die Hand mit Abscheu, aber stärker als sie, und mir diesen Mißbrauch meiner Kraft erlaubend, hielt ich sie zurück und beschwor sie, mich anzuhören. Sie willigte ein, um einem größeren Uebel zu entgehen, d e m (sagte sie), mir so nahe zu sein. Das waren ihre harten Worte. Jetzt fühlte ich, es sei Zeit, eine höhere Rolle zu spielen, und mich von der kleinen, augenblicklichen Erniedrigung zu erheben, zu der ich mich, um ein Kind zu beschwichtigen, herabgelassen hatte. Ich begann mit etwas Stolz: „Madame, alles, was ich soeben gehört habe, ist mir neu; ich verstehe nichts von Ihren Vorwürfen; ich glaube, Sie nie beleidigt zu haben. Ich komme in einer Angelegenheit zu Ihnen, die Sie nahe genug angeht, weil Sie den Ruf Ihrer Schwester zugleich mit dem meinigen betrifft, und ich habe die Ehre, Sie zu versichern, daß Sie mich anhören w e r d e n. Nach dem Vorfall, den man auf eine so lächerliche und unschickliche Weise entstellt hat, habe ich ein Recht, ihn in das wahre Licht zu setzen und ... diesem Rechte werde ich nicht ent-

sagen. Uebrigens wünsche ich nicht*), daß es heute geschehe, teils sind Sie nicht auf diese Erklärungen gefaßt,
und ich bin es ebenso wenig, über einen Gegenstand zu
reden, der meine ganze Sammlung, meine ganze Aufmerksamkeit und die Ihrige, Madame, erfordert. . ." — Ich
bemerkte ihr Staunen, und suchte es zu benutzen und sie
zu erweichen. Nichts rührt eine edle Frau so sehr,
nichts führt in der Liebe so schnell zum Ziel, als wenn
man von einer früheren Liebe und von dem tiefen Eindruck spricht, den sie auf uns gemacht hat. Ich fuhr
fort: „Erlauben Sie mir für jetzt nur das einzige. Ich
hatte gehofft, jene Empfindung, der ich mein ganzes
Herz aufgeschlossen, würde die letzte in mir sein, ich
hatte gehofft, mein ganzes Leben würde unter den Augen
derjenigen verfließen, der ich es widmen wollte, bei ihr
wollte ich meinen Lauf vollenden, und in der Wonne
wechselseitiger Zärtlichkeit, endlich, und nach so vielen
Täuschungen, das Glück finden, für welches ich geboren
bin, und welches nur in einer Liebe anzutreffen ist, die
der Gegenstand derselben mit uns teilt, und die der
einzige Wunsch eines Herzens, wie das meinige, ist."
Hier trocknete ich einige Tränen ab, die ich nicht vergossen hatte, und setzte hinzu, ohne daß sie Miene gemacht hätte, mich zu unterbrechen: „Ein unglücklicher
Vorfall hat über meine Vorsicht gesiegt, und das Gebäude
umgestürzt, welches meine Hoffnung aufgerichtet hatte;
ich muß mich dem Geschick unterwerfen, das mir alles
geraubt hat, wenigstens werde ich bis an mein Ende
für diejenige alles sein und tun, die durch mich ihre Ruhe
verloren hat; ihre Ehre wird ein mir anvertrautes Heiligtum sein, welches keine menschliche Kraft mir entreißen
soll." —

Nach diesem pomphaften Bombast**), begleitet und

---

*) Il ne me plaît pas.
**) Galimatias.

gehoben von einer feurigen und beredten Pantomime, hielt
ich es für Zeit, mich wegzubegeben, nachdem ich der
Dame zweierlei gezeigt hatte, erstlich meine Rührung,
zweitens meinen Stolz. Jene ist ansteckend, dieser scheint
zu verschmähen, was man zu wünschen das Ansehen gehabt hatte.

Ich war dem Prior des Klosters von . . . nicht ab-
hold, der seinerseits für mich in heißer Freundschaft entbrannte. Er hatte einen Koch, dessen sich kein Lukullus
geschämt haben würde, und eine schöne Bibliothek, die er
im ganzen Ernste glaubte in sich aufgenommen zu haben.
Ich hatte ihm zu verstehen gegeben, er sei in meinen
Augen der größte Gelehrte; dadurch und auf andere
Weise war ich dazu gelangt, ihn in ebenso kurzer Zeit
zu meinem Freunde zu machen, als man gewöhnlich
braucht, seine Freunde zu verlieren. Er übte eine despo-
tische Gewalt über das sehr reiche Kloster aus. Ich bat
ihn um ein Zimmer und um Verschwiegenheit. Er
räumte mir jenes ein und versprach mir diese. Endlich,
nach einigen Tagen ließ ich mich bei meiner Unerbittlichen melden, fest überzeugt, daß sie mich dieses Mal
nicht abweisen würde, um so mehr, da es mein l e t z t e r
Besuch sein sollte, wie ich ihr sagen ließ, ein Abschied
vor meiner nahen Reise nach Paris — eine Audienz, die
ich mir erbäte, und in welcher ich versprach, alles auf-
zuklären.

Ich wurde angenommen. Im Eingange sagte ich:
„Ich hoffte, Madame, die Sache, welche sich auf
einen Gegenstand bezieht, den ich nicht erwähnen darf,
und wodurch sich mein Aufenthalt in der Provinz ver-
längert hat, heute abzutun, und Ihnen die darauf Bezug
habenden P a p i e r e, die ich vorher in Ordnung bringen
mußte, zustellen zu können (hier malte sich ein jähes Erstaunen auf ihren Zügen), allein meine auf immer unter-
grabene Gesundheit, der Zustand meines Herzens, dem
die Ruhe geraubt ist, und ein neuer Sturm, der sich s e i t

e i n i g e n T a g e n in demselben erhoben hat, machen
mich zu einer Arbeit unfähig, welche, so leicht sie ist,
für jetzt meine Kräfte übersteigt. . . . . Nicht ohne die
größte Anstrengung kann ich sie vollenden, und, mit
einem Worte, mich aus meinem Nichts erheben und abreisen."

Sie könne nicht einsehen, sagte sie, inwiefern meine
Anordnungen sie angehen könnten . . . doch weil ich es
so haben wolle . . . und es sogar peremtorisch verlange
. . . sei sie bereit, sich in Erörterungen einzulassen, die ich
für unvermeidlich hielte . . . Sie sei keineswegs darauf
vorbereitet, ein B l a t t m e i n e s R o m a n s einzunehmen
(gut gesagt! dachte ich bei mir selbst), und könne nicht
begreifen, was sie in Berührung und in Verwicklung mit
jemandem bringen könnte — ich möchte sie entschuldigen! — mit dem sie so wenig als möglich zu verkehren
wünschte. . . . Gleichwohl fühle sie sich zu einem Schritte
h i n g e z o g e n, gegen welchen sie so viel einzuwen-
den habe. . . . Dessen ungeachtet möchte ich aber überzeugt sein, daß sie zu allem geneigt sein werde, was mit
der Ehre und ihren Pflichten bestehen könne (welche
Pflichten? Sie hatte keine, sie war Witwe). Ich könne
darauf rechnen, daß sie, ihres anfänglichen Vorsatzes ungeachtet, zu allem geneigt sein würde, was sich mit ihren
Grundsätzen vertrüge (schöne Redensarten, Worte, Worte!
dachte ich).

Während sie sprach, hatte ich nur in den kurzen
Augenblicken die Augen von ihr abgewendet, wo es schicklich schien, den ihrigen, wenn sie auf mich fallen wollten,
auszuweichen. Meine waren trübe, ohne Feuer, niedergeschlagen, und drückten tiefen Seelenschmerz aus. Und
da mir überdies wenig oder nichts zu sagen übrigblieb,
da mein Plan so weit gediehen war, als ich es wollte,
und es nur noch einer lebhaften Anregung, einer starken
Erschütterung bei ihr bedurfte, wagte ich es mit
einer Ohnmacht, deren Erfolg meine Erwartung weit

überstieg. Denn da die Dame nicht schellen durfte, aus Furcht, sich vor ihren Leuten zu kompromittieren, war sie bereit, mir selbst Hilfe zu leisten, und tat es mit der ängstlichsten Sorgfalt. Es ging so weit, daß sie schon anfing, mir die Brust zu lüften, als ich für gut fand, dem Spiele ein Ende zu machen, damit ihr Eifer nicht erkalten und in bloßes Mitleid übergehen möchte. Ich schlug die Augen auf, einige Tränen kamen mir, ich weiß selbst nicht woher, zu Hilfe, und vollendeten die Täuschung des pathetischen Auftritts. Fanden sie vielleicht ihre Quelle in der Mühe, die ich mir gab, sie zu vergießen, oder waren sie eine natürliche Folge der Rolle, die ich zu spielen hatte, und der Ausdruck einer Rührung, die ich heuchelte? Genug, ich war in diesem Augenblicke der Schauspieler, der sein Talent aus seiner Seele schöpft und weint, weil der Dichter ihn weinen läßt. — Was ich aber mit Entzücken bemerkte, war, daß Frau v o n L. C... ebenso gerührt war als ich. Ich bedeckte ihre Hand mit Küssen, erholte mich, entschuldigte mich bestens wegen meiner tiefen, rechtmäßigen Empfindung, und schied mit der Miene eines Mannes, der sich anschickt, in den Tod zu gehen.

Ich verließ sie, in Betrachtungen versunken, die sie zu einer unbeweglichen Bildsäule gemacht hatten.

Zwei Tage später bewog ich den Prior, zu ihr zu gehen. Er hinterbrachte ihr, ich sei außer stande, ihr aufzuwarten, und liege seit achtundzierzig Stunden in einem heftigen Fieber. Der gute Mann, der es wirklich glaubte, richtete meinen Auftrag mit einer Wärme aus, und teilte der Dame seine Besorgnisse mit. Sie hielt nicht an sich, schien sich meine Unpäßlichkeit zu Herzen zu nehmen und entließ den Prior nach einem kurzen Besuche mit sichtbarer Gemütsbewegung. Jetzt griff ich sie von einer andern Seite an. Ich schrieb. Der Inhalt meines Billetts war: „Ich hätte eine unerläßliche Pflicht erfüllen wollen, und mich dadurch unglücklich gemacht; ihr könne

es nicht verborgen sein, von welcher Pflicht die Rede
sei. Indem ich mich gegen ihre Schwester einer schuldigen Verbindlichkeit hätte entledigen wollen, habe e i n
Augenblick über mein Schicksal entschieden, und zeige
mir in der Zukunft nichts als Unglück und Verzweiflung.
Es gäbe Leidenschaften, die das Ungefähr erzeuge, und
die nur schwache Spuren zurückließen; es gäbe aber auch
unzerstörbare Eindrücke, ebenfalls das Werk eines ersten
Augenblicks, Strafen des Himmels, für welche die Erde
keine Arznei habe. Nachdem ich mit so vieler Inbrunst
eine Unterhaltung mit ihr gewünscht hätte, so würde ihr
mein Benehmen ebenso unschicklich als ungereimt
scheinen, wenn ich sie jetzt verließe, ohne den Grund
anzugeben, warum ich jenen Wunsch geäußert habe; ich
müsse sie aber ersuchen, mich zu entschuldigen, wenn ich
vernünftig genug sei, einer Gefahr mich zu entziehen, die
ich nicht geahnt, nicht gekannt hätte. Ich beschwor sie,
keinen romanhaften und verkehrten Ideen den Entschluß
zuzuschreiben, sie zu fliehen, indem ich nur zu sehr
die traurige Erfahrung gemacht hätte, man müsse sie
i m m e r sehen oder sie n i e gesehen haben."
    In ihrer Antwort — die ich nicht erwartet hatte —
sagte sie: „Ich könne besser als sie die Gründe wissen,
die mich früher bewogen hätten, eine Unterredung mit
ihr nachzusuchen, und die mir jetzt Anlaß gäben, sie
nicht fortzusetzen, sie billige, o b s c h o n u n g e r n, alles,
was mir Vernunft und Weisheit vorschrieben, sie ersuche
mich jedoch, nicht abzureisen, ohne ihr d i e P a p i e r e
zuzustellen, denen ich eine solche Wichtigkeit beizulegen
schiene, und welche, wie ich ihr versichert hätte, ihre
Schwester so nahe beträfen, mein Billett enthalte manches,
was ihr unerklärlich sei, worüber sie aber keinen Aufschluß
von mir erwarte; übrigens schätze sie mich jetzt höher,
als sie es früher infolge eines unfreiwilligen, aber sehr
natürlichen Vorurteiles getan habe; sie ersuche mich, nicht
daran zu zweifeln, daß sie in vielen Stücken ihre Meinung

geändert habe*), und daß der Gedanke, mir vielleicht Unrecht getan zu haben, in ihr den aufrichtigen Wunsch für mein Glück hervorrufe."

Nach allem diesem konnte ich mich ohne Bedenken wieder bei ihr einfinden, und mir den Schein geben, als hätte ich in ihrer Antwort eine Art von Einladung, und die Veranlassung gefunden, mich eines Bessern zu besinnen.

Wie glücklich war sie, mich wiederzusehen! Ich bemerkte es im ersten Augenblick, so sehr sie sich auch Gewalt antat, ihre Gemütsbewegung zu verbergen. Kaum aber hatte sie mich ins Auge gefaßt, als der Sonnenstrahl der reinen Freude sich hinter einer dunklen Traurigkeitswolke verbarg!

Schwarz gekleidet, ohne Puder (damals etwas ganz Ungewöhnliches), die Haare verschnitten (d. h. größtenteils unter die Halsbinde versteckt), bleich von allem Wasser, das ich den Tag über getrunken hatte (ein unfehlbares Mittel, so blaß zu werden als ich will), auf den Wangen Spuren von Tränen (d. h. von G u m m i - A r a - b i k u m - Tropfen, in Wasser aufgelöst, auf die Haut geträufelt, dann leicht verwischt und getrocknet), die Stirn gesenkt und niedergeschlagen — in diesem Aufzuge, mit diesem Anstand, hatte ich mich am Abend eines trüben Regentages gegen neun Uhr bei ihr eingefunden.

Gemüt und Augen schienen noch trauriger und melancholischer als der Abend.

Ich stellte ihr ein schwarz versiegeltes Paket zu, mit dem Ersuchen, es in meinem Beisein nicht zu öffnen. Ich beschwor sie um die Gunst, mich aufmerksam anzuhören. Sie war nicht imstande, auch wenn sie es gewollt hätte, mich zu unterbrechen. Ich sah in ihr das versteinerte Bild des Schweigens und der Beängstigung.

Ich redete sie an:

---

*) Qu'elle ne fût beaucoup revenue.

„Ich kann mir selbst, Madame, über einen Punkt
Glück wünschen. Die Irrtümer meiner Jugend haben
keinen unheilbaren Einfluß auf mein von Natur gefühl-
voll und gut geschaffenes Herz gehabt. (Hier sagte ich
glücklicherweise die Wahrheit.) — Hätte der Tod nicht
eine Frau von mir getrennt, welche mich mit einer Liebe
beglückt hatte, wie man sie in den ersten Tagen der
Welt und der Tugend kannte, so würde ich noch immer
zu ihren Füßen liegen (auch hier sprach ich wahr!).
Wären die Frauen, die nach ihr meine Huldigungen angenommen haben, mir treu geblieben, wären sie mir nicht
durch Ereignisse und Umstände entrissen worden, die
nicht von meinem Willen abhingen, so würde man mich
als ein Vorbild haben aufstellen können, wie man sich
einem Gefühl überlassen dürfe, welches die Zeit rechtfertigt, adelt und heiligt. So aber hat alles dazu beitragen
müssen, meine Jugend und mein Herz zu vergiften. —
Alles, sage ich, meine Umgebungen, der Strom der Ver-
derbnis, einige Vorzüge und Naturgaben, die ich leider
gemißbraucht habe, eine allgemeine moralische Er-
schlaffung*) der Grundsätze, welche auch die meinigen
lockerer gemacht hat, eine kindische Eitelkeit, welche ihre
Ehre und ihren Stolz in Verirrungen sucht, die nur Unruhe und Reue zur Folge haben sollten; meine Gesellschaften und mein Umgang, alles, was ich gehört und
gesehen habe — das alles, sage ich noch einmal, hat
mich irregeführt, noch ehe ich die Bahn der Erfahrung
betreten, und mir den richtigen Gang vorgeschrieben
hatte, der das Gute finden und das Böse meiden läßt.
Ihre Schwester ist das letzte Opfer des unersättlichen
Triebes in mir geworden, Ihr ganzes Geschlecht zu besitzen, eines Triebes, den die Natur in mich gepflanzt
hat, und welchem ein durchdachtes System, die Mode
und die Leichtigkeit der Erfolge, neue Kräfte lieh. So

---

*) Relâchement.

bringt es die Gebrechlichkeit unserer Natur mit sich,
der Mensch begehrt, was er tadelt, und die Neigung
zu dem, was ihn verführt, verwandelt sich, selbst wenn
er es verwirft und von sich stößt, in ein unwiderstehliches
Bedürfnis. Ich bin dafür bestraft worden . . . ich bin
nicht glücklich gewesen . . . nein, ich war es nie, nie
habe ich ein Glück von der Art genossen, wozu mein
Herz und mein angeborenes Gefühl mich berufen und
berechtigt zu haben schienen . . . . Die Welt bildet sich
ein, wir ergötzen, wir amüsieren uns, nichts weniger:
unser Herz ist da und straft die Welt Lügen, unter den
Rosenblättern liegt der nagende Wurm verborgen. . . Es
ist beschlossen, ich will meine Strafe beenden, ich will
meiner Qual ein Ende machen." — „Wie, mein Herr"
(rief sie mit einem durchdringenden Schrei und blasser
als ich) — „Ja, das Leben ist mir zur Last . . . seitdem
ich Sie gesehen habe." — „Wie, mein Herr?" — „Ja, ich
muß diesem Zustand ein Ende machen, und zwischen der
Welt und mir eine Kluft... die Einsamkeit... ein ewiges
Bollwerk aufrichten. Zu sehr habe ich sie kennen gelernt, die trügerische Welt; nur das Geschenk Ihres Herzens
könnte mich ins Leben zurückrufen. . . Trost und Ersatz
für mich sein. . . Aber ich bin es nicht wert, Sie zu
besitzen. . . Der schnelle, unbegreifliche Eindruck, den Sie
auf mich gemacht haben, berechtigt mich nicht, zu wünschen . . . ist kein hinreichender Grund zu einem Bunde
zwischen Verbrechen und Tugend. . . . Doch davon kann
die Rede nicht sein. . . . Schon lange nährte ich den Entschluß, den jetzt die Leiden, welche den Frühling meines
Lebens vor der Zeit haben verdorren lassen und die noch
größeren Qualen einer neuen Leidenschaft, die mich überwältigt, unwiderruflich machen. . . . . Ich will mich von
allem losreißen, mich durch Gelübde binden und in den
finsteren Mauern eines Klosters, Ruhe — oder den Tod —
finden. Unser würdiger Prior leitet und bestärkt mich in
diesem Vorhaben, ich selbst beschäftige mich mit In-

brunst damit. Ich lasse nur e i n e Rückerinnerung zurück,
die mein Leben vergiften wird; allein, mein frommer
Freund wird mir den Pfad der Buße ebnen, ich höre in
ihm die Stimme meines Berufs."

Hier schwieg ich, es war hohe Zeit.

Jetzt sie:

„Der Zustand, worin ich Sie sehe, ü b e r w ä l t i g t
mich (ein seltsamer Ausdruck! dachte ich). Ich fühle mich
selbst, ich weiß nicht wie. Was kann Sie zu einem so
verzweifelten Entschluß bringen? Wäre es nicht ver-
nünftiger, zu warten, bis sich Ihre Gesundheit befestigt
hat? Unser physisches Wesen hat weit mehr Einfluß
auf unser geistiges, als man denkt. Sie sind nichts
weniger als wohl; ja, seit dem letzten Mal, da ich Sie sah,
sind Sie fast unkenntlich geworden. Von welcher unüber-
windlichen Leidenschaft ist denn die Rede? Ist es wohl
denkbar, bei der Gewalt, die Sie über sich selbst — und
unglücklicherweise über so viele andere — haben, daß
Sie so schwach sein werden, unter einem Eindruck zu er-
liegen, den Sie hätten bekämpfen sollen, ehe Sie ihn für
unbezwingbar erklärt haben? ... Wie können Sie eine
Lebensart ergreifen, die so bizarr ist, so sehr mit Ihren
Neigungen und Gewohnheiten im Widerspruch steht? Ich
warne Sie vor dem bitter täuschenden Glauben an einen
Beruf! Vor dem Eintritt in die Lebenshölle, über deren
Eingang die Worte geschrieben sind: „Hier bleibt die
Hoffnung zurück!" *) — I c h. „Wie schön dies gesagt
ist! Aber Ihr Verstand scheitert, wo Ihr Herz allein mich
in den Hafen steuern könnte. S i e könnten...." — S i e.
„Was könnte ich?" — I c h. „Mich ins Dasein zurück-
rufen; meinem Leben einen Wert geben, den es verloren
hat." — S i e. „Ich könnte es? Wie sollte ich?" — I c h.
„Mich der Tugend wiedergeben!" — S i e. „Suchen Sie
vor allen Dingen, Ihre Vernunft wieder aufzufinden." —

*) Worte des D a n t e in seinem Gedicht: Die Hölle.

I c h. „Unmöglich! Bei Ihnen habe ich sie verloren, und so lange ich Sie sehe, ist keine Hoffnung. . . ." — S i e. „Halten Sie ein! Sie haben meine Schwester unglücklich gemacht, wollen Sie auch noch . . ." — I c h. „Ihre Schwester? Sie vergleichen sich mit Ihrer Schwester? Wie können Sie sich so weit . . ." — S i e. „Halten Sie ein. Meine Schwester ist eine liebe, liebenswürdige, ausgezeichnete Frau." — I c h. „Ich gebe es zu, aber sie ist — eine Frau. S i e hingegen sind höherer Natur. Wären Sie zwei Schwestern, warum hätte ich nicht aus den Augen der älteren das verzehrende Gift, die unauslöschliche Flamme gesogen, die mir aus den Ihrigen entgegenströmt und mein Herz verzehrt? Ja, (indem ich mich ihr zu Füßen warf) mein Herz hat nur die Wahl zwischen Ihnen und dem Tode, wenn ich nicht eile, eine ewige Scheidewand zwischen uns aufzurichten! Aber auch dann verschmähen Sie meine letzte Bitte nicht, vergessen Sie nicht ganz den Unglücklichen, der, weil Sie ihm nicht vergönnen, in Ihrer Nähe zu leben, sich in die Einsamkeit verbannt hat, um, fern von aller Zerstreuung, mit Ihrem Bilde im Herzen ein elendes Leben zu führen und zu enden!"

Als ich so sprach, hatte sich ihr Kopf an meine Schulter gelehnt; brennende Tränen übergossen mich — tiefe Seufzer erstickten sie; — der Augenblick war erschienen; — vielleicht der einzige — ich ließ ihn nicht vorüber.

Mein Sieg war entschieden, sie lag in Ohnmacht; das schwarzgesiegelte Paket war auf den Boden gefallen; ich hob es auf, steckte es zu mir, benetzte meine Augen mit Kölner Wasser, das für Tränen gelten sollte, spritzte ihr davon ins Gesicht; sie erwachte, schlug die schönen beschämten Augen auf, heftete sie auf mich, mehr mit Verwirrung als zürnend.

Mit Rührung gedenke ich ihres Zustandes; er war von aller Ziererei so entfernt, daß sie es verschmähte, in Vorwürfe und Klagen auszubrechen und zu den bekannten

Künsten und Auftritten ihre Zuflucht zu nehmen, die so alt sind wie die Liebe, wie ihre Niederlagen und Siege. Nur die wenigen Worte sprach sie: „Nicht wahr? Sie entsagen Ihrem sinnlosen Entschlusse? Ich allein will die Unglückliche sein! Doch nein, ich bin es nicht, denn Sie werden mich nicht verlassen!"

Gewöhnliche Männer sind der Meinung, daß sich alle Frauen auf eine und dieselbe Weise ergeben, so wie gewöhnliche Frauen der Meinung sind, daß alle Männer nur auf eine Weise sich hinreißen lassen. Wie unedel! Wie unzart! Selbst die Schönste der Schönen bedarf eines magischen Reizes, um ihren Fall zu veredeln und sich von ihrem Fall zu erheben. Die Reminiszenz nach dem Siege macht uns zu wahrhaft Verliebten oder Nichtverliebten*). Eine mittelmäßig schöne Frau, die in ihre letzte Gunst Grazie und Anstand legt, hat einen Vorzug vor denen, welche nur Reize entfalten und sich ohne angeborenen Zartsinn, ohne das natürliche, wenigstens ohne das unmerklich erkünstelte Sträuben der Unschuld, preisgeben. Nur ein solches schafft den Liebeszauber, setzt ihn weit über den Genuß hinaus und vervielfältigt ihn durch das Nachdenken. Venus selbst löst ihren Gürtel mit schamhaftem Erröten.

Diese Kunst, diese schöne Natur lagen in Frau von L. C. . . .

Unsere Tage flossen in einer süßen Sorglosigkeit dahin, welche die Frucht gegenseitiger Liebe ist, wenn Tag und Nacht, Nacht und Tag in beständiger Wonne abwechseln und nichts das Glück gleichfühlender Herzen stört. — Nichts? — Ach, unser Glück wurde grausam gestört. Das furchtbare Uebel, das nur in der Impfung sein Gegengift

---

*) Dasselbe sagt Rousseau: Femme trop facile, voule-vous savoir si vous êtes aimée? Examinez votre amant sorti de vos bras. O amour! si je regrette l'âge où l'on te goûte, ce n'est pas pour l'heure de la jouissance, c'est pour l'heure qui la suit.

findet, richtete auf einem Gesichte, das ich anbetete, seine Verheerungen an. Während der ganzen langen und gefährlichen Krankheit verließ ich das Zimmer der Leidenden nicht. Ich setzte mich der Gefahr der Ansteckung aus, wich nicht von ihrem Lager, übernahm allein alle Hilfeleistung und Pflege, und jeder Dienst, den sie aus meinen Händen erhielt, machte sie mir teurer. Noch mehr: Ich dachte nicht einmal daran, daß sie mir das Gift mitteilen könne, oder, wenn ich daran dachte, so geschah es mit einer Art von Entzücken: „Du teilst die Gefahr mit ihr, folglich ist es keine, — im Gegenteil ein Glück — das Glück, mit der zu sterben, die du liebst!" — Das Ausbruchfieber war von beständigem Irrereden begleitet; sie rief mich unaufhörlich bei Namen, ich saß ihr zu Häupten und sie sah mich nicht, meine Verzweiflung war grenzenlos. Dabei war es aber eine überlegte Verzweiflung, der es nicht gleichgültig war, daß sie mich zum einzigen Gegenstand ihrer Gedanken machte, daß mitten unter ihren körperlichen Leiden ihr Geist sich mit dem meinigen beschäftigte. Aber das entsetzlichste erwartete s i e. Schmerzen sind nichts in Vergleichung mit der fürchterlichen Ueberraschung, mit dem Schreck über — Verunstaltung. Wie entsetzte sie sich, als sie zum erstenmal, meinem langen Widerstande einen stärkern entgegenstellend, in den Spiegel blickte und ihre verwandelten Züge sie sich selbst unkenntlich machten. Vergeblich tat ich aus vollem Herzen den Schwur, daß sie für mich noch immer dieselbe sei. Sie traute wohl der Wahrheit meiner Eide, aber noch mehr der Wahrheit des Spiegels.

„Ich lasse Ihnen Gerechtigkeit widerfahren," sagte sie, „aber auch mir!" Ich durchschaute nicht gleich den Sinn dieser Worte; einige Wochen später wurde er mir klar. Frau v o n L. C . . . . zog sich in ein Kloster zurück, aus welchem (sie ging hierin ehrlicher und aufrichtiger zu Werke als ich) meine Bitten und Vorstellungen sie nicht zurückbringen konnten. Sie selbst bat mich,

nach Paris zu gehen und versprach mir, für den Fall
erprobter Treue, ihrem Vorhaben zu entsagen und sich
mir zu schenken. Ich bot ihr meine Hand an, und zwar
unverzüglich (ehrlich und aufrichtig); sie war fest wie Ei-
sen und Stahl und widerstand meinem Flehen und meiner
Liebe. — Was blieb mir übrig? Ungern und mit Kummer
reiste ich ab, fühlte mich unglücklich und ward es noch
mehr, als ich erfuhr, daß sie ihre Gelübde abgelegt hatte
— Gelübde, die sie mir auf immer entzogen.

Welch ein Zauber liegt im Hindernis! Welche
Macht in der Unmöglichkeit! Welche Ungeduld erregen
beide, welche Reue ohne Trost, welche hoffnungslose
Wünsche!

In ihrer klösterlichen Abgeschiedenheit erlebte Frau
von L. C .... den Anfang der Revolution, und vertauschte seitdem diesen Aufenthalt mit einem Kloster in
Deutschland. Hier lebt sie noch, indem ich dieses schreibe.
Möge sie sich ebenso glücklich fühlen, als sie, mit allem
Jugendreiz übergossen, zur Zeit unserer Bekanntschaft es
zu sein glaubte! Sollte sie dem flüchtigen Augenblick
unseres Frühlings und dem schönen Vaterlande, welches
wir beide verloren haben, eine Träne widmen, so fließe
sie ohne Bitterkeit, als Ausdruck einer schwärmerischen
Melancholie, welche köstlicher ist, als die Freude!

Die Vorsehung bediente sich meiner ungeweihten
Hand, sie der Gottheit zuzuführen; ich ward für sie
ein Gnadenwerkzeug; ich öffnete ihr die Tür zum
Heiligtum, ungefähr wie der mechanische Arbeiter den
Ton zubereitet, aus welchem die Porzellanvase geformt
wird, welche im reichen Schmuck der Kunst die Tafel
der Könige ziert.

Aber der große Hebel weiblicher Bekehrungen ist die
Häßlichkeit. Häßlichkeit macht die Weiber zu Bet-
schwestern oder zu Teufeln — nicht selten zu beiden
zugleich.

Der Graf von Maillebois lebte damals auf seinem Landsitze und dachte über die Ungerechtigkeit nach, die ihm den Marschallstab vorenthielt. Dieses Unrecht beschäftigte ihn ausschließlich und war das Lieblingsthema seiner Unterhaltungen; übrigens wußte er sie auch mit anderen Gegenständen zu würzen, welche für seine Freunde ein lebhafteres Interesse hatten. Er hatte mich oft eingeladen, seine Einsamkeit mit ihm zu teilen, deren Zierde eine geistreiche Gattin war, die er früher angebetet hatte und noch zu lieben glaubte. Ein allerliebstes junges Mädchen war ihre Gesellschafterin. La Fontaines bekannter Vers:

Et la grâce, plus belle encore que la beauté,

schien für und auf diese gemacht zu sein. Ich kam an, als sie eben ging und sah sie kaum, als sie verschwand, gleich einem letzten Sonnenstrahl, welchen die Wolke auffängt. Vierundzwanzig Stunden nach meiner Ankunft verließ sie das Haus und schenkte mir zum Andenken eine niedliche Zeichnung, ihr oder eines Engels Werk. Dieses kleine Geschenk hätte mir beinahe das Leben gekostet: Denn als mich lange nachher in der Nähe von London Straßenräuber überfielen und ich ihnen ohne Widerstand Uhr und Börse überließ, aber mich durchaus nicht von einer kleinen hölzernen, rosafarbenen Büchse trennen wollte, worin Kleinigkeiten und besonders die kleine, hübsche Zeichnung lag, die so großen Wert für mich hatte, war einer dieser Herren übelgelaunt genug, zur Strafe, beim Wegreiten, sein Pistol durch das Wagenfenster auf mich abzudrücken. Ich habe ihr Talent und die hübsche Hand nicht vergessen, womit sie so allerliebst malte. Noch weniger habe ich vergessen, wie sehr sie in das Altertum, in die antiken Modelle und Kostüme verliebt war, und schon damals sich kleidete, wie es später unter uns Sitte geworden, und wie man sich im alten Athen, unter dem schönen Himmel Griechenlands, trug.

5*

Sie ist das erste 'Weib, welches ich den Beweis führen gehört habe, daß Europas weibliche Tracht
naturwidrig sei, daß es ihr an Grazie, an Bequemlichkeit
fehle, und daß selbst die Gesundheit darunter leide. Sie
trug statt aller Bekleidung 'eine lange, weiße Tunika, vorn
übergeschlagen, unter der Brust mit einer Rosaschärpe
befestigt. Ihr Kopfputz bestand 'aus einer Blume im Haar.
Nie habe ich schönere 'Formen gesehen, edler gezeichnete
Konturen, eine anständigere Nacktheit 'einzelner Teile. Es
ist unmöglich, sich von 'ihrer so anziehenden und zugleich
schmucklosen Toilette einen Begriff zu machen. Sie schien
zum Beglücken geschaffen und gebildet. Sie hatte die
Güte, mir in einem kurzen, erklärenden Aufsatz das ganze
System ihrer Tracht zu entwerfen. Ich teilte einigen Freundinnen in Paris die kleine Schrift mit; allein es fehlte
ihnen an Mut, schon damals die antike Grazie und V e r -
n u n f t m ä ß i g k e i t anzunehmen. Doch muß man auch
gestehen, daß zur Annahme einer solchen Bekleidung ein
anderes Klima, als das Pariser erforderlich ist, wo die zu
leichte Tracht so manche Schöne in ihrem Lenze dahinwel-
ken läßt wie frühzeitige Blumen, wenn sie des Schutzes
entbehren, der sie vor der rauhen Jahreszeit verwahren soll.

Nachdem ich den Grafen von M a i l l e b o i s verlassen hatte, welcher damals so wenig wie ich eine Revolution vorhersah, die sich immer wider meinen Willen
in meine Feder drängt, begab ich mich wieder nach Paris,
und ließ, so viel es nur möglich war, alle Rückerinnerungen
an die Provinz und an das, was mir begegnet war, hinter
mir zurück. Eine der ersten Zerstreuungen, die mir be-
gegneten, führte mir das Ungefähr an einem Abend zu,
als ich die Oper verließ. Ich erneuerte daselbst die Bekanntschaft mit der liebenswürdigen Frau v o n 'L . . . . .,
die ich früher in Mans 'und später bei Fräulein v o n

Coulanges gesehen hatte. . Letztere galt für die erste Schönheit von Paris; aber sie blieb nicht lange im Besitz dieser Ehre. Der Tod mähte die zarte Blume in der ersten Hälfte des Tages ab. Sie starb, angebetet vom Prinzen von Bauffremont, welcher das Eis seines Winters an der Glut ihrer Frühlingssonne erwärmte und mich selbst bei seiner Geliebten eingeführt hatte, ohne es zu ahnen, daß ich ihm einen — Pagenstreich spielen würde, obschon ich nicht mehr Page war. Aber es geschah; und wenn ich von diesem Vorfall nicht zu seiner Zeit gesprochen habe, so war's, weil die Liebelei nur kurze Zeit dauerte, nichts Besonderes hatte, der Zerstreuung und der Gleichgültigkeit Platz machte, und weil es kleinlich und langweilig ist, alles zu sagen. — Ich fand Frau von L..... wieder, wie ich sie vor ihrer Verheiratung nur flüchtig gesehen hatte; ich fand sie ebenso allerliebst, aber ausgebildeter; sie entfaltete alle Grazien, alle Reize, welche sie früher nur angedeutet hatte*). Ich sah sie wieder und fand in ihr die erlernte Haltung, die pikante Sicherheit, die der Ehestand gibt und denen ich vor den schüchternen, gespielten oder wirklichen Zierereien des jungen Mädchens, das sich in der Liebe versuchen oder sich gegen die Liebe sperren will, den Vorzug gebe. Ich hatte bei unserer ersten Bekanntschaft nicht übel Lust gehabt, mich ihrem Herzen zu nähern, hatte mich aber nicht tiefer eingelassen, weil mir die Mama — eine beschränkte Seele, die bei allem aufschrak, und über alles zitterte, was ihre Tochter betraf — Felsen in den Weg rollte. Ich darf nicht aus der Acht lassen, daß an jenem Opernabend eben diese Mutter, in Abwesenheit des Gatten, ihre Tochter begleitete, und daß sie selbst noch alle Vollkommenheiten der Schönheit, aber einer Schönheit an sich trug, welche täglich einen Vorzug nach dem andern einbüßt und sich mit starken Schritten dem Niedergang

---

*) Auxquels elle préludait alors.

nähert. Ueberhaupt gibt es im Frauenleben einen glücklichen Zeitpunkt, wo die Reize sozusagen stationieren, und
wo die Augen noch glänzend vom Feuer der Jugend der
gehorchenden Zeit den Befehl zuwinken, vor ihnen vor-
überzugehen. Auf diese Periode folgt aber rasch einfallend
eine zweite, wo jede Minute eine Blume welken macht,
einen Reiz raubt, ein Verführungsmittel zerstört; dann
bringt jeder Augenblick eine Verheerung, dann sind die
Frauen noch heute begehrenswert, morgen sind sie es
weniger, übermorgen gar nicht. Wie teuer ist alsdann
jeder Augenblick! Wie kostbar jede Gelegenheit, zu der
Jugend und ihren Freuden zurückzukehren, ehe die Zeit
kommt, wo sie für uns abgeschlossen sind! Da heißt
es bei der Frau nicht mehr „Ueberlegen“, sondern „Genießen“.

In dieser Lage befand sich die Mutter der Frau von
L . . . . ., und ihre Ideen über diesen wichtigen Punkt
stimmten ganz mit den meinigen, wie ich sie hier aufgestellt habe, überein. — Strenge gegen ihre Tochter,
welche noch Raum und Zeit vor sich hatte; Nachsicht
gegen sich selbst, welcher beides abging. Beides ließ sich
erklären. Beides war recht schön, aber zu gotisch für
mich. Ich entschied mich schnell zu einem Vergleich:
Die Nachsicht gab ich zu; die Strenge bekämpfte ich.

Ich fing damit an, der jungen Person zu eröffnen,
daß ich seit langer Zeit ihr Anbeter sei, und daß ihre
Mutter es nicht zugeben wolle, weil sie mich ganz allein
in Beschlag zu nehmen, und mein Herz für sich zu besitzen gewillt sei. Der Mutter sagte ich: Sie habe mir
vom ersten Augenblick an eine überlegte*) Leidenschaft
eingeflößt; dabei dürfte ich ihr aber nicht verbergen,
daß ihre Tochter Absichten auf mich habe. Ich setzte
hinzu: Meinem Herzen sei eine übermäßige Empfänglich-

---

*) Raisonnée.

keit*) angeboren; und da ich nur dies eine Herz besäße und es von ihr erobert sei, könne ich mich unmöglich in zwei Liebschaften teilen; daher müsse ich sie beschwören, es für sich zu behalten und nur zuzugeben, daß ich mich gegen ihre Tochter gefällig zeige, um ihrer Eigenliebe zu schmeicheln und uns von dieser Seite Ruhe zu verschaffen. — Die junge Person schien mir nicht ganz zu trauen; aber die Mutter zog gelindere Saiten auf. Wieviel weibliche Tugenden sind nur rauh und lärmend, weil man sie nicht angreift! Aus diesem Grunde griff ich die ältere Tugend an, und als sie nachgegeben hatte, richtete ich es so ein, daß die Tochter die Niederlage merken mußte. Ich gab ihr einen Wink und erleichterte ihr die Mittel, uns zu überraschen. Die Mutter, wohl oder übel, ließ sich alles gefallen, um Friede und Verschwiegenheit zu erkaufen. Sie mußte einen Liebhaber abtreten, der so ungeschickt gewesen war, sich betreffen zu lassen, weil er eine Türe abzuschließen — vergessen hatte, und ebensowenig, als seine junge Mitschuldige, den schwarzen Verrat zu gestehen Lust hatte. Auf diese Weise konnte meine Huldigung zur Tochter, als zu ihrem ersten und natürlichen Gegenstand, zurückkehren. Doch, da es Pflicht ist, Verräter zu bestrafen, selbst wenn man aus ihrem Treubruch Nutzen zieht, so war ich Bösewicht genug, neue Mittel zu finden, die verlassene Dido zu trösten, ohne daß es ihre hübsche junge Rivalin geahnt hätte. Ja noch mehr: Ich war nahe dabei, der Tochter überdrüssig und der Mutter treu zu werden. Jedoch, ich besann mich noch zu rechter Zeit, brach beider Umgang zugleich ab, schrieb nach einigen Wochen beiden zugleich ein Abschiedsbillett gleichen Inhalts, und dieser große Gedanke, der ohne Mühe in mir entstanden war, schenkte uns dreien zugleich die Freiheit wieder.

---

*) Sensibilité.

Frau v o n L . . . . . fand sich anfangs durch einen
Schritt, den sie ein schlechtes Verfahren nannte, beleidigt*), hatte aber bald Takt und Verstand genug, darüber
zu lachen (denn worüber lacht die Jugend nicht?). Ihre
Frau Mutter nahm die Sache nicht so leicht (ich habe
es schon gesagt: In ihren Jahren versteht man keinen
Spaß in diesem Punkte). Sie grollte und benahm sich
viel zu theatralisch, denn das Ereignis war unbedeutend
und ich hatte ihr ziemlich lange gehuldigt. Sie hat mir den
Abfall nie verziehen.

Beide Damen wohnten im Hotel C h o i s e u l. Der
Vater hatte eine Anstellung in dem Bureau des Herzogs
gehabt, und es ist möglich, daß die liebenswürdige Frau
v o n L . . . . . diesen geistreichen aber unmoralischen
Minister zum Vater gehabt habe. Der Herzog von C h o i -
s e u l hatte sich an das Ausland verkauft; er ist eine
Pest für den Staat gewesen und hat die Krone entwürdigt;
gleichwohl ist er nicht des Verbrechens schuldig, womit
man sein Andenken hat belasten wollen; er hat den Tod
des unglücklichen Vaters L u d w i g s XVI. nicht auf dem
Gewissen. Sein Bruder, der Marschall von S t a i n v i l l e,
ein mittelmäßiger Kopf, ein hartherziger und gehässiger
Charakter, reichte ihm nicht das Wasser. Ich werde diesen
näher schildern, wenn ich zu einem Zeitpunkt komme, wo
ich zu meinem großen Nachteil gegen ihn, gegen seine
Dummheit und seine Ungerechtigkeit anzukämpfen hatte.

So hat denn eine Folge schlechter Minister das schöne
Frankreich in eine unheilbare Verwirrung gestürzt. So
tragen überhaupt schlechte Wahlen dazu bei, daß ganze
Dynastien untergehen und verschwinden. So schreiten be-
stochene oder untüchtige Minister als höllische Erscheinungen daher, gehen dem Fall der Reiche voraus und
stürzen die festesten Throne in den Staub. Sie selbst
gehen vorüber, treten vom Schauplatze ab, lassen das

---

*) Choquée.

herrschende Geschlecht hinter sich, welches bald nachher durch i h r e Schuld verloren geht, für i h r e Fehler und Verbrechen büßt, oft ein ganzes Volk, oft mehrere Völker in seinen Fall mit fortreißt, und einen allgemeinen Umsturz der bürgerlichen Ordnung nach sich zieht.

Ihr neidischen, abgünstigen, unzufriedenen Seelen, die ihr euch nicht über die Vorzüge trösten könnt, welche man, mit Recht oder Unrecht, vor euch hat; ihr, denen die Glücklichen ein Dorn im Auge sind; ihr, die eure Verdienste unaufhörlich mit denen anderer vergleichet, um euch mit der Einbildung zu quälen, wie ungerecht, wie blind das Glück sei; schaut her, überzeugt euch, daß die großen Lücken, die in den eingeführten Rang- und Klassenordnungen entstanden sind, daß der furchtbare Einriß in das hierarchische Blatt des geistlichen Kodex dazu da sind, um die Ruhe wiederherzustellen; laßt euch sagen, wie nichtig die Gaben der Glücksgöttin, und wie gehaltlos die Urkunden sind, die sich nicht auf den wirklichen inneren Wert des Begabten gründen.

Macht es euch bequem; arbeitet euch nicht ab, Grundsätze aufzustellen, Folgerungen zu ziehen, auf gegebene Grundlagen zu bauen; verliert keine Zeit mit verwickelten Berechnungen, verwendet keine Kräfte auf Vergleichung der Wahrscheinlichkeiten*), schließt nicht von dem, was ist, auf das, was sein s o l l: Denn das unbezwingliche Schicksal, das Fatum, welches die Alten zu einer Gottheit erhoben haben, wird eure Kombinationen umstoßen und euch zeigen, daß, was die Menschen für die Regel halten, nichts weiter ist als flüchtiges Uebereinkommen; das Fatum wird euch die Ungewißheit und Leere eurer eingeführten Gebräuche lehren; es wird euch dartun, daß es für euch keine feste, sichere Stellen gibt, daß in der Natur nichts unwandelbar ist als die Wandelbarkeit, nichts stetig als unsere Unwissenheit, nichts erwiesen als

---

*) Calculs de probabilités.

unsere Blindheit, und daß alle Folgen und Wirkungen, die uns selbst im System unserer armen menschlichen Ordnungen in Verwunderung setzen, uns nur deswegen wundernehmen, weil unseren schwachen Augen a l l e G r u n d u r s a c h e n entgehen.

Dem, der ernstlich darüber nachdenkt, wird die Lust vergehen, sich auf seinen Scharfsinn etwas zugute zu tun.

Ich beschäftigte mich nicht mit Gedanken dieser Art, als ich eines Abends mit dem Marquis v o n G e n l i s durch das Palais-Royal ging und von einer Frau angehalten wurde, die mich einlud, ihr zu folgen. Ich hatte eben keine Lust, ihr Gehör zu geben; aber G e n l i s betrachtete sie näher, fand in ihr einen Schatz von Reizen und las auf ihrem Gesichte, daß sie nicht für ihr Gewerbe geboren sei. Je mehr er ihre Haltung und ihr Wesen herausstrich, desto mehr lachte ich ihn aus und drang in ihn, sich zu entfernen. Wie wenig sah ich voraus, was meiner wartete und welches pathetische Wiedererkennen mir bevorstand! Diese Frau war — meine A l i n e*) (hat nicht jedermann die seinige?), meine junge, frische Bäuerin, welche in einem der lieblichsten Dörfer von Frankreich, unter dem Himmelsgewölbe, die erste Huldigung der Liebe von mir erhalten hatte. Wie wäre es nun möglich gewesen, ihr nicht in ihr Dachstübchen zu folgen und ihre Geschichte sich erzählen zu lassen? Sie war nur einfach; ihrer Lebensereignisse waren wenige; ach, und diese wenigen waren die natürliche Folge ihres und meines ersten Fehltritts. Was sie mir erlaubt hatte, erlaubte sie anderen; ihre Eltern hatten sie ver-

---

*) Beziehung auf B o u f f l e r s Aline, reine de Golconde.
U e b e r s.

stoßen. Die Libertinage ist anfangs ein scheues, furcht-
sames Kind, wird aber bald zum Riesen und wächst
in einem fort, bis sie zusammenstürzt. So war es dem
Mädchen ergangen. Sie war nach Paris gekommen und
in den Abgrund versunken, der unter der Gestalt eines
einzigen Lasters sie alle verbirgt. Nach manchem Glückswechsel war sie in ein Elend geraten, aus welchem
wahrscheinlich nichts sie gerettet haben würde. Sie
s c h i e n nicht, sie w a r bei dieser Erzählung gerührt.
Uns lockte sie Tränen ab, u n s, besonders m i r, der
sich den strafbaren Anteil an ihrer Lage, an ihrer unwürdigen Lebensart nicht verbergen konnte. Herr v o n
G e n l i s gab ihr mit der ihm angeborenen Freigebig-
keit und Großmut alles, was er bei sich hatte, und sagte
dabei: Er fühle sich glücklich, das Unrecht eines Freundes
zum Teil wieder gutmachen zu können, in der Hoffnung,
daß es ein andermal ein Freund ebenso mit ihm machen
würde. Ich meinesteils handelte noch besser, handelte
aber aus Pflicht so. Ich brachte sie in die Vorstadt Saint
Jaques zum Arzte S . . . ., und nachdem ihre Gesundheit
wieder hergestellt war, versah ich sie mit dem nötigen
Reisegelde, schickte sie nach der Normandie und ver-
heiratete sie mit einem Hägereiter, der ihr ohne Umschweif
alle seine verliebten Waldabenteuer gebeichtet hatte; ob
sie ihm die ihrigen gestanden und die Quittungen vor-
gezeigt haben werde, lasse ich unentschieden.

Warum habe ich nicht immer auf diese Weise mit
wenig Gutem, was so leicht getan ist, das Böse wieder
ausgeglichen, welches oft so viel Mühe kostet, und so
selten ungeschehen gemacht werden kann! Fehler verbessern, ist die Tugend derer, denen die übrigen fehlen.

Dieser Teil meines Lebens zeichnete sich durch zwei,
mir zur Gewohnheit gewordene Gemütsrichtungen aus,

welche ich nur mit großer Mühe habe bekämpfen und mit noch größerer überwinden können. Die erste war: Der beständige Gedanke an den Tod, keineswegs aber mit Furcht verbunden. Die zweite war: Eine unwillkürliche Beschäftigung meines Geistes, bestehend in Träumen einer zügellosen Einbildungskraft, in Hirngespinsten, Täuschungen und Luftschlössern*). Es war mir oft stunden- und tagelang unmöglich, mich aus Lagen herauszuarbeiten, in welche mich meine Phantasie gebracht hatte. Heute war ich der Anführer eines siegreichen Heeres; ich eroberte eine Festung mit Sturm; meine Krieger hatten Wunder der Tapferkeit vollbracht; ich hielt nun die Wut des Siegers zurück, und meine Milde wurde von den Ueberwundenen gesegnet. Morgen war ich König. Mein Hof war der glänzendste in Europa; ich ernannte zu den Großwürden meines Reiches; ich setzte lange Verzeichnisse tüchtiger Staatsbeamten auf; ihr Fleiß und ihre Brauchbarkeit rechtfertigten meine Wahlen. Nur fand ich oft große Schwierigkeiten, die von mir gemachten Entwürfe zu verwirklichen; dies kostete mir viel Kopfzerbrechen. Ich begünstigte die Künste, tat weniger zur Aufmunterung der Literaten, denn mir war ihre große Unkenntnis der Welt, ihr noch größerer Eigendünkel, ihre Undankbarkeit und der Widerwille bekannt, mit dem sie sich in das Joch der Oberherrschaft und in die Untergebenheit fügen. Ich gab Feste; Feste gehören zu den Pflichten eines Königs, wenn er die übrigen erfüllt hat. Ich war auf den Glanz meines Thrones bedacht; denn das heißt, auf die Erhaltung desselben bedacht sein. Wer diesen Satz leugnet, verdient zu den Dummköpfen gerechnet zu werden oder zu den Faktionsmännern, für die es die größte Freude ist, das herabzusetzen, was sie hassen. — Ein anderes Mal verwandelte ich mich in einen christlichen Redner. Als ein zweiter Bossuet donnerte

---

*) Châteaux en Espagne.

ich von der Kanzel herab; Könige und Völker erbebten vor der erhabenen Sprache, die ich führte, und das Lob, welches ich den Großen im Grabe erteilte, war für sie eine Hindeutung auf ihr lebendes Nichts. — Wieder ein anderes Mal war ich der begünstigtste Liebhaber einer großen Königin, der meine reiche und freigebige Einbildungskraft eine Macht ohne Grenzen, eine Schönheit ohne Flecken lieh. Ich hatte alle meine Nebenbuhler entfernt; die Welt lag zu ihren Füßen; s i e lag zu den meinen. — Noch ein anderes Mal hatte ich die Narrheit (denn eine Narrheit war's), mein Leben über mehrere Jahrhunderte ausdehnen zu wollen. Ich legte mir die Macht bei, alle Formen, die mir gefielen, anzunehmen; ich durchreiste Europa unter verschiedenen Namen und Gestalten; ich erfüllte es mit meinem Rufe, mit tausend abwechselnd rühmlichen und scherzhaften Abenteuern; nur mußten beide immer etwas Wunderbares an sich tragen. — Das traurigste bei dieser Seelenkrankheit war, daß, sobald sich eine solche Idee meiner bemächtigt hatte, sie mich nicht wieder verließ, sondern zur fixen wurde, die mich in die Welt begleitete, allen Zerstreuungen widerstand, in meiner Phantasie tiefe Wurzeln schlug, mich von allem ablenkte, wachend und schlafend in mir lebte und webte, keimte und wuchs, mich oft am Schlafe hinderte oder beim Erwachen sich an die Spitze aller meiner Gedanken stellte, ja oft mein einziger Gedanke war.

Sich auf diese Weise an eine fixe Idee hängen, heißt den kürzesten Weg zur Narrheit und Tollheit einschlagen.

Der Mann, welcher sich abwechselnd für T a n - c r e d , Alcibiades, Bajazet, Ludwig XIV., D e - m o s t h e n e s halten wollte, würde zuletzt das Los des Unglücklichen teilen, den man einsperren mußte, weil er sich einbildete, G o t t d e r V a t e r zu sein. Der arme Mann war in allem übrigen so vernünftig wie ein anderer. Ich weiß nicht, warum man sich so streng gegen ihn benahm. Er hatte seine Art von Narrheit; ich gebe es zu; haben wir aber nicht alle die unsrige? Und wie viele Narren gibt es, welche gefährlicher und schädlicher sind, besonders wenn ihnen auf Erden diejenige Macht und Gewalt zugeteilt ist, welche er in seinem unschuldigen und unschädlichen Wahn über Himmel und Erde glaubte ausüben zu können!

Ich faßte den Entschluß, meiner Phantasie diese romanhaften Ausflüge zu untersagen, sie von der Gefahr, sich durch Afterschöpfungen unglücklich zu machen, zu befreien, meinen S e l b s t v e r w a n d l u n g e n so wenig Gewicht als möglich beizulegen; mit einem Worte, in der Wirklichkeit zu leben und nicht länger den nichtigen Träumen eines wachenden Toren nachzuhängen. Es kostete mich viel Mühe, eine Gewohnheit abzulegen, die mich in die ungemessenen Räume der Einbildung versetzte, und dem Wahne eines grenzenlosen Horizonts zu entsagen. So viel Herbes hat das wirkliche Leben! So sehr sucht die Natur den bitteren Kelch zu versüßen!

Von diesen immerwährenden Luftbildern und abgezogenen Ideen konnte mich nur eine andere Grille befreien — der G e d a n k e a n d e n T o d. Der Tod war mir beständig gegenwärtig, obschon ohne mich zu schrecken. Doch berührte seine Knochenhand die Blumen meines Lebens, und machte sie verdorren. Alles Glück, alle Freude, die mir ward, störte und zerstörte sein Anblick. Was ist, sagte ich zu mir selbst, das Dasein eines Tages und alles, was diesem Dasein Wonne oder Schmerz, Ruhm oder Schmach geben kann? Welchen Wert kann ich den Täuschungen einer Stunde beilegen, welchen schon morgen der Tod ein Ende macht? Wird auf meinen Lippen das Lachen schweben, wird in meinem Herzen die Freude wohnen, wenn alles mir zuruft, daß ich zum größten aller Leiden verdammt bin, zum Unglück, geboren zu sein? — Wenn alles Zeugnis ablegt, wie wenig das S e i n für uns ist? — Wenn alles bezeugt, daß wir nur belebter Staub sind, den der Hauch der Winde zerstiebt! Das

schönste Werk und Meisterstück der Natur, das Weib,
vollkommen an Reiz und Gaben, hat alle Schätze ihrer
Liebe an mich verschwendet ... das wenige Glück, was
auf Erden ist, habe ich, wenn es irgendwo anzutreffen
ist, in ihren Armen gefunden ... ich g l a u b t e es gefunden zu haben, als die Ueberlegung es vergiftete. Die
einladenden Spaziergänge, die großen gesellschaftlichen
Zirkel, die prächtigen Feierlichkeiten und Aufzüge, die
Bälle, die Schauspiele — alles wollte mich locken, mich
anziehen, mir schmeicheln, mir gefallen ... aber immer
überraschte mich mitten im Genuß das Bild des Todes,
es erschien mir bei der Biegung einer Allee, trat hinter
einer Säule des Ballsaals hervor, stellte sich mir im Schatten
eines halb erleuchteten Boudoirs entgegen, setzte sich neben
mich an die Festtafel. Ueberall sah ich den Tod ... selbst
auf den Rosenlippen der lachenden Schönen, die ich für
seinen m o r g e n d e n R a u b hielt. . . . . Ueberall ist e r,
und w i r, was sind wir? S t e r b l i c h e, S t e r b e n d e!
— Und ich sollte mich von Eindrücken lebhaft hinreißen
lassen, für etwas, das keine Spur zurückläßt? Ich sollte
Chimären, die keinen Wert haben, weil es ihnen an Wirklichkeit fehlt, Wert beilegen? Ich sollte Hirngespinsten
nachgehen, die hinfälliger sind als das Laub, welches sich
mit jedem Frühling erneut, flüchtiger als der Sand, den
der Wind zerstreut und wieder zusammenweht? — Ich
lese ein Buch, das mich rührt, und mich zu Tränen rühren
würde, wenn ich beim Lesen mich gehen ließe... Aber
mich unterbricht der Gedanke an den Tod, und mit ihm
endet plötzlich alles. Ich schlage das Buch zu, wäre es
wohl der Mühe wert, es auszulesen? Wird der Tod den
Leser nicht vielleicht überraschen? — Kann ein Lob mir
Lebenden schmeicheln? Kann ich nur ein Lob verdienen?
Was ist in diesem allen m e i n? Was gibt es auf Erden,
das nicht mangelhaft sei? Mangelhaft an Kraft und an
D a u e r? Läßt sich Gutes da finden, wo alles auf Ver-
gänglichkeit und Kürze hindeutet? Ist das, was wir Voll-

kommenheit nennen, weil es weniger unvollkommen ist, nicht ein doppeltes Unglück, da ihm die Eigenschaft abgeht, zu dauern und Wurzel zu schlagen? — „Wohlan," rief ich aus, „so gibt es also im Leben keine Substanzen, nichts als Phänomene, Erscheinungen ohne Körper und Grundlage, und die ganze Menschheit ist nichts als eine Familie von Schattenbildern! Ja, ich bin nicht einmal gewiß, ob das, was ich m e i n I c h nenne, mir mehr angehört als was ich bei einem anderen s e i n I c h nenne, Nur eines ist gewiß — der Tod, und vielleicht ist auch dies Wort ein leerer Schall, denn ist es möglich, daß, was nicht a n g e f a n g e n hat, a u f h ö r e n könne?

Das waren die beiden Feinde, welche ich lange zu bekämpfen hatte, und von denen mir eine tiefe Verachtung des Lebens und ein hoher Grad von Schwermut zurückgeblieben ist. Jene habe ich nie verleugnet, diese verbarg ich lange unter der Außenseite von Leichtsinn und Etourderie, jetzt aber zeigt sie sich offenbar. — Ich kann nicht begreifen, wie andere sich lebhaft freuen, wie sie über etwas sich höflich verwundern können, ich muß ohne Rückhalt gestehen, daß ich nur mit einer Art von Unwillen und Geringschätzung auf Leute herabsehe, welche Entwürfe für die Zukunft machen, oder mit ernstem Eifer die Interessen des Lebens wahrnehmen und betreiben, wo alles nur Ungewißheit, Dunkel, Abgrund und Armseligkeit ist. Kann man wohl anders empfinden, wenn man über die Natur des Menschen nachgedacht hat? Können wir aus der Betrachtung unserer Schwachheit, unseres Wissens, unserer Unwissenheit einen andern Schluß ziehen?

Es gibt Menschen, welche nie darüber n a c h g e - d a c h t haben, andere, die so schnell und leicht darüber hinweggeglitten sind, daß Betrachtungen dieser Art in dem unfruchtbaren Boden ihres Gemüts keine Wurzeln schlagen, keine Früchte hervorbringen konnten. Am Morgen haben sie in Erfahrung gebracht, daß ihre sterbliche Hülle umkommen müsse; am Abend haben sie den Stolz einer Gottheit gefühlt, die das Bewußtsein ihrer Unsterblichkeit in sich trägt. Sie haben in Erfahrung gebracht, daß nichts von dem, was man auf Erden verfolgt oder erreicht, für die Bestrebungen, Anstrengungen, schlaflosen Nächte und Kriechereien des Ehrgeizes und der Habsucht schadlos hält, und am Ende stehen sie da, bestürzt, betrogen, umgeben von allen Beängstigungen der Ungewißheit, von allen Peinigungen des Mißlingens, von allen Bewegungen der Hoffnung, von dem Rausche der Scheintriumphe, von der Eitelkeit des Gelingens, und von den Erschütterungen der vorübergehenden Freude. Sie haben in Erfahrung gebracht, daß nichts dauerhaft sei — und handeln, als wenn sie das Privilegium der Ewigkeit erhalten hätten. Sie haben in Erfahrung gebracht, daß Titel, Würden und Ehren nichts weniger als Titel, Würden und Ehren sind, daß mit Schätzen Goldes keine Lebensstunde erkauft wird, daß die unsinnige Anhäufung des blendenden Metalls uns überlebt. Sie haben endlich in Erfahrung gebracht, daß alles unterm Monde Rauch und Dunst ist — und doch finde ich sie in Rauch und Dunst gehüllt, und der ewigen Wahrheit vergessend: „Alles unter der Sonne ist eitel."

Es sind z w e i Menschen in ihnen (und vielleicht auch in m i r). Sie haben, wie alles, zwei Seiten, es geht ihnen und uns allen, wie dem Pentheus

... vidit Pentheus

Et solem geminum et duplices se ostendere Thebas.*)
Wir sehen doppelt — und oft sehen wir nichts.

Lebt wohl, ihr Täuschungen des Ruhms, von denen auch mir bisweilen geträumt hat, lebt wohl, einschmeichelnde Täuschungen der Liebe, denen ich einen großen Teil meines Lebens gewidmet habe, lebt wohl, glänzende Spiele der Phantasie, die mir oft diese Welt mit bunten Luftbildern ausgemalt hat, lebt wohl, eure

---

*) Ovid. Metam. III. 9.

Nichtigkeit ist mir bekannt, eure Leere ist mir in ihrem
ganzen Umfang offenbar geworden. Dieses Lebewohl
kommt mir von Herzen und ist — mein letzter Abschied.
Schaubühne ohne Fundament, Schauspiel ohne wirkliche
Intrige, ohne deutliche Entwicklung. — Du hast keine
Rollen mehr für mich! Unfruchtbares Feld, du trägst
nur farblose Blumen, nur saftlose Früchte, in deinem so
weiten und doch so engen Bezirk werde ich nicht mehr
herumschweifen. Ich bin von allem enttäuscht — von
allem losgesagt.*) In meinen Augen ist kein Unterschied
zwischen dem Pantheon und den Gemonien.**) Ich habe
die Welt gesehen, überall hat mich ihre Leere verfolgt,
ich habe Könige und Völker kennen gelernt, Nationen
besucht, ich habe versucht und erprobt, was in den
menschlichen Tätigkeiten das tätigste ist — und habe als
Endresultat das Nichts herausgebracht.

Nach so vielen krampfhaften Gemütsbewegungen
hatte ich eine Frau gefunden, den Inbegriff von allem
Guten und Schönen, eine Frau, der ein Engel seine Züge,
eine Gottheit ihre himmlische Milde geliehen hatte; „die
süßesten Empfindungen — so dachte und sprach ich —
werden ihren Reiz über mein ganzes übriges Leben verbreiten." ... Aber auch hier halte ich ein, und stehe
vor dem Abgrund, vor der bodenlosen Tiefe meiner letzten
getäuschten Hoffnung, vor einem Ergebnis, welches so
traurig, so außerordentlich ist, daß mein Schmerz darüber
mich in das Grab begleiten wird — ein Schmerz, der
mein Herz dergestalt zermalmt, daß selbst die Verleumdung, von der dieser Gegenstand meiner Anbetung nicht
verschont worden ist***), mich ebenso unempfindlich gegen
ihre giftigen Pfeile gefunden hat, als ich es gegen die
künstlichen Trostgründe geblieben bin.

---

*) Désillusionné, désintéressé.
**) Abschüssiger Platz in Rom, von dem die Leiber der
Hingerichteten mit einem Haken fortgeschleift wurden.
Uebers.
***) Diese Geliebte hatte sich ertränkt. Uebers.

Fünfzehntes Kapitel.

Je vis une de ces femmes qui réunissent comme par miracles les diverses perfections dont les Anciens composèrent leur beau idéal. Je la vis, et je me sentis soudainement frappé comme d'un coup de foudre: mon âme se détacha de moi. Cette femme parla, j'entendis comme la voix d'un homme, et mon âme à l'instant même me fut rendue.

———

O du, mächtigste Verführung! Zauberischer Reiz, unwiderstehliche Macht! Siegreiche Magie eines zarten, rührenden Organs! Wie eindringend und sicher ist deine Gewalt! Wie spricht es zum Herzen, erobert es, und gibt es nicht wieder zurück! S i l b e r s t i m m e, du bist für die Worte, was G r a z i e für Form und Gestalt, was der G e i s t für den Körper ist. Du veredelst die nichtssagendste Rede im Munde der unbedeutendsten Frau... Wo du fehlst, verliert das Gespräch der Engel ihren Wert. ... Ihr sanften, biegsamen Töne, Musik der Sprache, mit euch hört die Häßliche auf, häßlich zu sein ..... ohne euch ist die Schönheit nicht mehr schön ... wird es nicht wieder, auch wenn sich ihr Mund geschlossen hat. Wo ist der Wilde, der nicht Liebe lispelt, wenn er liebt, und dessen Herz ohne Worte Liebe atmet? Harmonischer Wohlklang, Widerhall der empfindenden Seele, ich folge lieber deinem süßen Betruge in die Schatten der Nacht, als daß ich, von der Sonne bestrahlt, eine Schöne an mein Herz drückte, deren männliche Stimme die Liebe und ihre Freuden verscheucht!!

6*

In den Elysäischen Feldern hatte ich einst eine
Frau von außerordentlicher Schönheit gesehen, eine
von den Frauen, welche uns die Lust benehmen, nach
anderen zu schauen, und deren Bild im Herzen zurück-
bleibt, wenn man es aus den Augen verloren hat. Ich
zweifelte schon, sie wiederzufinden, als ich eines Tages
zu Issy, bei Milady D..., die damals mit ihren reizenden
Töchtern sich in Frankreich aufhielt, in einer großen Gesellschaft — nur Augen für eine hatte. Es war die Göttin
meines Herzens, die einzige, die meine Gedanken gefesselt
hatte. Welch' Entzücken, sie so unvermutet wiederzusehen,
den Namen derjenigen zu erfahren, die der geheime Gegenstand meiner Huldigung war, und ihr diese Huldigung
zu Füßen legen zu können? Sie sprach wenig, war eine
Engländerin, und es währte lange, ehe ich entzaubert
ward. Aber, o Götter, wie ward ich es! Wie fiel ich aus
allein meinen Himmeln! Ihre Stimme war eine Mannes-
stimme, eine Stimme, die man selbst einem Manne zum
Vorwurf hätte machen können, ein so rauhes und unbieg-
sames Organ, daß kein Mann bei einer Frau von
feinem und zartem Gehör sein Glück damit machen
würde. Die Lady hatte ohne Zweifel bemerkt, wieviel
Mühe ich mir auf der Promenade gegeben, ihre nähere
Bekanntschaft zu machen, und welchen Eindruck ihr
bloßer Anblick bei meinem Eintritt in die Gesellschaft
auf mich gemacht hatte. Um so mehr mußte es sie wundernehmen, daß ich eine so erwünschte Gelegenheit so wenig
benutzte. Es war mir aber schlechterdings unmöglich,
ihr näher zu treten und ein Gespräch mit ihr anzuknüpfen, sobald ich sie nur einmal hatte sprechen hören.
Sie war in meinen Augen eine frische, schöngefärbte
Frucht, welche zum Pflücken und Anbiß einladet, schneidet
man sie aber auf, so findet man den Wurm, der sich ein-
gesponnen hat; sie war eine glänzende Blume mit unver-
verletzten Blättern, deren Kelch aber geruchlos und an-
gegangen ist. Im Geiste sprach ich zu ihr: Schöne Statue,

wie schade, daß du mit der Stimme begabt bist! Hätten
dich die Götter mit Stummheit geschlagen, wie sehr würde
dich alles bedauert haben! Jetzt, da du sprichst, wie gern
vergißt man dich!

Inzwischen konnte ich doch kein Auge von ihr wenden.
Ich horchte lange und aufmerksam, ob sich ihr Organ
vielleicht mildern möchte. Fängt man an, eine Frau
zu lieben, und entdeckt dann bei ihr einen Fehler,
eine Unvollkommenheit, oh, wie sehr ist man darauf bedacht, sich dessen zu versichern, um sich zu entschließen,
ob man sie lieben soll oder nicht! Sobald ich nicht mehr
an der rauhen Baßstimme meiner Schönen zweifeln konnte,
war mein Entschluß gefaßt: ich entfernte mich, aber mit
Schmerz, und wie man sich von einem Freunde trennt,
der unser Zutrauen verraten, unsre Hoffnung getäuscht hat.

Bis dahin, wo ich eine andere fände, die ich lieben
möchte, beschäftigten mich im Fluge einige kleine Abenteuer, über die ich schnell hinweggehen werde, weil ich
sie nicht für interessant genug halte, den Leser damit aufzuhalten. So habe ich zum Beispiel einer Frau von S...
vier Wochen gehuldigt, an die sie vielleicht noch weniger
zurückdenkt als ich selbst. Ich speiste nämlich beim
Obersten von St..., in einem Hôtel garni der Vorstadt
Saint Germain. Die Gesellschaft hört mit einem Male
einen Lärm. Ich erkundige mich näher und erfahre, daß
man im Begriff ist, sich der Frau von S..., welche im
Hotel wohnt, zu versichern, sie abzuführen, und Gott
weiß, was noch mehr gegen sie zu beginnen. Ich eilte
zu den Gerichtspersonen, und da keine Minute zu verlieren war, biete ich als Zahlung, mindestens als Kaution,
Uhr, Pferd, Kabriolett, ja selbst meinen Jockey an.
Die ehrlichen Leute, mit denen ich zu tun habe,
wollen aber alle diese Unterpfänder nur zu 50 Louisdor
anschlagen. Der Oberst St... leiht mir zwanzig; ich
lege meine ganze Barschaft dazu und befreie die Schöne
mit den schwarzen Augen. Sie glaubt sich ihrerseits durch

Dankbarkeit gebunden, ich hingegen glaube, aus Zartgefühl mich nicht aufdringen zu müssen. Nach einigen
Tagen wendet sich das Blatt, und ich nehme zum Vorwand eines Besuchs den Dank, den i c h i h r schuldig
sei, weil sie eine so geringe Dienstleistung v o n m i r
angenommen hätte. Einen ganzen Monat hatte ihre Erkenntlichkeit gedauert, als ich eines Abends den Obersten
P o l a s t r o n mit seiner Violine eintreten sehe, denn ohne
diese ging der Herr Oberst nie aus, er führte sie beständig
in der Tasche oder unterm Arm oder — im Munde.
Bruder und Gatte zweier ausgezeichneter Frauen, besaß
er von beiden nur das schmachtende Wesen. Er liebte
Frau von S... und härmte sich im verheimlichten Schmerze
ab, aber ich erriet ihn bald und bemerkte, daß wir beide
einem Gegenstande unsern Weihrauch brachten. Nun fand
ich es ratsam, mich mit ihm zu verständigen; ich befragte
ihn offenherzig um seine Herzensangelegenheit; er antwortete mir mit Tränen in den Augen und aus beklomme-
ner Brust. Jetzt kam die Reihe an unsere gemeinschaftliche
Schöne. Ich machte ihr einige Vorwürfe, empfahl mich
beiden und ließ das Paar beieinander.
    Kurze Zeit nach diesem, der Ruhe eines dritten
dargebrachten Opfer, rühmte mir der russische Gesandte
in Paris, Herr v o n S i m o l i n, mit allem diplomatischen
Ernste das Glück, das ihm in dem Umgange mit Frau
v o n A l... zuteil geworden sei. Diese Dame war eigens
nach Paris gekommen, ihn zugrunde zu richten. Sie war
in dieser löblichen Absicht von Marseille angelangt —
dieser zweimal durch die Pest berühmt gewordenen Stadt,
einmal, als ihr Bischof B e l z u n c e sich durch die edelste
Aufopferung für seine geistliche Herde unsterblich machte,
und das andere, als sie, pestartiger als je, aus ihren Mauern
die Bluthunde über Paris ausspie, welche, den Thron
umstürzend, frech genug waren, sich die Begründer, Verfechter und Anbeter der Freiheit zu nennen.
    S i m o l i n, mit seiner blonden, sorgfältig gekräuselten

Perrücke und seinem übrigen alten Jünglingsaufputz, hielt
sich für geliebt (dafür halten sie sich alle), und suchte —
der Narr! — Zeugen seines Glücks. Seine Wahl fiel
unter anderen auf mich. Er führte mich bei seiner Göttin
ein, und in ihrem Kabinett, an ihrem vertraulichen Kamin-
feuer, leistete ich ihm alle üblen Dienste, welche ein
hübscher, junger, lebhafter Mann einem Fat leisten kann,
der weder das eine noch das andre noch das dritte ist.
Ich will ihm seine Verdienste als Diplomat nicht ab-
gesprochen haben, aber der Dienst der Großen ist von
dem Dienste der Schönen so unendlich verschieden, es
ist ein so himmelweiter Abstand zwischen Depeschen und
Liebe; so mancher schreibt Berichte und offizielle Akten
mit leichter Mühe, der sich dem Spotte aussetzen würde,
wenn er vier Zeilen an seine Angebetete aufsetzen wollte.
So erging es dem Gesandten. Ich war der Geliebte,
nicht er; und als er es durchaus nicht von selbst merken
wollte, setzte ich es ihm ziemlich klar auseinander. Er
machte anfangs einen gewaltigen und lächerlichen Spuk,
allein Zorn und Wut legten sich so schnell, daß mir seine
Ruhe lästig wurde, und selbst die Reize seiner Schönen
mich langweilten. Eines Abends, als ich bei ihr speiste
und Streit suchte, gab eine Heloise in Email auf
meinem Uhrdeckel günstigen Anlaß dazu. Die Schöne
aus der Provence hielt das Bild für das einer Rivalin
und bestand darauf, daß ich es ihr zum Opfer bringen
sollte, ich meinerseits schützte ein Nasenbluten vor, begebe
mich in ein Nebenzimmer, nehme meinen Hut, springe
aus dem Fenster auf den Boulevard und lasse die Didone
abbandonata allein bei Tische. Sie erwartete mich lange,
und würde mich vielleicht noch erwarten, wenn sie nicht
nachher als Witwe des Generals Custine gestorben
wäre, der, im Dienste der französischen Republik — als
diese selbst im Dienste des Herrn Maximilian Ro-
bespierre stand — seinen Kopf unter die Guillotine
gebracht hat.

Meine Damen, geben Sie acht, es kommt noch schlimmer! Schönes, gefühlvolles, nachsichtsvolles Geschlecht, Gnade, Gnade! Gnade für die größte Sünde meines Lebens! Ich bin, wie Sie sehen werden, ein wenig dazu verleitet worden, allein das will alles nichts sagen, ich bekenne mich schuldig und straffällig, spreche mir selbst das Verdammungsurteil, und flehe Sie um eine Begnadigung an, deren ich mich unwürdig fühle.

Es war einmal in Paris eine überaus reizende Frau, liebenswürdig und hübsch, wie man es nur sein kann. Sie galt für einen Tugendspiegel, sie war weit, weit von Paris aus einer Provinz, wo die Frauen mehr angenehm als schön sind, wo sie mehr fühlen als empfinden, mehr Sinn als Sinnlichkeit haben.*) Die, von der ich hier spreche, besaß Reize aller Art, und vor allem das beste Herz von der Welt. Ihr Mann brachte die Nächte beim Spiel zu, verlor ungeheuer, und die gute Stadt Paris, wo man wie überall nur mit Leuten spielen muß, die man sehr genau kennt, oder — was noch besser ist — gar nicht spielen müßte, hatte seine Finanzen in die größte Unordnung gebracht. Ich war mit der Frau in Gesellschaften zusammengekommen, und hatte sogar auf dem Opernball — der schönsten Gelegenheit zu dergleichen Abenteuern — eine Art von Roman mit ihr angesponnen.

Nachdem sie sich so lange gegen mich gesträubt hatte, als nötig ist, eine zärtliche Flamme anzufachen und eine Zeitlang zu unterhalten, hatte sie sich ergeben, und da sie keine ihrer Frauen zur Vertrauten machen wollte (was ich sehr billige und allen Schönen empfehle, von welchen es abhängt, Gebrauch davon zu machen), übernahm sie es jederzeit selbst, mir eine kleine, geheime Tür zu öffnen, welche von hinten zu ihrem Zimmer führte, so daß ich ganz unbemerkt mich hineinschleichen konnte. Die Tür stieß auf einen dunklen Korridor, von da ging es durch

---

*) Plus de sens que de sensibilité.

finstere Gänge und Umwege, es war ein wahres Laby-
rinth. Dieser heimliche Zutritt, dieser Irrsaal hatte für mich
etwas Pikantes, Romanhaftes und amüsierte sie und mich.
Die Liaison würde lange gedauert und ein schickliches
und anständiges Ende genommen haben, hätte mich ein
ihr entschlüpftes, unzeitiges Wort nicht auf Gedanken
gebracht, die mir sonst nie eingefallen wären. Eines
Abends, als ich mich im Dunkeln an einem Geräte gestoßen hatte und mit übler Laune darüber Beschwerde
führte gab sie mit einem Tone, der an Härte
grenzte, zur Antwort: „Nicht wahr, mein Herr, Sie
möchten wohl durch die H a u p t t ü r zu mir kommen,
bei hellem Kerzenschein, von allen meinen Leuten und im
Notfall von ganz Paris gesehen? Ich aber, mein Herr,
bin entschlossen, meinen Ruf nicht aufs Spiel zu setzen,
und mich so gut vorzusehen, daß selbst Ihr Ausplaudern*) unsers Geheimnisses keinen Glauben finden
würde.“ — Als wäre der Blitz zu meinem Füßen gefallen, als hätte mich der Donner gerührt, stand ich
da, sprachlos, unbeweglich, mußte mich an die Wand
lehnen, konnte vor Bestürzung und Wut kein Wort auf-
bringen. Wir waren noch im Korridor, sie langte nach
meiner Hand, ich stieß die ihrige zurück; so gelangten
wir auf ihr Zimmer, s i e mir folgend, i c h mit dem einzigen Gedanken beschäftigt, sie mit Würde zu verlassen und
nie zurückzukehren. Aber die große, edle, majestätische
Rache setzte in mir eine Gewalt über mich voraus, die
ich damals noch nicht besaß, und die sich nicht in Gesellschaft einer Frau erzwingen ließ, die so manche Wünsche
erregte und in meiner Macht war. Sie ihrerseits verschwendete Liebkosungen und Lockungen aller Art, sie
gab dem Gesagten eine leichte, scherzhafte Wendung, die
der Beleidigung den Stachel benehmen sollte, „sie habe
sich nichts Schlimmes dabei gedacht, sie sei an der Be-

---

*) Vos indiscrétions.

deutung, die man ihren Worten geben könne, unschuldig",
kurz, meine Sinne wurden aufgeregt und mein Herz
beschwichtigt.

Aber kaum zu Hause angelangt, stellte ich andere
Betrachtungen an, welche sämtlich das „Schuldig" über
sie aussprachen. Es war weiter kein Gedanke an groß-
mütige Verzeihung in mir. Ich sann nur auf Rache.
D a m p ..., damals Offizier bei den Gardes-du-Corps, ein
Mann, der so wenig Ursache hatte, die Revolution zu
lieben und dennoch einer der ersten war, die sich von
dem Strudel fortreißen ließen, hatte sich mir bei mehreren
Gelegenheiten gefällig gezeigt. Unter andern war er so
artig gewesen, eine junge Malerstochter, die ihn liebte,
und die ich auch sehr hübsch fand, mir auf das erste
Wort abzutreten, ja, noch mehr, sie zu bewegen, mich
anzunehmen. Es gelang ihm nicht ohne Mühe, sie zu
bereden. Vielleicht mochte er ihrer überdrüssig sein, aber
das gehört nicht hierher, und überhaupt muß man Be-
weggründe dieser Art nicht so genau zergliedern, und
in eine gute Handlung nicht so tief eingehen, was bliebe
sonst von den meisten derselben übrig? — Dem sei, wie
ihm wolle, ich zog nicht lange Nutzen von seiner Gefälligkeit, denn die Kleine verließ Paris und trat in eine
Provinzial-Schauspielergesellschaft ein. Wir hatten beide
diesen Entschluß auf unserm Gewissen, dabei mußte uns
noch überdies der Gedanke quälen, daß eine sehr schlechte
Schauspielerin aus ihr geworden ist, was uns doppelt
strafbar macht, erst gegen sie, dann gegen das Publikum. Was ihn betraf, der sie mir so großmütig abgetreten hatte, so begnügte ich mich nicht, ihm meine
Dankbarkeit mit Worten auszudrücken, sondern machte
mich zu jedem Gegendienste erbötig. Und so kam es
denn, daß bei dieser Gelegenheit, und da ich auf Rache
über die erlittene Beleidigung sann, mir mein Freund
einfiel. Ich kannte ihn als einen feuerfangenden Kopf,
ich war überzeugt, er würde mich weder verraten, noch

mir Schande machen, kurz, ich fand gerade in ihm den Mann, der mich aus dem Stegreif vertreten, sich glücklich machen und meine Schöne züchtigen könne. Er hatte ungefähr mein Maß. Ueberdies hatte ich einigemal bei meinen nächtlichen Zusammenkünften mit ihr einen großen Muff getragen, den ich mir vor das Gesicht hielt, wenn mich fror. Finster war es, es bedurfte nicht vieler Umstände. Ich lieh meinem Freunde den Muff und machte ihm seine Lektion. Ja, ich ging noch weiter, und versah ihn mit den Wohlgerüchen, an welche meine Dulzinea gewöhnt war.

Um aber in meiner Erzählung nichts auszulassen und in der gehörigen Ordnung zu bleiben, muß ich bemerken, daß ich anfangs Mühe hatte, ihn dahin zu bringen, und daß er nur einwilligte, nachdem ich ihm den Gegenstand genannt und ihn überzeugt hatte, daß im äußersten Fall*) ihm nichts Schlimmeres begegnen könne, als — die Partie zu verlieren und — Tür und Straße zu gewinnen. So entschloß er sich denn zu diesem Abenteuer und machte sich nach Mitternacht auf den Weg. Es war im Februar. Gesicht und Kopf in den wohltätigen Muff begraben, ließ er, als ihm geöffnet ward, nur unverständliche Laute hören wie einer, den friert. Er fand einen Arm, hing sich daran, und folgte mit festem Tritt, wie ein des heimlichen Ganges und Labyrinths Gewohnter. Ich hatte ihn mit der Topographie des Orts bekannt gemacht. War man die Hintertreppe hinauf, so kam man an ein kleines Kabinett, dessen Türe halb offen stand, um den Korridor spärlich zu beleuchten. Ein Tisch mit Blumenvasen, eine marmorne Badewanne, eine kleine Kommode mit einem einzigen Lichte, einige Stühle, ein Sofa, machten das ganze Gerät aus. Kurz, ich hatte D a m p... alles genau beschrieben und vorgezeichnet. Im Kabinett nahm nun die eigentliche Gefahr ihren Anfang. Desto größer

*) En cavant au plus fort. Ein Spielerausdruck.

aber auch war sie. D a m p... mußte, meiner Anweisung
gemäß, etwas vorangehen, zuerst eintreten, sich mit
schnellem Blicke nach allem umsehen, um sich zu orien-
tieren, dann das Licht umstoßen, als geschehe es aus verliebter Ungeduld und leidenschaftlichem Ungeschick. Er
mußte die Dame in seine Arme schließen, ohne ihr Zeit
zur Besinnung und zum Zweifel zu lassen, und, ohne
ihr Schlafzimmer erreicht zu haben (wie ich es oft in
den schönen Tagen unseres Bundes getan hatte), mit
ihr im Kabinett zurückbleiben und im Finstern einen Sieg
davontragen, der sich auf die Rechnung des Entzückens
schreiben läßt und von den Schönen selten übel gedeu-
tet wird.

Er tat es.

Nachher hat er mir versichert, die Dame habe nicht
Zeit gehabt, Verdacht zu schöpfen, und noch weniger, über
die Sache nachzudenken. Etwas verwirrt, dabei etwas stolz,
habe sie sich gesammelt, sei aus dem Kabinett getreten
und ihrem Schlafgemach zugeeilt. D a m p... sei ihr un-
erschrocken gefolgt und habe sich schnell hinter die Vor-
hänge gestürzt (so hat er es mir wenigstens erzählt). Jetzt
erst, als er wie ein Schatten an ihr vorübergeglitten,
habe sie ein Schauer befallen, sie habe die entsetzliche
Wahrheit geahnt, sei ihm nachgelaufen, habe sich fest
an ihn geklammert, und trotz seines Widerstandes gesucht,
mit Hilfe des schwachen Lichtscheines im Alkoven seine
Züge zu erkennen und ihn zum Sprechen zu bringen;
nun endlich von ihrem ganzen Unglück unterrichtet, sei
sie ohnmächtig zu seinen Füßen hingesunken. Er habe
sie vom Boden aufgehoben und auf das Bett gelegt.
Dann habe er noch einmal versucht, ob die Allmacht der
Liebe sie beleben würde; sie sei zwar wieder zu sich gekommen, habe sich aber mit Löwenkraft ihm entwunden,
ihn mit den niedrigsten Schmähungen belegt, sich Gesicht
und Brust zerschlagen, zerkratzt, habe sich in ihrer Verzweiflung umbringen wollen, kurz, sich wie eine Wahn-

sinnige gebärdet. Er sei ihr zu Füßen gefallen, umsonst, habe um Vergebung gefleht, umsonst, habe Reue beteuert, umsonst, habe sich mit der Gewalt der Liebe entschuldigen wollen, alles umsonst. Mit jedem Augenblick, mit jedem Worte ihr verhaßter, wie es schien, habe er nach tausend ohnmächtigen Versuchen und zu nichts führenden Erklärungen sich morgens drei Uhr meines Schlüssels bedient, sei mit vieler Mühe an die Türe, aus dem Hause, in die Straße gelangt, ohne daß sie, die Halbtote, irgend Behutsamkeit angewendet hätte, ihn unbemerkt zu entfernen, und den Rückzug eines abscheulichen Ungeheuers zu decken, welches ihr ein noch weit abscheulicheres zugesandt hatte.

So schloß das Schäferspiel. Es enthielt für unsre schöne Ungenannte die große und traurige Wahrheit: „Man müsse nie durch einen unzeitigen und beleidigenden Argwohn seinen Liebhaber zu einem treulosen Verrat verleiten." Sie lernte hier, daß der Sold einer bösen Rede fast immer eine böse Handlung ist. Gleichwohl gestehe ich in aller Demut meines Herzens und Gewissens, daß die meinige sich durch nichts entschuldigen läßt, und daß ich sie von jeher als einen S c h a n d f l e c k in meinem Leben angesehen habe.

—————

Einige Zeit nachher gab der Prinz von S a l m einen Ball, zu welchem halb Paris geladen war. Es war ein sonderbarer Einfall, und die Anzahl der Gäste so groß, daß er sie bei weitem nicht alle kannte, und scherzend zu mir sagte: „Wie mancher von ihnen mag mich für einen der Eingeladenen halten!" Sein Einfall wunderte mich weniger als die Erbärmlichkeiten, die er seit dem Anfange der Revolution begangen hat. Sie haben ihn unter die Guillotine gebracht, und allem Bösen, was über ihn gesagt worden ist und ihm nur zum Teil zuschulden kommt, zur Bestätigung gedient. Selten oder nie ist wohl der Ruf eines Mannes so unbarmherzig mitgenommen worden als der seinige; er war durchstochen wie ein Sieb, und doch hieß es, er sei feige; er hatte sein ansehnliches Vermögen durchgebracht, und es hieß, er lebe von fremdem Gelde; er hatte ungeheure Summen im Spiel verloren, und es hieß, er spiele falsch; man konnte ihm Geist nicht absprechen, wohl aber sprach man ihm die gesunde Vernunft ab; gebildet und unterrichtet wie wenige, galt seine Unterhaltung für leer und geistlos. Weil er ein Mann von Charakter war, wollte man ihm nun einmal nicht trauen. Stolz und hoch wie der Chimborasso — denn dafür wurde er allgemein gehalten — lauerte man auf jede unziemliche Handlung von ihm, um ihn demütigen, ihn züchtigen, über ihn triumphieren zu können; so wahr ist es, daß der Hochmut an sich so wenig natürlich ist, daß er beim Nachlassen nie auf halbem Wege bleibt und nicht Maß halten kann. — Nachdem er sein ganzes Leben hindurch den Adelstand erhoben, nur von Adel, und wieder von Adel gesprochen, und niemanden gefunden, dessen Adel alt genug für ihn war, hat er sich der schmutzigsten Demokratie in die Arme geworfen, und ist als Opfer der Pöbelliebe*) gefallen, nachdem er, wie ein zweiter Comte de Tuffière**), eine Prinzenrolle gespielt hatte, hat er Grundsätze angenommen und befolgt, deren sich ein ehrlicher Bürgersmann schämen würde.

Das Blutgerüst hat dem Kampfe zwischen hoch und niedrig in ihm ein Ende gemacht.

Um wieder auf seinen Ball zurückzukommen, so widmete ich diesen Abend meine größte Aufmerksamkeit der Frau v o n R..., welche ganz Paris für eine Schönheit erklärt hat, in der ich aber weiter nichts als viel

---

*) Populacerie; im Gegensatz mit Popularité, Volksliebe.
**) Im Glorieux von Destouches.

Grazie gefunden habe. Ich sah mich schon im Geiste
in eine neue Liebschaft verwickelt. Wie konnte ich anders?
Hatte sie mir nicht gesagt, sie werde bis ganz zuletzt
bleiben, und den Saal nur verlassen, um sich in ihren
Reisewagen zu setzen, sie habe nämlich vierzig Lieues ohne
anzuhalten zu machen, und ihren kranken Schwager auf
seinem Landsitze zu besuchen. Ich war nicht genau genug mit diesem bekannt, um bei ihm abzusteigen und
Quartier zu nehmen; überdies war es nicht der Augenblick, einen Kranken zu überfallen. Ich war aber in meiner
Jugend oft in Rouen gewesen, welches nicht weit davon
entfernt ist. Rouen ist eine Stadt, worin ein Regiment
in Besatzung liegt; es hat ein ziemlich gutes Schauspiel
und die hübschesten Frauen der ganzen Provinz, welche
übrigens keinen Mangel daran hat. Auf jeden Fall wußte ich
im voraus, daß es mir drei Wochen lang in der Gegend
nicht an angenehmer Unterhaltung fehlen würde. Demzufolge reiste ich tags darauf der Frau v o n R... nach.
Kaum angekommen, erkundigte ich mich (alles erfährt
man durch die Dienerschaft) nach dem Tage, wo sie bei
dem Grafen d e l a R... speisen wird, und richte mich
so ein, daß ich tags vorher einen Besuch bei ihm abstatte,
damit er mich auf den folgenden Mittag einlade. Wie gedacht, so geschehen. Als mich beim Eintreten Frau v o n
R... erblickt, stutzt sie und frägt, was mich herführe?
Ich antworte: ein Gegenstand von der größten Wichtigkeit*). Und als ich sie nach aufgehobener Tafel aus dem
Speisesaal führe, setze ich leise hinzu: „Sie allein sind es,
die mich anzieht." Sie hatte Lust, mich zu schelten, durfte
es aber vor den Gästen nicht.

Am folgenden Morgen mache ich mich auf, gehe auf
die Jagd. Eigentlich bin ich nichts weniger als ein leidenschaftlicher Jäger. Das Wetter war abscheulich. Ich mache
drei Lieues, schieße hier und da nach einem Wilde, das

---

*) Du premier ordre.

mir begegnet, treffe es nicht, und gelange endlich an das
Landgut, wo die Dame wohnt, kehre in der nahen Meierei
ein, fordere Tinte, Feder und Papier, und mit Händen, an
denen kein unschuldiges Blut klebte, schreibe ich einen
Zettel, der die Spuren einer rührenden Verwirrung trug.
Ich hatte zum Glück einen pfiffigen Kammerdiener, einen
wahren Valet de Comédie mit mir, dieser mußte das
Brieflein besorgen. Er knöpfte sich in einen Bauernkittel
ein, und hatte den gemessensten Befehl, auf die Gefahr
seiner Entlassung das Blatt abzugeben und nicht unver-
richteter Sache zurückzukommen. Man hatte sich, hinterbrachte er mir, durchaus geweigert, mich insgeheim anzunehmen, als gewöhnlicher Besucher würde ich willkommen sein. Es war mir aber einleuchtend, daß ich
auf diesem Wege zu nichts gelangen würde, und daß
nur ein abenteuerlicher Schritt, der die Dame in ihren
eigenen Augen kompromittierte, mich zum Ziel führen
könne. Ich schrieb ein zweites Billett, worin ich die Verzweiflung spielte, und mit allen ihren Folgen drohte, wenn
Madame sich nicht bewegen ließe, nach der Meierei zu
kommen; ich schloß mit der Versicherung, unverzüglich
abzureisen, sobald ich sie nur gesprochen haben würde.
Endlich entschied sich die Grausame, zu kommen. Viel
gewonnen! Unsere Unterhaltung war das Muster einer
— Unterhaltung. Ich sagte, was man in solchen Fällen
zu sagen pflegt, sie antwortete, was man in solchen Fällen
zu antworten gewohnt ist. Sie beschwor mich, abzureisen. Ich beschwor sie, wieder zu mir zu kommen.
Sie versprach es endlich. Bis jetzt hatte ich aber, einige
kleine Liebkosungen abgerechnet, die meine Leidenschaft
ihrer Schamhaftigkeit abstahl, noch keinen Finger breit
Raum gewonnen.

In den Gefilden der ersten Unschuld konnte es kein
so exemplarisches Paar geben als wir beide.

Mein Vertrauter hingegen (zu seiner Ehre sei es gesagt) verlor seine Zeit nicht; er ging rascher zu Werke als

sein Herr, und hatte sich tief in das Herz der Demoiselle
L e B l a n c, einer Kammerfrau der Frau v o n R..., ein-
geschlichen. Ich erhielt durch seine kräftige Fürbitte und·
Vermittlung, daß ich in das Schloß, ja noch mehr,
nach dem Abendessen in das Zimmer ihrer Gebieterin eingelassen werden sollte. Die gefällige Zofe
machte mir zur einzigen Bedingung, mein Ehrenwort zu
verpfänden, daß ich sie auf keinen Fall verraten wolle.
Wer sieht mich nicht im Alkoven der schönen Frau, hinter
den Bettvorhängen, zitternd und bebend vor Verlangen,
vor Begierde, mit klopfendem Herzen, wie ein Dieb —
und war ich nicht wirklich ein Dieb, ein Räuber? In dieser
Lage erwarte ich den entscheidenden Augenblick. Frau
v o n R... läßt sich entkleiden, bleibt allein, legt sich
schlafen, wie ein jeder am Schlusse des Tages zu tun
pflegt, steigt ins Bett, vom matten Schein eines Nacht-
lichtes beleuchtet, greift nach einem Buche, nach Richard-
sons C l a r i s s e, die der Abbé P r é v o s t in seiner sogenannten Uebersetzung fast noch barbarischer behandelt
hat als L o v e l a c e, — fängt an zu lesen... Jetzt zeige
ich mich. Sie schreit entsetzlich auf. Ich falle auf die
Knie, flehe um Vergebung und Gnade, erhalte keines
von beiden, beteure hoch und teuer die Reinheit*) meiner
Absichten, die Unmöglichkeit, daß meine Leidenschaft je
über die Ehrerbietung, die ich ihr, noch über die Pflicht,
die ich den Zartgefühlen meines Herzens schuldig bin,
siegen werde, und versuche, sie über diesen nächtlichen
Besuch zu beruhigen. Sie, mit aller Würde der Person,
der Lage, des Augenblicks, mit dem vollen Ausdruck der
Ueberlegenheit in ihren Zügen, befiehlt mir, mich unverzüglich zu entfernen. Ich beweise ihr die Unmöglichkeit,
ihr zu willfahren, und bitte mir als einzige Gnade aus, bis
zum Tagesanbruch bleiben zu dürfen, alsdann wolle ich
sie verlassen, und so rein wie sie von dem unverdienten

---

*) Candeur.

Verdacht, dem sie Raum gäbe, mich reinigen. Die Dame wollte nicht trauen, es entstanden lebhafte Debatten, ich ziehe mich endlich zurück, setze mich auf einen entfernten Stuhl, rücke aber näher, immer näher, nehme eine Stellung am Fuße des Bettes ein, und gegen drei Uhr befinde ich mich trotz aller Schwüre und Beteuerungen, ich weiß selbst nicht wie, im Besitze der Witwe des Herrn von R..., als wäre ich Herr von R... in eigener Person gewesen. Nachdem ich mich in die vollen Rechte des Besitztums gesetzt hatte, nahm ich meinen Rückzug durch das Fenster, und legte mich in der Meierei auf dem Heuboden schlafen. Die Wirtin hatte ihr feinstes Laken über die Stelle gebreitet. Es war mir aber nicht möglich, ihr für diese Aufmerksamkeit zu danken, sie war zu häßlich, um nicht züchtig zu sein, oder ich zu züchtig, um sie nicht häßlich zu finden. Ihr mochte jenes so unangenehm sein wie dieses, und das war für sie ein doppeltes Unglück, denn die Häßlichste sucht wie die Schönste zu gefallen.

Meine Nächte vergingen schlaflos. Den Tag über mußte ich ruhen, um das Gleichgewicht wieder herzustellen, und da meine Besuche immer gefährlicher für die Dame, immer ermüdender für mich wurden, beschlossen wir, nach Paris zurückzukehren. Ich ging voran, sie folgte bald nach. Unsre Landpartie hatte keine vierzehn Tage gedauert.

Aus allem, was man hier gelesen hat, sollte sich's schließen lassen: Frau von R... sei eine sehr gefällige*) Frau gewesen. Nichts weniger: sie hat sich weder vor- noch nachher als eine solche bewiesen. Zeit und Umstände beherrschen die Welt, und besonders die Frauenwelt. Sie sind stärker als die stärksten weiblichen Seelen. Die besten Entschlüsse halten gegen den Augenblick nicht Stich, und zumal in der Liebe hängt alles von der Ueberraschung und dem Moment ab.

---

*) Facile.

Als ich mit Frau v o n R... in Paris wieder zusammen-
traf, fand ich sie nachdenkend, gezwungen, verlegen. Ich bat
sie zärtlich, mir ihr Herz zu öffnen. Sie tat es, und gestand
mir mit Beschämung, sie habe heilige Pflichten verletzt,
sie gehöre sich selbst nicht mehr; sie sei mit V i c t o r
d e B r o g l i e verbunden, er sei der erste, der ihren Treu-
schwur erhalten, sie könne sich's nicht vergeben, ihn gebrochen zu haben; sie rechne zu sehr auf meine Ehre,
als daß sie fürchten könne, ich werde ihr Vertrauen mißbrauchen oder nicht alles dazu beitragen, sie wieder mit
sich auszusöhnen, und sie ihrer ersten Liebe zurückzugeben, an der sie noch hänge, und die sie durch keine
zweite Untreue entweihen würde. Ich bat nur um eine
einzige Gunst, um ihr Bild. Sie gab es mir mit unend-
licher Anmut. Und unn blieb mir nichts weiter zu tun,
um ihr Bedauern mit mir zu nehmen (wenn ein Abschied
dieser Art Bedauern zuläßt), als mich wie eine honnête
homme zu entfernen und sie dem unbedeutenden Rebellen
zu überlassen, den ich schon anderwärts skizziert habe,
und der wie so viele andere das Verbrechen seiner Em-
pörung und den Fehler seiner Nichtigkeit mit dem Leben
gebüßt hat.

Diese Liaison eines Augenblicks hat für mich nicht
viel Schmeichelhaftes, sie schwand mit der Schnelligkeit
des Blitzes vorüber und ließ wie der Blitz keine Spur
zurück. Ich kann den kurzen Erfolg, den sie gehabt, nur
meiner Idee, Postpferde zu bestellen, und einem raschen
und dreisten Manöver zuschreiben, das mir dazu ver-
half, einen Platz zu überrumpeln, der mit allem reichlich
versehen war, was dazu dienen konnte, eine lange Belagerung auszuhalten, und dessen Kapitulation keine weiteren Folgen hatte. Es war der Triumph der List, nicht der
Tapferkeit, eine Ueberraschung, keine Eroberung. Zuletzt
einem kaum mittelmäßigen Gecken aufgeopfert, konnte
ich mich für nicht ebenso verführerisch halten, da ich
es nicht genug war, um ihn auszustechen. Allein er ge-

hörte zu der Klasse von Liebhabern, von welchen man sich nicht losmachen kann, und die immer ein Ende der Kette in der Hand behalten, womit sie ein Herz gefesselt haben. Unersättliche Tyrannen sind's, die wie Geier auf ihren Raub erpicht sind, ihn ganz verschlingen wollen, und in ihm die immer wieder nachwachsende Leber des Prometheus aufsuchen. Die Erbärmlichen! Sollte man nicht sagen, es gäbe nur eine Frau auf der ganzen Welt für sie, und sie hätten dieser Frau ihre Ohnmacht eingestanden, eine zweite zu finden und zu besitzen? Sollte man nicht glauben, sie hätten dieses Mittel erdacht, ihr Furcht einzujagen, und sie zu vermögen, einen Handel auf Lebelang mit ihrer Knauserei abzuschließen? Dergleichen Männer sind wie die Kletten; man wird sie nicht los, man kann sich ärgern, daß man sich mit ihnen eingelassen hat, allein man sieht keine Möglichkeit vor Augen, mit ihnen zu brechen.

Somit überließ ich Frau v o n R..... ihrem Sklavenjoche.

––––––

Es gibt Zeiten im Leben, wo man glauben sollte, ein Dämon habe sein Augenmerk auf uns gerichtet, und finde Vergnügen daran, uns alle lose Streiche zu spielen, welche nur eine boshafte Laune ersinnen kann. Man wird bemerkt haben, daß ich schon seit geraumer Weile nicht mehr Fortunas Schoßkind war. Der Schluß dieses Kapitels wird zeigen, daß meine Stunde geschlagen hatte, und mein Glücksstern erblaßte. Doch muß ich zugleich bekennen, daß man gar zu sehr gewohnt ist, sein eignes Unrecht auf die Rechnung der blinden Göttin zu schreiben, und daß man nicht in ihr, sondern in der Etourderie und Unklugheit seines Betragens seine wahren Feinde suchen sollte.

Ich schenke mir nichts, wie man sieht, und bin der erste, mich preiszugeben und meine Fehler und Schwächen aufzudecken — alles zu Nutz und Frommen der lieben Jugend, die sich an meinem Beispiele spiegeln, und von mir lernen soll — nicht zu sein wie ich. Und somit fahre ich in meinem Unterricht fort, sollte meine Beichte mich auch bisweilen vor Scham erröten lassen.

Ich hatte mich vor den Siegeswagen einer gewissen Demoiselle B... gespannt, einer hübschen, pikanten Brünette, die sich besonders dadurch einen Ruf erworben hatte, daß es ihr gelungen war, in sehr kurzer Zeit den Grafen Des... zu rupfen und zugrunde zu richten, ohne selbst dadurch reicher geworden zu sein. Unrechtmäßig erworbene Schätze haben das Eigene, daß sie keine Früchte tragen, oder noch kürzer, unrecht Gut gedeihet nicht. Das Geld, das man auf leichtsinnigem, schlechtem Wege erwirbt, wird auf einem ebenso leichtsinnigen und schlechten Wege wieder zersplittert, weil dabei auf die Zukunft kein Bedacht genommen wird. Mademoiselle B... wohnte in der Schäferstunde.*) Hier hatte ich sie einst besucht, und mein Kabriolett um neun Uhr vormittags in die Straße Montmartre bestellt, wartete aber vergebens bis zehn Uhr und bequemte mich endlich, zu Fuß nach Hause zu gehen, fest entschlossen, meine Leute hart anzufahren. Allein ich mußte wohl gelindere Saiten aufziehen, als ich bei meinem Eintreffen den Grund ihres Ausbleibens erfuhr. Ein gewisser Herr M.., der mir tausend Taler geliehen hatte, und am Tage, wo ich sie von ihm empfing, in meinen Augen ein überaus artiger**) Mann war, hatte die Unart, sie mir mit einer Beharrlichkeit wieder abzu-

---

*) Rue bergère.
**) Fort honnête.

LIBRARY
UNIVERSITY OF CALIFORNIA
RIVERSIDE

fordern, die ihn mir unausstehlich machte. Ich benahm mich bei der Sache, wie D o n J u a n mit Herrn D i - m a n c h e. Aber mein Mann hatte den M o l i è r e gelesen, er fand sich durch meine Weise beleidigt, hielt sie für Verspottung, griff zu einem Mittel, dessen sich unsre Urgroßväter bedienten und hatte, während ich meinen Liebesbesuch bei Mademoiselle B... ablegte, die unerhörte, strafbare Dreistigkeit (damals hielt ich sie dafür), in der ersten Frühe alles bei mir versiegeln zu lassen, so herzhaft und lobenswert auch der Widerstand war, den ihm meine Leute entgegensetzten. Zimmer, Stall, Remise, alles trug das verhaßte Siegel des Gläubigers. Es war ihnen nicht möglich gewesen, eines Hufs, eines Sporns habhaft zu werden. Ich, damals ein junger Mann, der auf nichts Rücksicht nahm und sich alles erlaubte, lief zum Grobian hin, sprach von nichts als von Totschlagen und Totschießen, von Hauen und Stechen — obschon es in Frankreich nicht so leicht war, jemanden aus der Welt zu schaffen, weil wir von jeher gute Gesetze hatten, so wenig dies auch manche zugeben wollten. Der Mann verbarg sich, seine hochschwangere Schwiegertochter, die ich in meinem Grimm überfiel, kam mit einer Art von Schrecken davon, die mich allein schon straffällig gemacht haben würde. Ich stürme wieder zum Hause hinaus, wie ich hineingestürmt war, werfe mich in einen Fiaker, eile zum PolizeiLeutnant, Herrn L e N o i r, erzähle ihm umständlich den ganzen widerwärtigen Vorfall, stelle ihm das Verfahren des Herrn M... als das ungereimteste, strafwürdigste, beleidigendste für einen Mann wie ich bin, dar. Er hört geduldig und mit außerordentlicher Artigkeit meinen ganz erbärmlichen Vortrag an und läßt Herrn M... durch einen Unterbeamten zu sich entbieten. M... erscheint und wird veranlaßt, einen Schein auf tausend Taler nebst Zinsen, in Jahresfrist fällig, anzunehmen, für welchen sich Herr L e N o i r noch obenein zu verbürgen die Güte hat. Es läßt sich denken, daß ich ihm, sobald wir allein waren, auf das verbindlichste dankte, und noch vor Ablauf des Jahres mir meinen unbarmherzigen Gläubiger vom Halse schaffte. Noch ein paar dergleichen Fälle von zuvorkommender Artigkeit, und der leichtsinnigste Mensch würde von der üblen Gewohnheit des Schuldenmachens geheilt sein.

Ein dienstbarer Geist, keiner von den Schutzgeistern, die uns zum Guten leiten, uns bisweilen aber auch quälen, um die matte Einförmigkeit des Lebens zu unterbrechen und der schneckenartigen Zeit Flügel zu leihen — sondern ein Dämon, ein Cacodämon, ein schwarzer Geist, mit einem Wort, der „Gottseibeiuns" selbst — hatte sich an meine Fersen geheftet, und verfolgte mich unablässig. Einst steigt er hinter mein Kabriolett auf, womit ich eines Abends an der grünen Seite der keuschen Demoiselle G u i r a u d *) sitze, und Gott weiß wohin fahre, aber so schnell fahre, als hätte ich den Doktor B o u v a r d oder den Doktor P o r t a l zu einem sterbenden Freund abgeholt. Ich begegne einem auf Rädern ruhenden rollenden Hause, von zwei aus dem Groben gehauenen Pferden gezogen, die ein ehrwürdiger Kutscher im kastanienbraunen Oberrock regiert. Ich will, wie natürlich, dem närrischen Noahskasten den Weg abrennen, aber der Kastanienmann, ein Schlingel, der sich auf seinem Thron ebenso viel dünkte wie ich auf dem meinigen, wollte nicht weichen. Ich versetzte dem Ritter von der traurigen Gestalt einen Hieb über die Nase und will ihn lehren, rechts zu lenken, er lenkt absichtlich links, und ich, um der Gefahr zu entgehen, mein leichtes Wägelchen von der schweren Masse

---

*) Einer Operntänzerin.

erdrücken zu lassen, will mich durchdrängen, falle aber, weil der Raum zu beschränkt ist, oben vom Walle in die Rue-basse Saint Denis, an einer Stelle herab, wo eines Baues wegen die Schranken fehlten.

Ich stürzte, mittelmäßig gerechnet, aus einer Höhe von dreißig Fuß herab. Mein Kabriolett war in tausend Stücken, mein Pferd über und über nur eine Wunde, mein Jockey lag fünfzig Fuß weiter mit einem Loch im Kopfe, einer ausgefallenen Hüfte, zwei Verrenkungen, und dem Anschein nach einem zerbrochenen Rippenpaar; er schrie so erbärmlich, daß die Nachbarschaft und das ganze Stadtviertel herbeiliefen. Die Theaterprinzessin lag in Ohnmacht, nachdem sie vorher zweimal einen Schrei ausgestoßen hatte, der Herzen von Stein gespalten haben würde, einen Schrei, rührender, eindringender als in ihrem besten Ballet; sie blutete stark, und man wußte nicht, woher das Blut kam, endlich zeigte sich's, zum Glück — aus der Nase. Und nun ich selbst, zerschlagen, gequetscht, den Hut ins Gesicht gedrückt bis übers Kinn, wie Hippolyt in meine Zügel verwickelt, mit blutenden Händen, die Peitsche in Granatstücken, die Kleider zerrissen, mit Kot bespritzt, — so lag ich neben dem umgestürzten Kabriolett. Ich will mich aufrichten, versuche zu stehen, falle wieder um, strenge mich von neuem an, falle von neuem, richte mich endlich auf, will schäumend vor Grimm dem Bösewicht nach, schwöre ihm den Tod — er hat aber seine Elefanten und seinen Kasten in Bewegung gesetzt, ist verschwunden, und ich kann nicht erfahren, wem der Hühnerstall angehört.

Ich war erschöpft. Man trägt mich und die Dame zu Herrn C h a r l a n d, dem Apotheker des Herzogs von O r l e a n s, ins Haus. Dort erholen wir uns, lassen uns nach Hause bringen. Wir werden zur Ader gelassen, und kommen mit dem Leben davon. Aber Wut und Raserei kochen in allen meinen Adern. Zehn Tage brachte ich auf dem Sofa zu, ehe ich mich erholen konnte. Ich ziehe Erkundigung ein und erfahre, daß es Herr R..., Intendant von C..., oder vielmehr sein abscheulicher Kutscher ist (der Kutscher eines Robin*), eines Intendanten!), der mich beinahe zu Pulver zermalmt hätte.**) Ich fliege mit geladenem Terzerol in der Tasche hin, gelange auf den Hof, in den Stall, finde den unverschämten Kerl von Kutscher, prügle ihn halb tot, ehe man ihm zu Hilfe kommen kann. Sein Herr erscheint nun mit einigen anderen; in meiner blinden Wut will ich mich auf ihn stürzen, er redet mich an, erkennt mich, nennt sich, stottert Entschuldigungen; ich bin so ungesittet, ihn zu beschimpfen, ihn auf den Degen, auf Pistolen zu fordern... Wer weiß, ob ich ihn nicht gar in meinem Grimm tätlich beleidigt habe?.... Er will sich rechtfertigen, spricht von seinem Stande, seiner Stelle, von der Magistratur, welcher wie der Geistlichkeit das Blutvergießen ein Greuel ist. Die Frau Intendantin kommt dazu; es gelingt ihr, mich zu beruhigen, mich hinein zu nötigen; sie ist in Tränen, alles ist in Tränen. Von den Folgen meiner Heftigkeit erschöpft, bin ich selbst einer Ohnmacht nahe, man bespritzt mich mit Wasser, und so erhole ich mich endlich. Schließlich war auch meine Aufwallung verschwunden, wir baten uns gegenseitig um Entschuldigung, drei Tage nachher ward ich zu Tische geladen, und an der Tafel besiegelten wir den Bund der Versöhnung. Nur der Herr Intendant blieb etwas zurückhaltend, steif und pedantisch. Die Frau Intendantin hingegen, nichts weniger als hübsch, war nichts weniger als stumm. Sie sprach von nichts als vom H o f e , den sie mit keinem Fuße betreten hatte,

---

*) Spottname, womit man die adeligen und nichtadeligen Rechtsgelehrten in Frankreich zu belegen pflegt. Es wurde ehedem ein großer Unterschied gemacht zwischen den gens d'épée und den gens de robe. Der Degen galt für ehrenvoller als der Talar. Im Deutschen ließe sich nur T i n t e n k l e c k s e r dem Robin entgegensetzen, wie B i b e l h u s a r dem Husaren.

U e b e r s .

**) Pensé réduire en atômes.

von i h r e r P r o v i n z, wo sie selbst Hof hält, von dem
herrlichen Wein, der in i h r e r Provinz wachse, aber
nicht bei ihr getrunken wurde. Das alles zusammen bewog mich, die Bekanntschaft bald wieder abzubrechen.

Ich habe noch einen zweiten Auftritt dieser Art zu
erzählen, der nicht ganz so tragisch anfing, und nicht
ganz so gemein endigte. Er hängt wieder mit dem ver-
wünschten Fuhrwerk, dem Kabriolett, zusammen — ein
Fuhrwerk, das durchaus in Paris verboten und nur auf
den Landstraßen zugelassen werden sollte.

Ich kam mit dem Grafen A. d u L u c von Saint-
Mandé zurück. In der Straße Saint-Antoine will ein Herr
im roten, betreßten Rock quer vorüber, hat sich verrechnet,
oder hat Lust, sich überfahren zu lassen, kurz, er und
mein Pferd stoßen zusammen, er fällt, wie eine Feder, wie
leichte Spreu wird er zur Seite geworfen. Ich halte wider
den Willen des Grafen die Zügel an (ein Fehler, den ich
seitdem nie wieder begangen habe), steige aus, will den
Mann aufheben, ihn um Entschuldigung bitten, ihm Geld
anbieten usw. Aber schon hat uns von allen Seiten ein
wilder, wütender Pöbel umzingelt, der nie ungebundener
ist, als wenn er sich selbst Recht schaffen will, der
schon damals den Kabrioletts zu Leibe wollte, wie später
den Schlössern und Landhäusern des Adels, und der überhaupt allem feind ist, was er gern hätte und nicht hat.
Es wird geschrien, gedroht, es ist von nichts Geringerem
die Rede, als das Kabriolett zu zertrümmern, dem Pferde
die Kniekehlen durchzuschneiden usw. Wir waren in keiner
angenehmen Lage. Zum Glück befand sich in dem Haufen,
der einen dichten Kreis um uns schloß, ein Pferdehändler,
den die bloße Neugierde herbeigeführt hatte. Er machte
den Vorschlag, uns zum Viertels-Kommissar zu führen,

damit dieser die Sache näher untersuche, und die Genugtuung für den Beteiligten bestimme. Das bloße Wort
„Kommissar" hätte uns schon aufgebracht, als ein
schneller und ausdrucksvoller Seitenblick des Mannes uns
zu verstehen gab, wir möchten ihm trauen, und seiner
Vorstellung Gehör geben. Wir willigen ein, er, mit dem
vollen Ansehen, das ihm sein Gewerbe gibt, steigt in
das Kabriolett, nimmt die Zügel, heißt uns vorangehen,
folgt im Schritte, lenkt unbemerkt in eine Querstraße ein,
ist verschwunden, noch ehe wir vor der Wohnung des
Kommissars angekommen sind, und gelangt glücklich mit
Pferd und Wagen in das Hotel des Grafen du Luc.
Uns wollte es anfangs nicht so gut gehen. Der Herr
Kommissar konnte uns eigner Geschäfte halber nicht
sprechen, und verwies uns an seinen Stellvertreter, den
Clerk. Das war ein grober Schuft, ein Einfaltspinsel,
der, ohne sich zu erkundigen, wen er vor sich habe,
mit lächerlicher Amtsmiene sich anschickte, ein Protokoll
aufzunehmen, und sich dabei die unschicklichsten Aus-
drücke gegen uns erlaubte. Doch stimmte er den Ton
herab, als er sah, daß wir eine Tür nach der andern öffneten,
ihn, den Grobian, der uns daran hindern wollte, auf einen
Stuhl hinstießen, den er durch sein körperliches Gewicht
eindrückte, und mit lauter Stimme nach Monsieur le Commissaire riefen. Monsieur le Commissaire zeigte sich in
der ganzen Majestät seiner Amtswürde, in der vollen
Größe eines Richters, in dem hohen Bewußtsein seiner
höchsten Funktionen. Wir nannten uns. Von diesem Augenblick geruhte er ein ganz anderer Mensch zu werden.
  Er traf unverzüglich Maßregeln, dem gehässigen Vorfall
eine bessere Wendung und einen schnellen Abschluß zu
geben. Als er aber nach dem Umgefahrenen fragte, war
dieser nirgends zu finden. Es war ein rechtlicher, wohl-
habender Mann, der sich von der Menge hatte verleiten
und fortreißen lassen, der aber froh war, als er im ersten
günstigen Augenblick sich unbemerkt wegschleichen

konnte. War es ihm lieb gewesen, sich loszumachen, so war es uns beiden noch viel lieber, seiner los zu sein. Nun blieb noch der erbitterte Volkshaufe zu besänftigen übrig. Man mußte ihn behandeln, als wenn er beleidigt sei, und ein Recht hätte, auf Genugtuung zu dringen. Man hatte Mühe, der Menge begreiflich zu machen, daß wir uns durch eine Hintertür heimlich entfernt hätten, und man nicht wisse, was aus uns geworden sei. Es verging über eine Stunde, ehe sich der Pöbel zerstreut hatte; endlich verlief er sich, murrend, wie die Wellen, die sich am Ufer brechen. Der Kommissar war ein Lebemann, ein guter Gesellschafter, er hielt ein gutes Haus, und hatte einen anständigen Ton. Er stellte uns seine Gattin vor, eine wohlerzogene, gebildete Frau, deren Gesichtszüge noch immer verrieten, daß sie schön gewesen war. Die paar Stunden, welche wir — wie man gleich sehen wird — in ihrer Gesellschaft zubrachten, berechtigten uns nicht, Fehler und Mängel an ihr zu finden. Sie zeigte sich überaus liebenswürdig. Aber das Merk- und Sehenswürdigste in der Familie dieses M i n o s seines Stadtviertels war eine Nichte, seine einzige Erbin. Das e i g e n e G e s c h ä f t, das ihn verhindert hatte, uns sogleich selbst zu vernehmen, bestand darin, daß er einen Kummer, der diese Nichte drückte, zu lindern und ihre Tränen zu trocknen hatte. Diese Tränen machten sie doppelt schön. D u L u c, immer exzentrisch und überspannt, immer die Artigkeit zu weit treibend, hatte kaum die Damen gesehen, als er schon über das Glück entzückt war, i h n e n d e n H o f m a c h e n zu k ö n n e n, und den Wunsch äußerte, diese schöne Gelegenheit länger benutzen zu dürfen. Vergeblich zupfte ich ihn beim Rockschoß, daß er hätte reißen mögen. Umsonst, er blieb immerfort; und der Kommissar, dem unsre Gesellschaft nicht unwillkommen war, konnte nicht umhin, uns vorzuschlagen, „ihm die Ehre zu erzeigen, ein kleines Familien-Nachtessen bei ihm einzunehmen". Mein Un-

glücksgefährte, welcher es auf sich genommen zu haben
schien, den Abend hindurch die Hauptrolle zu spielen,
ergoß sich in einen Strom von Komplimenten, welche
auf ein einziges Wort hinausliefen, auf das Wörtlein: „Ja".
In Erwartung der Abendmahlzeit, bei der es an nichts
fehlte, weder an Ueberfluß noch an Freundlichkeit (es
war ein Seitenstück zur Hochzeit des Gamacho*), hielt es
unser Wirt für gut, uns in seine Familiengeheimnisse einzuführen und mit dem herben Kummer seiner häuslichen Verhältnisse bekannt zu machen. Seine würdige
Hausfrau stattete das Gemälde mit noch rührenderen
Farben aus (jede Frau versteht sich aufs Malen).
Sie hatten nämlich die junge Nichte mit einem Ingenieur-
Offizier verbunden, welcher nicht nur nichts tat, was zu
ihrem Glück beitragen konnte, sondern infolge seiner
rohen, schändlichen Gemütsart, in der unwürdigsten
Behandlung seiner Gattin so weit ging, daß er sich
sogar schon tätlich an ihr vergriffen hatte. „Das alles"
— sagte das junge, unglückliche, unschuldige Opfer
— „wäre nichts, wenn er mich nur liebte!" Diese
Naivetät, in Gegenwart von Fremden ausgesprochen,
hatte in meinen Augen etwas Erhabenes, in R a c i n e s
Geschmack, dessen Genius die Frauen sprechen läßt, wie
C o r n e i l l e s Genius die Männer. Der Umstand gab
Veranlassung zu einer langen Erörterung über die Ehen,
worin dergleichen Greuel vorkommen. Ich nahm Gelegenheit, meinen Abscheu gegen die Ehemänner auszudrücken, welche sich eine so barbarische Behandlungsart
erlauben, indem ich sie Ungeheuer und Verworfene nannte;
ein belohnender Blick und der laute Beifall der Wirtin
ward mir dafür. Allein ich war nahe daran, beides durch
einen Zusatz zu verscherzen, der mir entfuhr. Ich sagte
nämlich: „So abscheulich und wider alle gute Sitte es
sei, seine F r a u zu schlagen, so sei es doch erlaubt

---

*) S. Don Quixote.

und ein ganz verschiedener Fall mit seiner — Ge-
liebten*)!"

Die Frau Kommissarin wollte diesen Satz durchaus
nicht gelten lassen, obschon sie meinte, dergleichen Ge-
schöpfe, welche die Pflichten ihres Geschlechts so ganz
aus den Augen setzten, daß sie sich Galane anschafften,
verdienten nicht, daß man viel Umstände mit ihnen
mache. — Aber, bedenken Sie doch, meine Damen, sagte
ich mit einer Art von Enthusiasmus, daß der Weiseste
von allen Sterblichen, der göttliche Sokrates, einst ohne
Umstände eine Hetäre schlug, er, der dieses wirksame
Heil- und Besserungsmittel nicht bei der Pest seines Lebens, bei der Hausfurie, die sein Dasein verbitterte, bei
seiner Xantippe anzuwenden für gut fand, obgleich
sie offenbar darauf ausging, seiner Weisheit Schlingen
zu legen, damit er fiele und ihr den Triumph gewähre,
in der Ungeduld Hand an sie zu legen. Was würde sie
nicht gegeben haben, für einen Schlag, für eine Ohrfeige!
Welcher Ruhm, welche Ehre für sie, wenn er sie nur berührt hätte, er, der weise, der duldsame, der leidenschaft-
lose Sokrates! Sie konnte es aber nicht dahin bringen;
der große Mann wußte sich zu gut zu beherrschen, um
sich seiner jemals zu entäußern und sie nicht stets im
Nachteile zu lassen. „Ich habe sie zum Weibe genommen,"
sprach er zu Xenophon, „damit sie der Prüfstein
meiner Geduld sei, damit ich sie ertrage, und durch diese
Uebung lerne, auch andere zu ertragen." — Aber, Madame, setzte ich hinzu, um so zu reden und zu handeln,
müßte man ein Sokrates sein; und wenn man es sich
auch gefallen läßt, von Zeit zu Zeit, seiner Gesundheit
wegen, in seinem Hause einen bitteren Trank zu
verschlucken, so folgt daraus nicht, daß man, wenn man
außerhalb speist, nichts als Wermutwein trinken
müsse.

---

*) Sa maîtresse.

Die Damen wollten sich zu Tode lachen, daß ich
den Ehestand mit einer bitteren Arznei verglich. Aber
es wurde mir ein Leichtes, sie zu überführen, daß die
Ehe nichts Besseres sei als dies, sobald sie nicht das
Süßeste und Lieblichste auf dem Erdboden ist.

Endlich nahm die Mutter das Wort: „Herr Graf,"
sagte sie, „ich habe über diesen Stand meine eigenen
Gedanken, welche Sie immerhin Gotisch nennen mögen.
Ich meine, und werde beständig meinen, daß ein Mann,
sei er Liebhaber oder Gatte, der seine Frau schlägt, und
eine Frau, verheiratet oder nicht, welche sich schlagen
läßt, ein paar Naturphänomene sind. Was mich betrifft,
so erkläre ich hiermit feierlich, hätte ich mich in meinen
jüngeren Jahren von der Liebe anfechten lassen, und
ein Unverschämter — sei's ein angebeteter Liebhaber oder
ein angebeteter Gatte — hätte sich erfrecht, Hand an mich
zu legen, ich würde ihn — nicht wieder geschlagen haben,
denn das halte ich für unedel — aber ich hätte Menschen
und Gesetze zu Hilfe gerufen, mich vor Gericht gestellt
und unglücklich gemacht, um meinen Zweck zu erreichen,
um ein Sklavenband zu zerreißen und angesichts beider
Geschlechter ein Ungeheuer zu brandmarken."

Die naive Wut der neuen Amazone ergötzte uns
höchlichst.

„Sie werden gütigst bemerken," erwiderte ich, um ihrem
Ingrimm neuen Zunder zu geben, „daß das Privilegium
der Liebhaber, ihre Schönen schlagen zu dürfen, ihnen
sogar und vor allen anderen Königinnen, Kaiserinnen, die
größten Fürstinnen unterwirft — wohlverstanden, wenn
diese es verdienen; denn hier würde die geringste Ungerechtigkeit das größte Verbrechen sein." — „Wie, mein
Herr, Königin? Wäre ich eine Königin, und beginge auf
dem Throne die Torheit, einen — Günstling zu haben,
und er triebe den ungeheuern Frevel so weit, sich an
mir zu vergreifen, mich ... (ich kann das Wort nicht
aussprechen), ich ließe ihn auf der Stelle hängen." —

„Nicht doch, Madame, nicht doch; im Gegenteil; sein
Uebermut würde Ihnen pikant vorkommen; Sie würden
ihn um so mehr liebgewinnen. Sie würden es wie eine
der größten Frauen unserer Zeit machen und mit Entzücken zu Ihrer Vertrauten sagen: ‚Wünschen Sie mir
Glück, meine Freundin; seit gestern weiß ich, daß er mich
liebt; er hat mich geschlagen!' Ja, ja, Madame, Sie würden
ebenso denken und sprechen. Ein solches Hinwegsetzen
über alle Konvenienz würde Ihnen als das erscheinen, was
es ist: Nämlich als der letzte Beweis der wahnsinnigen
Liebe, der äußerste Ausdruck der exaltierten Leidenschaft.
Sie würden es dem Manne, den Sie bis zu sich erhoben
hätten, Dank wissen, daß er Sie l i e b e ohne Sie zu
f ü r c h t e n; Sie und Ihr ganzes Geschlecht würden ihm
diesen Grad von Selbstvergessen zum höchsten Verdienst
anrechnen und in seinem unwürdigen Benehmen nur die
schmeichelhafte Seite hervorsuchen. Und dann ist ja noch
zwischen Schlagen und Schlagen ein großer Unterschied;
der Mann von Lebensart schlägt anders als der Lastträger; er w i l l es nicht, es entfährt ihm; er tut es
mit einer besonderen Art. Ueberdies darf auch so etwas
nur äußerst selten geschehen. Alles, was oft wiederholt
wird, verliert seinen Wert, den Wert der Neuheit."...
Während ich sprach, ergötzte ich mich an dem Befremden der Dame und der Gesellschaft. Nur D u L u c
vermaß sich hoch und teuer; ich sei ein Ungeheuer
und Manns genug zu tun, was ich verföchte. Ich fuhr
fort: „Mit Ihrer Erlaubnis will ich Ihnen meine Grundsätze über diesen in der Tat zarten Punkt auseinandersetzen. Seine Frau schlagen, ist eine rohe, viehische*)
Abscheulichkeit. Sie ist die Mutter unserer Kinder; sie
trägt unsern Namen; wir schänden uns selbst in ihr.
Sie ist durch einen vielleicht zu leichtsinnigen Eid auf

---

*) Stupide.

immer mit uns verbunden; sie ist mit uns in ein Verhältnis getreten, welches, wie alles auf Erden, seine Mängel hat; aber es besteht einmal, und wenn sie den Druck fühlt, ist sie zu bedauern, aber nicht zu mißhandeln. — Die Schöne hingegen, welche, im vollen Besitz ihrer Vernunft, ihrer Freiheit, keine Fessel kennt als ihren Geschmack, kein Band als ihre Liebe, keinen Zwang als ihren Willen, keine Notwendigkeit zu betrügen als ihren Hang zum Betrug, keinen Vorwand den Geliebten zu quälen als Lust an Unlust; — die Schöne, die ich aus überlegter, lange geprüfter Wahl liebe; die ich um so weniger zu verlassen vermag, da ich Herr bin, sie jeden Augenblick zu verlassen; die alle Mittel der leidenschaftlichen Liebe an mich verschwendet und mich mit allen Schlingen der Liebe festhält; die sich mir unentbehrlich gemacht hat und zu meinem Dasein notwendig ist; die durch freiwillige Eidschwüre, die sie selbst nicht glaubt halten zu dürfen, mir gegenseitige Schwüre abgelockt hat, denen ich glaube treu bleiben zu müssen: — Die Schöne endlich, mit der zu leben zwar oft eine Qual für mich ist, von welcher mich zu trennen aber mein höchstes Unglück sein würde, — warum sollte es nicht erlaubt sein, nachdem ich alle mögliche Mittel der eindringlichsten Ueberredungsgabe, der zärtlichsten Zärtlichkeit an ihr erschöpft hätte, — mit Schonung und mit allmählicher Steigerung, ... einige lebhafte ... gewaltsame Verfahrungsarten ...... welche dem, was wir ... im gemeinen Leben ... Schläge zu nennen pflegen ... ähnlich sind, zu versuchen, um eine große Bewegung, eine Art von Umstimmung und Umwälzung hervorzubringen, die zur Ordnung zurückführt; mit einem Worte, um einen starken Eindruck auf sie zu machen, der, selbst im schlimmsten Falle, tiefe Spuren zurückläßt und allem Anschein nach Blumen und Früchte auf dem Pfade der Liebe hervorlocken wird, den Dornen und Disteln zu überdecken drohten? — Schon weint sie — ein gutes

Zeichen! Sie ist gerührt; sie wird sich bessern. Ihr Liebhaber liegt zu ihren Füßen (doch nur einige Stunden nach dem Auftritt, damit die Lehre Zeit haben möge, zu wirken und zu fruchten); am Ende weint er mit, bedauert, bereut, sich so weit vergessen, sich g e z w u n g e n gesehen zu haben, den Altar zu entweihen, auf welchem sein Weihrauch brennt. Welch ein glücklicher, erfolgreicher Uebergang! Welch ein fruchtbarer Kontrast! Was für heilsame Wirkungen wird und muß dieses Gemisch von Rührung und Strenge, von Kraft und Schwäche in einem Manne hervorbringen, welcher l i e b t und n i c h t im U n r e c h t i s t! Wie süß ist dann die Aussöhnung! Wie hell scheint die Sonne nach diesem Sturm! Welchen zärtlichen Stolz wird die Schöne in ihre Verzeihung legen, wenn sich ihr Sieger vor ihr demütigt? Welcher Zauber wird in jedem Worte liegen, das man spricht, wird in der Verwirrung der Ideen herrschen, die sich kreuzen! Oh, du glücklicher Sterblicher, wie wirst da d a n n erst geliebt werden, wenn du nur liebenswürdig bist!!"

Ich fuhr fort, da alles still blieb und zuhörte: „Wenn Sie kaltblütig vor einem Ehrenmanne die Frage aufwerfen, ob es erlaubt sei, sich an einer von Ihnen zu vergreifen, von Ihnen, die unter unserem unmittelbaren Schutze stehen, von Ihnen, deren Schwäche Ihre beste Verteidigung ist — so wird jeder Ehrenmann sich bei der bloßen Frage empört fühlen, . . . unwillkürlich, wie vor einem Bubenstück zurückschaudern; er wird Feuer und Flamme gegen den Elenden sprudeln, der unser Geschlecht schändet, wenn er das Ihrige verletzt. Wie könnte auch der Ehrenmann anders fühlen und urteilen? Er muß dem Gesetz der allgemeinen Theorie Folge leisten. — Wie aber, wenn er sich selbst in dem Fall befindet? Wenn ihn der Augenblick überrascht? Wenn nicht von einer kaltblütigen Erörterung, von einem kühlen, gelassenen Urteilsspruch die Rede ist? Wenn er sich mitten in eine Lage versetzt sieht, wo Eifersucht, Argwohn und die ganze Hölle der verwundeten Liebe in ihm rast? Wie dann? Ist er nicht in solchen Augenblicken ein ganz anderer? Nicht himmelweit aus sich selbst entrückt? — Und überdies, wie ich schon die Ehre gehabt habe, Ihnen zu sagen, darf ein solches Mittel nur s e l t e n angewendet werden; man muß damit kargen, nur in dem kritischsten Zeitpunkt Gebrauch davon machen; man muß überzeugt sein, daß man wenigstens z w e i m a l Recht gegen diejenige hat, welche s c h o n l a n g e Unrecht gehabt hat. Ferner muß man sich auch dabei mit Anstand zu benehmen wissen; mehr strafend als beleidigend zu Werke gehn; mit noch größerem Anstand seine Abbitte tun; man muß w e i n e n können und im Besitz aller Eigenschaften sein, welche erforderlich und hinreichend sind, uns Verzeihung auszuwirken. —

Die Nichte nahm Himmel und Erde zu Zeugen, daß sie nie etwas so Vernünftiges gehört habe, wie meinen Vortrag.*) Der Kommissar schlürfte ein Glas Champagner nach dem andern, und sah dabei aus, wie einer, dem dergleichen Geschwätz längst fremd und gleichgültig ist. D u L u c, der immer die Hälfte seines Glases unter den Tisch schüttete, tat ihm mit schelmischer Geschäftigkeit Bescheid, und die Frau Kommissarin, seine tugendbegabte Gattin, welcher die Stürme der jugendlichen Liebe stets fremd geblieben waren, beharrte auf ihrem Sinn, auf ihrer Meinung, gleich der alten, kalten, fühllosen Asche, die weder Feuer verbirgt noch Feuer in sich aufnimmt.

Es war ein Uhr nach Mitternacht, als wir aufbrachen und von der guten, ehrlichen Familie Abschied nahmen. Der Kommissar würde uns gar zu gern das Geleite bis an die Türe gegeben haben; aber er hatte sich so stark begossen, daß es ihm nicht möglich war, sich aus seinem Sessel herauszubringen. Die Damen waren

---

*) Ma dissertation.

8*

über meine Grundsätze nachdenkend geworden, obschon ich ihnen ein paarmal versichert hatte, es sei alles nur Scherz, und Du Luc sie durch wirkliche und zum Teil witzige Scherze unterhalten hatte. Sie sagten uns Adieu, wie man von alten Freunden scheidet, die man ungern weggehen sieht, und würden uns bis an den Wagen begleitet haben, wenn wir ihnen nicht mit einer Entführung bange gemacht hätten. Wie hätten sie es über das Herz bringen können, den Herrn Kommissar in dem bedenklichen Zustand, in den ihn seine Gastfreundlichkeit versetzt hatte, allein zu lassen und den Bedienten anzuvertrauen? Wir versprachen wiederzukommen und uns öfter zu sehen; doch da es in dieser Welt nicht geschehen ist, so geschieht es vielleicht in jener.

Der feindselige Geist, der seit einiger Zeit meine Angelegenheiten in Verwirrung*) gebracht hatte, schlief nicht. Man beliebe nur weiter zu lesen.

Ich hatte die Foyers der Theater lange nicht besucht, als es mir einfiel, im sogenannten Théâtre Italien die allerliebste R o s a l i e wieder aufzusuchen, mit welcher ich meine Leser schon bekannt gemacht habe. Ich saß ruhig bei ihr; wir unterhielten uns von gleichgültigen Dingen; plötzlich tritt Mademoiselle C o l o m b e , A d e l i n e n s Schwester, ein, und kommt gerade auf uns zu. Sie hatte, ich weiß nicht aus welchem Grunde, Partei für ihre Schwester genommen und bildete sich ein, Adeline sei der Gegenstand unseres Gespräches. Kurz, sie geriet in Eifer, erlaubte sich Sticheleien, ging zu Schmähungen über, drohte, machte zuletzt eine Bewegung mit dem Fächer. Gereizt, wie ich war, springe ich auf, nehme sie

---

*) Mis le feu dans mes affaires.

beim Arm, führe sie aus der Türe des Foyer bis an
die Bühnentreppe und verlasse sie mit den Worten: „Ich
weiß, daß ich unrecht tue, auf Sie zu achten und mich
mit Ihnen abzugeben. Vielleicht findet sich jemand, der
toll genug ist, sich für Sie einzulegen: Deswegen beliebt
es mir, Ihnen im voraus zu sagen, daß ich mir aus
diesem Ritter ebensowenig mache, als aus Ihnen." Der,
auf welchen sich diese Erklärung beziehen konnte, war
Herr von Lubersac, ein Neffe des Bischofs von Char-
tres. Wir waren zusammen erzogen worden und seit unserer Jugend vertraute Freunde geblieben. Erst seit ungefähr
drei Monaten hatte ich ihn etwas verändert gefunden und
alle Ursache zu vermuten, daß Mademoiselle Colombe
ihn allmählich in ihr Netz gezogen hatte. Und so war's.
Sie läuft in der heftigsten Bewegung hin und her, bis
sie ihn gefunden hat; nun verlangt sie im größten Pathos
von ihm, daß er sie räche. Es ward ihr nicht schwer,
ihn, den Feuerkopf, in Flammen zu setzen, und einen
Jüngling, der sich selbst liebt, der sie liebt, der vielleicht
auch einen Ehrenhandel liebt und sucht, aufs Aeußerste
zu bringen. Lubersac erwartet mich am Ausgang. Ein
paar gemeinschaftliche Freunde, Dampierre, den ich
schon öfters erwähnt habe, eben der Dampierre, der
in der Revolution leider! zu berühmt geworden ist, und
noch ein anderer Gardeoffizier, der sich in der entgegengesetzten Partei ausgezeichnet hat, begleiten ihn. Er tritt
mir entgegen, redet mich im hochfahrenden Tone an,
ereifert sich immer mehr, behauptet, ich hätte einer Person
mit Achtung begegnen sollen, von der ich wisse, daß er
sie mit seinem Wohlwollen beehre; droht mir, es solle
mich reuen; ist um so mehr aufgebracht, da wir seit
unserer Jugend die besten Freunde gewesen und er von
mir dergleichen nicht erwartet habe usw. In seinen Beschwerden, in seinen Vorwürfen lag viel Wahres, viel
Vernünftiges; aber er sprach sie so sehr ohne Rückhalt,
ohne die nötige Einkleidung aus, daß ich für gut fand,

lakonisch zu antworten: „Da er solch einen Ton an-
nehme, tue es mir leid, nicht noch weiter gegangen zu
sein." Schließlich gaben wir uns ein Rendezvous auf dem
Platze Ludwigs XV., zum folgenden Morgen sieben Uhr.
Wir fanden uns pünktlich ein, aber der Graf v o n L u -
b e r s a c, ein älterer Bruder des Beleidigten, war mit ihm
gekommen und trat auf mich zu. Er war im Regiment
der Gardesfrançaises und ein junger Mann von vortreff-
lichem Ton und Ruf. Ich liebte ihn sehr und hatte ihn von
jeher seinem jüngeren Bruder, obschon ich mit diesem
länger bekannt war, vorgezogen. Er versicherte mir, wie
unendlich leid der Vorgang ihm tue; wie sehr er es be-
daure, daß sein Bruder und ich uns schlagen müßten; da
es aber einmal soweit gekommen sei, so würde ich es nicht
übel deuten, wenn der Anteil, den er an diesem — und
auch an mir — nehme, ihn bewege, Zeuge des Zwei-
kampfes zu sein. Der Marquis d e l'A i g l e, mein
Sekundant, fiel ihm ins Wort und machte auf die Un-
schicklichkeit aufmerksam, einem Bruder zu sekundieren.
Aber ich umarmte den Grafen und ersuchte ihn, zu bleiben.
L u b e r s a c und ich zogen hinter dem Hotel B e a u j o n
vom Leder und drangen wütend aufeinander ein; nach
einigen Gängen versetzte ich ihm einen Stoß oben in die
Brust; er ging nicht tief, war aber so kräftig geführt, daß
L u b e r s a c nach rückwärts hinfiel. Mit verdoppelter Wut
springt er auf und verwundet mich bedeutend in der
rechten Weiche. Jetzt mußte wohl eingehalten werden;
ich konnte mich kaum auf den Füßen halten. Es erfolgte eine Aussöhnung; nur wollte L u b e r s a c durchaus nicht zugeben, daß unser Streit eine unstatthafte Veranlassung gehabt habe. Mir war es ärgerlich, aus einem
so nichtigen Grunde eine Ehrensache gemacht und uns
dem Publikum zur Schau gestellt zu haben. Was konnte
uns für Achtung erwarten, wenn man erfuhr: die Herren
v o n T i l l y und v o n L u b e r s a c haben sich um Mademoiselle C o l o m b e geschlagen? Daher, um so viel als

möglich den Leuten Sand in die Augen zu streuen, tat
ich mir Gewalt an und ging, zu meinem größten Schaden,
noch denselben Abend ins Schauspiel. Dafür mußte ich
aber schon am folgenden Tage schwer büßen, und nicht
nur diesen, sondern mehrere Tage, auf meinem Ruhebett,
zwischen Schmerz und Langeweile, zubringen. Zwar
suchten mir die geborenen Freundinnen aller Zweikämpfe
— die Frauen, einen Teil des zweiten Uebels zu erleichtern;
sie leisteten mir Gesellschaft, mir, der das Unglück hatte,
verwundet zu sein, und das Glück, ihre Teilnahme zu
erregen. Einige gingen noch weiter und machten mir
Hoffnung auf bessere Zeiten, auf ein tätigeres Interesse
während und nach meiner Genesung. So fand ich in
meinem Kabinett Trost gegen die Klatschereien der Ge-
sellschaftssäle.

Eines Morgens kam zu meiner großen Verwunderung
Herr R e t i f d e l a B r e t o n n e zu mir, ein Mann, den
ich zu kennen mich nicht sogleich entsann, und mit dem
ich nie in einiger Berührung gestanden hatte. Er brachte
mir in Erinnerung, daß ich ihn bei der Gräfin v o n B e a u -
h a r n a i s gesehen hätte, welche in ihrem Hotel das, was
man sehr uneigentlich und unschicklich ein Bureau d'esprit
nennt, hielt. Sie sah gute Gesellschaft bei sich, bestehend
teils aus Männern von Stande*), teils aus Gelehrten von
sehr verschiedenem Gehalte. Ich hatte diese Versammlun-
gen ein paarmal besucht; allein, ein so großer Freund ich
auch von Geist und Verstand bin, so sehr ist mir das
Auskramen desselben**) zuwider; ich blieb weg. Herr
R é t i f sagte mir nach den gewöhnlichen Eingängen: „Er

---

*) Hommes du monde.
**) Les apprêts.

habe sehr viel von mir gehört; er sei gekommen, mich
um einige erotische Anekdoten aus meinem
Leben, mit einem Worte, um einige auffallende
Abenteuer*) zu bitten, welche in einem weitläufigen
Werke, womit er sich trüge, einen der ersten Plätze einnehmen sollten. Er wollte dieses Werk für die Nachwelt,
nicht für die Contemporains**) schreiben, deren er überdrüssig sei. Man mußte über einen solchen Besuch und
dessen Absicht lachen; noch lächerlicher wäre es gewesen,
darüber böse zu werden. Ich versicherte ihm, mein Leben
sei arm und unfruchtbar an Anekdoten der Art, wie er
sie gern hätte. Ich dankte für seine Aufmerksamkeit. Ich
bat ihn, versichert zu sein, daß es mir unendlich leid
tue, auf diesem Wege nicht zur Nachwelt gelangen zu
können; es fehle mir nicht an Lust, nur an Stoff; sein
Geschmack sei auch der meinige; er möge mir seine
Feder, seinen Pinsel und seinen guten Willen für bessere
Zeiten aufbewahren, und da er einmal von mir die
Hoffnung hege, ich könne an seinem Plan tätig mit-
wirken und ihn in der Zukunft mit Anekdoten versorgen,
die seiner originellen Farben und Darstellungen***) nicht
ganz unwürdig wären, so wollte ich ihm diese für mich
so schmeichelhafte Hoffnung nicht ganz benehmen. —
Meine Höflichkeit und meine Komplimente entzückten ihn;
noch mehr aber war er von seinen Schriften eingenommen
und bezaubert. Er trug kein Bedenken, mir seinen Paysan

---

*) Aventures marquantes.

**) Rétif de la Bretonne hat eine ganze Bibliothek
zusammengeschrieben und ist unter anderem Verfasser einer bände-
reichen Sammlung von Anekdoten unter dem Titel: Les Contem-
poraines. Auf dieses Werk wird hier von ihm angespielt. Er
gedachte ein besseres pour la Postérité zu schreiben. Seine besten
Romane sind: le Paysan perverti und la Paysanne pervertie.
Chamfort pflegte von ihm zu sagen: „Er schreibe auf Löschpapier,
an den Straßenecken, auf einem Prellsteine." Uebers.

***) Touche originale.

perverti als ein Buch erster Klasse zu nennen und zu empfehlen; es sei ein Werk … wie kein anderes; es werde so lange bestehen, als die S p r a c h e, die er ge-lehrt habe, alles auszudrücken, und als die N a t u r, die er überall nach dem Leben geschildert, und bei ihrer geheimsten Toilette beschlichen habe.*) Er wünschte sich Glück, daß ihn sein f a d e s, b e e n g t e s Jahrhundert durchaus verkenne; die Verleumdungen der Journalisten und Akademiker, sagte er, deren Maß nicht an sein Knie reiche, wären für ihn die ersten Titel und Rechte auf die Unsterblichkeit.

Meine einzige, oft wiederholte Antwort auf dies alles war: „Sehr wohl!" Ich machte ihm eine höfliche Ver-beugung, und er ging.

Bei alledem ist R é t i f d e l a B r e t o n n e ein Mann, den man nicht mit drei Worten abschätzen kann. Man würde sich kompromittieren, wollte man ihn hoch an-schlagen; aber man würde ungerecht sein, wollte man ihn zu tief herabsetzen. Einige seiner Schriften deuten auf einen Fieberkranken im Wahnwitz; in diesen ist er unverständlich für seine Leser und für sich selbst. In anderen zeigt er sich originell und pikant; doch immer so, daß es seinem Geiste, seinem Witz, seiner Orininalität an G e s c h m a c k gebricht und sie sich mehr dem G e n i u s nähert. Wer zufällig eines seiner Werke gelesen hat, wird Mühe haben, sich zum Durchlesen aller zu ent-schließen; aber das einmal Angefangene wird er gewiß bis zu Ende lesen. Er wird Seiten und Stellen finden, welche (im guten Sinne des Wortes) so außerordentlich, so merkwürdig, so beachtenswert sind, daß sie, in der nicht selten getäuschten Hoffnung, zum Weiterlesen ein-laden. Er behandelt fast immer u n e d l e Gegenstände; behandelte er sie vorzüglich und musterhaft, so hätte man ihm eine n e u e G a t t u n g zu verdanken, und er

---

*) Qu'il avait prise au pied levé.

würde im Erfolg seine Rechtfertigung finden. Aber der Hauptvorwurf, von dem man ihn nicht freisprechen darf, ist, daß er fast immer niedrig, unanständig, schmutzig schreibt, und Gefallen an Bildern und Schilderungen findet, welche ebensosehr die Zartheit und das Scham- gefühl beleidigen, als sie gegen die Wahrscheinlichkeit und die Vernunft verstoßen. Man kann ihm eine fruchtbare und vielseitige Erfindungsgabe nicht absprechen; gleich- wohl würde ich mich schämen, seiner Einbildungskraft das Wort zu reden, weil nichts leichter ist, als diese Eigen- schaft auszubilden und sie in den Vordergrund zu stellen, sobald man ihr die Zügel schießen läßt und ihr ein grenzenloses Feld aufschließt. Sollten aber auch immer- hin überzarte schöne Geister dazu lächeln, so mögen sie hier mein Geständnis finden, daß ich den Mut gehabt habe, fast alles, was er geschrieben, zu lesen, und den ganzen Wust und Schlamm zu durchwaten, der sie anekelt. Ja, ich gestehe gern, daß ich abwechselnd über ihn die Achseln gezuckt habe, und abwechselnd von ihm zum Lachen, zum Mitleid, zum Schauder und zu Tränen ge- bracht worden bin.

Sein Paysan perverti ist das Werk eines kräftigen Geistes, eines männlichen, rüstigen, aber regellosen Genius. Es waltet in diesem Roman eine ungeheure, aber reiche Phantasie, mit allen ihren Auswüchsen. Nur wenige Hände würden es gewagt haben, seine Zeichnungen zu entwerfen. Er umschließt mit Rahmen ohne Geschmack und Zart- sinn Bilder, deren kühnen, energischen Pinselstrich man wider Willen bewundern muß. Mit einem Worte, er ist der T e n i e r s des Romans, und sein Buch die Liaisons dangereuses der niederen Volksklassen.

Ich habe drei mit Herrn d e l a H a r p e in dem Tale von Montmorency sehr angenehm zugebrachte Tage nicht vergessen. Mein Hauptaugenmerk war, wenn wir auf unseren Spaziergängen umherschweiften, sein Urteil über mehrere lebende Schriftsteller einzusammeln. Ich erinnere mich unter anderem auch, seine Meinung über R é t i f d e l a B r e t o n n e gemildert zu haben, nicht sowohl durch das Raisonnement, als durch angeführte Stellen. Anfangs schien er sich nicht einmal auf die Beurteilung des Mannes ein- und herablassen zu wollen; aber nachdem ich ihm mehrere Seiten aus dem Paysan perverti aus dem Gedächtnis vorgelegt hatte, bewog ich ihn zum Bekenntnis: Er habe nicht geglaubt, so viel Gold in so vielem Miste zu finden. Nicht so gut gelang es mir mit R o u c h e r, als ich ihm seinen Widerwillen*) gegen diesen benehmen wollte. Vergebens hob ich sechzig bis achtzig der besten Verse seines Gedichtes les Mois aus. Er wußte sie ebensogut auswendig wie ich; aber mit dem reinen und feinen Geschmack, der ihm so eigen war, und der beinahe ganz mit ihm in Frankreich verloren gegangen ist**), verwarf er die meisten meiner Schützlinge; mit dem kritischen Adlerblick, der ihm eigen war, streifte er ihnen den blendenden Schmuck ab und zeigte sie in ihrer ganzen Blöße.***) Von R o u c h e r kam d e l a H a r p e auf R i v a r o l, welcher zu der Zeit wenig Neues geliefert hatte. Er hatte sich durch seine ältere Fabel: Le Chou et le Navet berühmter gemacht, als durch spätere Arbeiten, wie z. B. durch die Uebersetzung des Gesanges

---

*) Antipathie.

**) Nur wenige haben ihn von ihm geerbt; unter anderen sein Freund, sein Schüler und sein Rival, Herr v o n F o n t a n e s.
V e r f.

***) In d e l a H a r p e s Lycée ou Cours de litérature, Teil XII, findet man ein weitläufiges kritisches Urteil über R o u c h e r und die neuere französische Poesie. Wir bedauern, das Lesenswerte und auch in Deutschland zu Beherzigende dieses Abschnitts nicht hersetzen zu können und verweisen angelegentlich darauf. C'est tout comme chez nous. U e b e r s.

von D a n t e , der die Hölle beschreibt, durch seine Epistel an den König von Preußen, und selbst durch seinen Discours sur l'universalité de la langue française, da in dieser Schrift, bei einem großen Aufwand von Luxus in der Schreibart, bei äußerstem Scharfsinn und vieler Gewandtheit, doch der Gleichnisse und Metaphern zu viel sind, und die Bilder, mehr glänzend als gründlich, die M a n i e r des Verfassers gar zu sichtbar an der Stirne tragen. Dessen ungeachtet ist dieser Discours ein Werk, worin viel Durchdachtes liegt, und welches mit großer Genauigkeit im Ausdruck und Eleganz im Stile bearbeitet und ausgestattet ist. Kurz, es erweckte zur Zeit als es erschien, ein sehr günstiges Vorurteil für die ausgezeichneten Talente des Verfassers und berechtigte zu großen Hoffnungen. Herr d e l a H a r p e wollte sie nicht teilen; er war streng, aber aufrichtig und ohne Härte. „R i v a r o l,“ sagte er, „hat den Kopf, der zu einem ausgezeichneten Literaten und Schriftsteller gehört; allein es fehlt ihm an dem erforderlichen Geist und Charakter; er ist, was man einen französischen Improvisator nennen möchte.“ R i v a r o l hat in der Tat bewiesen, daß unser französischer Quintilian nicht ganz unrecht hatte.

Dagegen erklärte sich d e l a H a r p e entschieden für B e a u m a r c h a i s. Ich war mit diesem in eine nicht eben ehrenvolle Fehde geraten. Eine Dame von unserer beiderseitigen Bekanntschaft hatte ihm weisgemacht, ich sei der Verfasser eines Liedchens auf ihn, das sich C h a m p c e n e t z zuschrieb und eigentlich von B o u v i l l e gedichtet war. Hierauf machte B e a u m a r c h a i s ein beleidigendes und überdies sehr schlechtes Spottgedicht auf mich und rückte es ein — oder vielmehr begrub es lebendig — in ein von einem gewissen A..... herausgegebenes Flugblatt. Schon hatte ich mit einem Dutzend Versen, worin mehr Galle als Witz und Geschmack herrschten, geantwortet, und wollte sie ebenfalls (mehr noch zu meiner als zu seiner Schande) drucken lassen. Ich zeigte sie

Herrn de la Harpe. Er riet mir davon ab. „Folgen Sie mir, verbrennen Sie das Blatt: Suchen Sie mit Beaumarchais sich zu verbinden; er ist ein Mann von großem Verstande; nur mit Dummköpfen muß man anbinden." — „Das soll doch nicht für ein Gebot gelten?" erwiderte ich. „Ich müßte ja sonst mit der halben Welt in die Schranken treten."

Niemand ist wohl in ganz Frankreich so ungerecht behandelt worden, als de la Harpe; ihm, der den literarischen Ruf aller so genau und treu abgewogen, ihm hat man jedes Lot Ruf streitig gemacht. Seine kritischen, seine literarischen Urteile werden von der Nachwelt beinahe zu Gesetzen erhoben; bei seinen Lebzeiten wollte man zweifeln, ob sie ihn überleben würden. Er hat ein wenig klassisches Werk geschrieben; ein Werk, das den Vorwurf von uns abwälzt, als könnten wir in den Tagen der Unruhen und inneren Kriege und in den kurz darauf folgenden der Aufklärung nichts mehr der alten Zeiten Würdiges hervorbringen: — Und dieses unbestreitbare Verdienst ist ihm lange streitig gemacht worden. Doch das ist das Los der lebenden Schriftsteller; das die Art, wie man sie beurteilt; das das Maß, mit welchem man Ruhm, d. i. Wind und Dunst, austeilt! De la Harpe hat mitten unter den Stürmen, die ihn umgaben, das Köstlichste, die Ruhe verloren. Er, der Kronen verdient hätte, weil er allein die Tradition des guten Geschmacks aufbewahrt und mitten in den Wellen des Blutmeers, welche alles zu verschlingen drohten, das köstliche Kleinod des Schönen, den heiligen Schatz der Literatur, gerettet hat; weil er in seinem Werke Beispiele und Regeln aufgestellt und aus den besten Mustern einen klassischen Kodex zusammengetragen hat, aus welchem wir lernen sollen, unsere Muster nachzuahmen, ohne sie auszuschreiben, weil er selbst ein ausgezeichneter Schriftsteller und der vortrefflichste aller Kritiker und Rhetoren gewesen ist. Aber ach, er hat seinen Ruhm kaum genossen, selbst sein Werk nicht ganz vollendet. Immer in bitterem Streit befangen, oft von geheimer Eigenliebe zerrissen, oft mit sich selbst unzufrieden und sich anstrengend, um die Stelle zu erklimmen, die man ihm streitig machen wollte, — ist er in dem Augenblicke gestorben, wo er, seine politischen Irrtümer einsehend und bereuend, durch diese Reue seinem Leben einen neuen Glanz, seinen Tugenden einen neuen Wert beigelegt haben würde, wo sein Verdienst anfing, den Neid zum Schweigen zu bringen, wo seine Zeitgenossen es nicht mehr wagen durften, ihm einen Teil seines Nachruhms abzusprechen. Er starb mit dem Ausruf: „Ist das der Lohn für so viel Anstrengungen und Nachtwachen? Der Preis für so viel ununterbrochene Arbeiten? Die Palme für ein ganzes tätiges, hingeopfertes Leben?"

Schreiber dieses könnte sich auch über Ungerechtigkeit beklagen. Hat man ihm seine Stelle angewiesen? Wird man sie ihm einst anweisen? Wird man von ihm sagen? „Er besaß eine lebhafte Phantasie, er schrieb mit Leichtigkeit und Kraft." Wird man sein Talent anerkennen, wenn auch im Grunde ihm nicht mehr daran liegt, als am Nachruhm? Er überläßt der Welt sein Ich, ein Wesen, welches kein Verdienst darin setzt, etwas zu gelten, und von falscher Bescheidenheit ebenso fern ist, als von lächerlicher Eigenliebe. Ja, die Welt hat recht: Nichts ist lächerlicher als sie selbst und alles, was in ihr ist. Schreiber dieses beruft sich nicht wie so viele auf die Nachwelt, weil er sich noch etwas weniger aus ihr macht, als aus den Mitlebenden; er verwahrt sich im voraus gegen Leichenstein und Grabschrift, worauf die Eitelkeit in Titeln und Lobeserhebungen prunkt; er will nicht, daß sein Name berühmt sei, wenn er selbst nichts mehr ist, als Leere, Nacht, Grabesstille, Staub und Asche.

Sechzehntes Kapitel.

Ce contentement personnel, cette confiance, cette présomption de la jeunesse, cette supposition qu'il faut avoir du mérite pour plaire et pour réussir, vous en rirez vous-même quand vous serez un peu plus philosophe (dans l'acception honnête de ce mot) et quand une façon de penser plus mûre aura remplacé cet amas de prestiges qui s'évanouissent avec le printemps de la vie, chez ceux qui ne sont pas destinés à mourir de vieux enfants; car vous aurez plus d'esprit que vous n'en avez, vous ne ferez pas même grand cas de celui que vous aurez eu jusqu'ici, et à peine en ferez-vous un peu de tout celui qu'on peut avoir.

———

Wie kurzsichtig ist der Jüngling, der in der vollen Gewalt der Leidenschaften, im Fiebertraum noch ungetrübter Täuschungen, alle Eindrücke des Vergnügens, alle Schmeichelworte falscher Freunde, alle Liebes- und Lobeserklärungen seiner treulosen Freundin, mit Selbstgefälligkeit in sich aufnimmt! Wie tief liegt in ihm das Gefühl der Kräfte, die er hat, und die Einbildung derer, die er nicht hat! Wie leicht ist es in seinen Augen, zu gefallen! Welch' ein ernsthaftes Geschäft ist für ihn das Bestreben, Geist und Verstand zu zeigen! Wie anstrengend das Bemühen, liebenswürdig zu erscheinen! Wie weit ist er entfernt, einzusehen, daß er es um so weniger ist, je mehr er es sein will! Alles um ihn verbreitet in seinen Augen einen größeren Glanz, eben weil er alles um sich verdunkeln und überstrahlen will. Je höher er zu steigen gedenkt, desto tiefer fällt er. Wie hoch schätzt er, was er in späteren Jahren gering achten wird! Ein Wort verletzt ihn, ein Wort entzückt ihn. Er setzt alles aufs Spiel des Ungefährs und hält doch alles für sein Werk. In jeder Minute des glücklichen Jugendalters blind und unbesonnen, scheinen ihm alle Widerwärtigkeiten seines Lebens Wunden, die ihm ein feindliches Schicksal schlägt, und alle glücklichen Erfolge der gerechte Lohn seiner Verdienste und das unfehlbare Resultat der wohlberechneten Entwürfe seiner Weisheit. Nichts erschüttert ihn als wenn seine Eigenliebe verletzt wird, nichts hemmt seinen Lauf als seine Eitelkeit, nichts tröstet ihn als sein Stolz. In seiner Unerfahrenheit und in seinem Eigendünkel verläßt er sich auf Menschen und Handlungen. Was kann (denkt er) seinem Scharfsinn entgehen? Mögen andere fein und klug sein, e r ist es mehr als alle! Für ihn hat das Leben keine Geheimnisse, keine Schleier, nur Reize. Er liebt es um s e i n e t w i l l e n, er schätzt es, weil er s i c h anbetet. Zwar gibt es auch Zeiten, wo er die Welt v e r a c h t e t, doch verachtet er sie nur, wenn er sie mit s i c h vergleicht, im nächsten Augenblick erblickt er sie wieder durch das zauberische Prisma, im Schmuck aller ihrer Farben. Allein die Zeit wird kommen, wo es ihm leicht dünken wird, sich von allem loszusagen, alles herabzusetzen, und sich selbst mehr als alles, die Zeit wird kommen, wo ihn nichts in Verwunderung setzen, nichts entzücken, nichts verführen, nichts schmeicheln wird, nicht einmal das Bewußtsein, daß er gründliche Philosophie genug besitzt, die W a h r h e i t zu finden, ehe er das G r a b findet.

Für m i c h ist diese Zeit gekommen; daß sie es sei, rufe ich Erde und Himmel zu Zeugen! Und doch hatte mich der Rausch vielartiger Täuschungen so trunken gemacht, daß meine Freunde mich warnten, und meine Feinde frohlockten.

Ich fahre mit der Erzählung meiner oft schmachbringenden Siege fort, welche mich eher beschämt als stolz machen, und mich auf gesunde und heilsame Betrachtungen hätten führen sollen.

When I myself applaud,
Me people hiss abroad*)!

Ein Neffe des S c h w a n s v o n C a m b r a y, der Marquis v o n F é n é l o n, dem es aber am G e s a n g und an der R e i n h e i t seines Oheims fehlte, wagte im herannahenden Alter etwas, wozu mehr Mut und Beharrlichkeit gehört, als zu einem Telemach. — Er unterhielt ein Mädchen von sehr zweideutigem Rufe, deren Vater ein Amt im Finanzfach bekleidet hatte. Sie gab sich den Namen B a u v i l l i e r s, war ausnehmend schön, und richtete ihren vierzigjährigen Liebhaber zugrunde. Ihre Schönheit gereichte ihm einigermaßen zur Entschuldigung, denn es gibt wohl Beispiele, daß man sich von Häßlichen hat einnehmen lassen, und daß das Herz oft mit den Augen und dem Verstande davonläuft. Unsere Sirene, welche der Abbé D e l i l l e zu besingen gewürdigt hat (weit ärger, als wenn er ihr den Hof gemacht hätte!), mocht' es dem armen F é n é l o n angetan haben, der bei allen möglichen Fehlern dennoch mit großem natürlichen Verstande und einem schönen Aeußeren begabt, sich bisher vom weiblichen Joche frei erhalten hatte. Kurz, sie führte ihn, wie es denn immer zu geschehen pflegt, bei der Nase, und hatte ihm den ersten Tänzer in Europa, A u g u s t V e s t r i s**), zum Gehilfen gegeben, oder besser gesagt, dieser spielte die Hauptrolle, und Fénélon doublierte ihn nur, wenn es jenem gefiel zu pausieren. Der eine glich dem Reichen im Evangelium, er saß an einer wohlbesetzten Tafel, der andere, ein zweiter Lazarus, nährte sich von den herabfallenden Brocken. Der Tänzer

---

*) Eigner Beifall erzeugt fremden Tadel.
**) Le Dieu de la danse.   U e b e r s.

schwelgte im Ueberfluß, der Marquis zehrte vom Abhub. Um zugelassen zu werden, mußte er die Zimmer neu möblieren lassen, wo man ihn empfing. Sein Rival war der Herr des Palastes, er selbst trieb sich im Vorsaal umher. Endlich ward er seiner Bedientenrolle überdrüssig, benahm sich aber seltsam dabei. Er ersuchte mich nämlich, ohne einen Grund anzugeben, ihn eines Abends in die Comédie française zu begleiten, und ihm nicht von der Seite zu weichen. Ich vermutete eine Ehrensache von Wichtigkeit und schickte mich an, seinem Vertrauen bestens zu entsprechen, als ich ihn plötzlich auf den jungen Vestris, wie einen Raubvogel auf seine Beute, herabschießen sah und anhören mußte, daß er ihn mit allen Verwünschungen belegte, die der Mensch nur der Hölle abgeborgt haben kann. Ich schämte mich seiner, machte ihm über diesen niedrigen Ausbruch seiner Wut Vorwürfe, und zog ihn mit mir fort.*) Jetzt gab er mir Aufschluß über sein Benehmen, setzte seine Gründe weitläufig auseinander, bekannte mir seine Leidenschaft, welche eine so tragische Gewalt über ihn ausübe, und der bisher Unempfindliche mit dem ehernen Herzen brach zuletzt in einen Tränenstrom aus, und beschwor mich, der ihm verwundert zuhörte, zu seiner Grausamen zu gehen, und sie zur Treue zu überreden. Die Dame hatte den Vorgang schon erfahren; zitternd über die Gefahr, in welcher ihr junger Gott, der junge Tanzgott, geschwebt hatte, kam sie mir zuvor, war an meiner Tür, noch ehe ich an der

---

*) Der Herzog von Fitz-James, der sich in der Revolution auf eine so edle Art vom Falle erhoben hat, zeigte bei einer ähnlichen Gelegenheit mehr Geist und Kopf. Als er nämlich eines Tages eben diesen liebenswürdigen und leichtfüßigen Rival bei der Contat angetroffen hatte, sagte er mit herablassendem Tone zu ihm: „Ich werde stets Achtung für Ihre Beine haben; setzen Sie aber noch einen Fuß über diese Schwelle, so schlage ich Ihnen die Arme entzwei."

ihrigen, und bat mich inständigst, die Sache zu vermitteln. Ich befolgte die in solchen Fällen übliche Vorschrift, riet ihr, behutsamer zu Werke zu gehen, und diesen Vorfall für mich selbst benutzend, und mit der Lehre das Beispiel verbindend, zog ich eignen Vorteil aus der Sache, bis sie selbst mich zwang, der verbotenen Frucht zu entsagen, als ich einst in einem jener kurzen und glücklichen Augenblicke des Selbstvergessens — wo sie aber mich nicht hätte vergessen sollen — mich A u g u s t nannte, und mir den Taufnamen desjenigen gab, der allein in ihrem Herzen thronte. Ich ließ sie von Stund an mit ihrem Tänzer — ihr Pas de deux fortsetzen.

Die alten Chroniken haben den Namen des S i r e d e P o n s aufbewahrt, gleich berühmt durch seine Liebes- und durch seine Kriegsabenteuer, durch sein Glück und Unglück, ein zweiter U l y s s e s, der, von Himmel und Erde verfolgt, ein Spiel des Schicksals und der Wellen, und in der Schlacht von M a p o u r e*) verwundet, unerkannt in sein Haus zurückkam, seine Gattin etwas weniger treu als P e n e l o p e fand, und bloß von seinem Hunde freundlich empfangen ward. Einer seiner Ururenkel, der V i c o m t e d e P o n s, lange glücklicher als er, nahm ein trauriges Ende, denn er fiel unter dem Beile und auf der Schlachtbank der Revolution und der mit Recht so genannten Schreckensmänner. Er war in besseren Tagen wie sein erlauchter Ahnherr und wie alle Helden — F r i e d r i c h II. ausgenommen — ein Anbeter des schönen Geschlechts gewesen. Ein von allen Flammen der Liebe loderndes Herz schlug in dem schönbegabten, doch schon etwas gebrechlichen Körper, für den es

---

*) In Aegypten, wohin er den König L u d w i g IX., den Heiligen, begleitet hatte. U e b e r s.

— 9*

besser gewesen wäre, früher zusammenzustürzen, anstatt
auf dem Blutgerüst Opfer aus allen Klassen fallen zu sehen
und selbst als Opfer zu fallen. Sein Blut rötete die noch
rauchenden Bretter und vermischte sich mit den herab-
fließenden Strömen.

Der Vicomte de Pons (um in der Zeit zurück-
zugehen) liebte vor der Revolution eine gewisse Frau
von C..., in Paris wenig bekannt, aber die himmlischste
der Houris in Mahomets Paradiese. Eines Tages, als ich
mich mit aller angenommenen Gleichgültigkeit in Ton
und Wesen bei ihm nach ihr erkundigte, gab er mir mit
eben der anscheinenden Gutherzigkeit zur Antwort, sie
sei aus der Provinz und reise in einigen Tagen wieder
zurück. Mit dieser Antwort — im Grunde so gut als
gar keine — war mir wenig geholfen. Ich ging der Spur
der schönen Unbekannten nach, fand sie in dem Kloster,
worin sie lebte, und in ihr — einen Engel. Zugleich entdeckte ich tausend angenehme Talente, die den Reiz ihrer
Schönheit erhöhten. Der Vicomte war schon ziemlich
über die Jahre hinaus, welche für die Liebe geschaffen
sind; er fing sogar an, ein wenig von der Gebrechlichkeit
zu verraten, woran der Beiname Pompon, den man
ihm beigelegt hatte, erinnerte; man fand, daß er der
kleinlichen, sorgfältigen Toilette bedurfte, um das heran-
nahende Alter zu verbergen, übrigens war er der beste
Mann von der Welt. Ich hatte mir, ich weiß selbst nicht
warum, eingebildet, daß es schwer halten würde, an seine
Geliebte heranzukommen, aber es bedurfte nicht vieler Umstände, ihr selbst ohne zu schreiben meine Absichten zu
erklären. Schreiben wollte ich nicht. Es ist von jeher
mein Grundsatz gewesen, mich durch keinen Brief oder
Zettel, durch keinen stummen und doch sprechenden
Zeugen bloßzustellen, bevor diejenige, an welche ich die
Schrift richte, in den Fall gekommen ist, verschwiegen
sein zu müssen, um sich nicht durch die Mitteilung
des Geschriebenen in Gefahr zu setzen. Ich hege noch

immer die größte Achtung und Hochachtung vor einem sehr gewandten, feinen Mann, der alle seine Billett doux ungefähr mit einer der folgenden Eingänge anfing:

„Das reizende Geständnis, welches Sie mir von Ihrer Zuneigung abgelegt haben —"
oder
„Die vielfältigen Beweise, die ich von Ihrer Liebe erhalten habe —"
oder
„Die Gefühle, die ich das Glück gehabt habe, in Ihnen zu erregen —" usw. usw.

Wie könnte ich einer Methode meinen Beifall versagen, welche dem dreistesten Wesen auf Erden — einer Frau — Verschwiegenheit zur Pflicht macht, der Schwatzhaftigkeit ein Schloß anlegt, und den leichtsinnigen Lippen das Siegel des Geheimnisses aufdrückt? Ich finde diese Wendung wirklich erhaben.

Vergebens quälte ich mich, zu einem glücklichen Erfolg zu gelangen, als das Ungefähr — oft ein größerer Meister und Ratgeber als die Klugheit — mir zu Hilfe kam.

Man weiß, daß Herr v o n M o n t e s q u i o u einer der stolzesten Edelleute von Frankreich war, daß er unendlich viel Verstand besaß, nur d e n nicht, welcher ihm die Türen der Académie française geöffnet hat, aber man weiß auch, wie undankbar er gegen die Krone gehandelt, und daß er sich nur deswegen in das Finanzfach des Staats eingedrängt hat, weil die seinigen in einem unheilbaren Zustande waren*); man weiß ferner, daß er

---

*) Am Vorabend meiner Reise nach England (1789) brachte ich einige Stunden bei L . . . zu, wo ein Höllenspiel gespielt wurde. Ich fand Herrn v o n M o n t e s q u i o u daselbst; er verlor ungeheuer, und zuletzt belief sich sein Verlust auf hunderttausend Taler. Er verließ den Spieltisch, um in der Nationalversammlung einen Bericht ü b e r d i e F i n a n z e n des Reichs abzulesen. Ein A r e t i n, der von Keuschheit spricht! V e r f.

sich in der Revolution als einen ebenso schlechten, repu-
blikanischen General gezeigt hat, als er unter der Monarchie ein gewandter Hofmann gewesen war, man weiß, daß
er einen Verwandten hatte, den A b b é d e M o n t e s -
q u i o u , einen feinen Unterhändler**), welchen viel harmlose Leute für einen sehr rechtlichen Mann und alle
Parteien für ihren aufrichtigen Anhänger gehalten haben,
so sehr wußte er durch glücklich angewandte Gemein-
plätze und durch einen Anstrich von Bonhomie sich das
Ansehen eines klugen, aber biedern Mannes zu geben.
Man weiß auch, daß der General v o n M o n t e s q u i o u
gestorben ist, ohne das Andenken und Bedauern einer
Nation mit ins Grab zu nehmen, die nur dasjenige
schätzt und aufbewahrt, was wirklich und wesentlich groß
ist. Was aber von ihm, dem Nachkommen und Spröß-
ling aus C h l o d w i g s Blute, weniger bekannt sein mag,
ist, daß er ein wahrer Tyrann in der Liebe war, daß
er die ganze Tiefe der Verstellung und Heuchelei besaß, welche sich hinter einer kalten Unempfindlichkeit verbirgt, daß er der eifersüchtigste Liebhaber war, gebieterisch
in seinen Anmaßungen, langweilig in seinen Reden, ein
alter Narr in seinen Grillen und Einfällen, daß er anderen
die Rechte versagte, die er selbst auf eine Frau zu
haben glaubte, daß er sich die Rechte verbarg, die
die Frau auf ihn hatte, und daß er die Vorwürfe, die
er sich hätte machen sollen, durch wiederholte Anfälle
von Roheit erstickte. Herz und Sinne standen bei ihm
im Gegensatz. Er quälte seine Geliebte, als wäre sie sein
ausschließliches Eigentum, ließ jede Minute den Besuch
erwarten, den er von Tag zu Tag aufschob, und hielt
— ein langweiliger gelangweilter Sultan — das Tuch
beständig in der Hand, ohne es fallen zu lassen.

Er war infolge einer vorübergehenden Grille mit

**) Intrigant fieffé.

der Witwe eines Mannes in Verbindung getreten, den seine Verdienste nicht hatten vor Elend und Tod schützen können, obschon Name und Abkunft ihn zu Glück und Leben berechtigten. Ist Reichtum immer das Los dessen, der ihn verdient, und immer seine Belohnung? Der Unglückliche, von dem ich hier rede, darbte und starb. Seiner hinterlassenen Witwe blieb kaum das Unentbehrliche, und sie begehrte Überfluß. Was tat sie? Sie opferte das Herz dem Kopfe, vertauschte Mangel mit Schande, Dürftigkeit mit Laster, veräußerte die bessere Hälfte ihres Wesens um der andern das kurze Vergnügen des Luxus zu verschaffen, womit so viele Frauen sich über den Verlust ihrer Tugend und Freiheit trösten. Zu ihrem Glück ließ sie sich nicht lange blenden, ermannte sich, und faßte den Mut, in der Provinz ein unbeachtetes Leben zu führen, nachdem sie in Paris einen Namen entehrt hatte, den sie höher geachtet haben würde, wenn sie meinem Rate gefolgt wäre. Aber halt! . . . Wenn sie diese Zeilen lesen sollte!? Ich lege die Feder nieder, um sie nicht wie einen Dolch ihr in die Brust zu stoßen, und ein Herz zu verwunden, welches nur durch Umstände hingerissen und dem Elende unterliegend die angeborene Tugend verleugnet hat. Es genüge mir das Bewußtsein, sie, die ich hier tadle, nicht auf Irrwege gebracht zu haben. Ich muß mir aber auch zugleich ein Unrecht vorwerfen; ohne gegen sie eine edle Liebe gefühlt zu haben, deren sie in der Tat würdig war, habe ich sie zu Gefälligkeiten bewogen, die ich nicht begehrt haben würde, wäre sie nicht schon früher gefallen; das Aergste war geschehen.

Herr von Montesquiou war oft in sie gedrungen, daß sie sich in ein Kloster zurückziehen sollte. Ich bediente mich der Gewalt, die ich über sie hatte, sie zu überreden; es gelang mir. Ihr Aufenthalt war kaum hundert Schritte von dem der Frau von C... entfernt, deren ich oben erwähnt habe, und die ich über

alles*) liebte; ein Ausdruck, der beiläufig in der Ge-
brauchssprache wenig oder nichts bedeutet, aber in
der Jugend den Stempel der Wahrheit trägt. Beide
Damen machten Bekanntschaft miteinander, wurden ein
Herz und eine Seele, und ihre beiderseitige Freundschaft
erwies mir, dem Dritten, einen Liebesdienst, denn obschon es mir wahrscheinlich würde gelungen sein, mein
Geschäft allein durchzusetzen, so kann ich doch nicht
leugnen, daß es dadurch, daß sich ein weiblicher Sach-
walter für mich ins Mittel schlug, weit schneller fort-
rückte. Bekanntlich ist jede Frau die geborene Feindin
der Tugend aller anderen und die feinste Verteidigerin.
Wenn eine F r a u den e r s t e n M a n n verführt hat, wieviel leichter würde es ihr gelungen sein, das e r s t e W e i b
zu beschwatzen!

Mein Prozeß war gewonnen, und der Vicomte hatte
den seinigen in letzter Instanz verloren. Mein Wille war,
daß er es erführe, Madame wollte es nicht; sie hatte die
Absicht, uns beide zugleich zu behalten, mir war daran
gelegen, daß er verzichten und mir Platz machen sollte. Um
meinen Zweck zu erreichen, beging ich absichtlich eine
Unvorsichtigkeit nach der andern im Reden und Handeln,
er aber stellte sich, als merke er nichts. Seine Rolle war
schwerer als die meinige. Er wußte aber seinen Racheplan
gegen sie, gegen mich, gegen sich selbst so fein anzulegen,
ihn hinter einer scheinbaren Ruhe so tief zu verbergen, daß
w i r b e i d e nichts davon merken konnten. Das Lächeln
war auf seinen Lippen, die Hölle kochte in seinem Busen.
So tröstet man sich über eigne Pein durch die, welche man
anderen bereitet. O Natur! Du besitzest schändliche Geheimnisse!

Ich bin, ehe ich fortfahre, meinen Lesern noch
zweierlei schuldig: den Charakter der Frau v o n C...
und ihre Schicksale, die sie dem Vicomte v o n P o n s zu-

---

*) éperdûment.

führten. Frau von C... hatte keinen überwiegenden Verstand, aber was sie davon besaß, gefiel mehr als das, was ihr abging, auffiel. Sie war schlau, aber ihre Verschlagenheit lag mehr in ihrem Blick als in ihren Reden. Sie log nie geschickter als wenn sie die Wahrheit sprach, denn ihr Blick schien zu sagen: „Ich lüge!" Selbst die Weiße ihrer Haut gab ihr ein Ansehen von Unschuld, dem das Feuer ihrer Augen widersprach. Ihr sanftes, blondes Haar gab ihrer Stirn etwas Verräterisches — aber ungefähr wie das Verräterische bei einem Kinde. Ein weiches Wesen in Wuchs und Haltung, welches die Italiener durch ihr disinvoltura*) auszudrücken pflegen, verlieh ihr einen unwiderstehlichen Reiz, man hätte schwören mögen, daß eine so wollüstige Nachlässigkeit, ein solches Sichgehenlassen weder Zeit noch Kraft finde, an Betrug zu denken und Betrug zu üben; sie war zugleich unbeständig wie die Wellen und fest wie der Fels im Meere, sobald es ihr Eigensinn sein wollte. Alles, was ihr Vergnügen machte (alles ohne Ausnahme), hatte seinen Sitz in ihrem Kopfe. Bei ihrem Gatten, an den sie vom Schicksal gefesselt worden war, waren die meisten ihrer Eigenschaften verloren gegangen. Es war ein ungebildeter, beschränkter Mensch, der sie mißhandelt, ehe sie es noch verdient hatte. Sein rohes Verfahren regte sie auf, sie ergriff endlich ein gewaltsames Mittel, gab ihm Opium, und während seines unnatürlichen Schlafs entsprang sie mit zehn Louis in der Tasche, machte dreißig Lieues zu Fuß und gelangte aus dem äußersten Bearn nach Paris auf einem einspännigen Karren, den sie selbst führte. So oft sie dieses fabelhafte Abenteuer mit einer Grazie erzählte, die ich vergebens wünschte, in meine Erzählung zu legen, mußte man erstaunen, wie sie diese Irrfahrt hat überleben können. Sie ging gerade zu Herrn Amelot, damals Polizeiminister von Paris; sie war seine ent-

---

*) Ungezwungenheit, natürliche Nachlässigkeit.

fernte Verwandte. Wäre sie häßlich gewesen, würde er sie vermutlich verleugnet haben, so aber war sie hübsch, so daß er sie vor den Augen des Königs für seine Kusine gelten lassen konnte. Beim ersten Anblick versprach ihr der hochachtbare Staatssekretär Schutz und Sicherheit, aber schon nach Verlauf von drei Monaten überwarf er sich mit ihr, weil er es satt hatte, Hoffnungen zu nähren, zu denen sie ihn nie berechtigt hatte. Jetzt würde ihr Gatte gewonnenes Spiel gehabt, und sie als flüchtig, wohl gar als Giftmischerin verfolgt und peinlich angeklagt haben, wäre sie nicht mit dem Vicomte v o n P o n s zusammengetroffen, der sie — oder wenigstens eine Frau suchte, die ihm eine andere, welche er verloren hatte, und von der ihm eine schmerzhafte Rückerinnerung geblieben war, ersetzen könnte. Diese andere war Frau v o n F..., welche plötzlich allen ihren Freunden ihre Türe verschloß, um sich dem Operntänzer N i v e l o n ausschließlich zu ergeben. Der Vicomte mußte den Schimpf erleben, nachdem er f ü n f J a h r e lang in ihrem Tempel seinen Weihrauch gestreut hatte, sich einen so unwürdigen Nachfolger gegeben zu sehen, was für einen Mann höchst schmerzlich sein mußte, der die Empfindsamkeit aufs äußerste zu treiben gewohnt war. Jetzt fand er, wie gerufen, um sich und seinen Kummer zu zerstreuen, eine Zauberin, welche Schutz und Beistand gegen ihren Ehetyrannen suchte, er versprach ihr beides, und half ihr mit Vermögen und Ansehen. Es war die höchste Zeit. Der Eigentümer des fraglichen Gutes war nach Paris gekommen, um seine Besitzrechte geltend zu machen, und sein Eigentum einzuklagen, er fand aber gehörigen Widerstand und zog ab wie er gekommen war.

Noch muß ich, ehe ich weiter gehe, den Vicomte v o n P o n s näher beschreiben. Er war ein sonderbarer Charakter. Mit einem süßlichen, hasenfüßigen Aeußeren verband er innere Festigkeit und Gesetztheit. Er legte viel Wichtigkeit auf Kleinigkeiten des Anzugs, behandelte die Toilette wie eine freie Kunst, die Liebe wie die Toilette, zeigte sich immer im Rocke nach dem neuesten Schnitt, und galt in seiner kleinen Sphäre für einen Magister elegantiarum. Hätten die damaligen Minister ihr Fach so gut gekannt und studiert, wie er das edle Schneiderhandwerk, die Hofkostüme, den Zuschnitt eines Gilets, die Breite der Schuhschnallen, den Stutz des Hutes, Pferde- und Wagengeschirr, usw. usw. — Frankreich wäre noch wie vor dem Jahre 1789.

Dieses war die Außenseite des Vicomte. Desto verborgener war sein Inneres, desto tiefer seine Verstellungsgabe, desto versteckter seine Rache. Er hatte, wie gesagt, mein Verständnis mit Frau v o n C... längst bemerkt. Jetzt schien ihm der Zeitpunkt gekommen zu sein, sie zu bestrafen. Er ließ an ihren Gatten schreiben, seine Frau stehe allein, schutz- und wehrlos; er solle kommen und sie abholen. Der Brief wirkt, ihn lesen, abreisen, ankommen, war die Sache eines Augenblicks. Der Geier war schon an den Barrieren von Paris, als es die Taube erfuhr. Sie wollte in die Arme des Vicomte, ihres natürlichen Verteidigers, eilen, als er ihr mit der ausgesuchtesten Grausamkeit zur Antwort gab: „er habe sein Herz einer andern geschenkt und nicht Lust, ihretwegen seine Pferde noch einmal tot jagen zu lassen." Ich war nun ihre einzige Zuflucht, ihre Hoffnung, ihr Alles. Ich erfüllte die heilige Pflicht, sie zu retten. Der Prinz v o n M o n t b a r e y, obschon Reichsfürst, Grande von Spanien, ehemaliger Kriegsminister, hatte seit dem Tode des Grafen v o n M a u r e p a s viel von dem Ansehen und der Achtung, worin er früher stand, verloren; gleichwohl war er noch immer bedeutend genug, um Frau v o n C ... aus ihrer schlimmen Lage zu befreien. Ich war intim mit ihm bekannt und wußte, daß er zu solchen Diensten gern die Hand bot. Ich brachte also die Dame zu ihm, empfahl sie ihm, vertraute sie ihm an. Er traf die nötigen Maßregeln, schlug die geeignetsten Wege ein, und es gelang ihm, meinen Wunsch zu erfüllen und sie zu retten. Er machte nicht einmal den Anspruch auf zärtlichen Minne-lohn und ersparte ihr die Verlegenheit des Widerstrebens oder des Nachgebens. Als weiblicher Troubadour spielte sie die Harfe vor ihm, sang dazu, und liebte — einen andern. Dieser andere bin ich nicht lange gewesen; lag die Schuld an ihr oder an mir? Die Frage ist jetzt zu unwichtig, um beantwortet zu werden. Wie man mir versichert, lebt sie in der Schweiz, unweit des schönen Sees*), den J. J. Rousseau und seine Forellen un-sterblich gemacht haben. Sie mag ihre neununddreißig Jahre alt, und noch immer schön und angenehm sein, wenigstens wollte ich darauf wetten. Ihr Geist hilft ihren Zügen nach, und ihre Züge verjüngen ihren Geist. Möge sie in ihrer Lage glücklich sein, sie bedarf mehr als viele andere des Vergnügens, sie harrt darauf und lebt davon.

Ich bin nicht vorwurfsfrei; ja, ich fühle und be-sorge, daß dies Ereignis auf den tragischen Tod des Vicomte von Pons hat Einfluß haben können, indem es vielleicht dazu beigetragen hat, ihn wieder in die Ge-sellschaft der Frau von Saint-Amarante hinein zu ziehen, welche er seit geraumer Zeit weniger sah. Er wurde nach dem berühmten Robespierreschen Mahl, welches allen Gästen das Leben kostete, auf die Proskriptionsliste gesetzt, und zugleich mit der Mutter, dem Sohne und der englischen Tochter auf dem Revo-lutionsplatze hingerichtet. Wie hätte er mit dem Namen, den er führte, und einem jährlichen Einkommen von vier-zigtausend Franken diesem Schicksal entgehen können?

Ich war seit mehreren Jahren nicht in Versailles gewesen, als der Entschluß, eine zweite Reise nach Eng-land zu machen — die ich aber später angetreten habe — mich dahin rief, um mir Pässe vom Minister Grafen Montmorin und ein ministerielles Schreiben an den

---

*) Des Bieler Sees.   Uebers.

englischen Hof zu erbitten. Er gab mir mit vieler Artigkeit den Bescheid, ich würde beides nächsten Sonntag
fertig finden, wenn ich mir die Mühe geben wollte, es
in Person bei ihm abzuholen. Der Graf M o n t m o r i n
beschäftigte sich in seinem Departement mit Kleinigkeiten,
ging seinem kleinlichen Ehrgeiz nach, übte kleine Tugenden, suchte durch kleine Dienstleistungen die Gnade seines Königs zu verdienen, den er zwar nicht verraten, aber
schlecht unterstützt hat. Er hielt mich für einen der Hofleute, welche die Ehre einer angebotenen Mahlzeit mit
einer Hin- und Herreise von vier Lieues nicht teuer genug
bezahlt glaubten. Ich gab mich nach der Audienz einen
Augenblick in das Oeil-de-boeuf, und unterhielt mich mit
einigen Personen, unter andern mit der blinden Raupe
M o r e t o n d e C h a b r i l l a n t, mit dem ich so hart zusammen stieß, daß ich Mühe hatte, den geheiligten Vorsaal
der Höflinge nicht zu entweihen. Es kam, wie man denken kann, zu einer Herausforderung. B e a u j o n und sein
Vetter, der Marquis v o n C h a b o t (unter dem Namen le
gros chat bekannt), machten mich aber auf die Lächer-
lichkeit aufmerksam, mich mit einem Manne zu schlagen,
dessen Verstand so kurzsichtig war wie seine Augen, mit
einem Manne, der am hellen Tage einen Koloß von Garde-
schweizer für eine Operntänzerin ansah, und auf i h n
losging, s i e zu umarmen, mit einem Manne, der sich zu
Metz in voller Karriere auf eine Jägerschwadron hinstürzte,
die er für eine grüne Wiese hielt, sowie den Staub, den
die Reiter machten, für leichte Tauwolken. Ein andermal
war er in einen Ehrenhandel verwickelt und sollte sich
schießen; man pflanzte eine Stange auf, befestigte einen
roten Mantel daran, setzte einen Hut darauf, und machte
ihm weis, das sei sein Gegner. Er hatte den ersten
Schuß und tat ihn auf die Vogelscheuche. Der wahre
Gegner, welcher zehn Schritte davon abstand, trat nun
vor, stellte sich verwundet, und die Sekundanten, welche
mit ihm einverstanden waren, legten die Sache bei. Unter

solchen Umständen war für mich keine sonderliche Ehre
bei diesem Ehrenstreite zu holen. Die Fehde endigte mit
einem Frühstück, und im Grunde ist das schlechteste
Frühstück doch dem glänzendsten Duell vorzuziehen.

Ich selbst bin auch einmal mystifiziert worden, doch
auf andere Weise als M o r e t o n d e C h a b r i l l a n t.
Ich war im Théâtre Feydeau in der Loge des unglücklichen Barons v o n G r i m m, der so oft an seiner eigenen
Tafel mystifiziert worden ist, den man unter einem Spott-
namen lächerlich gemacht hat, weil er im Salon glänzen
wollte, da er doch nur in die Antichambre gehörte, und
mit dem man glimpflicher hätte umgehen sollen, weil
er im Grunde nicht sowohl lächerlich als gutmütig war.
— Es fehlte ihm an Bescheidenheit, das gebe ich zu,
aber man verlangte auch in diesem Punkt das Unmögliche
von ihm. Um die Menge derer, welche die Freunde —
seines Kochs waren, und sich die seinigen nannten, zu
befriedigen, hätte es bedurft, daß er, wie jener Millionär
zur Zeit der Regentschaft und des Mississippisystems, aus
Gewohnheit h i n t e r seinem Wagen gegangen wäre. Das
war doch zu viel verlangt!
Ich war, wie gesagt, in seiner Loge. Nebenan
saß eine Engländerin, welche in ihrem Vaterlande
mehr durch Gestalt und Grazie, als durch gute Sitten
und Aufführung bekannt war. Ich war mehrere Male
mit ihr beim Kommandeur v o n B o n i f a c e zusammengetroffen, der den Fremden und Ausländern die
Honneurs von Paris machte, und in mehr als einem
Sinne Unterhändler war. Ich kannte sie zu gut, um nicht
eine noch nähere Bekanntschaft mit ihr zu suchen. Auf
meiner ersten Londoner Reise hatte sie mir verweigert,
was sie anderen gewährte; ich hatte nicht das Glück ge-

habt, ihr zu gefallen, und das läßt sich leicht begreifen und erklären. Dem sei wie ihm wolle, hier fand sich eine Gelegenheit, den Faden wieder anzuknüpfen. Ich benutzte sie. Mit den ins Herz dringenden Tönen eines Paësiello und eines Cimarosa, mit dieser Musik, welche den Zuhörer weich und zärtlich stimmt, glaubte ich zu meinem Vorteil die Töne einer Erklärung verbinden und in bester Form ausdrücken zu können. Es schien mir, als dürfte ich mich eines guten Erfolges zu erfreuen haben. Nach einigen leise gewechselten Worten bestimmte sie mir Mitternacht als die glückliche Stunde, in welcher sie alle meine Fragen beantworten werde. Der Tempel, wo ich dieser Göttin mein Opfer bringen wollte, war ein Hôtel-garni in der Vorstadt Saint-Germain. Ich stellte mich auf die Minute ein. Eine Art Kammerfrau empfängt mich, ladet mit in geradebrechtem Französisch ein, mich zu Bett zu legen. Sie setzt hinzu: „Mistreß ..., ihre Herrschaft, sei noch nicht zurück, werde durch ein wichtiges Geschäft aufgehalten, werde aber unverzüglich eintreffen." Ich bilde mir ein, daß die Dame nach der Oper einen Augenblick nach Hause gekommen ist, und ihrer Vertrauten aufgetragen hat, die Bestellung an mich auszurichten. Indessen ließ ich doch über eine Stunde verstreichen, ehe ich von der Freiheit Gebrauch machte, die man mir auf eine so treuherzige Weise angeboten hatte. Jetzt aber entkleide ich mich, lege mich nieder, schlafe ein, schlafe bis zum Morgen, ohne mein Licht ausgelöscht zu haben, so daß es einen Hauptspaß gegeben haben würde, wenn ich das Haus in Brand gesteckt hätte. Es schlug elf Uhr vormittags, als ich erwachte. Ich schickte mich eben an, Erkundigung einzuziehen, als die Kammerfrau von gestern meine Tür leise aufschob, wie jemand, der sich fürchtet, einen aus dem Schlafe zu stören. Sie stellt mir ein Billett zu, worin es hieß: „Eine Menge unerwarteter und unangenehmer Hindernisse hätten eine angenehme Zusammenkunft verhindert; man behalte es sich vor, mir alles zu meiner größten Befriedigung zu erklären, und gebe mir ein Rendezvous in Chantilly, zum Abend; ich sollte entweder im Posthause absteigen oder wenigstens in der Post einen Zettel abgeben, mit der Anzeige, wo ich Quartier genommen." Zwar fühlte ich mich etwas verstimmt, traf jedoch neue Maßregeln, und richtete mich so ein, daß ich zur rechten Zeit in dem schönen Chantilly anlangte, von dem nichts übrig geblieben ist, als der Name. Mit aller Gelehrigkeit und Pünktlichkeit eines Tropfs, den man an der Nase herumführt, ohne daß es der Mühe verlohne, tat ich alles, was und wie es mir vorgeschrieben war; und erst nach Verlauf von zwölf Stunden ward ich gewahr, daß die Schelmin mich zum besten gehabt hatte. Ich kehrte verwirrt und halb sinnlos*) nach Paris zurück, und blieb stumm wie ein Fisch, vor Scham und Furcht, mich zu verraten. Die Dame hatte das Mittel gefunden, mir den Mund zu verschließen; sie hätte mich in allen Betten von Frankreich mein Lager allein aufschlagen und Schildwache stehen lassen, wenn es mir eingefallen wäre, sie noch ferner um Mitternacht zu erwarten. Doch nahm ich mir die Freiheit, und machte mir das Vergnügen, sechs Jahre später, durch einen ebenso unartigen Scherz den Wechsel, den sie am Ufer der Seine auf mich trassiert hatte, am Ufer der Themse zu honorieren.

Ob viel Witz und viel Attisches Salz in jener britischen Mystifikation liegen mag? Ich glaube nein, aber ich bin zu sehr Partei in der Sache, um Richter sein zu dürfen.**) Diese kleine Erzählung sei eine gute Lehre

---

*) très-effarouché.

**) Ich, der ich nicht Partei in der Sache bin und folglich nach Maßgabe meines Gefühls und meiner Ueberzeugung in Geschmackssachen Richter sein darf — habe bei allen englischen Schriftstellern, und im Umgang mit allen Engländern überhaupt, gefunden, daß ihre an Grobheit grenzende Derbheit und Geradheit ihnen die Mittel benimmt, Witz und Attisches Salz über

für die Jugend, die sich gar zu leicht in den gröbsten
Schlingen fangen läßt, weil sie sich für fein hält, und
weil der Eigendünkel der Bruder der Dummheit, und die
Eigenliebe das Betrüglichste der Vergrößerungsgläser ist.

Mademoiselle **A r n o u l d** galt allgemein für eine
der witzigsten Frauen in Paris, als ich ihre Bekanntschaft machte. Ihre Bonmots waren durch andere an
mich gelangt, die sie auffaßten, behielten und weiter verbreiteten. Aus ihrem Munde habe ich aber nie ein Bonmot gehört. Ich habe sie zwei bis drei Jahre lang ziemlich oft gesehen, muß aber bekennen, in der ganzen langen
Zeit kein einziges pikantes, geistreiches Witzwort aus
erster Hand von ihr erhalten zu haben, so reich man sie
auch in dieser Gattung von Geist und Verstand hielt —
und ausschrie. Aber mit dem Geiste geht es wie mit
dem Körper, beide haben ihr Stufenjahr, nur daß der
Geist nicht so schnell abnimmt wie die Schönheit. Ich
horchte, und erwartete immer von ihr zu hören, was
andere aus ihrem Munde gehört hatten, und hörte immer
nur das, was sie sagte, nichts Außerordentliches, nur
Gewöhnliches; keine Witzfunken, nur schwachen Schimmer, Flittern, keine Epigramme, leichtes Geschwätz, keinen
hervorstechenden Zug, vorübergehenden Redefluß, kein
bleibendes Gepräge. Sie täuschte ihre Bewunderer, diese

---

ihre Späße und Mystifikationen zu streuen. Man lese ihre Romane,
ihre Schauspiele. Selbst die in denselben eingeführten Frauen
nähern sich dem männlichen, und zwar dem englisch-männlichen
Geschlechte. So wenig H o g a r t h sich darauf verstand, Frauen
zu m a l e n , so wenig verstehen sich, mit wenigen Ausnahmen,
die englischen Roman- und Schauspieldichter darauf, ihnen den
Attischen Witz, die Attische Grazie und das Attische Salz in
den Mund zu legen.   U e b e r s

um es nicht Wort zu haben, täuschten das Publikum, und rühmten den ungemeinen Witz der Demoiselle A r n o u l d. Ihre Soupers waren noch weniger schmackhaft als ihre Unterhaltung und ihre sogenannten Bonmots, man setzte sich zu beiden — aus Gewohnheit, und fand in beiden keine Leckerbissen. Ihr Verkehr bestand aus Personen, welche eigenen Verstand zeigen wollten, Verse machten zum Zeitvertreib, oder gar mit Anspruch, und sich dadurch lächerlich machten — aus schönen Geistern, welche sich bei ihr einfanden, um sich zu zerstreuen, und weil sie gute und vornehme Gesellschaft anzutreffen glaubten — aus einer sogenannten vornehmen Gesellschaft, welche das Ansehen haben wollte, sich mit S c h r i f t s t e l l e r n zu messen, und kaum die S c h r i f t ihrer B r i e f s t e l l e r lesen konnten (man verzeihe mir den erbärmlichen Calembourg)*) — aus Reisenden von Profession, welche überall, nur nicht in ihrem Vaterlande, zu Hause waren, alles sehen und hören wollten, sich allenthalben eindrängten und einbürgerten — aus Hofleuten, welche sich etwas über die Dummköpfe dieser Klasse erhoben — aus Schauspielerinnen, welche Talent gehabt h a t t e n, oder (was noch besser ist) Talent zu entwickeln v e r s p r a c h e n — aus Männern von Namen und Geburt, welche aber in der großen Welt nur eine kleine Rolle spielten — endlich aus solchen, denen an einem Souper mehr gelegen war, als an der öffentlichen Achtung.

Der Graf v o n L a u r a g u a i s, Verfasser der J o - c a s t e, besuchte diesen Kreis nicht mehr, man hatte sein Trauerspiel nicht genug bewundert, wahrscheinlich, weil es noch unverständlicher war, als das Rätsel der Sphinx.

---

*) Im Original heißt es: des gens de qualité prétentieux, qui aimaient à se frotter aux gens de l e t t r e s, quoiqu'ils sussent à peine lire c e l l e s qu'ils recevaient de la poste (voilà un détestable calembourg!!).

Dagegen lernte ich daselbst M o l é kennen, diesen un-
nachahmlichen, selbst in seinen Fehlern liebenswürdigen
Künstler. Er wußte allen seinen Rollen, den Versen, die er
sprach, Reiz und Wert zu geben, obschon er sie oft durch
kleine, unnütze Zusätze entstellte, und überdies sich
und das Publikum an ein dem Stammeln nicht unähnliches
Anstoßen in der Deklamation gewöhnt hatte, welches ihn
zwar nicht übel kleidete, aber das Heer der Schauspieler,
dem es an feinen Talenten fehlte, und das nicht wie er
diese Unvollkommenheit liebenswürdig machen konnte,
zur Nachahmung verleitete. Seitdem hat sich alles in
Frankreich, besonders in Ton, Sitten und Haltung, so sehr
verändert, daß ich mit Recht fürchten muß, M o l é habe
sein Geheimnis, seine Pinsel und Farben, und die Gabe,
eine gewisse Welt zu schildern, von welcher die Spur
und wohl gar die Tradition verwischt ist, mit ins Grab
genommen. Seine Gruft verbirgt eine nicht gewöhnliche
Immoralität, einige zum Teil lächerliche, und zum Teil
schändliche Laster, doch ein Schauspieler bedarf nicht
eben der Achtung des Publikums, um dessen Liebling
zu sein.

Ich sah M o l é bei Mademoiselle A r n o u l d, und
machte zugleich die Bekanntschaft seiner Stieftochter,
seiner Mätresse, des unglücklichen Opfers seiner Intrigen,
mit einem Worte, der Madame R... mit dem Roxelanen-
gesichte, mit der Falschheit eines Romans, mit der Treulosigkeit eines boshaften Herzens. Ihre Mutter war eine
Demoiselle D é p i n a y, ebenfalls Schauspielerin, späterhin unter dem Namen der Madame M o l é bekannt; ihr
Vater war der Marquis und nachmalige Herzog v o n
V i l l e r o y, welcher unter F o u q u i e r - T i n v i l l e s
und dessen Scharfrichters Regierung bei aller seiner
Nichtigkeit und Kriecherei wegen seines unermeßlichen
Reichtums unter der Guillotine bluten mußte. Das junge
Mädchen war an einen Schauspieler der dritten Ordnung,
einen gewissen R..., verheiratet, welcher jedoch so viel

Geist und Takt besaß, um bald einzusehen, daß sein Schwiegervater ein R o u é*) und seine Frau eine abgefeimte Buhlerin war. Deswegen trennte er sich wieder von ihr, und überließ sie einer Anzahl junger Wüstlinge, wozu auch ich gehörte. Sie war nicht schön, nicht einmal hübsch, aber sie besaß einen unnennbaren Reiz, ein gewisses Etwas, was sie b e g e h r e n s w e r t**) machte — ein Ausdruck, der gerade für sie geschaffen zu sein scheint. Bei geringem Verstande war sie so verschlagen, daß sie mir den höchsten Abscheu gegen alles, was List und Arglist heißt, eingeflößt hat. Ohne eine vorzügliche Schauspielerin zu sein, hob sie mehrere Rollen und verdarb keine. Sie hatte sich beim Publikum den Ruf der Zurückgezogenheit erworben, sah nur ausgesuchte Gesellschaft, trat selten auf, hatte sogar durch Vermittlung des alten C a m e r a n i bei der Comédie Italienne ein Abkommen mit diesem Theater getroffen, welches ihr das h a l b e Gehalt sicherte, auch wenn sie gar nicht spielte, eine Freiheit, deren sie sich gern bediente. Kurz, durch Verstellung und Kunst galt sie fast überall für eine Vestalin. Dem geübtesten Auge machte sie die Entdeckung unmöglich, daß sie sich zwischen ihrem Stiefvater und einem italienischen Faun teilte, der selbst die Gunstbezeigungen der Venus einem Nebenbuhler verekelt haben würde. So war dieses Weib beschaffen, welches sich durch den dichten Schleier einer erkünstelten Außenseite einen besseren Ruf zu erstehlen gewußt hatte, als so viel andere Priesterinnen Thaliens und Polyhymniens, die auf höherer Stufe standen.

Und diese Frau war ich zu lieben bestimmt! Diese Frau war es, die mir beim ersten Anblick den Kopf verdrehte. Sie m a c h t e Mlle. A r n o u l d zu allem, wo-

---

*) Das Wort hier im allerempörendsten Sinne genommen.
**) désirable.

für man diese h i e l t, denn sie diente ihren Reden, ihren Reizen zur Folie. Bald gab sie mir Hoffnung, bald zerstörte sie ihr Gebäude wieder, bald war sie streng, bald nachgiebig, heute stellte sie sich, als liebe sie mich ein wenig, morgen, als sei es ihr leid, mich gut behandelt zu haben. Eine zweite P e n e l o p e, trennte sie ihr eigen Werk auf. Meine Leidenschaft war so übermäßig, meine Geduld so übergroß, daß, als sie eines Tages, ohne es zu wollen, mir beinahe mit der Schere ein Auge ausgestoßen hätte, und über den möglichen Unfall erschreckend, mir Teilnahme bezeigte, — ich sie in allem Ernst bat, es wirklich zu tun und mich einäugig zu machen.....

So kann uns also Leidenschaft noch stupider machen als Wahnsinn! Was Wahnsinn ist, weiß man einmal, man weiß, daß dieser allerunglücklichste Zustand der menschlichen Vernunft unser ganzes Mitleiden rege macht, daß wir den Wahnsinnigen für tot achten, selbst wenn er noch lebt — aber jene Verblödung ist ein unwürdiges Herabsinken des Menschen, eine gänzliche Abwesenheit seiner Würde, seiner Willenskraft, seiner Tätigkeit zum Guten, ein Zustand, dem man weder Tränen noch Teilnahme schenken kann. Unsere Sirene hatte damals einen jungen, eitlen, unerfahrenen, mittelmäßig begabten Jüngling*) zum Liebhaber, der es gar nicht für denkbar hielt, daß sie ihn hinters Licht führen k ö n n e. Würde er es wohl — der Scharfsinnige — nicht gleich gemerkt haben? Konnte sie ihm untreu sein, ihm, der so liebenswürdig war? Dieser Pfau, dieser Gimpel ohne Stimme, selbst ohne das glänzende Gefieder, welches er an sich bewunderte, ist alt geworden und jung geblieben, und hat zuletzt mit einem so dummen Streich geendet, daß seine Feinde darüber gejubelt haben würden, wenn er bei seinem einfältigen Benehmen sich wirkliche Feinde hätte machen k ö n n e n.

---

*) écolier.

Die Kulissenprinzessin, die M e r t e u i l d e r C o m ö -
d i e , oder, wie ich sie noch lieber nenne, die S i r e n e ,
hatte mit ihrem jungen Liebhaber so viel zu tun, daß
sie für mich wenig tat, und ich in ihrer Gunst keine
Fortschritte machte. Ich kann nicht sagen, daß mir diese
Windstille unangenehm gewesen sei, weil ich voraussah,
daß ich doch früher oder später mit vollen Segeln in den
Hafen einlaufen würde. Aber es erfolgte ein unvorher-
gesehenes Ereignis, das meine Erwartungen aufhielt und
meine Hoffnung auf lange Zeit — zu Wasser machte.

Hier ist eine A b s c h w e i f u n g um so notwendiger,
da sie mit meiner Persönlichkeit in genauer Verbindung
steht.

Zwei Hauptursachen, auf welche man nicht besondere
Rücksichten genommen zu haben scheint, haben zu der
revolutionären Umwälzung Frankreichs das ihrige beigetragen.

Erstens:

Um d i e n e n zu können, mußte man seinen Adel
bis zum Aeltervater beweisen. Diese Bedingung machte
den neuen Adel und den höheren Bürgerstand unzufrieden, weil sie eine reiche, gebildete, wohlerzogene Klasse
gewissermaßen von dieser Laufbahn ausschloß. Dem alten Adel gebührte billig der erste Zutritt, nur hätte man
kein Strafgesetz darüber erlassen sollen. Man konnte auf
diese Weise der Geburt den Vorzug lassen, bei Nichtadeligen Ausnahmen machen, und diese der Weisheit des
Chefs, des Kriegsministers und der endlichen Entscheidung der höchsten Behörde, dem Ausspruche des Königs, überlassen. Statt dessen machte der kurzsichtige,
ungeschickte Marschall v o n S é g u r aus einem stillschwei-

genden Uebereinkommen eine Regel, ein Reglement, eine
Ordonnanz, ein Gesetz.

Zweitens:

Die Kurzsichtigkeit und der Fehlgriff eines andern
Marschalls, der den Grafen von Ségur weder an Brav-
heit noch an Rechtlichkeit übertraf, woran es diesem gewiß
nicht fehlte, ihm aber in einer anderen Hinsicht überlegen
war, nämlich an Rittergeist, an Hofart und Hofsitte, an
der Etikettenkunde — kurz, ein Mißgriff des Marschalls
von Duras erhielt vom Könige die Zustimmung zur
bekannten Ordonnance des preuves, dites „des carrosses".
Diese Ordonnanz setzte fest, daß, um in die königlichen
Wagen steigen zu können (was man debütieren
nannte) und um Sr. Majestät vorgestellt zu werden,
man die Beweise eines Adels führen und vorlegen mußte,
welcher bis zum Jahre Vierzehnhundert hinauf-
stieg, und zum Ritteradel (noblesse de chevalerie)
nicht zum Gnadenadel (anoblissement) gehörte. Das
alles war an sich gut, sehr gut und in der Ordnung;
wozu es aber sozusagen mit Trompetenschall und Pauken-
schlag bekannt machen? Wozu eine Ordonnanz, ein Reglement, welches einem guten Drittel des französischen
Adels das Recht absprach, dem Könige vorgestellt
zu werden — seinem Könige, welcher, selbst der drei-
undsechzigste seines Stammes und das Haupt der
ältesten Monarchie der Welt, es für gut findet, die Ehre,
ihm vorgestellt zu werden, an Bedingungen zu knüpfen,
welche die übrigen Souveräne Europas nur in einem
Fieberanfall erträumt haben könnten, weil die erste Ver-
pflichtung der königlichen Würde darin besteht, daß der
Monarch zugänglich — ich möchte fast sagen populär
— sei. Daß der Fürst das Recht habe, wie jeder Privat-
mann in seiner Wohnung, frei zu sein, und nur diejenigen in seine Wagen, an seine Tafel aufzunehmen, deren
mutmaßliche Ahnen den Boden des gelobten Landes
betreten, sich im Jordan gebadet, sich mit dem heiligen

Wasser aus dem Bache Cedron besprengt und gereinigt,
oder, wie einer meiner Vorfahren, der alte Ritter T i l l y ,
sechsundzwanzig Ungläubige mit eigner Hand*) erlegt
haben — nur Männer, deren Stammväter in Syrien vor
Hunger, Durst und Ermattung umgekommen sind — nur
Abkömmlinge und Ueberreste derer, die ihr Blut, das
reinste französische Blut, bei Massoure vergossen haben
— das mag sein, das finde ich recht und billig, dem
unterwerfe ich mich ohne Laune und Widerrede, ich
mag M o n t m o r e n c y heißen oder G o r s a s. Waren
denn aber die mehr oder weniger geschichtlichen Namen
unsrer alten Familien, welche Anteil an diesem Gnaden-
vorzug hatten, nicht bekannt genug? Klangen sie nicht
harmonisch genug, ohne daß es nötig gewesen wäre, die
Bedingung a u s d r ü c k l i c h zu bestimmen, und sie un-
politisch als conditio sine qua non aufzustellen? War der
König nicht Herr genug, um diejenigen aufzunehmen oder
zurückzuweisen, welche in seinen Augen und nach den eingeführten Begriffen dieser Ehre wert oder unwert waren?
War es notwendig, ein für die Mehrzahl des Landadels
kränkendes, herabwürdigendes Gesetz öffentlich zu erlassen, das nur g e g e n s i e gerichtet sein konnte? — ein
Gesetz, das weder einen Pair von Frankreich, noch den
Sohn eines Marschalls von Frankreich, noch den eines
Ordensritters usw. traf? — Ein Gesetz, wodurch große
Grundeigentümer ihren Schlössern entzogen wurden, in
welchen ihre Gegenwart alles belebte, um sich in Paris
niederzulassen und zugrunde zu richten — und weswegen?
Damit sie ihren Nachbarn erzählen könnten, daß sie in
Versailles gewesen wären, daß sie von Versailles kämen
— von Versailles, wo man über ihre altväterische Gestal-
ten, Gebärden und Trachten lachte, wo ihr lächerlicher
Anzug, dessen Anschaffung ihnen einen Holzschlag, eine

---

*) Diese Hand muß fünfundzwanzigmal so groß und stark
gewesen sein, als die meinige.   V e r f.

Wiese, einen Weinberg, eine Mühle gekostet hatte, weiter nichts bewies, als ihren Mangel an Geschmack.*) Dieses unselige, unpolitische Gesetz hat mehr als einmal Freunde**) und noch öfter Freundinnen entzweit, wenn die eine der andern mit stolzer Selbstgefälligkeit erzählte, wie es ihr auf dem Balle der Königin ergangen, wie selig sie sich gefühlt, was für ein Glück ihr Anzug gemacht habe, wie lächerlich Frau du R... sich mit dem Prinzen von B... benommen, wie arg verliebt sie sich in ihn gestellt, wie er sie in einem fort mit seinen großen stieren Augen angeglotzt habe, und wie unglaublich es sei, daß Frau

---

*) Man hat mehr als einmal das Beispiel eines Herrn von Pontavice angeführt, eines Schiffskapitäns aus einem guten Hause von Bretagne, dem es in seinem fünfzigsten Jahre einfiel, mit aller Eleganz der Hofsitte von Brest und Toulon, mit aller Grazie eines Höflings Neptuns und dem schlagenden Kontrast desselben mit der Etikette von Versailles, sich bei Hofe vorstellen zu lassen. Der ehrliche Seemann, wie ein Abendmahlskelch von innen und außen übergoldet, harrte lange vergebens im Oeil-de-boeuf, zeigte sich täglich in einem neuen gestickten Kleide, ruinierte sich, langweilte sich, bis endlich der Marineminister ihn im Vorbeigehen fragt: was er wolle und worauf er warte? — „Ich bin gekommen," erhielt er zur Antwort, „um mit dem Patron eine Suppe zu essen†), und ich weiche und wanke nicht eher von hinnen." — Der König erfuhr es; man hatte Mitleid mit dem Wunsche des armen Mannes; er wurde e i n m a l gerufen und angeredet, und glaubte nun — eine Seeschlacht gewonnen zu haben.

†) pour casser une croûte avec le maître.

**) Ich fragte einen Mann meiner Bekanntschaft: „Warum sehe ich Sie nicht mehr mit Herrn von B . . . ., Ihrem Verwandten, Ihrem Landsmanne aus derselben Provinz, mit dem Sie erzogen sind?" Ernst und wichtig, gab er zur Antwort: „Wir sehen uns in der Provinz, hier geht es nicht an, er ist nicht vorgestellt worden, hier bedeutet er nichts, und wir treffen nie zusammen." — Ich zweifle sehr, ob Herr von B . . . seinen — Sommerfreund auf dem Lande aufrichtig geliebt haben werde.

von L... ihre Wahl habe auf den Herrn von C... G...
fallen lassen können, der zwar ein ganz guter Mensch
sei, aber sich's nicht einfallen lassen sollte, schön und
verliebt zu tun; wie entzückend, reizend und schön die
Königin gewesen sei, mit welcher gefälligen Grazie Ihre
Majestät sich bei ihr nach ihrer Schwiegermutter erkundigt habe usw. usw. Das alles hieß nämlich zu ihrer
Freundin (seit diesem Augenblicke zu ihrer Feindin) sprechen: „Mein Schatz, S i e waren nicht auf dem Balle, S i e
werden niemals auf den Ball kommen, und ohne mein mit
zarter Hoheit und stolzem Uebergewicht Ihnen hier her-
geleiertes Geschnatter würden S i e, mein Engel, von dem
Balle in Versailles nichts mehr oder weniger wissen, als
von einem Balle in Peking!" — Dieses Gesetz hat bei
Hofe mehr Feindschaften erregt als das D e f i z i t Anhänger, Verfechter und Freunde gefunden hat. Dieses
Gesetz hat endlich den Landadel gegen den Hofadel, den
man sehr uneigentlich den H o h e n ,A d e l zu nennen
gewohnt war, bewaffnet. Der eigentliche Hohe Adel ist
der A l t e A d e l, nicht der Hofadel, denn bei Hofe findet
man neben den ältesten und berühmtesten Familiennamen
mehrere sehr moderne und neugebackene g r o ß e H e r -
r e n, und ich dächte doch, man könne nicht füglich ein
g r o ß e r H e r r sein, wenn man nicht von altem gutem
Adel ist. (Ich denke und rede hier, wie man ehedem in
Frankreich redete und dachte.)*)

Wieviel Familien, für die es eine Kleinigkeit war, ihre
Courfähigkeit zu beweisen, wären gleichwohl verlegen ge-

---

*) Um so lächerlicher war es gleichwohl in der E m i -
g r a t i o n (weg mit dem schlechtgewählten Worte!), wenn der
Enkel eines Königl. Staatssekretärs sich bedachte, ob er dem
Herzog v o n C o i g n y oder dem Marschall v o n C a s t r i e s
den Vortritt einräumen oder streitig machen sollte. Aus diesem
Babylonischen Turme sind alle Unfälle Frankreichs hervorgegangen.

wesen, alle Schwierigkeiten und Einwürfe zu heben, alle
Lücken auszufüllen, alle Beweise und Urkunden herbeizu-
schaffen, die über die gewöhnlichen Erfordernisse hinaus-
gehen und in die ältesten Zeiten hinaufsteigen. Andre
haben sie wirklich aufgesucht und sich durch die schweren
Kosten zugrunde gerichtet, sie haben ungeheure Summen
verschwendet, um in fremden Ländern, in fremden
Archiven, Registraturen und Sammlungen**) nachzufor-
schen; bisweilen ist es ihnen gelungen, Titel und Denkmäler ihres uralten Adels, aber auch zugleich sprechende
Beweise ihrer gegenwärtigen Dürftigkeit, ihrer verlorenen
Glücksgüter, zu erhalten. Das hat manche Köpfe in
Gärung gesetzt, noch andere mißvergnügt gemacht, in allen
Leidenschaften erregt, Verdruß, Verwirrung, Stolz, Reiz-
barkeit, besonders aber geheimen Neid und Ingrimm gegen
neuere Familien, die ihr Steigen und ihren Flor der Hof-
gunst verdankten und zu Würden gelangt waren, auf
welche ältere Familien nähere, begründetere Ansprüche
zu haben glaubten usw. War es unter solchen Umständen
und bei solchen Rücksichten kein Fehler, kein Verstoß,
keine falsche Maßregel, ein A d e l s g e s e t z zu erlassen?
Hieß es nicht, den Keim und Samen zu Spannung, Zwist,
Uneinigkeit und Uebel ausstreuen?

Wirklich haben obige beide Ordonnanzen bewaffnete
Revolutionsmänner, wie die aus den Drachenzähnen des
Kadmus erstandenen Krieger, wie die aus dem Gehirn
Jupiters hervorspringende Pallas, erzeugt, Revolutionsmänner aus den zwei unruhigsten und zugleich tätigsten Klassen des Reichs, nämlich aus den Häuptern des d r i t t e n
S t a n d e s und aus dem M i t t e l - A d e l, — denn der
neue, der gestrige, hielt sich noch nicht für berechtigt, zu
murren und sich aufzulehnen, er stand sozusagen noch in
sich abgeschlossen da und trat nicht eher in Reihe und
Glied, als bis die Revolution die Lärmglocke der los-

**) Chartriers.

gelassenen Wut, der blinden Leidenschaften angezogen und ihnen alle Tore und Schranken geöffnet hatte. Bedenkt man noch überdies, daß früher die ersten Stellen, besonders im Militär, fast ausschließlich unter die Höflinge verteilt wurden, so wird man den besten Aufschluß zu einer Revolution haben, welche weit außerordentlicher in ihren Folgen gewesen ist, als sie auffallend in ihrem Ursprung war.

Doch dieser Gegenstand wird zu seiner Zeit ausführlicher besprochen werden, für jetzt beschäftige ich mich mit etwas, das mich selbst am nächsten betrifft.

Meinem Großvater, der, wie man sich aus dem Anfang dieser Memoiren erinnern wird, aus einem so alten Hause war, daß er alle Ahnenproben ablegen konnte, waren nur diejenigen Beweise abgefordert worden, welche ihn zum Eintritt in das Pagenkorps berechtigten.*) Er war bei Ludwig XV. und bei dessen Krönung in Rheims Page gewesen. Er hatte fünfundzwanzig Jahre beim Kavallerie-Regiment von R... gestanden, zu einer Zeit, als es noch nicht eingeführt und erforderlich war, daß ein alter Edelmann durchaus Oberst sein und ein Regiment haben mußte, um bei Hofe den gebührenden Platz

---

*) Die Pagen mußten einen zweihundertjährigen Adel nachweisen, einen Ritter-, — keinen ursprünglichen Gnaden-Adel†), und so, wie ihn außerdem auch einige Domkapitel, wie z. B. das von Straßburg, Lyon, St. Claude, Remiremont usw., forderten. Die zum Pagen erforderlichen Adelsbeweise waren damals die strengsten; um in die Ecole Militaire, in St. Cyr, und selbst in den Malteserorden aufgenommen zu werden, wurden nur vier Geschlechtsfolgen erfordert.

†) Sans trace d'anoblissement au point de départ.

einzunehmen.*) Damals fiel es noch keinem jungen Fant ein, wie wir es späterhin erlebt haben**), dem Könige und dem Staate damit zu drohen, daß er sie ihrem unglücklichen Schicksal überlassen wolle, wenn er nicht unverzüglich zum Oberst ernannt würde. — Mein Großvater, der ehrwürdige Greis, war mit ehrenvollen Wunden bedeckt; er hat mir oft in meiner Kindheit die Narben gezeigt. Seine Gattin stammte aus einem alten Hause, sie war die Verwandte eines Mannes, der bei Hofe und in der Armee sehr geachtet wurde, und vielleicht Marschall geworden wäre, wenn er länger gelebt hätte. Ihr Verstand und ihre Gaben erhoben sich nicht über das Mittelmaß, aber ihr Mut, ihr Biedersinn und ihre Tugenden würden den schönsten Zeiten der Welt Ehre gemacht haben. Ich bin um so straffälliger, meine Großeltern nicht zu Mustern genommen zu haben, da ich mich

---

*) Der Marschall von Lévis war, wie mein Großvater, fünfundzwanzig Jahre Infanteriekapitän gewesen und hatte eine Grenadierkompagnie befehligt.

**) Als der Prinz von Monteynard Kriegsminister war, hielt ein Graf von G . . . um ein Regiment an, und drohte, seinen Abschied zu nehmen, wenn sein Verlangen nicht berücksichtigt würde. Der Minister rief mit großer Kaltblütigkeit drei Männern, die sich in seinem Kabinett befanden, zu, näherzutreten. Diese drei Männer waren, nichts mehr nichts weniger, als die Herzoge von Lévis, von Rochechouart und der Graf von Beauvilliers. Sie dienten alle drei über zwanzig Jahre; keiner von ihnen hatte ein Regiment. „Messieurs," redete sie der Minister an, „dem Könige steht ein großer Verlust bevor, Herr von G . . . ist willens, den Dienst zu verlassen, aber da Seiner Majestät Männer bleiben wie Sie, meine Herren, so wird sich Se. Majestät wohl trösten müssen." Dieser Zug macht dem Prinzen von Monteynard um so mehr Ehre, da Herr von G . . . aus Dauphiné, mit ihm verwandt, und was noch mehr sagen will, ein Bruder des Komturs von G . . . war, der mit dem Minister intim befreundet war, besonders als Tischgenosse, weil er, zumal in den Speisestunden, dessen Hotel nie

ihrer so genau und deutlich erinnere, und da meine erste Kindheit unter ihren Flügeln verfloß. Ohne den Stolz und Uebermut zu besitzen, welcher Haß erzeugt, fand sich in meinem edlen Großvater die schöne, einfache Würde eines Mannes, welcher weiß, daß er von hohen Ahnen abstammt, und als solcher von zwei großen Provinzen*) anerkannt wurde, die für ihn die höchste Achtung hatten. Dieser Vorzug galt viel in seinen eignen Augen, aber er rühmte sich dessen nur mit derjenigen Mäßigung, die denselben in den Augen der Neider verzeihlich machen kann. Mein Vater hingegen unterhielt

---

verließ und sich beständig des Wörtleins W i r bediente, wenn von seinem Herrn Patron, dem Minister, die Rede war. Der Prinz v o n B e a u f f r e m o n t hat mir von diesem Komtur unter anderen folgende Anekdote erzählt. Der Graf v o n S a i n t - M a u r i s hatte sich aus Gründen vom Hofe zurückgezogen, die manchen wohl dazu bewegen konnten. Um aber seinem Sohne keinen Nachteil zu bringen, entschließt er sich, nicht länger zu schmollen; er reist nach Versailles, geht geradewegs zur Marquise v o n P o m p a d e u r , mit welcher er sich früherhin sehr gut gestanden hatte, und erhält von ihr die Vergünstigung, nicht allein den König zu sprechen, sondern mit Seiner Majestät bei der Marquise zu speisen. Der alte Komtur weiß von dieser Audienz nichts, begegnet Herrn v o n S a i n t - M a u r i s in den Königl. Zimmern, macht sich gegen ihn mit seinem Ansehen bei Hofe breit, versichert ihm, daß kein Mensch auf Erden ihm ergebener sei als er, spricht mit ihm von ihrer alten Freundschaft, von der alten guten Zeit und schließt mit den Worten: „Sie wissen, liebster Graf, daß W i r einem glücklichen Ungefähr einen großen Kredit verdanken, daß W i r eine Stelle bekleiden, wo es U n s gegeben ist, vielen angenehm und nützlich zu sein; sagen Sie U n s frei heraus, was Sie für Ihren Sohn zu erhalten wünschen, seien Sie im voraus versichert, daß W i r alles tun werden, Sie beide wieder obenauf zu bringen und Ihnen zu etwas zu verhelfen. Reden Sie, liebster Freund, reden Sie frei . . . was kann I c h für Sie tun?" — „Mir eine Prise Tabak geben." —

*) Normandie und Maine.

mich von nichts als von den Urmüttern P e r c y und H a r -
c o u r t (von diesem Stamme behauptete er sogar, daß
der Herzog dieses Namens ein Afterabkömmling sei). Er
sprach und träumte von nichts anderem, als von den
alten Königen von Dänemark, von deren reinstem Blute
er abstamme*), und womit er ein zweites königliches Haus,
das Haus B o u r b o n , verband, dessen Blut ebenfalls
in unsern Adern rolle. Das ging so weit, daß er sich
durch seine behauptete Abstammung von 'Wittekind**)
und von L u d w i g d e m N e u n t e n unerträglich und
lächerlich zugleich machte, zumal, da es ihm an Mitteln,
Kräften und Ansehen fehlte, sie geltend zu machen.

Dem sei wie ihm wolle, so hatte mein Großvater
sich nie persönlich mit Stammbaumuntersuchungen beschäftigt, noch sich darum bekümmert, ob der seinige
in Ordnung sei oder nicht. Er zog sich mit seiner zahlreichen Familie vom Dienste zurück, lebte auf seinem
Landgute S... in der Normandie, besaß ein Vermögen
von zehn- bis zwölftausend Livres damaliger Renten, und
stand in dem Ruf eines Patriarchen und des rechtlichsten
Edelmannes in der ganzen Umgegend.

Der Marquis v o n T i l l y - B l a r u , General und Groß-

---

*) Nati de stemmate Danorum.
**) Man spricht beständig in Deutschland von W i t t e k i n d ,
und wenn man etwas Wichtiges gegen das Haus B o u r b o n
vorbringen will, welches man aus dem doppelten Grunde nicht
liebt, weil es mächtig w a r und unglücklich i s t (1804), so rückt
man damit hervor, daß es regierende Häuser in Europa gebe,
die von W i t t e k i n d abstammten und folglich älter seien als
die französische Monarchie. Schön! Doch hier tritt der kleine
Umstand ein, daß der französische Stamm und W i t t e k i n d s
Stamm ein und derselbe sind. W i t t e k i n d (zweiter Sohn des
berühmten Sachsenfürsten dieses Namens, welchen K a r l d e r
G r o ß e überwand und taufen ließ) erhielt, bei der Taufe seines
Vaters, den Namen R o b e r t. Sein Sohn, R o b e r t d e r S t a r k e ,
führte den Titel „Marquis von Frankreich", und war H u g o
C a p e t s Urgroßvater.

kreuz des Ludwigsordens, hatte kaum in Erfahrung gebracht, daß sich ein Zweig seiner Familie unweit Alençon
niedergelassen habe, als er mit dem Marquis von
Scépeaux, einem Freunde und Jugendgenossen meines
Großvaters, seinen Vetter auf einige Tage besuchte, und
sich von ihm seine beiden jüngeren Söhne ausbat, welche
das Jünglingsalter kaum erreicht hatten; der älteste stand
schon beim Regiment Noailles. Seine Absicht war,
ihre ersten militärischen Schritte zu leiten, sie von unten-
auf dienen zu lassen und als Gardedukorps in seiner
Brigade anzustellen. So ehrenvoll dieser Antrag war, so
wenig gefiel er meinem Großvater. Gleichwohl gab er
den Bitten und Vorstellungen seines Verwandten und
Familienhauptes nach, als dieser sich anheischig machte,
einem der Söhne nächstens zu einer Eskadron und dem
andern zu einer Unterleutnantsstelle*) zu verhelfen. Er
sei, versicherte er, seiner Sache gewiß, und werde zu
rechter Zeit Wort halten. Der alte Marquis von Tilly-
Blaru war kein Prahler, der sich mit einem Einfluß ge-
brüstet hätte, den er nicht besaß; im Gegenteil war er
imstande, was er einmal versprochen hatte, zu halten.
Allgemein geachtet und verehrt, vom Könige ausgezeichnet,
vermochte er besonders viel über den Gardekapitän, Herzog von Villeroy. Er nahm die beiden Jünglinge
mit sich nach Versailles; der ältere war siebzehn Jahr
alt; aber beiden fehlte noch viel am Maße, welches man
haben mußte, um in die Garde eintreten zu können. Als
sie daher der König erblickte, lachte er und rief: „Wie
klein! Wie klein!" — „Sire," nahm mein Oheim das
Wort, „geruhen Ew. Maj. sich zu erinnern, daß Sie mit
mir verwandt sind." — „Sie haben recht," versetzte
der König; „Jünglinge, die Ihren Namen führen, mißt
man nicht mit der gewöhnlichen Elle." —

---

*) Damals bâton d'exempt genannt.

So viel ist doch wohl gewiß, daß ein Mann, der aus eigenem Antriebe einen Verwandten auf seinem Land-sitze aufsucht und ihm eine Art von Gewalt antut, um sich zweier von seinen Söhnen annehmen zu dürfen, — daß ferner ein Mann, der diese Söhne dem Könige als seine nahen Verwandten vorstellt, überzeugt sein mußte, daß sie wirklich zu seiner Familie gehörten.

Nach Verlauf von anderthalb Jahren verließ mein Vater (der ältere dieser beiden Brüder) die Gardedu-korps und trat in die Schule der Chevaux-Légers ein, wohin sich damals alles drängte. Mit allen erforderlichen Eigenschaften begabt, in den Waffen sein Glück zu machen, mit einer schönen Gestalt und einem erprobten Mut, ver-ließ er bald nachher, zwanzig Jahre alt, den Dienst, um sich zu verheiraten, als wären Mars und Venus nicht von jeher die engsten Freunde gewesen! Jedoch, um ernsthaft zu reden, er quittierte aus Insubordinationsgeist, aus Unruhe, aus Ungeduld, aus einem mächtigen Hang zur Unbeständigkeit, welcher ihm sein Leben hindurch anhaftete. Unstetigkeit war sein Element, und nur im Tode hat er Ruhe gefunden. Sein Bruder war zwar stiller, methodischer, schritthaltender, ein Mann von vieler Ord-nung, Regelmäßigkeit und strenger, unbescholtener Ehre; aber von beschränktem Verstande, so daß er es nie weiter brachte und in den Unterstellen der Legion das Ludwigs-kreuz mit Gelassenheit*) abwartete, erhielt und trug. Der älteste Bruder starb als erster Kapitän im Regiment N o a i l l e s, mit dem Majors- oder Oberstleutnantspatent in der Tasche. Eine Schwester, ganz in Andacht und Frömmelei versunken, hatte die begründetsten Ansprüche auf eine hohe Stelle in j e n e r Welt; in d i e s e r machte sie kein Glück, und tat nichts, als ihren Rosenkranz beten. So geht's in großen Familien wie in großen Staaten zu; beide verlieren allmählich von ihrer Kraft und Frische;

---

*) mollement.

beide schwanken, verfallen; alles in der Welt nimmt zu und ab. So erging's auch diesem Ast unseres Hauses und Stammes; er trieb keine starken Zweige, keine blätterreichen Reiser und Schößlinge. Wem war es vorbehalten, ihm neue Säfte und Kräfte zu geben? Wer sollte ihm neuen Glanz mitteilen? Wer sollte die alte Ehre des alten Baumes wiederherstellen? ihn wieder treiben und grünen lassen? Wer sollte unter dem Schatten seines Laubes ein neues Geschlecht sammeln, das den unterbrochenen Ruhm seines Namens verjünge, und sich zugleich mit eigenem und Ahnenglanze bedecke? — Mir war — so sagte man wenigstens — dieses Los, diese Ehre bestimmt; mir, wenn ich den Mut des Ehrgeizes, die Fähigkeit, einen Plan aufzufassen und zu verfolgen, die Geduld, alles ruhig abzuwarten, die Gewohnheit eines regelmäßigen Lebens, wenn ich das Unglück der Leidenschaftlosigkeit oder die langweilige Standhaftigkeit, die Leidenschaft zu zügeln, gehabt hätte. Die Revolution würde mich dann mitten im Aufbau meines Glücks überrascht, unterbrochen und mein Gebäude umgestürzt haben; ich würde (schon oft habe ich es gesagt) vor Unmut, mich unter ihren Trümmern begraben zu sehen, umgekommen sein; Lebensfreuden und Lebensgenüsse würden mir ihre Hand nicht gereicht haben, mich wieder aufzurichten, um mit ihnen auf Blumenwegen zu wandeln. Oh, Candide, Candide, du hast recht.*) Alles geht auf dieser besten Welt aufs beste zu! —

Meine Verwandten und der Graf von Tessé, Oberstallmeister der Königin, versprachen sich vermutlich so etwas von mir, als dieser eine Pagenstelle bei Ihrer Majestät für mich erwirkte und jene ihre Einwilligung gaben. Uebrigens habe ich im Eingang meiner Memoiren das

---

*) Nicht Candide, sondern Pangloß ruft aus: „Tout est pour le mieux dans ce meilleur des mondes." Candide findet immer das Gegenteil.　　　　　　　　　　Uebers.

Umständliche dieser Anstellung beschrieben, do daß ich hier darauf hinweise. Ich erwähne jenen Zeitraum meines Lebens nur insofern, als er mit dem Ereignis in Verbindung steht, welches ich hier zu berichten habe.

Als ich meinen Pagendienst antreten sollte, schrieb ich in der festen Ueberzeugung, daß sich mein Stammbaum in der besten Ordnung befinde, an meinen Oheim in Versailles, er möchte die Gewogenheit haben, die Familienpapiere (welche ich ihm zugleich übermachte) dem Genealogen C h é r i n zur Durchsicht und Bestätigung vorzulegen. Mein Oheim war von ihrer Richtigkeit und Vollständigkeit so ganz überzeugt, daß er zur Antwort gab: Er werde nächstens deshalb nach Paris reisen und mich dann unverzüglich d e b ü t i e r e n (dem Könige vorstellen) lassen. Er hielt Wort, kam nach Paris, nahm Rücksprache mit Herrn C h é r i n, übergab ihm die Papiere nebst denen, wodurch ich mich bereits beim Herzog H a r c o u r t zur Pagenstelle beglaubigt hatte. Herr C h é r i n fand zwar in den Schriften den allgemeinen Beweis, daß unsere Familie „so alt sei, wie der König", hielt sich aber nicht für berechtigt, auf Grund desselben m i r das gehörige Zeugnis auszufertigen, weil sich in diesen Papieren Lücken befänden, welche jedoch mittels einiger Nachforschungen und einiger Kosten leicht ausgefüllt werden könnten. Er gab zugleich Andeutungen an, wo die fehlenden Beweise herbeizuholen wären: Man werde sie, versicherte er, im Tower von London, in Dänemark und zu Vareville in der Normandie auffinden. Demzufolge wurde mit schweren Kosten ein gewisser Abbé G u é r i n nach diesen Orten abgeschickt. Der Tag meiner feierlichen Vorstellung rückte näher; der Graf v o n T e s s é hatte bereits mit dem Marschall v o n D u r a s

die Verabredung getroffen, daß ich am nächsten Sonntag
dem Könige und im Laufe der Woche der Königlichen
Familie und den Prinzen vorgestellt werden sollte. Es
geschah. Ich unterwarf mich diesem lästigen Fron-
dienste*) (denn für das hielt ich in meinem Alter diese
verschiedenen Vorstellungen, zu welchen ich mich von
zwei meiner Verwandten hatte bereden lassen); — ich
verbarg, so gut ich konnte, den Zwang, den ich mir
antun mußte; ich erschien im prächtigsten Kostüm, und
blieb meinem Schneider die gestickten Kleider lange nachher schuldig; meine schüchternen, linkischen Verneigungen
gereichten meinem Tanzlehrer nicht zur Ehre. Ueberdies
hatte ich kein Geheimnis aus der Unordnung gemacht,
in welcher sich meine Papiere befanden. Ich nahm mir
sogar die Freiheit, über diesen Punkt mit der Königin zu
sprechen, und Ihre Majestät geruhte, mir kurz und einfach
zu antworten: „Personen von Ihrer Familie haben das
Recht, in königliche Wagen zu steigen: Sie selbst sind
vorgestellt worden; was bedarf es mehr für den Augenblick? Das übrige wird sich finden und läßt sich mit
Muße in Ordnung bringen und nachholen." Ich hatte
aber nicht Geduld, es abzuwarten und betrieb die Sache
mit Eifer. Zuerst wandte ich mich an meinen Verwandten,
den Marquis v o n T i l l y, der sich meiner bisher so väter-

---

*) Man wird sehen, warum ich auf die Einzelheiten eines
Ereignis, das mich in augenblickliche Verlegenheit setzte, einen
so besonderen Wert lege. Es geschieht, um den Ungrund der
Verleumdungen zu zeigen, welchen mich dieser Umstand aussetzte,
den sich in der Folge die Bosheit so geflissentlich gegen mich
zunutze gemacht hat. — D i d e r o t sagt: „Dergleichen L ä n g e n
sind notwendig, mag sich auch der Leser darüber beschweren.
Man versteht nur dasjenige g a n z, was ins Detail geht und
genau auseinandergesetzt wird. Die kleinste Angelegenheit in der
W e l t nimmt so viel Zeit weg, kostet so viel Mühe und Anstrengung,
und der L e s e r wollte nicht einen kleinen Teil davon tragen
h e l f e n?"   V e r f.

lich angenommen hatte, und auf allen meinen Besuchen
mein Begleiter gewesen war. Er versicherte mir: Er werde
alles tun, was mir angenehm sein könne; nur da sich
unsere beide Linien seit Jahrhunderten abgesondert hätten, könne er nicht glauben, daß seine Beweise auch für
mich gültig sein würden. Mittlerweile kam der Abbé
Guérin von London zurück, wohin ich ihn geschickt
hatte, um Erkundigungen einzuziehen. Er erbot sich, seine
Nachforschungen fortzusetzen, verlangte aber neue Vorschüsse, die ich nicht Lust hatte, daran zu wagen, denn
teils hatte ich meinen Zweck erreicht: Ich war vorgestellt
worden; teils mußte ich den Zeitpunkt abwarten, wo meine
Finanzen in einem blühenden Zustande sein würden, um
die schweren Auslagen bestreiten zu können; teils wollte
ich die Sache so weit hinausschieben, bis ich selbst nach
England reisen würde. Denn von früher Jugend auf
habe ich in mir den Trieb zum Reisen gefühlt; nur war
ich damals noch weit entfernt von der leisesten Ahnung,
daß ich von der Vorsehung zu unendlichen Wanderungen
und Irrsalen bestimmt sei. Auf diese Weise bereitete ich
mir, durch Sorglosigkeit in meinen früheren Jahren, durch
eigene Enthüllung der Schwierigkeiten, die ich vorfand,
meinen Stammbaum in seiner Vollständigkeit aufzustellen
und durch Verabsäumung der Mittel, welche ihn in Ordnung gebracht haben würden, den ernsten und schwierigen
Auftritt, dem mich mein Verhängnis zwölf Jahre später
ausgesetzt hat. Ich erzähle weiter.

———

Der Abbé von Tilly-Blaru glaubte, Grund zur
Klage gegen meinen Vater und meinen Oheim zu haben. Er
hielt sich für einen großen Genealogen, trieb das Studium
überhaupt mit Fleiß, beschäftigte sich aber vorzüglich mit
seinem Namen, seiner Familie, dem Glanze und Alter

derselben. Er war in seiner Jugend im Seminar mit dem Prinzen L u d w i g v o n A r e m b e r g erzogen worden, dem die Kirche seinen ersten Beruf erließ, und der auf eine so auffallende Weise von der geistlichen Laufbahn zur weltlichen überging. Einstens, als der Prinz und ich in Paris beim Grafen v o n B . . . ., Kurfürstlich Kölnischem Gesandten am Versailler Hof, zusammentrafen, sagte mir jener mit dürren Worten, doch ohne der Sache Wichtigkeit geben zu wollen: „Ich bin mit dem Abbé v o n T i l l y genau bekannt; er behauptet, du seiest nicht von seiner Familie." — „Wenn er (erwiderte ich, ohne viel Gewicht darauf zu legen) unter Familienverwandtschaft einen nahen Grad von Vetterschaft versteht, so mag er recht haben; Geschwisterkinder sind wir nicht, aber wir führen einen Namen und ein Wappen*), und, obschon seit undenklichen Zeiten abgezweigt, haben wir eine und dieselbe Abstammung.

Hinterdrein wurmte mich die Sache. Aus Unruhe, aus Neugier, aus Verdruß ging ich einige Tage darauf zum Abbé v o n T i l l y. Nach den gewöhnlichen Eingangsreden kam ich ohne Umschweif auf den Zweck meines Besuches. Der Abbé wollte zwar die eigentlichen Worte nicht gesprochen haben, die ich ihm vorhielt, meinte aber doch, er habe Nachforschungen angestellt, und das Resultat seiner Untersuchungen habe ihn auf die Vermutung geführt, daß wir n i c h t mit einander verwandt wären; er wolle damit keineswegs behaupten, daß wir nicht von ebenso altem Adel seien; nur sei es ihm sozusagen gewiß, daß wir zwei abgesonderte Familien ausmachen; „der Zufall (setzte er hinzu) mache die Verwandschaften, nicht der Wille" usw. usw. Ich gab ihm mein Befremden zu erkennen und versicherte ihm ohne alle Empfindlichkeit, ich würde nicht eher ruhen, bis ich eine Wahrheit ein-

---

*) Das T i l l y sche Familienwappen führt eine weiße Lilie im goldnen Felde und das Motto: Sic tinctum sanguine nostro.

leuchtend gemacht hätte, an welcher ich nicht im geringsten zweifle, oder ich würde beim Versuche untergehen.*) Wir schieden voneinander mit der kalten Höflichkeit eines gegenseitigen Stolzes.**)

Es ist mir unbekannt, wie es zugegangen ist; so viel ist aber gewiß, die Leidenschaftlichkeit des Vicomte***) von Tilly-Blaru wurde erregt; eine feindselige Hand schürte vollends das Feuer der Zwietracht an, welches schon (aus Ursachen, die mit dieser Angelegenheit in keiner Verbindung standen) zwischen uns glimmte. Wie dem auch sei, der heftige, feurige Mann, noch obendrein durch seinen Unstern erbittert, welcher ihn nicht so weit gebracht hatte, als er es wohl erwarten durfte und verdient hätte, — der bis zur Verwegenheit tapfere Mann warf sich zum Repräsentanten seines Zweiges auf, und hing mir in seinem und der seinen Namen einen Prozeß

---

*) Der Prinz von Aremberg sagte mir bei dieser Gelegenheit: „Jene werden ebenso viele Mühe haben, Ihnen zu beweisen, daß Sie nicht mit ihnen verwandt sind, als Sie, den Beweis zu führen, daß Sie es sind." Verf.

**) Die Geschlechtskundigen sprechen von einem Zweige der Familie Tilly, welcher von einem Harcourt, Bischof von Bayeux und einer Tilly ausgeht, deren Sohn, nachdem der Papst Paul III. (Alexander Farnese) durch den Erlaß einer Bulle und der König Franz I. durch einen Kabinettsbefehl vom Juli 1535 die Säkularisierung und Vermählung des Vaters zugegeben (unter dem Namen Tilly) anerkannt und legitimiert worden sei. Zu diesem Zweige wollte man mich rechnen und mir diese Abstammung zum Vorwurf machen, obschon sie ebenso ehrenvoll wäre, als jede andere; allein, unsere Familienpapiere, welche sich so lange in den Händen des Herzogs von Harcourt oder des Herrn Chérin befunden haben,, beweisen den Ungrund der Behauptung. Der letzte aus jener Harcourt-Tillyschen Familie ist 1733 als Grand-Mousquetaire ohne Kinder verstorben. Verf.

***) Nachheriger Graf Karl. Uebers.

an, den er damit anfing, daß er beim Gericht der Marschälle von Frankreich Bittschrift und Klage gegen mich
einreichte. Das war eine unzeitige, durchaus unnötige
Maßregel, denn nach meiner Rücksprache mit dem Abbé
von Tilly war ich fest entschlossen und mit der Familie
einverstanden, zwei Genealogen (einen von jeder Seite)
mit den Urkunden und Beweisen zu versehen, und die
Entscheidung auf ihren Anspruch ankommen zu lassen.
Ich hatte bereits diese Erklärung bei dem Marquis von
Tilly abgegeben und von ihm die mündliche Versicherung
erhalten, daß er an der Untersuchung keinen tätigen Anteil nehmen wolle. Auf diesem Wege wäre die Affäre
weit schneller und kürzer abgemacht worden, als auf dem
langweiligen Wege der Prozesse, deren Schneckengang
mehr dem Publikum zur Belustigung dient, als er die Beteiligten zum Schlusse führt. Es stand aber im Buche des
Schicksals geschrieben, daß die Frage mit dem Schwerte
entschieden werden und daß ein in ganz Frankreich bekannt gewordener Zweikampf die Folge und das Ende
davon sein sollte.

Die zärtliche Freundschaft, die mich heute mit meinem
damaligen Widersacher verbindet, das enge Band, welches
sich um uns geschlungen und durch die Erinnerung an
unsere blutige Fehde neue Festigkeit erhalten hat, erlaubt
es mir nicht, auf weitere Umständlichkeiten einzugehen
und gehässige Gegenbeschuldigungen namhaft zu machen,
da mir die Freundschaft die Pflicht des Schweigens auferlegt und Männer von Ehre, die sich gemessen haben,
dergleichen Erklärungen verachten*).

---

*) Der Graf Charles de Tilly-Blaru hat in seiner
Emigration dem Grafen von Tilly, den er früher nicht als
seinen Verwandten erkennen wollte, viel zu verdanken gehabt
und seinen Dank in folgenden Worten schriftlich hinterlassen:
„Le comte de Tilly a mis dans sa manière de m'obliger, une
grâce et une noblesse faites pour fixer ma reconnaissance, ainsi
que celle de ma famille."   Uebers.

Welch Gemälde könnte ich hier entwerfen? Folgendes
würden die Hauptzüge sein: — Ein Auftritt an einem
öffentlichen Orte, von welchem ich selbst dem König und
dem Königlichen Hause schriftlich Kenntnis gab, — die
darauf erfolgte Vorladung vor den Richterstuhl der
Marschälle von Frankreich; — das dahin abgegebene und
durch eine Grenzreise umgangene Versprechen, sich inner-
halb Frankreichs nicht zu schlagen; — ein schweres Duell;
— eine hübsche Frau, welche, von ihrer Unruhe getrieben,
mir mit Postpferden nachreist*); — meine Rückkehr nach
Paris; — der Marschall von Stainville, der mich
in der Oper festnehmen lassen will; — die treulose
romanhafte Frau Ray, der ich alle Opfer der Liebe
bringe, und von der ich alle Opfer der Scham erhalte;
— die Verfolgungen des Inquisitionsgerichts der Connetablie; — der Graf von L . . ., der mich auf sein Schloß
in der Normandie abführt, um mich der Gefahr zu entziehen; — ein Diener des liebreichsten aller Tribunale,
der mich dort aufsucht; — die Anhänglichkeit meiner
Freunde**), deren sich mein Herz mit der reinsten Freude

*) Eine andere (Adeline) wünschte, sich vor meiner Ab-
reise mit mir auszusöhnen. Ich erfuhr es, und sah sie in derselben Nacht, als ich mich entfernte; sah und sprach sie — nach
vielen Jahren zum erstenmal wieder — in einem der zierlichsten
Boudoirs, wo sie mir Beweise der Freundschaft und Traurigkeit
gab; wo ich sie aufheitern wollte, wo ich von Liebe sprach;
wo sie aber mit einer Art von Abscheu vor diesem Worte
zurückschauderte, als müßte ihre Liebe mir Unglück bringen,
als sei die meinige das Gefühl eines Sterbenden. Ich erinnere
mich, nachdem ich sie verlassen hatte, in einem Kodizill zu
meinem letzten Willen ihr eine Bonbonnière vermacht zu haben,
die ich einige Tage früher von einer andern mit meinem Porträt
zurückerhalten hatte.   Verf.

**) Ich habe deine Tränen nicht vergessen, großmütiger
D . . ., nicht deine Bruderliebe, mein teurer M . . ., nicht deine
schnelle und edle Aussöhnung mit mir, tapferer L . . . C . . .,

erinnert; — mein Verhör vor den Marschällen; — meine einfachen, kräftigen Antworten; — das Interesse, welches mir mehrere Mitglieder des Gerichts zu erkennen geben; — die leidenschaftliche Wut einiger anderen; — meine dreimonatliche Haft in der Abtei Saint-Germain-des Prés; — einige Liebesabenteuer in diesem finstern Verließ, das ich dergestalt aufgeweckt und aufgeheitert hatte, daß Nos Seigneurs*) es ungnädig aufnahmen; — d'Esprémenil, der zu mir kam und mir den Vorschlag machte, meine Sache vor das Parlament zu bringen, welches dem ersten Staatskörper so gern in den Weg getreten wäre; — meine, durch die Hand der Königin, wieder erlangte Freiheit, obschon ich nichts davon wissen sollte**); Sillery, der mir die Erklärung des Herzogs von Orleans an den Marschall von Stainville hinterbrachte: „Es steht den Herren frei, sich bei dieser Gelegenheit zu entehren; den beiden Herren von Tilly die Ehre zu rauben, steht nicht bei ihnen"; — und zuletzt das unaussprechliche Wonnegefühl des Verhafteten, vor dem sich die Tür seines Gefängnisses auftut usw. usw. usw.

Endlich verließ ich den Kerker, die Gefängnishöhle, in welche mich ein Inquisitionsgericht hinabgestürzt hatte, unter dessen Joch damals der französische Adel seinen Hals schmiegen mußte, ohne sich darüber beschweren, ohne sich's merken lassen zu dürfen: „Denn," hieß es ja, „wird der Adel nicht auf eine ehrenvolle Weise durch seinesgleichen — durch seine Pairs — gerichtet?" Nun

---

nicht die zärtliche unruhige Teilnahme des unglücklichen Prinzen d'Hénin, der bei allen seinen Lächerlichkeiten ein so grundgutes Herz besaß! Verf.

*) Titel und Ueberschrift, deren man sich bediente, wenn man an die Herren Marschälle schrieb. Uebers.

**) Hier folgen die eigenen Worte Ihrer Majestät: „Hat man die Absicht, Herrn von Tilly zu verfolgen, so werde ich dies nicht zugeben; aber ein paar Monate Gefängnis werden ihm gut bekommen." · Verf.

blieb mir noch übrig, hinzugehen, und den Herren Marschällen für die von ihnen begangene Ungerechtigkeit
meinen verbindlichsten Dank abzustatten; denn eine Ungerechtigkeit war es, selbst wenn ich zugeben wollte, daß
ihr angemaßtes Recht ein wirkliches gesetzliches gewesen
sei; selbst wenn ich nicht in einem Aufsatz bewiesen
hätte, daß sie ein mit der Urwürde ihres Standes un-
vereinbares Amt übernommen hätten; selbst wenn ich
nicht den Fehler begangen hätte, diesen Aufsatz der kon-
stituierenden Versammlung vorzulegen. Der Spruch der
Marschälle war wegen der Gesetze, die wir nicht verletzt hatten, da wir uns jenseit der Grenze schlugen;
wir hatten nicht wider den Grundsatz verstoßen, der
will, daß für alle Glieder der Monarchie gleiche Pflichten
und gleiche Rechte gelten sollen.

Daß die Marschälle die ihrigen überschritten, gaben
selbst einige aus ihrer Mitte zu. Wenigstens ließ mir der
tapfere Marschall v o n D u r a s in dem Dankbesuche, den
ich ihm abstattete, etwas Aehnliches nicht undeutlich
merken. Er ging auf Einzelheiten ein, welche mir bewiesen, daß ihm der Gerichtshof, zu welchem er gehörte,
von Grund aus bekannt sei; daß ihm die Mißbräuche, die
Schädlichkeit desselben nicht entgingen, und daß er der
Aufhebung einer Einrichtung mit Vergnügen entgegensehe,
welche der Ehre, der Würde und dem verdienten Lohne
der ersten Krieger des Staates nicht angemessen sei. Er
behandelte mich wie ein Vater seinen Sohn, und behielt
mich sogar zu Tische, was an sich nichts weniger als
gleichgültig war, da er so ziemlich allgemein für den
Mann galt, bei welchem man am besten speiste. Ich sagte
ihm: Er sei in seiner Jugend viel zu sehr C ä s a r gewesen, um mich bestrafen zu wollen, daß ich meine
Schuldigkeit getan habe; es sei mir bewußt, daß seine Meinung mir günstig gewesen. Ueber meine dreisten Reden
und Ausfälle auf den Marschall v o n S t a i n v i l l e lächelte
er; mich nicht unterbrechen, hieß so viel, als mich er-

mutigen, fortzufahren, was ich denn nach Herzens-
lust tat; ich fand es unvergleichlich von ihm, daß er
seinen Herrn Kollegen nicht in Schutz nahm und selbst
noch jung genug war, um meiner Jugend Nachsicht zu
schenken. Er erinnerte sich deutlich, daß er das Dienst-
vierteljahr beim Könige gehabt hätte, als ich in den Pagendienst getreten wäre, und daß er mich dem Könige vorgestellt habe. Er machte die Bemerkung, daß die Jugend
das Alter mit einer für beide Teile schreckhaften Schnelligkeit vor sich hintriebe. Es tat ihm leid, daß ich mich so
früh vom Militärdienst zurückgezogen hätte; der Dienst
sei in Frankreich für einen Edelmann das Hauptgeschäft;
ich möchte so bald als möglich wieder eintreten und es
bei allen Zipfeln anfassen*), um einst Marschall von Frankreich zu werden. Alsdann, meinte er, würde ich die beste
Gelegenheit haben, gute Reformen in einem Gerichtshofe
einzuführen, welcher meinen Beifall nicht zu haben
schiene usw. usw.**). Er sprach dies alles mit außerordentlicher Grazie und mit ebenso vieler Würde.

Mit diesem Besuche war ich fertig, noch blieb mir
ein anderer bei dem ungarischen Korporal, Marschall v o n
S t a i n v i l l e , übrig, der mir diese ganze Verfolgung
zugezogen hatte. Ich mache mich auf den Weg, komme
an, bin da. „Sie sind mir, mein Herr, keinen Dank schuldig", das war seine barsche***) Eingangsrede; (wem sagte
er es!); „wäre meine Meinung durchgegangen, so würden Sie Ihr Haupt auf den Block haben legen müssen."
— „Ich hoffe, Herr Marschall," versetzte ich, „daß ein
solches Resultat über die Macht und den Bereich des
Gerichtshofes hinausgegangen wäre, selbst in dem Fall,
wo ich keine Freunde, keine Verwandte, keine Verbindungen gehabt hätte. Es gibt in Frankreich noch andere

---

*) en faire de toutes les façons.
**) dont je ne lui paraissais pas engoué.
***) brutalement.

Gesetze, als das, welches vom Schwert der Connetablie ausgeht." — „Mein Herr!" — Ich wiederholte das Gesagte. „Allein," setzte ich hinzu, „die schuldige Ehrerbietung verbietet mir, in diese Frage weiter einzudringen. Ich beobachte meine Pflicht, indem ich vorgeschriebenermaßen nicht zum Grafen von Stainville, sondern zum Marschall von Frankreich komme."*)

Hier sah er auf sein Wams von grauem Ratin, das ihm zum Schlafrock diente. War es ein Blick der Demut oder der Selbstgefälligkeit? Ich muß das erstere vermuten, denn er hatte die Höflichkeit, einige Entschuldigungsworte zu stammeln, daß er mich so ohne alle Umstände im Morgenanzuge empfangen habe. Ich verneigte mich tief und ließ ihm Zeit, sich umzukleiden. Gewiß bedurfte er der Toilette, ohne daß man hätte sagen können, die Toilette verschönere ihn. Der erbärmliche Mann war durch das Ansehen seines Bruders, des Herzogs von Choiseul, als dieser schon Minister war, in den französischen Dienst gezogen worden. Die Königin trug viel dazu bei, ihm den Marschallstab zu verschaffen, da sie dem Herzoge, seinem Bruder, dessen Werk ihre Vermählung mit Ludwig XVI. gewesen war, denselben nicht zuteilen konnte, — ein Verbindung, die sie damals als ein Geschenk des Himmels ansah, welche sich aber späterhin als ein Geschenk der Hölle erwies. Um wieder auf unsern Marschall zu kommen, so war dieser teure Mann, der mir so gern das Schwert an die Kehle gesetzt hätte, kaum ein mittelmäßiger Garnison-Dienstmann gewesen. Er stand früher in österreichischen Diensten als Titular-Generalleutnant, nachdem er sich fünfzehn

---

*) Einer seiner Kollegen, der sich ebenso sehr gegen mich ausgesprochen hatte, ließ sich entschuldigen; er könne mich nicht annehmen, er habe einen Fieberanfall. Ich ging fort, kam nicht wieder, und ließ mich nicht nach seiner Gesundheit erkundigen.
Verf.

Jahre in den Regimentern K o l l o w r a t h und L ö w e n -
s t e i n herumgetrieben und nicht verdient hatte, bis zum
Kaiserlichen Feldmarschall aufzusteigen. Ebensoweñig
verdiente er Marschall von Frankreich zu werden. Jenes
wurde er nicht; dieses ist er geworden! Doch — gestehen wir es nur! — in den letzten Zeiten war diese
Würde ebensosehr gesunken, als die der übrigen Militär-
grade. Der Offiziere waren bei weitem zu viele im Verhältnis zu einer Armee, welche, in Vergleichung mit unserer Macht und unserm Flächenraum, viel zu klein war.
Die Pairswürde war die einzige*), womit die vorige
Regierung geizte. Ihr gebührt Lob deswegen, denn nichts
ist ein so sicherer, unfehlbarer Vorbote des nahen Falls
und Untergangs eines Reiches, als die Verschwendung,
welche mit den ersten Würden desselben getrieben wird.

---

*) Die Herzoge y o n C a s t r e s, v o n G u i n e s, sogar
der Herzog d u C h â t e l e t, der so sehr zu allem berufen war,
was man durch Geburt werden und erlangen kann, — waren
nur erbliche oder Patent-Herzoge. Der Herzog v o n C o i g n y
wurde zum Pair erhoben, und man kann diese Erhebung als
eine Art von Schadloshaltung wegen des Verlustes ansehen, den
er durch die Einziehung der Oberst-Stallmeisterstelle erlitt, als
der Prinz v o n H a m b e s e sie erhielt. Dieser Prinz, aus dem
Hause Lothringen, übte sich, schon vor der Revolution, in Brüssel
darin, den f r e m d e n F ü r s t e n zu spielen, denn frühzeitig
sah er den Umsturz der Monarchie voraus und verzweifelte am
Wohle des Landes. Einst erlaubte er es sich, als von L u d w i g XVI.
die Rede war, zu sagen: „Ihr König." — „Was nennen Sie
Votre Roi?" rief ihm Frau v o n M a t i g n o n zu, welche die
Gabe der nachdrücklichen Zurechtweisung in hohem Grade besaß.
— „L u d w i g XVI. ist mehr I h r König, als der König von
irgend jemandem unter uns. Sie hatten eine nicht schlechte

Ungefähr um diese Zeit machte ich eine Entdeckung, die mir wehe tat und mir zugleich über einige Rätsel Aufschluß gab, deren Lösung mich in Verlegenheit gesetzt hatte. Der Präsident von Nicolaï war es, der mir Licht in der Sache gab. Er eröffnete mir nämlich, daß jemand, der meinen Namen führe, auf Antrag seiner Gläubiger festgenommen und nach dem Gefängnisse de la Force gebracht worden sei. Er selbst hatte zwar mit diesem obrigkeitlichen Zweige wenig oder nichts zu tun, war aber durch seinen Sekretär, dessen Bruder bei der Kriminalbehörde eine Anstellung hatte, unterrichtet worden, daß dieser Mensch*), ein ganz verworfenes Subjekt, eines falschen Wechsels wegen angeklagt sei. Ich begab mich in Eile zum Präsidenten, der mich auf das artigste und anständigste empfing, und von da, mit einer eigenhän-

---

Stelle, und wurden gut genug bezahlt, um sie für eine sehr gute halten zu können." — Der Zweig des Hauses Lothringen, von welchem der Prinz abstammte, war seit 1500 nach Frankreich verpflanzt, und besaß seit 1527 die Pairswürde. Folglich war Herr von Lambesc in jeder Hinsicht Franzose und ein Untertan des Königs von Frankreich. — Hierbei fällt mir eine zweite wenig bekannte, aber durchaus authentische Anekdote bei. Der Prinz von Poix war Gouverneur von Versailles und Kapitän der Garden. Er stand in dem Rufe, nicht immer der Feinheit des Hoflebens getreu zu bleiben. Einst, als er sich vom Grafen von Artois eine mehr als strenge Antwort und Rüge zugezogen hatte, wußte er sich auf eine edle und die Ehrerbietung nicht beleidigende Weise herauszuziehen. Er hatte sich nämlich unterfangen, dem Fürsten ins Gesicht zu sagen: „Monseigneur, wäre es zur Zeit der Ligue dem Hause Lothringen gelungen, die Oberhand zu gewinnen, so hätte sich's fügen können, daß Herr von Lambesc König von Frankreich, und Ew. Königl. Hoheit Oberst-Stallmeister bei ihm geworden wären." — „Und was wäre dann aus Ihnen geworden?" versetzte der Fürst, „etwa ein Stallknecht?" — „Nein, gnädigster Herr," erwiderte der Prinz von Poix, „nicht weniger als jetzt, ein Edelmann."
*) Ce Quidam.

digen Schrift von ihm versehen, und von einem Beamten, den er mir zugab, begleitet, in das Gefängnis. Hier fand ich einen Menschen aus der niedrigsten Klasse, ohne alle Erziehung und Bildung, und von der rohesten Gestalt. Ich nahm mir die Freiheit auf meine Gefahr, ihm handgreifliche Beweise meiner tiefen Verachtung zu geben, und ließ über seinen mehr als zweijährigen Aufenthalt in Paris, über seinen Verkehr, über seine Verhaftung und die einzelnen Umstände derselben ein Protokoll aufnehmen. Er warf sich, im wörtlichen Sinne, mir zu Füßen, gestand mir alle seine schändlichen Streiche und entdeckte mir seinen wahren Namen. Er hieß Le Blanc und war ein Kreole. Seine Mutter hatte lange mit dem General Grafen von Tilly, welcher sich mehrere Jahre in Westindien aufgehalten, vertraute Beziehungen unterhalten. Aus diesem Grunde war der Elende auf den Gedanken verfallen, dessen Namen anzunehmen. Ich ließ seine Geständnisse und Aussagen gerichtlich erhärten und ruhte nicht eher, bis er aus Paris gejagt wurde, mit dem Verbot, je wieder einen Fuß in die Stadt zu setzen. Seitdem ist er, wie ich zuverlässig weiß, dennoch wiedergekommen und unter Robespierres Diktatur im wirklichen Dienst angestellt worden, als Frankreich sich in Blutströme, wie in ein Bad der Wiedergeburt tauchte, als Räuber und Mörder ihr Patriotismus-Patent vom Galgenpfahl losklebten. Ich habe allen Grund zu vermuten, daß der feine Herr, wenn ich ihm damals begegnet wäre, einen sehr zärtlichen Anteil an mir genommen und mich geradezu aufs Blutgerüst gebracht haben würde.

Einiges Aufsehen, das ich gemacht hatte, und das wie Ruf klang, ein Ehrenhandel über einen nicht gemeinen Gegenstand, mußte wohl meine Aktien bei einem Geschlechte steigern, dessen zarte Sinne und noch feinere Gefühle es auf so vielfache Weise eindrucksfähig*) machen. Allein, dieser Vorzug genügte mir nicht. In meiner Seele blieb, ich weiß selbst nicht was für eine unstäte Unruhe über die Zukunft zurück, deren Ursache sich mir später nur zu deutlich aufgeklärt hat. Damals war es noch eine trübe Wolke, durch welche mein Blick nicht zu dringen vermochte; ich konnte nur einen Sturm ahnen, ungefähr wie in den Tagen einer unerträglichen Hitze das Mißbehagen in uns und die physische Schwere und Mißstimmung uns ein Gewitter verkünden. — Nach Wiedererlangung meiner Freiheit war ich zum Herzog von Orleans gegangen, um ihm für den Anteil, den er an mir genommen, Dank abzustatten. Hier wohnte ich einer Unterhaltung bei, von der ich unwillkürlich ergriffen wurde. Ich sah den Herzog von Leuten umgeben, von denen die meisten zwar Männer von Ehre, aber vom Durst der Ehrsucht und der Oeffentlichkeit und von einem Feuer durchdrungen waren, dem nur noch die Klugheit des persönlichen Interesses eine Mäßigung entgegenstellte. Andere in seiner Umgebung zeigten sich als solche, denen alle Mittel zum Glück zu gelangen gleich edel und gut schienen, und deren Theorien deutlich genug zu erkennen gaben, daß sie, unbekümmert um die Folgen, vor keinem Verbrechen zurückbeben würden. Noch andere von des Herzogs Vertrauten waren Leute, in deren Augen der Ruf, ihren Namen an nützliche und preiswürdige Veränderungen geknüpft zu haben, die Gefahren des Unternehmens verminderte, verschleierte, verschwinden machte; Männer, die von nichts träumten als von Reformen, von einer englischen Konstitution, von Abschaffung der Mißbräuche**), von freisinnigen Ideen, von Fesseln, die dem

---

*) impressionable.
**) Das erinnert mich an ein Bonmot des Grafen von Estaing, zu dem der Chevalier d'Oraison sprach: „Wir

Despotismus angelegt werden müßten, von Beschränkungen der Gewalt des Hofes und seiner Agenten. Auf dem Kaminsimse lagen eine Menge Scharteken, Pamphlets, Cahiers, Systeme, Entwürfe, lauter Erzeugnisse schreibender Handlanger des Herzogs, worin jeder den Traum seines Utopiens niedergelegt hatte. Das erste Wort, das der Herzog bei diesem Besuche zu mir sprach, war: „Beruhigen Sie sich, eine zweite Verfolgung wie die, der Sie soeben entgangen sind, ist unmöglich; bald werden wir gute, einfache Gesetze haben, denen die Willkür keinen phantastischen Sinn unterlegen wird. Die lettres de cachet, die Bastillen aller Art werden nicht lange mehr bestehen." — Als ich ihm sagte, meine Absicht sei, einige Monate in England zuzubringen**), unterbrach er mich mit sichtbarer Bewegung: „Parbleu," rief er, „man wird bald nach England und überall hingehen können, ohne einer Erlaubnis zu bedürfen, oder eine Verweigerung befürchten zu müssen."***)

Ich fiel wie aus den Wolken, als ich diese rachsüchtigen Worte aus dem Munde des Herzogs vernahm, doch das war noch nichts, denn kaum hatte ich Zeit gehabt, mich von meinem Erstaunen zu erholen, als ich, in den großen Saal tretend, dort ganz andere Reden führen hörte. Ich hatte kaum die Rede auf die Marschälle von Frankreich gebracht — damals mein ewiges Thema, mein Steckenpferd und der einzige Zoll, den ich der allgemeinen Ansteckung gebracht habe — als unter anderen der Vicomte von Noailles mit jener

---

wollen den Tod der Mißbräuche." — „Herr Chevalier," gab ihm jener zur Antwort, „Sie sind also des Lebens müde, denn Sie selbst sind ja auch ein Mißbrauch." Er sprach wahr.

Verf.

**) Zweite Reise des Grafen im Jahre 1789 und 1790.
Uebers.

***) Die Erlaubnis, nach England zu reisen, war kurz vorher dem Herzoge verweigert worden. Uebers.

exaltierten Schwärmerei, die ihm eigen war und den Grund seines Charakters ausmachte, rief: „Es muß in Frankreich dahin kommen, daß es dem gemeinen Soldaten leichter werde, als Marschall von Frankreich zu sterben, als es jetzt dem Offizier wird, es zu werden." Ich konnte mir den unbestimmten Eindruck, welchn alle diese Reden auf mich machten, nicht eher erklären, als bis ich das Palais Royal verlassen hatte.

Mit dem Phantom einer Revolution, deren Wesen und Natur ich nicht angeben konnte, erschien mir zugleich die Gestalt der Monarchie in Tränen. . . . Oder, um ohne Figur zu reden: ich sah von diesem Augenblick an einem Bürgerkriege entgegen, die Gegenwart zeigte mir dieses halbdunkle Bild im Hintergrund. In meiner Unruhe eilte ich am andern Morgen zum Vicomte von Noailles, der mich mit seinem Bruder, dem Prinzen von Poix, wieder ausgesöhnt hatte, und offenbarte ihm mein Herz. Er war nicht meiner Meinung. „Ich kann mir die Sache nicht so denken," sagte er. „Wir befolgen unsre Vorschriften, und die Cahiers, wir werden freilich etwas darüber hinausgehn, der König will aber das Beste; er wird uns unterstützen, und müssen wir uns schlagen, ei nun! So ist's gut für die Gesundheit, und wir schlagen uns!" Noailles hatte einen ausgemachten Hang und Beruf zur Revolution. Er war La Fayettes Schwager und Rival, war neidisch auf ihn, als auf einen, dem er den Vorzug über sich einräumen, und eifersüchtig auf ihn als auf einen, dem er diesen Vorzug streitig machen wolle. Dieses doppelte Gefühl hatte ihn längst und überall verfolgt, im Weltumgange, bei Hofe, im Dienste, sogar im Regiment, bei welchem sie zusammen standen. Es hatte sich in den Nordamerikanischen Freistaaten verstärkt. Beide waren von dort mit ausgebildeten Hirngespinsten zurückgekommen, deren Keim sie dahin mitgenommen hatten, mit einem Freiheits- und Gleichheitssinn, welches

sie sich schlecht definiert und noch schlechter entwickelt
hatten — mit einem System, welches keiner entarteten
europäischen Monarchie angepaßt werden kann, und am
wenigsten von allen der französischen. Ich will nicht
damit gesagt haben, daß Frankreich verderbter und ent-
arteter sei als die übrigen Staaten, allein Nachdenken
und Erfahrung haben mich belehrt, daß wir unter allen
Nationen diejenige sind, welche durch G r ü b e l n und
B e r a t s c h l a g e n über Freiheit und Gleichheit immer
tiefer in den Sklavenstand zurückgebracht wird.

Ermaß ich damals noch nicht die ganze Tiefe des
Abgrunds, so wurde ich sie doch gewahr. Um das Gemälde der Revolution zu entwerfen, wäre ein T a c i t u s
nötig; und auch selbst ein T a c i t u s, wäre er Augenzeuge gewesen, würde beim Versuche scheitern, so un-
widersprechlich wahr und gewiß ist es, daß kein einziger
von allen denen, welche vor und mit der Revolution
geboren und durch dieselbe gegangen sind, eine g u t e
Geschichte davon liefern kann.

Ich komme wieder auf meine Reise nach England
(1789—1790) zurück. Ich fühlte das Bedürfnis, zu reisen,
und gerade nach England. Ich hatte damals Gelegenheit und Muße, diese Grille zu befriedigen. Doch
als ich die Reise unternahm, war es k e i n e G r i l l e,
es war eine geheime, unerklärbare U n r u h e, die mich
trieb. Man hätte glauben sollen, mir riefe eine innere
Stimme zu, der ersten Entwicklung der Trübsale, welche
Frankreich befallen sollten, aus dem Wege zu gehen, um
von dem Verschwinden der letzten schönen Tage der
Monarchie kein Zeuge zu sein. Die Zukunft ließ sich
in mir wie eine Weissagung hören, ich gehorchte ihrem
Befehle.

Ich fühlte das Bedürfnis, mich zu entfernen, als S i r
J o h n L a m b e r t, welchen man in Paris als einen der
reichsten Bankiers gekannt hat, mir den Antrag machte, ein
wichtiges und ehrenvolles Geschäft für ihn in London zu
übernehmen. Sir J o h n war in allen Stücken ein Sonderling. So liebte er z. B. nur Frauen, die sich durch
eine gefährliche*) Magerkeit auszeichneten, und denen es
so ganz am Busen mangelte, daß man ihr Geschlecht
hätte in Zweifel ziehen können. Vor meiner Abreise war
ich bei ihm zum Abendessen eingeladen, um seine Papiere
in Empfang zu nehmen, und fand im Halbkreise auf Lehn-
sesseln eine Sammlung ausgetrockneter Mumien, mit denen
ich würde Bedenken getragen haben, mein Besuchszimmer
auszuschmücken. Es war eine Ausstellung von allem, was
die Tanzoper an beweglichen, fleischlosen Knochengebil-
den, und die Klasse von Freudenmädchen an menschlichen
Gerippen und skelettartigen Gliederweibern**) liefern
kann. Ich konnte mich nicht genug wundern, daß ein
so reicher und wollüstiger Mann sich mit Gegenständen
umgab, welche den Trieb ersticken und das Feuer der
Begierde auslöschen mußten. Zwar schienen einige Freunde
diesen seltsamen Geschmack mit ihm zu teilen, doch stellten
sie sich wohl nur so, denn wer weiß im Grunde nicht,
daß eine mäßige Wohlbeleibtheit ein ganz anderer Reiz
ist als — Haut und Knochen, als Dörrsucht und Aus-
zehrung? Nur der einzige Vicomte v o n C... schien wirklich seine Vorliebe für das Studium der — Knochen-
lehre nach dem Leben, der anschaulich gemachten Osteo-
logie, zu teilen. Er hat mich mehr als einmal versichert
(der Vicomte nämlich), daß, um in seinen Augen eine
Frau b e g e h r e n s w e r t zu machen, es nötig sei,
daß ihre Taille sich von ihren sammeten Armbändern
umspannen lasse, daß es ihr an sichtbaren Kennzeichen

---

*) dangereuse.
**) mannequins femelles.

unsichtbarer Reize fehlen, und daß ihr Aeußeres keine
geheime Schönheit verraten müsse. Man kann — auch
ohne Wortspiel — diesen Geschmack einen mathemati-
schen für das Vieleck, einen mineralogischen für das
scharfkantige Kristallsystem, und einen Widerwillen gegen
die astronomischen Sphäroiden nennen.

Ich fand bei diesem Souper einen gewissen Abbé
D'Arcès, einen dreisten Schmarotzer, einen profanen
Speichellecker des Hauswirts. Um ihm den Hof zu machen,
nahm er alle Frauen von Paris hintereinander durch, welche
das Unglück hatten, die verwerfliche Eigenschaft eines
schönen Busens zu besitzen. Er hörte mit der Dlle. Le -
beau auf, und machte ihr das Kompliment, daß sie
von diesem Uebelstand frei sei — welches Lob sie
übrigens nicht verdiente. Er sprach von ihr als von einer
angenehmen, talentvollen Schauspielerin, noch mehr aber
als von einer Kokette der ersten und vornehmsten Klasse.
Er erzählte von ihr ärgerliche Geschichtchen voller Bosheit und Witz, in einem pikanten, originellen Geschmack.
Ich kannte diese Aspasia nur obenhin. Seine Erzählung
reizte meine Neugierde; ich schämte mich meines Irr-
tums und des Unrechts, welches ich ihr angetan hatte,
und um beide zu verbessern, entschloß ich mich, ihre
nähere Bekanntschaft zu machen, und eine so liebenswürdige Frau — zu lieben, wenigstens zu versuchen,
ob sie alles leisten würde, was ihr Lobredner von ihr
anführte, und nicht eher abzureisen, bis sie mich verabschiedet haben würde, was zu erhalten nicht schwer
hält, und nicht viel Zeit kostet, wenn man es nur recht
anzufangen weiß. — Ich ruhte von nun an nicht eher,
als bis ich eine Gelegenheit gefunden hatte, sie zu sprechen, und die Erlaubnis erhielt, sie zu besuchen, und

ihr zu schwören — sie nie wieder zu verlassen. Sie lebte (wie man sagte) mit F..., dem Sohne des Chevalier von M..., einem artigen, hübschen, liebenswürdigen jungen Manne, den sie geliebt haben würde, wenn es, um Frauen, und besonders um Frauen dieser Art, zu gefallen, hinreichend wäre, ihre Liebe zu verdienen. Aber Frauen dieser Art bleiben keinem Liebhaber treu. Doch was sage ich d i e s e r A r t? In k e i n e r halten sie Stich. Man muß sie bestürmen und den günstigen Augenblick benutzen, will man seines Sieges gewiß sein.

Die Gelegenheit, von welcher ich sprach, ihre Bekanntschaft zu machen, war die Gemäldeausstellung im Louvre. Dort fand ich sie; sie spielte die Kennerin. Ich und C h a m p c e n e t z spielten die Kunstliebhaber und näherten uns. Nichts ist leichter, als mit einer schönen, talentvollen Frau ein Gespräch über Schönheit und Kunst anzuknüpfen. Die Worte fehlen da nicht. Meine Bekanntschaft mit ihr machte indessen nicht so schnelle Fortschritte; anfänglich leistete sie Widerstand. Sie war beschäftigt, ihren F... zwar nicht zugrunde zu richten, ihm aber doch die Fettfedern auszurupfen, und die Furcht, ihn zu verlieren, bürgte ihm für ihre Treue... Aber schon nach einigen Wochen wankte sie, gab nach, gab sich überwunden, und als wir uns freundschaftlich verabredet hatten*), schämte sie sich ihrer Besorgnisse und lachte über ihre Bedenklichkeiten. Schon damals ließ sie hoffen, es in dem Ränkespiel weit zu bringen**); sie hat noch mehr gehalten, als sie versprach, und in der Revolution sich schrecklich gezeigt. Das nimmt mich nicht wunder; mit einem Kopfe und einem Herzen wie das ihrige war, ließ sich's weit gehen. Auch hat sie Glück gemacht, und es würde noch jetzt bloß von ihr

---

*) arrangés à l'amiable.
**) C'etait un mauvais sujet d'une grande espérance.

abhängen, das zu werden, was man ehedem in Frankreich eine Edeldame nannte*). Sie war hübsch wie ihr Name, äußerst unterhaltend und lustig. Nicht so lustig war das tragische Ereignis, welches uns getrennt hat.

Ich hatte bei ihr zu Nacht gespeist. Auf eine zärtliche Unterhaltung, auf die Hoffnung einer noch zärtlicheren, folgten, ich weiß nicht wie, ein paar den Frieden störende Worte, plötzlich greift sie zu ihrem Arbeitsbeutel, zieht eine kleine, goldene Schere hervor, und mit ebenso viel Grazie als ernster Absicht fährt sie damit nach einem Busen,

qu'Amour avait formé pour plaire à tous les yeux.

Ihr Blut fließt: sie stirbt, sie stirbt! Sie ruft es aus, sie glaubt es, ich fürchte es. Die Totenblässe der Lilie ersetzt die Farbe der Rose, wie eine · abgemähte Blume senkt sich ihr Haupt. Ich springe auf, schreie, rufe nach Hilfe. Mein Zustand ist noch entsetzlicher als der ihrige. Ich bedecke mit Tränen und Küssen den Busen, vor dem ein Sir John Lambert die Flucht ergriffen hätte. Eine aus dem Schlafe aufgeweckte Kammerfrau tritt ein und glaubt in mir den Mörder ihrer Herrschaft zu erblicken. Diese hat aber Besinnung und Gewissen genug, ihr den Irrtum zu benehmen. Ich stürze auf die Straße, hole einen Wundarzt, habe Mühe, ihn mitzubringen, weil er nicht begreifen kann, daß man sich so spät Scherenstiche geben könne. Er hofft, die Wunde werde nicht tödlich sein, aber — und dies aber war für mich ein Dolchstoß — er will die Hoffnung nicht zur Gewißheit machen, will nicht darauf schwören**). Er verschreibt einen Balsam, vor dessen Geruch man hätte davonlaufen mögen, verspricht wiederzukommen, überläßt mich der Verzweiflung — mich, der in diesem Augen-

---

*) Dame de paroisse.
**) il ne veut jurer de rien.

blick alles, was der zärtlichste S e l a d o n hätte hervorbringen können, hervorbrachte, und mit den heißesten
Zähren (wie er sie nicht geweint haben würde) begleitete,
während s i e fest und unerschüttert blieb wie C a t o,
als er seinen Tod beschloß.

Der Morgen machte dem tragischen Possenspiel ein
Ende. Ich eile zu einer Freundin meiner Heldin; diese,
das Kostüm und die Haltung der Königin ablegend, deren
Rolle sie bisweilen zu spielen die Ehre hatte, eilte, die
minder glänzende einer Krankenwärterin am Bette der
Freundschaft zu übernehmen. Mein Vorsatz war, die
schöne Verwundete täglich zweimal zu besuchen, so lange
als Gefahr vorhanden sein würde, und mich zu empfehlen,
sobald sie vorüber wäre. Aber ein gewisser Herr von L...,
verliebt wie ein Neuling, und Mademoiselle R a u c o u r t,
welche sich aus anderen Gründen ihrer sogenannten Freundin annahm, beratschlagten zusammen, wie sie mich noch
während der Kur verabschieden lassen könnten. Sie fingen
es schlau genug an. Einige Winkelgesellschaften in Paris
wurden von ihnen hier und da verteilt, abgerichtet und
eingelehrt*); sie mußten verbreiten, ich sei ein Ungeheuer,
das einen Engel beleidigt, ein Barbar, der die Sanftmut
selbst zur Verzweiflung getrieben, ein Hassenswerter, der
sich an der Liebe versündigt habe ... kurz, ich mußte
froh sein, wenn man nicht von mir sagte, ich sei ein
Mörder und habe sie e r s t o c h e n; denn hätte
man nur Lust gehabt, es zu sagen, man würde
sich wenig an den Arzt und dessen Zeugnis, an die
Dame und ihre Aussage gekehrt haben, daß sie selbst
den Stoß ausgeführt habe! La calomnie, docteur, la
calomnie! Il faut toujours en venir là —, sagt jemand**),

---

*) endoctrinés.

**) Dieser jemand ist B e a u m a r c h a i s. Er legte diese
Worte seinem Basil im Barbier von Sevilla in den Mund. „Nur

und leider bestätigt die tägliche Erfahrung den Erfahrungssatz, und macht ihn zur schauderhaften Wahrheit. — Diesmal kam ich noch ziemlich leichten Kaufs,
oder, wie man zu sagen pflegt, mit blauem Auge davon.
Mit Ausnahme eines kleinen Kreises begnügte man sich,
einander ins Ohr zu raunen, ich hätte einen Angriff auf
ihre Tugend gemacht, und als er abgeschlagen worden,
sei ich in Wut geraten, und habe den Auftritt veranlaßt,
durch den sie in den Fieberzustand geraten sei, welcher
sie nötigte, das Bett zu hüten.

Von einer Frau, weß Standes und Ranges sie sei,
Knall und Fall verlassen, verabschiedet zu werden,
ist von jeher für mich ein unerträglicher Schimpf gewesen, oder vielmehr eine Schwäche, welche mir meine
Vernunft oft vorgeworfen hat, aber nie hat besiegen
können. Vergebens habe ich mir alle Mühe gegeben, über
einen so lächerlichen Vorfall zu lachen, nie habe ich es
weiter als zu einem halben Triumphe gebracht. Am Tage
ging's noch an, da läßt man sich vom Lärmen, von der
Bewegung, von den Umgebungen fortreißen, aber gegen
Abend wird es anders. Die Nacht hat, wenn ich mich
so ausdrücken darf, eine nervenabspannende Kraft, eine
Eigenschaft, welche die Seele allen weichen Empfindungen
öffnet und sie der Reue und der Traurigkeit überliefert.
Beides hat einen Verdruß zur Folge, der die verletzte
Eigenliebe zu allen möglichen Sottisen verleitet, und vor
allem zu dem Wahn, „man liebe, was man nicht liebt". So
ging es mir. Ich ließ einige Tage verlaufen, dann schrieb
ich, sobald ich erfuhr, daß man genesen sei, ein sentimen-
tales Billett, eine förmliche Schutzschrift. Sie blieb ohne
Antwort. Nun forderte ich Briefe und Porträt zurück,
man schwieg noch immer. Ich drohte in einem dritten

---

verleumdet; nur immer verleumdet. Das ist die Hauptsache!
Es bleibt immer etwas davon kleben."   Uebers.

Schreiben, sie mir selbst abzuholen, man beharrte beim Schweigen. Jetzt eile ich hin, dringe unaufhaltsam ein, renne alles um, frage nach Mademoiselle L e b e a u. Es heißt: „Sie ist ausgegangen." Man öffnet mir alle Zimmer; ich suche, durchsuche alles und habe so wenig Lebensart, so wenig Feingefühl und Gewalt über mich, daß ich im Schlafgemach der Dame alles Gerät umstoße, zerschlage, zerschmettere. Denke ich heute darüber nach, so kann mich nichts entschuldigen als dies: ich wollte mich auf eine Weise in mein Unrecht versetzen, die mir jede Hoffnung zur Rückkehr abschneiden sollte. Und so nahm ich denn Abschied von dem hübschen Gesichtchen, welches kein gutes Herz, wohl aber ein seichtes Gemüt und eine filzige Habgier verbarg. Ich sah sie seitdem nur auf der Bühne, wo ihr Talent sowohl als ihre Reize Beifall fanden, habe aber nie wieder ein Wort mit ihr gewechselt.

———————

Bald nachher trat ich meine Reise an, diese so oft entworfene, so oft aufgeschobene Reise. Ich ging zum zweiten Male nach England, wo ich später länger gelebt habe, als ich es damals voraussehen konnte — nach England, dem Lande der Philosophie und des Gemeingeistes*), so wie Frankreich das Land der schönen Künste und des Nationalenthusiasmus ist — nach England, unserm Rival-Lande — welches wir schätzen würden, wenn wir es nur lieben könnten — nach England, welches, um seines eignen Ruhms und Vorteils willen, sich zum Interesse von Europa und aus Liebe zur Menschheit mit uns zu einem ewigen Frieden verbinden sollte!

———————

*) public spirit.

Ich reiste mit dir ab, liebster Morinval, mein treuester, teuerster, zärtlichster Freund, dessen feingebildeter Geist mir auch eine längere Reise abgekürzt haben würde. Es war kurz nach dem 5. Oktober 1789, jenem schmachvollen Tage in unseren Annalen, und nachdem der feige Kleinmut des Herzogs von Orleans ihn auf das Ufer der Themse geworfen und der Ausübung von Verbrechen entzogen hatte, zu denen man ihn in Frankreich trieb**).

**) Gegen Mirabeaus Rat folgte der Herzog den Befehlen des Königs und reiste am 14. Oktober 1789 nach England.

Uebers.

Siebzehntes Kapitel.

Nescio quâ natale solum dulcedine cunctos
Ducit, et immemores non sinit esse sui.

Ovid.

———

Wie unauslöschlich ist doch der Eindruck, den der Zauber unsrer Heimat in uns zurückläßt! Wieviel reiner, süßer und aromatischer ist die Luft, welche wir als Kinder einatmen, als alle Wohlgerüche Arabiens! Welchen Verfolgungen und Trübsalen ist der Unglückliche ausgesetzt, der sich gezwungen sieht, seinem Vaterlande zu entsagen und das Land, die Wiege seiner Kindheit, den Spielplatz seiner frühesten Jahre — das Land, welches die ersten Laute seines stammelnden Mundes, seiner ewig teuren Muttersprache auffing — das Land, dessen Staub sich mit der verehrten Asche seiner Väter vermischt — mit einem fremden Boden zu vertauschen! Sein Vaterland auf lange Zeit verlassen, ist eine langsam fortgesetzte Todesqual, es auf immer verlassen, würde für den, der die Gewißheit dieses Unglücks vernähme, ein überraschendes Todesurteil, der augenblickliche Tod sein!

Der Weg von Paris nach Calais, obschon die Reise mit meinem Freunde sehr rasch vor sich ging, erregte in mir ein tiefes Gefühl von Traurigkeit. Schon las ich auf allen Gesichtern eine Art scheuen und wilden Mißtrauens. In allen Zügen malte sich hier ein strenger, dort ein ausgelassener Patriotismus, mit dem Unterschiede, daß ihn einige natürlich in sich fühlten, andere sich Gewalt

antaten, ihn zu erheucheln. Diese Reise, zu welcher mich
noch kein gebieterischer Umstand zwang, und die ich nicht
als zitternder Flüchtling unternahm, war dennoch meinem
Herzen peinlich; es würde aber noch peinlicher für mich
gewesen sein, sie nicht gemacht zu haben. Es war mir
zum Bedürfnis geworden, eine Zeitlang unter einem andern
Himmel zu leben, eine andere Luft zu atmen. Ich sagte
mir zwar: du kannst Frankreich wiedersehen, sobald du
willst, nichts läßt dich vermuten, daß Umstände eintreten
könnten, die dir den Rückweg versperrten. Und doch
ahnte ich schon dunkel, daß die Auswanderung — gegen
welche ich von jeher gesprochen und geschrieben hatte
— ein unvermeidliches Exil zur Folge haben müsse. Was
ich hier tat, tat ich nicht so sehr, um einer Gefahr zu
entgehen, als um dem Widerwillen meines Bleibens in
Paris ein Ende zu machen; ich wollte mich bloß aus einer
persönlichen Lage befreien, welche täglich lästiger und
unausstehlicher zu werden drohte. Bitteren Betrachtungen hingegeben fühlte ich mich unglücklicher, als ich es in
den glänzenden Tagen meiner Jugend und im Leichtsinn
meines damaligen Lebens für möglich gehalten hatte. Ich
kannte mich nicht wieder, mich, dessen Vernunft bei den
ersten Unfällen, deren Zeuge ich ward, gereift und gealtert
war, dessen Herz einen so großen Reiz an düsterem Hinbrüten fand, obwohl es bis jetzt sich nur der Liebe, der
Freude und dem Vergnügen geöffnet hatte. Ich betrachtete
mein Jahrhundert mit melancholischem Entsetzen und
konnte mir es nicht verbergen, daß w i r die Geschichte
desselben sein, und daß u n s r e Geschichte alle übrigen
verdunkeln, verschlingen würde. Was ich von uns g e -
l e s e n h a t t e, deutete mir an, was man einst von uns
l e s e n w ü r d e.

In London fand ich den Herzog von O r l e a n s.
Ich fand ihn weniger verachtet, als er es verdiente.
Die französische Revolution hatte noch viele Anhänger,
die es treu und redlich mit ihr hielten, andere, die sich
als ihre Bewunderer stellten, noch andere, deren Interesse
es war, sie zu begünstigen und zu unterstützen. Der
Widerstand eines Prinzen von Geblüte gegen das, was man
Hofdespotismus nannte, erschien als eine erhabene Kraft-
äußerung, sowie dessen Mitwirkung zur Abstellung der
Mißbräuche für ein großmütiges Opfer galt. Ueber seine
Verbrechen breitete sich der Schleier des Zweifels aus,
als eine Folge der Achtung vor seinem Rang; dieser Rang
und die damit verbundenen Glücksumstände und Reichtümer warfen einen zweiten, noch dichteren Schleier auf
die Verworfenheit seiner Politik und seiner damals noch
geheimen, unerwiesenen Absichten. Sein Haus war der
Vereinigungspunkt für viele ausgezeichnete Männer von
allen Parteien, von der Opposition insonderheit, aber auch
von den Ministeriellen. So sehr sie auch in anderen Hin-
sichten voneinander abweichen mochten, vereinigten sie
sich wenigstens zu einem Zweck — zu einer wohlbesetzten Tafel, deren Mittelpunkt die Gräfin v o n B ü f f o n
war.*) Der Herzog stand sozusagen auf der Lauer, und
sobald jemand aus Frankreich herüberkam, suchte er sich
seiner zu versichern und wenn auch nicht die innere
Zustimmung, doch die äußere Huldigung ihm abzugewinnen, an welche er ehedem so gewöhnt war, und die
er so sehr zu verlieren fürchtete, daß, während er selbst
nicht wußte, wie er grüßen sollte, er den Gegengruß
ängstlich beobachtete. Freilich hätte alles, was er durch
den Marquis v o n S i l l e r y (G e n l i s) von mir ver-

---

*) Des Herzogs Mätresse, Schwiegertochter des unsterb-
lichen B ü f f o n und Gattin seines Sohnes, eines jungen Mannes,
der zu sterben verstand und auf dem Schafott die unsterblichen
Worte sprach: „Bürger, mein Name ist B ü f f o n!"   V e r f.

nommen, oder was er aus meinem Munde selbst gehört
hatte, sowie überhaupt die Natur der Grundsätze, zu
denen ich mich öffentlich bekannte, ihn überzeugen sollen,
daß er auf keine Weise auf mich rechnen könne, daß
ich nie in die geringste Verbindung mit ihm treten würde,
und daß er, der noch immer in meinen Augen ein Prinz,
ein naher Blutsverwandter des königlichen Hauses war,
sich doch in meinen Augen viel zu sehr entwürdigt habe,
als daß ich selbst mich so sehr hätte entwürdigen können,
ihm den Hof zu machen. Nur aus persönlichen Gründen,
die stets auf ein Gemüt wie das meinige einwirken
werden, hatte ich mich bei ihm einschreiben lassen, hatte
aber den Augenblick gewählt, wo ich wußte, daß er
nicht zu Hause war. Das erstemal, als er mich beim
Könige sah, kam er auf eine so einschmeichelnde Weise
an mich heran, daß seine Aufmerksamkeit mich in Verlegenheit setzte. Wie leicht hätte man daraus schließen
können, daß ich diese Auszeichnung wirklich verdiente,
daß ich ein angehender Verschwörer sei, der seine Lehr-
zeit anträte. Um diesem Verdachte zu entgehen, nahm
ich ein kaltes, gezwungenes Wesen an; es sollte ihm
zum Beweise dienen, daß sein freundlicher Empfang mehr
unangenehm als schmeichelhaft für mich sei. Er machte
noch einen zweiten Versuch, mich zu ergründen, aber
als er sich auch diesmal durch k a l t e   E h r f u r c h t oder
vielmehr durch E h r f u r c h t s b e z e i g u n g abgewiesen
sah, wurde er auf seine Weise mein Feind. Herr d e
L a c l o s, mit welchem ich mich gern unterhielt, weil
er, obschon gefährlicher als der Herzog, doch nicht so
bedeutend war, eröffnete mir: Monseigneur habe einige
Worte fallen lassen, welche zu erkennen gäben, er sei
unzufrieden mit mir. Ich gab ihm, indem ich jedes Wort
auf die Goldwage legte (denn die Aufgabe war nicht
leicht, ich hatte es mit einem der Einbläser des Herzogs
zu tun und mußte mich zutraulich stellen) zu verstehen:
in meiner Lage, mitten unter so vielen Franzosen, mit

denen ich täglichen Umgang hätte, könne ich, auch wenn ich meine eigne Denkungsart nicht in Anschlag bringen wollte, unmöglich einen andern Weg befolgen. Ich berief mich auf ihn selbst, auf ihn, der sich so gut auf dergleichen verstehe, ob sein Prinz nicht für alle eine Liaison dangereuse sei.*)

Eine hohe Person**) des königlichen Hauses, mit welcher der Herzog von Orleans eng verbunden war, und von der ich auf meiner ersten Reise und selbst auch zu Anfang der zweiten einen schmeichelhaften Empfang erhalten hatte, schlug plötzlich um und entzog mir die vorige Gunst. Pitt, welcher bei dieser hohen Person sehr in Gnaden stand und fast täglich mit ihr umging, versicherte mir, der französische Prinz habe sich nachteilig über mich geäußert und widrige Eindrücke gegen mich erregt. Ich entschloß mich rasch und kurz. Eines Abends, auf einer Rout***) bei Lord Luc...., nahm ich die Gelegenheit wahr, dem Herzoge zu sagen: „Monseigneur, England ist meinen Beziehungen zu Ew. Hoheit nicht zuträglich; das erstemal, als ich diesen Boden betrat, nahmen Sie sich eines Stallknechts gegen mich an und taten mir vorsätzlich wehe.†) Dieses Mal wollen Sie einen Prinzen mir entfremden.... Ich muß mich darüber trösten, aber zugleich darf ich Sie bitten, gnädigster Herr, mich für tot zu halten, weil ich Ihnen sonst die Mühe machen muß, mich — zu töten." Dem Herzoge von Luxembourg, welcher die aufrichtigste Freund-

---

*) Eine feine und witzige Anspielung auf den Roman des Herrn De Laclos: les Liaisons dangereuses. Freilich war der Herzog von Orleans schon damals für die Hofpartei eine äußerst gefährliche Verbindung. Uebers.
**) Der Prinz von Wales. Uebers.
***) Assemblee, Gesellschaft.
†) vexé.

schaft für mich hegte und alles mögliche getan hatte, mich von diesem Ausfall abzuhalten, ehe ich ihn tat, blieb nichts übrig, als die Folgen zu verhüten. Er fiel mir in die Rede, brachte mich wieder zu mir selbst, zog mich mit sich fort, ehe die Sache zum Ausbruch kommen konnte. Seitdem verflossen einige Monate. Ich suchte die Blicke des Herzogs nicht auf; die seinigen gingen den meinigen aus dem Wege. Nur einmal — es war um die Zeit, als B o i n v i l l e zum Herzoge gekommen war, ihm die Aufträge des Herrn von L a - f a y e t t e zu überbringen, denen er nicht Folge leistete — war ich im Opernparkett (the pit), als der Herzog eintrat. Er stand mir so nahe, daß ich mich verneigen mußte. Mit sardonischem Lächeln und ohne weiteren Eingang erwiderte er meinen Gruß mit folgenden Worten, die er rasch und ungestüm aussprach: „Nicht wahr, der Herzog v o n A i g u i l l o n kann gut fechten?"*) Dieses Mal blieb ich ihm die Antwort nicht schuldig. Schnell versetzte ich: „Monseigneur, fechten Sie auch?" — Er verlor die Fassung, erblaßte; denn bei ihm war Blässe, wie bei anderen die Röte, das Zeichen, daß er sich schäme. Er wendete sich von mir zu einem anderen. Seitdem hat er kein Wort mit mir gesprochen.

---

*) Diese Frage war eine Beziehung auf einen lebhaften Wortwechsel, den ich in Versailles bei Herrn v o n S i l l e r y mit dem Herzoge v o n A i g u i l l o n gehabt hatte, als dieser sich einst über die Königin mit giftiger Unanständigkeit ausließ. Ich war wahrlich nicht bezahlt, mich ihrer anzunehmen; allein, es gibt Pflichten, welche man nie mit feurigerem Eifer übt, als wenn man ihrer enthoben zu sein scheint. So ging es mir, ich legte in meine Schutzrede alles Feuer der Jugend, alle Lebendigkeit des Eifers. S i l l e r y war Zeuge, mein Betragen rührte ihn, er legte sich ins Mittel und beschwor beide Teile, nicht weiter zu gehen. Einige Zeit nachher sagte mir der Herzog von O r l e a n s: „Ich habe von Ihnen gehört, Graf T i l l y, warum

Er ist zwar weitergegangen und hat mich, als ich wieder nach Paris kam — auf die Seite schaffen wollen.*) Doch das hat mich nicht abgehalten, ihm bis auf den letzten Augenblick alle Gerechtigkeit, die er verdiente, widerfahren zu lassen.

Man hat von dem Herzog gesagt und man wird von ihm sagen, er sei ein Ungeheuer gewesen. Allgemein und im ganzen genommen, läßt sich dieser Satz behaupten; will man aber auch einzelne Tatsachen, abgerissene Teile seines Lebens in Anschlag bringen, so ist der Ausdruck U n g e h e u e r einer näheren Bestimmung und mancher Einschränkung und Milderung fähig. Sein angeborener Charakter war — mit Metallen verglichen — geschmeidig, dehnbar, biegsam; er fügte sich in alle Verbrechen, war aber auch für einige Tugenden empfänglich; es war ein leichtes, ihn fortzureißen und zu überreden, weil sein Verstand beschränkt war und dem wenigen, was er davon besaß, ein Anstrich von Leichtgläubigkeit anklebte. Was ihm an angeborenen Mitteln und Fähigkeiten abging, ersetzte er durch einen ausgesuchten Geschmack und durch eine rasche und leichte Gabe zu scherzen, die mit dem schlechten Gehalt seiner Sitten nichts gemein hatte. Mit einer übermäßigen Eigenliebe ausgestattet, an welche sich ein noch größerer Leichtsinn anschloß, beging er tausend kleine, schlechte und niedrige Streiche, vor welchen ihn eben diese, dem Stolze so nahe verschwisterte Eigenliebe, hätte bewahren sollen; und da er überdies bei der stirn- und schamlosesten Dreistigkeit zugleich schüchtern und blöde war, so war es ihm nicht gegeben, wenn er sich

---

spielen Sie den Don-Quixote?" — Meine Antwort war: „Ich kann den Herzog v o n A i g u i l l o n nicht hindern, etwas zu sagen oder zu tun, was der Ehre zuwider ist, aber ich will nicht, daß er mich zum Vertrauten seiner Gesinnungen mache, in der Meinung und Absicht, daß ich sie teile."　　　V e r f.

*) me faire assassiner.

einmal verirrt hatte, umzukehren und den rechten Weg wiederzufinden. Dabei ließ er sich von zwei Hauptleidenschaften seines Charakters, von E m p f i n d l i c h k e i t und R a c h s u c h t, beherrschen und zu allen Verbrechen, wozu man ihm riet, verleiten. Er beging sie zwar ohne Reue, aber auch ohne entschiedene Neigung*) und, wie ich es schon oben gesagt zu haben glaube, wenn er auch nicht vor dem Verbrechen zurückscheute, so machte es ihm doch Mißbehagen**). Das läßt sich um so leichter erklären, da der Schlamm, in welchem er seine letzten zwei bis drei Lebensjahre zubrachte, und von dem er sich in Strömen Champagner zu reinigen suchte, mit der Prinzen-Eitelkeit, die er in nicht geringem Maße besaß, im Widerspruch stand. Was ihm am Stolze des Mannes, des Menschen, abging, bestrebte er sich durch diese Eitelkeit zu ersetzen, so oft er sich berufen glaubte, Bedeutung auf etwas zu legen, — er, in dessen Augen an und für sich n i c h t s in der Welt Bedeutung hatte.

Ehe ich weitergehe, will ich diesen Zug seines Charakters mit einigen Pinselstrichen — d. i. Belegen — schärfer angeben.

Einer meiner Bekannten, bei welchem der Herzog versprochen hatte zu speisen, erinnerte ihn an sein Versprechen. — „Wollen mir Monseigneur die Ehre erzeigen, morgen bei mir zu speisen?" — „Nein, mein Herr, nicht morgen; es würde mir nicht unlieb sein, wenn Sie etwas mehr Umstände mit mir machten; ich gebe Ihnen drei Tage Frist." — Ein andermal, als er bei D u D r e s n a y s spielte und mit guter Art verlor — denn nur, wenn er gewann, war er ein unausstehlicher Spieler — bot ihm jemand von der runden Tafel ein pari de traverse***) von

---

*) de mauvaise grâce.
**) ils le gênaient.
***) Eine außerordentliche Wette, bei Spielen, wo das Parieren nicht gewöhnlich ist.   U e b e r s.

hundert Louis an: „Wann ich werde wetten wollen, will ich es Ihnen schon sagen." — „Monseigneur," wurde erwidert, „alsdann werde ich vielleicht nicht mehr Lust haben." — Nach einem langen Gelage ereignete sich's, daß der mehr als halbtrunkene Herzog von F r o n s a c ihn duzte (ein Unsinn, eine Unmöglichkeit, wenn er kaltblütig und seiner Sinne mächtig gewesen wäre!). Der Fürst, den dieses d u plötzlich wieder nüchtern gemacht hatte, sagte zu ihm: „Herr Herzog, man nennt uns bei Hofe ein Paar Freunde; machen Sie nicht, daß man uns ein Paar Narren nenne!" Es war fein von ihm, sich selbst ein Beiwort zu geben, welches nur auf den andern gehen sollte. — Einst, als er in Paris oder auf dem Landgut l e s O r m e s bei Herrn L e V o y e r war, kam das Gespräch auf den Zwist, der zwischen dem Prinzen von C o n d é (dem großen C o n d é) und dem Grafen d e R i e u x vorgefallen war. Der Prinz hatte dem andern einen Schlag versetzt, und dieser hatte dem Sieger von Freiburg, von Nördlingen, von Lenz seinen Teller an den Kopf geworfen. Der Prinz ward auf einige Zeit nach Chantilly verwiesen und Herr v o n R i e u x wurde auf einige Tage nach der Bastille geschickt. Des Herrn L e V o y e r Meinung lief darauf hinaus, daß sich beide, dem Verbote des Königs zuwider, hätten schlagen sollen. — „Was denken Sie davon?" fragte er den Herzog. — „Ich mag in einer Sache, die mir n i e begegnen wird, keine Meinung haben." Der Graf von L a u r a g u a i s, welcher zugegen war, hat mir diese Anekdote erzählt. — Ich schließe mit folgender, denn ich könnte noch eine Menge anführen: Ihm begegnet auf der großen Stiege des Palais-Royal ein schlichter Ludwigsritter. Der Herzog war ohne Gefolge. Jener tritt auf ihn zu: — „Ich glaube, die Ehre zu haben, mit Seiner Hoheit dem Herzoge von O r l e a n s zu sprechen." — „Und ich, ich glaube nicht," erwiderte dieser, „daß Sie es glauben."

Eine falsche Urteilskraft, wie man sie bei ihm fand

und ein Herz, welches nur selten sich kundgab, machten
es anderen leicht, ihn zu überreden, nach seinen ersten
revolutionären Fehlschritten sei für ihn keine Verzeihung
zu hoffen. Er, dessen Rachsucht keinen Ruhepunkt kannte,
mußte sich einbilden, die Rache des Hofes sei ebenfalls
schonungslos. Mirabeau, der einen Augenblick die
Absicht hatte, ihn, wo nicht auf den Thron zu erheben,
doch zum General-Statthalter*) des Reiches zu machen
und unter ihm zu regieren, unterhielt absichtlich und angelegentlich diese Besorgnis. Man verleitete ihn zu allen
Verbrechern, unter der Vorspiegelung, jedes werde das
letzte sein und ihn von allen übrigen reinigen und freisprechen.

Der Herzog war ein Philosoph im uneigentlichen
und gefährlichsten Sinne; er achtete nichts auf der Welt,
nicht einmal das Leben**), welches man ihn mit Unrecht beschuldigt hat, übermäßig geliebt zu haben; nicht
einmal das Geld, welches er auf die unzarteste Weise zu-
sammenscharrte, um es ohne Sinn und Verstand zu verschwenden. Laster und Tugend waren ihm gleich, Verachtung und Ehre bare Undinge und alle menschlichen
Handlungen gleichgültig. Nur die materiellen Lebensgenüsse hatten Wert für ihn; sie waren die einzige meta-
physische Gewißheit, die er sich aus allem, was uns in
dieser Welt begegnet und was man in jener hofft, ab-
strahiert hatte; seine physische Beschaffenheit war von
der Art, daß ihn das Vergnügen eher sättigte als ermüdete.
Gall würde über ihn geurteilt haben, er besitze das
Organ niedriger Schwelgerei***), aber keineswegs das Um-

---

*) Lieutenant-général.
**) Er starb mit einem falschen Schluß und einem Bonmot.
Als ihm der Henker die Stiefeln abziehen wollte, sprach er zu ihm:
„Lass' sie mir an, du wirst sie leichter von den toten Beinen
abstreifen können."
***) l'organe de la crapule.

wälzungsorgan; und mit recht: Denn jenes hatte ihm
die Natur gegeben, die Lust zu diesem war ihm von
denen, welche ihn beherrschten, eingeimpft worden. Dadurch, daß er so tief gesunken war*), zu erklären: „Die
öffentliche Meinung gelte ihm keinen kleinen Taler," fand
man sich veranlaßt, von ihm zu urteilen, er selbst habe das
Maß und den Tarif seines eigenen Wertes und Gehaltes
angegeben. Die Nachwelt wird freilich das Recht haben,
ihn zu den abscheulichsten Bösewichtern zu rechnen; diejenigen aber, die näher um ihn und Zeugen gewesen sind,
daß er ein guter Vater, ein guter Gatte (bis auf den
Punkt der ehelichen Treue), ein milder, nachsichtiger Herr,
der nie jemandem etwas schlechthin abschlagen konnte,
ein leidenschaftlicher Freund des Privatlebens war, —
werden ihn nicht so streng verdammen und nur von
ihm sagen: Er war unmoralisch und charakterlos. Sie
werden vielleicht hinzusetzen: Weniger Strenge von seiten
des Hofes und des Publikums, eine bessere Erziehung,
gute Ratgeber würden ihm die Maske eines Ehrenmannes
und den Ruf eines gefälligen, liebenswürdigen Prinzen
erworben haben. Für ihn, den ersten aller Badauds im
ganzen Sinn und Umfange des Wortes, muß seine eigene
Verhaftung, sein Gefängnis, das revolutionäre Blutgericht,
sein Verhör, sein Zug durch die Pariser Straßen, ja selbst
das Schafott und seine Hinrichtung ein wahres S c h a u -
s p i e l gewesen sein. Er hatte so viel Köpfe und namentlich das heiligste Haupt fallen gesehen; er hatte in der
neueingeführten Guillotine einen Zeitvertrieb für die Neugierde gefunden; ebenso wird er auch die Vorrichtungen
zu seinem Tode betrachtet und sich sozusagen selbst
s t e r b e n g e s e h e n haben.
　　Ich habe mich vielleicht zu lange bei diesem Prinzen
aufgehalten. Meine Entschuldigung ist: „Ohne ihn —
der sie doch nicht gemacht hat — wäre keine Revolution

---

　　*) le mauvais goût.

gewesen." Nach Herrn N e c k e r fällt die schwerste Schuld und Verantwortlichkeit auf den Herzog von O r l e a n s.

Der Herzog von L u x e m b o u r g, derselbe, welcher in der ersten Versammlung der Reichsstände beim Adel den Vorsitz geführt und, nachdem er sich anfänglich der Vereinigung der drei Ordnungen aus allen Kreisen widersetzt, Frankreich verlassen hatte, befand sich in London. Er verband mit mehr Geist, als ihm allgemein zugeschrieben worden ist, einen liebenswürdigen, einnehmenden Charakter. Viele waren der Meinung, er würde sich zur Partei der Neuerer schlagen. Seine stürmische Jugend, als er noch Marquis d e R o y a n war, die Strenge und Ungerechtigkeit seines Vaters und die daraus entstandene Spaltung zwischen Vater und Sohn hatten ungünstige Vorurteile gegen ihn erregt und vermuten lassen, er werde seiner Leidenschaft freien Lauf geben. Er ließ die Leute nicht lange in Ungewißheit. Gleichwohl habe ich häufig sagen gehört, er habe sich zu sehr beeilt, die Hofpartei zu verlassen; seine schnelle Abreise (hieß es) sei eine Folge des Kleinmuts und der Uebereilung gewesen. Doch so pflegen diejenigen immer zu urteilen, welchen jede Gelegenheit zu einem Vorwurfe willkommen ist. Ich denke nicht so. Die Nachgiebigkeit, mit welcher er sich in den Willen des Königs fügte, der nicht s e i n Wille war, verleitete ihn zu einem Schritte, dem er anfangs aus allen Kräften widerstanden hatte. In einer langen Unterredung mit L u d w i g XVI. war die Rede von der Vereinigung der drei Stände gewesen; der Herzog hatte mit siegenden, überwiegenden Gründen die Gefahr der Maßregel auseinander gesetzt; er hatte dargetan, daß eben dadurch das königliche Ansehen ohne Gewähr, Schutz und Sicherheit bliebe und die Volksmacht ohne Schranken und Gegen-

gewicht herrschen würde. L u d w i g XVI., der zu klar
sah und zu richtig dachte, um das volle Gewicht dieser
Gründe nicht einzusehen, ließ sich dennoch nicht bewegen,
ihnen Eingang zu gestatten. Schon gewohnt, in allen
Punkten einer Revolution sich nachgiebig zu zeigen, die
es darauf angelegt hatte, ihm Krone und Leben zu rauben,
hieß er seine Vernunft und sein Interesse schweigen, sobald er glaubte, es der Liebe zu dem, was in seinen Augen
„das öffentliche Wohl" war, zum Opfer bringen zu müssen.
Der König befahl. Der Herzog, ein treuer Untertan, gehorchte. Dazu kam noch, daß der Graf von A r t o i s
aus Besorgnis für die Ruhe seines erhabenen Bruders an
den Adelstand ein bewegliches Schreiben erließ, welches
allem Schwanken der Unentschlossenheit ein Ende machte.
Die Pflicht des Untertans war nun erfüllt. Der Herzog
von L u x e m b o u r g brachte seinem Gebieter das Opfer
seiner persönlichen Meinung und fügte sich in eine Maßregel, welche sein Verstand, sein Herz und sein Gewissen
verwarfen. Wer war berechtigt, m e h r von ihm zu erwarten? Wer durfte verlangen, daß er durch seine Gegenwart, — ja noch mehr, durch seine Handlungen, —
Schritte und Einrichtungen, die er getadelt hatte, und ein
System, welches er mit ganzer Seele und mit allen Kräften
seiner Vernunft von sich stieß, f e i e r l i c h annähme?*)
Er zog es vor, sich in eine ruhige Abgeschiedenheit zurückzuziehen und nicht länger auf einem großen Schauplatz
zu verweilen, wo er nicht abgeneigt gewesen wäre, wie
so viel andere, eine Rolle zu spielen, hätte er nicht frühzeitig die Stimmung der Gemüter ergründet und ein-
gesehen, daß diese Rolle eine undankbare gewesen sein
würde. Er blieb folgerecht, und sein Benehmen macht
seinen edlen Gesinnungen Ehre. Ich habe ihn selbst die
hier angeführten Gründe entwickeln gehört, und zwar
nicht erst späterhin, sondern gleich im Anfange, ohne

---

*) sanctionner.

Prahlerei und Laune, so daß diejenigen, welche seine Entfernung aus Frankreich der Furcht zugeschrieben haben, in derselben das Lob seines Scharfsinns hätten finden können. 'Ich werde es nie vergessen, daß ich zum ersten Male bei ihm den berühmten B u r k e*) gesehen und gehört habe, zu dessen näherer Bekanntschaft Herr v o n C a l o n n e mir verholfen hatte. B u r k e, dieser alte Verfechter der Opposition, war von ihr abgesprungen, sobald er in der Opposition selbst Gefahr für den Staat ahnte. Sein Abfall erregte Erstaunen bei einigen, führte andere zu gemäßigteren Grundsätzen zurück, sammelte viele näher um den Thron, mehr noch durch sein Beispiel, als durch seine Behauptungen in den Parlamentsreden: „Man müsse sich der obersten Gewalt fest anschließen." Es ist allgemein bekannt, daß keine der Entwicklungen und Folgen der französischen Revolution in ihrem Entstehen seinem Späherblick entgangen ist, und daß, wenn sich in seiner beredten Schrift einige Uebertreibungen befinden, die ein

---

*) Ich habe an einem anderen Orte den Ausdruck meiner persönlichen Erkenntlichkeit über den rührenden Empfang drucken lassen, welchen ich nach den Greueln vom 10. August 1792 bei B u r k e fand, und über alles, was er mir damals aus der Fülle seiner Gefühle von seiner Teilnahme an dem Unglück meines Vaterlandes sagte. Sein Herz war so edel wie sein Talent ausgezeichnet und selten. Ohne je aufhören zu können, ein wahrer Engländer zu sein, ließ er der französischen Nation volle Gerechtigkeit widerfahren. Er schätzte sie, weil er sie kannte; er schätzte ihre Literatur, ihre Ansprüche auf Ruhm, ihre Künste. Späterhin, als er sich überzeugt hatte, daß ich Englisch genug verstand, machte er mir in Gegenwart des Herrn v o n C a l o n n e den Antrag, sein Werk über die Revolution zu übersetzen, welches um so mehr einer Uebersetzung bedurfte, da schon eine solche erschienen war. Ich lehnte es aus Gründen ab, die ich ihm nicht auseinandersetzen konnte; vollends nicht d e n, daß eine g u t e Uebersetzung der Ehre wenig, eine s c h l e c h t e aber noch weniger als Ehre einbringt.   (V e r f.)

deklamatorischer Vortrag noch mehr hervortreten läßt, dieses Buch dennoch für die unfehlbare Weissagung eines Staatsmannes, für den Beweis eines schönen Enthusiasmus und für das Denkmal eines edlen Talents gelten kann. B u r k e s Unterhaltung war vielleicht noch wärmer*), noch gediegener, noch gedrängter.**) Er fand viel Vergnügen daran, von seinem politischen Leben zu erzählen und sein Gespräch mit dem Feuer seiner öffentlich gehaltenen Reden zu beleben und zu würzen.***) Er urteilte über die Zukunft mit Hilfe des Probiersteins der Vergangenheit; ein enthusiastischer Verehrer der englischen Konstitution, entgingen ihm zwar in derselben die Flecken nicht, die der menschlichen Schwäche ankleben, aber nichtsdestoweniger sah er sie als das Palladium der Freiheiten einer großen Nation an. Schon im Jahre 1790 hörte ich ihn (wie ich hiermit feierlich versichere) die französische Revolution auf zwei Hypothesen zurückführen und ein Räsonnement auf sie anwenden, welches sie ganz so aufdeckte, wie sie sich bis zum Jahre 1800 entwickelt hat. Alles, alles hatte er vorausgesehen, nur die Riesengestalt des Mannes nicht, der sie abschließen sollte.†) — Damals noch ein fünfundzwanzigjähriger Jüngling, hörte ich ihm gelehrig zu, und mit Hilfe seiner Vorträge und meines Nachdenkens bildete ich mich in einer Schule, welche

---

*) plus chaleureuse.

**) plus pleine.

***) Unter den vielen Stellen und Fragmenten, worin sich seine Beredsamkeit entwickelte, erinnere ich mich besonders an den Eingang einer Wahlrede in Bath oder Bristol, als einer der Kandidaten plötzlich gestorben war: „The unexpected event of this day teaches us feelingly, what shadows we are, and what shadows we pursue, usw." (Das unerwartete Ereignis dieses Tages lehrt uns fühlbar, welche Schatten wir sind, und welchen Schatten wir nachjagen.)

†) qui fermerait la caverne.

mir wenigstens das Staunen über unerwartete Ereignisse erspart hat.

Der Herzog v o n L u x e m b o u r g vermied, ohne es auffallend zu machen, den Herzog von O r l e a n s, den er verachtete, und lebte in gespanntem Verhältnisse mit dem französischen Botschafter, den er nicht achtete und von dem er gehaßt wurde. Dieser, der Graf d e l a L u - z e r n e, war ein Bruder des Marineministers dieses Namens; ihre Grundsätze wichen ganz voneinander ab. Es mußte befremden, daß der Hof einen so unfähigen Mann zu einem Posten ernannt hatte, der einen sehr ⸗ewandten erforderte, um den vorigen Glanz und die vorige Wichtigkeit wieder zu erlangen. Der Graf war in physischer und moralischer Hinsicht ein verschrobener, linkischer Mensch, von einem so beschränkten Verstande, daß sein Ehrgeiz nichts zu seiner Beförderung beigetragen hatte und seine Beförderung nicht dazu diente, seinen Ehrgeiz zu wecken. Er befolgte in tiefster Unterwürfigkeit den Gang und die Vorschriften der Assemblée constituante, glich jede Sottise, die er begangen, mit einer Niederträchtigkeit aus, hatte sich für die M o n a r c h i e erklärt, war aber jeden Augenblick bereit, sie umstürzen zu helfen. Sein erster Gesandtschaftsposten war bei den Vereinigten Staaten von Amerika gewesen (beiläufig nicht eben der geradeste, schicklichste Weg nach London). Was er dort gesehen und gehört hatte, war schlecht aufgefaßt und noch schlechter verdaut worden. Er benahm sich unbedeutend und schwankend; nächst s i c h war der König von Frankreich die Person, welche er am meisten dem Tadel bloßstellte. Nur in einem einzigen Punkte ging er offen zu Werke; in seiner verliebten Narrheit zu einer gewissen Frau von S a i n t A . . . ., einer abgefeimten Kokette, der Mätresse des Lord Ch.... Sie benahm sich ebenfalls offen und ohne Hehl gegen ihn, spottete seiner, lachte über seine Liebe, eine Liebe, die ihn noch häßlicher machte, als er von Natur war. Mehr sich auf den Wunsch beschränkend, seine Stelle zu behalten, als auf die Mittel bedacht, sich in derselben zu behaupten, mußte er sie abgeben, nachdem er einen von den tausend Eiden geleistet hatte, die man damals denen auferlegte, von welchen man gewiß war, daß sie keinen einzigen halten würden. Doch hatte der kurz-sichtige Mann seine Abberufung ebensowenig vorausge-sehen als seinen Tod, welcher kurze Zeit nachher erfolgte. Wie oft hat der Herzog von Luxembourg Vergnü-gen gefunden, ihn mit Theorien des Despotismus zu quälen, denen er nichts entgegensetzen konnte, als zwei Kammern und das Gegengewicht der Ge-walten; denn darin bestand seine ganze Verteidigungs-taktik; eine lakonische Wiederholung der hier unterstri-chenen Zeile war alles, was er hervorbrachte, denn es ist nicht jedem gegeben, mit einigem Anschein von Vernunft zu deräsonnieren. Ihr guten Leute, ihr strittet euch in offener See über die beste Bauart eines Schiffes, ohne zu bemerken, daß das eurige leck geworden und auf Klippen geraten war!*)

---

*) Es hat in allen französischen Nationalversammlungen keine Männer gegeben, welche sich an Patriotismus und Tugend einem Algernon Sidney, einem Hambden in England an die Seite stellen dürften; und doch haben sich beide, als Um-bildner ihrer Regierungen, den schwersten Vorwürfen ausgesetzt und vor dem Richterstuhl der Geschichte nicht Gnade gefunden. Der erste hat sich des Undanks schuldig gemacht, nachdem ihm von der königlichen Huld die ersten Versuche verziehen worden, und hat sich in neue Umtriebe gegen den Hof gestürzt. Es ist nicht genug zu sagen: „Ich bin ein guter Republikaner im Herzen." — „Willst du Republikaner sein, so verlasse den mo-narchischen Staat und ziehe nach Ragusa." Hambden, minder

Der Gesellschaftssaal des Grafen d e l a L u z e r n e war zum Kampfplatz von Scharmützeln dieser Art geworden. Selbst Frauen nahmen Anteil an den Fehden und leichten Gehalts, wie die Gegenstände selbst, schnatterten sie zwischendrein. Da war zum Beispiel eine Herzogin von L a v a l, rot wie ein Streithahn, herbe wie ein unreifer Holzapfel, wütend über ein herannahendes Alter, welches sich nicht — wegstreiten lassen wollte, noch wütender, daß sie nie hübsch gewesen, obschon sie sich immer hatte den Hof machen lassen. Da war eine Frau von O s s u n, Schwester eines der älteren Liebhaber — d. h. der sogenannten Liebhaber — der Herzogin, der es nur gewesen war, um von ihrem Kredit und Vermögen Vorteil zu haben. Diese Frau von O s s u n war interessant auf der Schönheitsgrenze, eine sentimentale Blondine, die sich die Last eines tugendhaften Rufes aufgebürdet hatte und sie nun tragen mußte. Sie war an einen wackeren, achtungswerten Mann vermählt, dem L u d w i g XVI., der sich zu allen rechtlichen Männern hingezogen fühlte, mit Recht gewogen war. Er sollte den Grafen von S é g u r als Gesandten in Rußland ersetzen. Da war eine kleine Gräfin d e l a L u z e r n e, geborene M o n . . . ., ein bissiges, borstiges Eichkätzchen, dem man die Nüsse weggenommen hat. — Doch vor allen diesen Damen hätte Herr von B . . . . . genannt werden sollen, der sich wenig oder gar nicht hingab, sondern kalt, zurückhaltend, zugeknöpft wie ein Premierminister, das Geheimnis seiner künftigen Schicksale im Busen zu tragen schien. Er war die Providenz des Hauses.

---

schuldig und höher begabt, kann gleichwohl bei allen Eigenschaften des Privatmannes, welche ihm Achtung und Bewunderung im Privatleben verdienen, auf den Namen und Ruhm eines guten Staatsbürgers keinen Anspruch machen. (V e r f.)

Es fehlte mir nicht, wie man sieht, in dieser Gesellschaft an einem weiten Felde zu Betrachtungen und Beobachtungen aller Art. Nur ließ sich meine feurige leidenschaftliche Jugend nicht daran genügen und verlangte nach anderer Kost. Sie wurde mir gereicht. Ich machte die Bekanntschaft der Mistress P o v e, einer Frau, welche sich ebensosehr durch ihren Charakter als durch ihre Schönheit auszeichnete, und deren Geschichte und Lebenseignisse so sonderbar sind, daß sie in einem Roman keine unbedeutende Stelle einnehmen würden. Sie stammte aus einer achtbaren Familie. Ein Edelmann aus der Grafschaft Kent sah sie und entbrannte in Liebe, stellte ihr nach und erfuhr, daß sie eine Reise vorhabe, um ihre Mutter und Schwester nach Canterbury zu begleiten. Drei Frauen auf der Landstraße in einer Postchaise sind keines langen Widerstandes fähig, zumal wenn, wie es hier der Fall war, der Führer im voraus gewonnen ist. Gegen Abend werden unsere Damen von ein paar Männern, die sie für Straßenräuber (highwaymen) halten, überfallen, — in England etwas so Gewöhnliches, daß es fast nicht auffällt, zumal da die den Engländern angeborene Menschlichkeit und ihr natürlicher Abscheu vor Blutvergießen dergleichen Auftritte selten oder nie zu Mordszenen macht. Gleichwohl sind diese alltäglichen Ueberfälle, Straßenräubereien und gewaltsame Plünderungen keineswegs angenehm, veranlassen ein augenblickliches Erschrecken und machen einem Lande, welches sich einer so vorzüglichen Verfassung rühmt, wenig Ehre. Ohne mich aber auf die Polizeiordnung von England einzulassen, erzähle ich weiter. Man ließ die zitternden Damen aussteigen, trennte sie voneinander, und in der entstandenen Verwirrung wurde C ä c i l i e rasch abgeführt, in eine unweit wartende Chaise gehoben und mit Blitzesschnelle nach Devonshire gebracht. Nachdem sie hier einige Monate eingeschlossen, allen Verfolgungen und Drohungen eines Mannes ausgesetzt war, dessen Liebe sie standhaft zurückwies, ermüdete er endlich in dem Kampfe, ging mit ihr nach Irland, beschenkte sie reichlich, setzte sie in Freiheit, verließ sie und reiste nach Italien. So hat sie es mir wenigstens erzählt. Nur hat mir manches in ihrer Erzählung nicht ganz einleuchten wollen. Im Gegenteil. Ich fand Grund mich zu überzeugen, daß sie, an ihr Sklavenjoch und an ihren Tyrannen gewöhnt, jenes immer leichter gefunden, diesem immer mehr seine Behandlung verziehen haben muß. Lebte sie doch in einem Lande, wo sich das schöne Geschlecht nicht so leicht einschüchtern läßt, wo man nicht aus Furcht schweigen darf, wo die Gesetze gegen Verfolgung und Unterdrückung Schutz gewähren! — Ein irländischer Pair ward ihr zweiter Liebhaber (sie verzeihe mir, wenn ich ihren Entführer, ihren Tyrannen als den ersten zähle). Nach einem Schritt, zu welchem sie gezwungen worden war, schien ihr ein freiwilliger ganz natürlich. Lord D.... war ein ganz großer Verehrer Shakespeares; der Geschmack an Deklamation war bei ihm zur Leidenschaft geworden. Er beschwerte das Gedächtnis der jungen Cäcilie mit den Hauptstellen aus seinem Lieblingsdichter, entwickelte ihr Organ, bildete ihre Haltung aus, gab beiden einen Theateranstrich, der ihr in der Folge anklebte und sie der Natürlichkeit beraubte, — das einzige, was dieser schönen, herrlichen Gestalt abging! — Lord D...., der Shakespearianer, hatte einen Neffen, einen sehr hübschen Neffen, der wenig Gedichte las, noch weniger sie auswendig lernte, gar keine machte, der aber zwanzig Jahre zählte und das glückliche Alter erreicht hatte, wo man, selbst ohne Verstand, zu allem geschickt ist und in gewissen Augen immer Verstand zu haben scheint. Er spielte seinem Herrn Oheim den Streich, ihm an einem frühen Morgen seine treulose Schülerin und Geliebte zu entführen. Um sich dabei folgerecht zu benehmen, machte er die Quasitante zur Nichte und zur Mutter, ging mit ihr ein wenig in die weite Welt, brachte

sie nach London, wo sie Wochen hielt, während er in
Temple-Bar die Rechte studierte. Ein Sohn, mit dem sie
ihn beschenkte, schien das Band ihrer Liebe mehr
zu lockern als zu befestigen. Für Herrn P o v e (so
hieß der saubere Neffe und Entführer) hatte der Trieb,
Vater zu werden, größeren Reiz als die Freude, es geworden zu sein. Er versuchte sein Heil an mehreren
Schönen; sie wurden für den Augenblick seine Gattinnen
und Mütter für das Leben. C ä c i l i e hatte Augen und
Verstand. Sie ergriff die gute Partei, zankte und schmollte
nicht; rächte sich aber und übte Wiedervergeltungsrecht.
Nichts bringt eine Frau so weit, als eine anfäng-
liche gewaltsame Entführung. Sie ging noch weiter als
ihr Vorbild, verließ ihn und warf sich einem mächtigen
Manne in die Arme, welcher alles für ihr Glück tun
konnte und es auch getan haben würde, wäre die Leichtsinnige nicht plötzlich zu ihrem Rechtsbeflissenen zurückgekehrt, welchen ihr, dem Anscheine nach, die Trennung
teurer gemacht hatte. Ihr Feuer mochte sich aber schon
wieder in der Ruhe und Einförmigkeit des alltäglichen
Lebens abgekühlt haben, als ich das Paar bei Herrn von
C . . . ., ehemals Obersten in der irländischen Brigade
in Frankreich, antraf, von dem wir zufällig zusammen
eingeladen waren. Ich betrachtete die Dame lange und
genau; die Folge davon war, daß ich ihr erklärte: Ich
w ü r d e sie lieben. Sie gab mir die Versicherung, dieses
Gefühl erwidern zu wollen. Acht bis zehn Tage später
besiegelte sie das Versprechen mit dem Munde und kurz
nachher mit ihrer Liebe. Wir führten zusammen ein lebhaftes Schäferspiel auf; nur kein solches, wie Asträa am
Ufer des Lignon*) im Bilde darstellt. Sie brachte täg-

---

*) L'Astrée von Honoré d'Uríé, ein Schäferroman, welcher
in der ersten Hälfte des 17. Jahrhunderts außerordentliches Glück
gemacht hat. Er schildert die platonische Liebe auf dem Lande.
Der Schauplatz ist der Fluß Lignon in Auvergne. Der Verfasser
sagt: Les bergers du Lignon n'y fesaient oeuvre. (U e b e r s.)

lich sechs Stunden bei mir zu, ohne die außerordentlichen mitzuzählen. Herr P o v e , welcher seine Zeit in den Beschäftigungen von Temple - Bar, in Trinkgelagen und Spielhäusern verlebte, merkte spät Unrat, und als er ihn merkte, gab er der Sache eine sonderbare Wendung, die mir aber nichts weniger als lustig vorkam. Es war ein verzweifelt origineller Scherz, mehr ernst als komisch, und besonders für mich gar unleidlich. Herr P o v e erzeigte mir nämlich die Ehre, mir ein lebendiges Geschenk mit einem kleinen Nachkommen zu machen, und schickte mir zugleich ein Kind und ein Billett. Das Kind schrie aus vollem Halse, das Billett sagte weiter nichts, als daß es recht und billig sei, Baum und Frucht, Mutter und Sohn nicht zu trennen, und daß er mir folglich sehr verbunden sein würde, wenn ich beides auf mich nehmen wollte. In meinen Augen war der Mann verrückt geworden. Ich bewog die Dame, die ich ihn so oft mit dem Namen seiner Gemahlin hatte beehren gehört, ihren kleinen Astyanax auf den Arm zu nehmen, und sich zu Hektor zu verfügen, um seinen Gemütszustand näher zu untersuchen. Sie tat es, und nun bestand ich darauf, daß sie diesen Rabenvater mit den tollen Einfällen nicht einen Augenblick aus den Augen lassen dürfe. Sie befolgte eine Zeitlang meinen Rat, aber ihre Unbeständigkeit führte sie bald einem e r s t e n H e l - d e n einer herumziehenden Schauspielergesellschaft*) in die Arme, der als R o m e o auf dem Theater von Drurylane oder Coventgarden ihr Herz gewonnen hatte. Sie ward seine J u l i a , folgte ihm — auf die Bühne, spielte die Rollen der Mistreß S i d d o n s , doch ohne jene vergessen zu machen. Desto mehr gefiel sie einem Baronett, der, von ihren Reizen bezaubert, ihr sein Herz anbot, sie verwarf es — seine Reichtümer, sie verschmähte sie — endlich Namen, Titel und Hand, sie geruhte, sie anzu

---

*) a strolling player.

nehmen. Sie hat sich seitdem als respektable Gattin vorwurfsfrei betragen, weil ihr das Gegenteil unmöglich gemacht wurde, denn ihr Herr Gemahl spielt den tragischen Tyrannen mit ihr und hält sie neun Monate im Jahre in seinem Schlosse gefangen, welches zwar kein verzaubertes, wohl aber f ü r s i e e i n v e r w ü n s c h t e s ist.

Für ein großes Talent ist die Ruhe ein Grab.

––––––––––

Wie kommt es, daß Eheverbindungen mit Schauspielerinnen in Frankreich so selten, in England nichts weniger als selten sind? Sollten folgende zwei Gründe nicht zur Erklärung und Beantwortung der Frage genügen? In England wird auf das Ungefähr der Geburt und auf Mißheiraten kein großes Gewicht gelegt. In England ist man beim Abschluß einer Ehe mehr darauf bedacht, was die Frau k ü n f t i g sein soll, als darauf, was sie v o r h e r gewesen ist. Beide Gründe lassen sich hören und verteidigen, obschon es hier nicht so sehr die Sache des Vorurteils als des Gefühls und Zartgefühls ist. Ich gestehe für mein Teil: so gern ich mir erlauben würde, die Frau meines Nachbars zur Untreue zu verleiten, so sehr würde ich wünschen, daß die meinige mit jungfräulicher Keuschheit mein Ehebett beträte und es als Gattin nie befleckte. Ich gestehe ferner, daß ich von zwei Uebeln das kleinste wählen würde, und dieses kleinste ist in meinen Augen — eine Frau, welche sich n a c h der Ehe schlecht aufführt. In dieser Hypothese sind ihre Fehler von meinem Willen unabhängig; ich konnte sie nicht voraussehen, sie hat mich betrogen. Im andern Fall habe ich alles gewußt, sie hat mich nicht betrogen, ich aber habe vorsätzlicher- und mutwilligerweise mich mit ihrer Schande vermählt, mich über alles hinweggesetzt, der öffentlichen Meinung getrotzt und der begründeten

Furcht vor der Zukunft nicht geachtet. Wer könnte wohl
über den Hagestolzen den Stab brechen? Wer könnte den
ehelosen Stand verrufen, der uns allein vor diesem Wech-
selfall und vor den Gefahren dieser wichtigen Lebensfrage
schützt? Aber ach, diesem Stande stehen von anderen
Seiten andere Gefahren bevor, andere Waffen sind gegen
ihn gerichtet, und auch selbst wenn die politische Verfassung der Gesellschaft ihm nicht den Krieg erklärte,
würden es Wahrheit und Erfahrung tun und sprechen:
„Der ehelose Stand macht das Leben leer und schwer
und den Tod bitter." — Ihr Männer, Spielwerke der Frauen,
ihr großen Kinder, laßt euch lieber in der J u g e n d
von ihnen betören, damit ihr im A l t e r den Trost ihrer
Pflege genießt! Ihre Stimme ist dann nicht mehr trü-
gerisch, wenn ihr Haar gebleicht ist, ihre schwachen
Hände sind noch immer hilfreich und wohltätig. Naht
der Tod, so drückt die Last der Jahre den Mann ganz
darnieder, die Frau hat weniger Kräfte verschwendet und
ausgegeben, fühlt sich weniger schwach und hinfällig,
und am Ende der gemeinschaftlichen Lebensreise bietet
sie ihrem Gefährten den sterbenden Arm zur Unterstützung, um an das Grab zu gelangen.

Ja, ich will wieder heiraten*)!

Ein zweiter Punkt, worin sich die Engländer unstreitig verständiger und weiser zeigen als die Franzosen, ist die äußere Lebensweise ihrer Lustdirnen. In
London trägt kein öffentliches Mädchen den Luxus zur
Schau, der in Paris so auffallend anstößig und ärgerlich
ist. Keine baut ein großes Haus auf Trümmern von
zwanzig Häusern und Familien, auf Kosten ebenso vieler
Narren und Gimpel, welche — während die Damen, die

---

*) Der Verfasser, der dieses im Jahre 1804 oder 1805
schrieb, hatte 1799 in Nordamerika ein Ehebündnis geschlossen
und wieder aufgelöst. Er hat sich aber seitdem n i c h t w i e d e r
v e r m ä h l t.   (U e b e r s.)

sie betrogen und gerupft haben, im vergoldeten Schlaf-
gemache ruhen — auf der Straße ihr Lager suchen würden,
wenn sie aus Furcht vor ihren Gläubigern diese betreten
dürften. Keine englische Lustdirne läßt sich in ihrem
Triumphwagen vor die Tür des Schauspielhauses fahren,
um dort, mit dem glänzenden Schmucke der Edelsteine
reich beladen, sich in der ersten Logenreihe mit diesen
schändlichen Siegeszeichen zu brüsten, den öffentlichen
Sitten Trotz zu bieten, Familienmütter zu beunruhigen,
sich den Söhnen zur Schau zu stellen, um den Töchtern
durch ihre Prachtausstellung schweigend zu beweisen,
daß es Laster gibt, welche besser bezahlt werden als Unschuld und Tugend. — Zwar kann man in London ebenso
gut wie in allen großen Hauptstädten fertige Liebe
kaufen*), aber diejenigen, welche sie dort feilbieten,
erheben sich nie zu derjenigen Stufe von Reichtum, ich
hätte bald gesagt, von Ansehen und Achtung**), auf welcher ich einige unserer Demoiselles gesehen habe. Die
meisten Engländer halten sich an die gewöhnlichen Klassen der gutherzigen Schönen, die nicht viel Umstände
machen, schließen mit ihnen einen Vertrag, welcher so
lange dauert als das Vergnügen, worauf er sich gründet,
schließen selten mit ihnen einen Bund der Treue, heuern
sie auf gewisse Zeit und bringen dabei mehr die Gesundheit als die Beständigkeit in Anschlag. Ich habe
Engländer von Rang gekannt, deren Geliebte im Hause
einer gemeinen Kupplerin wohnte, sie zogen es vor, sie

---

*) Acheter l'amour tout fait. Eine Antwort, die ein Eng-
länder dem König Ludwig XV. gab, als dieser ihn fragte:
Ob er nach Paris gekommen sei, pour faire l'amour.
Non, Sire, je l'achète tout fait. Die Redensarten faire l'amour
(Liebe machen) und acheter l'amour (Liebe kaufen) sind zwar
französisch und englisch, aber bis jetzt noch nicht deutsch.
(Uebers.)

**) considération.

dort zu lassen und zu besuchen, anstatt sie in eigne Zimmer einzumieten und der Gefahr auszusetzen, ihren alten Wegen und Weisen nachzugehen. Kam es mit einigen so weit, daß sie ihre Schöne der Aufsicht der Duegna entzogen, sie in Möbel und Zimmer setzten, sie wohl gar zu sich ins Haus nahmen, so gingen sie bald noch einen Schritt weiter — so war es entweder der feinsten Verführungskunst von seiten der Dame, oder einer geheimen Sympathie, einer Wahlverwandtschaft, zuzuschreiben, daß sie den Roman mit einer geheimen oder öffentlichen Ehe schlossen. Dagegen ist es aber auch wahr und zu bedauern, daß in London Straßen, Theater, Spaziergänge, Belustigungsorte mit Hetären aus den untergeordneten Klassen überfüllt sind, welche in ihren Lockungen den größten Zynismus entfalten und schamlos ihr schändliches Gewerbe treiben. Doch sind diese Evastöchter mit ihren Aepfeln nicht gefährlich; ich sehe in ihnen und ihren abstoßenden Reizen nur den Stamm ohne Frucht. In der Liebeskunst gilt die Nation, welche die höchste Feinheit hineinlegt, mit Recht für die gefährlichste, aber zugleich auch für die verdorbenste.

Mistreß P o v e ist die einzige, welcher ich in dieser Reise meinen Weihrauch opferte. Die anderen vorübereilenden Gegenstände eines flüchtigen Götzendienstes hier anführen, hieße meinem Gedächtnisse und der Nachsicht meiner Leser Gewalt antun.

Ich erneuerte meine Bekanntschaft mit einer durch ihre Kenntnisse und ihre Liebe zu den schönen Wissenschaften berühmten Dame, Mistreß M o n t a g u e. Sie war eine Halbgelehrte*), ein schöner Geist, und gehörte zu

---

*) une érudite.

der Klasse, welche die Engländer mit dem Namen blue stockings (Blaustrümpfe) bezeichnen. Eine Engländerin durch und durch, wie fast alle einzelne in diesem Volke leidenschaftlich, enthusiastisch, fanatisch eingenommen für ihr Vaterland. Sie schätzte nichts als ihren S h a k e s p e a r e und die Erzeugnisse des englischen Musenbodens. Zwar geruhte sie, uns und unserm Frankreich hier und da, aus Gnaden, eine Achtung zu schenken, doch war diese so mager und untergeordnet*), daß ich sie gern zurückgeschenkt hätte. Uebrigens war sie von der äußersten Höflichkeit gegen die Ausländer, für welche sie die Honneurs eines großen und guten Hauses machte, besonders übte sie die Gabe des Zuvorkommens und einer ausgesuchten Artigkeit gegenüber Franzosen — im Grunde den einzigen, welche Gnade vor ihren Augen fanden. Sie hatte mit V o l t a i r e mehr als eine Lanze gebrochen, er war so artig gewesen, über S h a k e s p e a r e mit ihr in die Schranken zu treten und mit beiden seinen Scherz zu treiben. Auf diese literarische Fehde hatte sie alles verwendet, was im Kunstfache Parteigeist und das enthusiastische Vorurteil des Eigensinns und der Leichtgläubigkeit vermag. V o l t a i r e hatte in seinen Antworten nie die Grenzen der Mäßigung überschritten, worin er sich zu halten wußte, wenn es ihm der Anstand und die Artigkeit gegen Damen und gegen Männer, die er als Damen behandeln wollte, zur Pflicht machte. Der alte Kämpe spielte mit seiner ebenfalls nicht jungen Gegnerin; er, der Wolf, sie das — (nicht L a m m, sondern) Schaf, das er s c h o r, ohne es zu v e r l e t z e n, das er widerlegte und unterrichtete, ohne es zu überzeugen und zu bekehren. — Mistreß Montague hatte auch in ihren guten Stunden einige Schwäche**) und Vorliebe für C o r - n e i l l e, verfiel aber bald wieder in ihre unheilbare Krank-

---

*) secondaire.
**) du faible.

heit, denn die Bedauernswürdige fühlte nichts für R a -
c i n e ; und, um sich noch strafbarer zu machen, behauptete sie, sie v e r s t e h e ihn. Die vortreffliche Frau sah im
A c h i l l einen französischen petit-maître und im Trauerspiel A t h a l i a nur ein interessantes Kind. In diesem
Geist und Geschmack hat sie gelebt und ist sie gestorben!!

Ihr, die in England oder in anderen Ländern als
Frankreich geboren seid, und die ihr das Unglück habt,
die Meinung der Mistreß M o n t a g u e zu teilen, vernehmt
es: Ihr habt nie die Musik dieses großen Dichters begriffen, ihr seid nie in das Geheimnis seines e i n z i g e n
Talents eingedrungen. Ich habe Grund, zu fürchten, man
müsse in Frankreich geboren sein*), um diesen großen
Mann ganz und durchaus zu kennen. Er wird über alle
partiellen Urteile siegen, solange es noch Geschmack geben
wird. Neben V i r g i l und über E u r i p i d e s gestellt,
wird er ewig und überall der Liebling aller Männer von
Geist und Gefühl bleiben. Doch um ihn begreifen zu
können, muß man der französischen Sprache mächtig sein,
und dies, mit Ihrer Erlaubnis, Mylady, ist nicht Ihr Fall
— man muß außerdem kein ausschließliches Wohlgefallen
an Gräbern, Scheiterhaufen, Blutgerüsten, Geistern und
Hexen finden, man muß in alle Feinheiten der Sprache
R a c i n e s, in alle Zartheiten seiner harmonischen Verse,
in die teuren, mit den Farben der Natur ausgemalten
Schilderungen der Stürme und Leidenschaften des Herzens
eingeweiht sein, man muß die Griechen lieben, in ihren

---

*) Hört, ihr Nichtfranzosen, was V o l t a i r e von ihm sagt:
Je ne connais pas une bonne pièce depuis Racine, et aucune,
avant lui, où il n'y ait d'horribles défauts. Lettre XXXII de
l'année 1763. — Je trouve tout détestable, quand je lis les
pièces de Racine, et je voudrais avoir brulé tout ce que j'ai
fait. Il n'y a que R a c i n e d a n s l e m o n d e. Ce n'est
pas qu'il n'y ait de très-belles choses dans C o r n e i l l e, mais
pour une pièce parfaite de lui je n'en connais point. Ibid. Lettre
XXXVIII.   (U e b e r s.)

Theatern einheimisch sein, um an R a c i n e Geschmack
finden, um über seine Naturkunst entzück sein zu können,
um sich von dem echt attischen Mecha ismus der ver-
vollkommneten Tragödie angezogen zu fühlen. Ueber-
lassen wir immerhin die S h a k e s p e a r e s c h e Literatur
und Manier denen, die Gefallen und Genüge daran finden.
Seien wir mit dem Ruhme zufrieden, Gri chenland wieder
auf unseren Bühnen aus dem Grabe erweckt zu haben,
seien wir damit zufrieden, daß in unsei 1 Dramen mehr
Philosophie und Pathos gefunden wird a s bei den Alten,
und daß wir in ihrer eignen Kunst ihre Si ger geworden
sind. Ich gebe zu, daß S h a k e s p e a r e ein großer
Dichter, ein großer Maler ist, aber er 1at kein einziges
seiner Gemälde vollendet, er hat kein einziges Denkmal
hinterlassen, welches neben dem Standbilde seines Genius
nicht auch zugleich das Fußgestell und die Basreliefs des
schlechten Geschmacks seines Zeitalters — und seines
eignen dazu — aufstellt. Sein rohes Jahrhundert ist dergestalt auf ihn und in seine Erzeugnisse übergegangen, daß
man sich wohl den Zweifel erlaube darf, ob er, zu
einer späteren Zeit geboren, einen g e l ä u t e r t e r e n Geschmack gezeigt haben würde. Können Sie es leugnen,
Mylady? Muß man nicht eine einzige schöne Szene mit
zwei langweiligen Akten erkaufen, e i n e Wahrheit mit
z w a n z i g Unwahrscheinlichkeiten? Selbst Ihre Nation
ist geteilter Meinung über sein Verdienst: ein großer Teil
Ihrer Landsleute schätzt ihn bei weitem nicht so hoch
wie Sie, ein andrer Teil versteht ihn nicht, und H u m e,
einer Ihrer gediegensten Schriftsteller, urteilt von ihm:
„er sei ein R i e s e, weil er einen H ö c k e r trage". Wir
Franzosen zergliedern gern, was uns Vergnügen machen
soll; der Faltenwurf des über eine Statue ausgebreiteten
Mantels versöhnt uns nicht mit ihr, wenn sie kolossal, aber
dabei unförmlich gezeichnet ist, wenn es ihr an Grazie
und an Ebenmaß fehlt. Man hat uns nicht ohne Leichtsinn des Leichtsinns beschuldigt, uns, die so schwer zu

befriedigen sind, uns, die von der Kunst so viele Korrektheit und Ueberlegung verlangen. Doch muß ich zugeben, daß wir, um an etwas Gefallen zu finden, zu sehr auf ein Drittes sehen — auf E l e g a n z."*)

Die Spielhäuser in London, diese Vorhallen der Hölle, verdienten wohl ein besonderes Kapitel in meinen Memoiren, wenn ich Zeit und Lust hätte, mich in diese Gruben des Jammers und der Verzweiflung hinunterzulassen; alsdann aber müßte ich, um das Bild auszumalen, einen eisernen Griffel zum Pinsel wählen und ihn in Blut tauchen. Doch es bedarf nur eines einzigen Strichs, hier ist er. „Die Londoner Spielhäuser sind noch verderblicher, noch gefährlicher als die Pariser!" Die Trunkenheit, das herrschende Laster der englischen Nation, macht die Betrüger dreister und ihre Opfer verblendeter. Außerdem gab es (zu meiner Zeit) in Frankreich — mit Ausnahme der allerniedrigsten Schlupfwinkel — in allen Spielhäusern Frauen unter den Gästen und Teilnehmern, und obschon sie nicht zur auserlesenen guten Gesellschaft gehörten, so diente doch die angeborene Sittlichkeit ihres Geschlechts dazu, den Ingrimm der rasendsten Spieler zu zügeln. In London habe ich während meines dreimaligen Aufenthaltes eine solche Spielwut in den ersten Klassen der Gesellschaft angetroffen, daß in der großen Welt, und ganz besonders beim anderen Geschlechte, am höchsten gespielt und am meisten verloren wurde, so daß es Fälle gab, wo in einigen Nächten Frauen aus den ersten Ständen aller Gemächlichkeiten des Lebens für sich und die Ihrigen verlustig gingen. Doch ist es nicht meine Absicht, von den Spielgelagen dieser Art zu sprechen, obschon es traurig genug ist,

---

*) Der Verfasser bleibt uns die Antwort der Mistreß M o n - t a g u e schuldig. Sie, die Gegnerin V o l t a i r e s , wird hier, wo ihr der Sieg so leicht fiel. nicht geschwiegen haben.

(U e b e r s .)

bei gewissen Gelegenheiten, und um sich nicht von der Sitte auszuschließen, in großen Gesellschaften sich in Spielpartien verwickelt zu sehen, welche den Verlierer zugrunde richten können. Ich wollte nur hier die Winkelhäuser erwähnen, wo Beutel- und Gurgelabschneider auf ihren Raub lauern, wo jeder ohne Umstände eintreten kann, und wo man ebenso wenig Umstände macht, ihn zu rupfen und kahl zu machen.

Wäre ich König, so müßten zwei Uebel aus meinen Staaten verschwinden: das S p i e l und die B e t t e l e i. Mit Hilfe einer guten Logik und mit vollkommen gutem Gewissen könnte man den Satz aufstellen und durchsetzen, daß das Spiel noch verabscheuungswürdiger ist als der Diebstahl. Und doch wird dieser gebrandmarkt und bestraft, jenes wird geduldet und geehrt. Der Spieler lebt von dem Blute und den Tränen derer, die er beraubt, aber die Gesellschaft errichtet ihm Siegeszeichen und Triumphbögen.

––––––––

Meine Erinnerungen würden mich in den Stand setzen, die Schilderung einer sehr ausgezeichneten Person*) zu entwerfen. Vielleicht könnte ich diesen Herrn ähnlich darstellen, trotz der Beweglichkeit seiner moralischen Physiognomie, und trotz der Unbeständigkeit seiner Formen. Aber es gibt Gründe der Schicklichkeit und des Wohlstandes, die man nie verletzen darf. Diese Gründe, denen ich treu bleiben will, erlauben mir bloß, zu sagen, daß es Menschen gibt, welche von der Natur so freigebig und köstlich ausgestattet sind, daß ihre Gaben ein vollständiges System von Lebensverirrungen und Inkonse-

––––––––

*) d'un personnage très-marquant. Auch uns verbietet die schuldige Ehrfurcht, diese hohe Person, von deren früheren Jahren hier die Rede ist, zu nennen. (U e b e r s.)

quenzen vergessen machen. Ich darf aber nicht verschweigen, daß, indem ich so urteile, ich nur die Worte
eines alten Höflings*) wiederhole, den ich zu wenig
und zu spät kennen gelernt habe. Wenn ich ihn aber
über diesen Punkt und über jene Person nicht
weiter reden lasse, so will ich meine Leser auf eine
andre Weise zu entschädigen suchen und diesen trefflichen Mann, der alle Sitten und den guten Geschmack
der besseren Zeiten besaß, klagend und redend einführen.
Er beschwerte sich oftmals gegen mich, daß in England
die Leute seines Standes von der alten Weise abgegangen
wären und sie mit einem kleinlichen, dürftigen Wesen
— eine Folge des Leichtsinns und der Sittenverschlim-
merung — vertauscht hätten. „Herr Graf,“ fuhr er, sich
folgender Wendung bedienend, fort, „wir haben uns sonst
aus Ihrer Garderobe mit Kleidern versehen, und die Moden,
welche Sie uns von Calais nach Dover übermachten,
waren nicht allein gefällig, sie waren edel. Ich habe es mir
in der Jugend zur Pflicht gemacht, so ziemlich Schritt
mit ihnen zu halten, da es mir von jeher äußerst zuwider
gewesen ist, von einem Aeußersten zum andern rasch
überzuspringen. Daher ist es denn gekommen, daß mir
seit den reiferen Jahren eine — wie soll ich's nennen?
— französische Tradition anklebt, welche auf
meine Bewegungen, meine Gebärden, meine Stellungen,
meine Haltung, meine Reden übergegangen ist und mir
dazu verholfen hat, die insularische Steifheit ab-
zuschleifen. Es gibt eine glückliche Mischung von dem,
was beide Nationen Gutes haben, diese Mischung sollte
man in ein Ganzes zusammenschmelzen, und alles, was
in beiden Nationen auf feine Bildung Anspruch macht,
sollte davon Gebrauch machen. So habe ich es wenigstens gehalten, und diesem Studium und dessen Anwen-

---

*) Der Marquis von Saint Helens, Ritter des Hosen-
bandes usw. usw.

dung verdanke ich das Wenige, was ich wert bin. Mit
Schmerz sehe ich fast unsere ganze heutige Jugend in
Stall- und Pferdeknechte umgewandelt, die englische Höflichkeit und Sitte, in der wir nie außerordentlich ge-
glänzt haben, nimmt mit jedem Tage mehr und mehr ab;
unserer Nation wird bald nichts übrig bleiben, als ihr
O r i g i n a l - C h a r a k t e r, wodurch sich bei uns mehr
als sonst irgendwo ein Mensch von einem andern unter-
scheidet. Doch damit ist noch nicht alles abgetan. Ein
junger Engländer dünkt sich heutzutage viel und glaubt
ein vollkommener Engländer zu sein, wenn er mit Enthusiasmus von seinem Vaterlande s p r i c h t, er weiß aber
nicht, was sein Vaterland Großes getan und geleistet
hat. Er hält sich für einen Römer, weil an unseren Straßenecken sich ein paar Lastträger boxen, er findet Vergnügen an Hahnenkämpfen, weil er das für ein Bild des
Krieges und eines kriegerischen Nationalsinnes ansieht.
Unsre unüberwindliche Seemacht macht den Inhalt aller
seiner Unterhaltungen aus. Er geht acht Stunden des
Tages gestiefelt und betrinkt sich — u m d o c h e t w a s
z u t u n. Er würde sich gern zum Erbrechen reizen, wie
es in Rom Sitte war, ehe man zur Tafel ging, das Hut-
abnehmen kommt ihm als eine Unart vor, der b e s t e Ton
besteht in seinen Augen darin, gegen die Frauen einen
s c h l e c h t e n anzunehmen. wenn er ihnen die Ehre er-
zeigt und sich die seltene Mühe gibt, in ihrer Gesellschaft
zu erscheinen, dann stößt er vor Herzoginnen sein G o d -
d a m und andere Modeflüche aus, dann wirft er sich auf
das Sofa*), legt sich, streckt sich, anstatt sich zu setzen. —

---

*) Wörtlich wahr! Der Uebersetzer ist Augenzeuge ge-
wesen, daß ein englischer Gentleman, Sir A r t h u r P a g ...
in Berlin, in Gegenwart der Wirtin und ihrer Freundinnen von
Stande, das Sofa allein einnahm, auf demselben unanständig
lotterte, gähnte, sich die Zähne stocherte, während die Damen
sich einander zuzischelten: Qu'il a de beaux yeux! — Wer war
am meisten zu tadeln? (U e b e r s.)

Aber ihr Herren Franzosen habt einen noch schlechteren
Handel getroffen; ihr habt u n s nachahmen wollen, d. h.
tun wollen, was mit euch im größten Gegensatz steht.
Was uns hier vielleicht keine Gefahr bringt, ist in eurem
Lande höchst gefährlich. Ich habe Frankreich bereist.
In eurer Nation ist das Dekorum — die Schicklichkeit —
wesentlich notwendig und eine Hauptsache. Jeder Stand
muß bei euch seine Markscheide*) haben; eine unerklärliche Narrheit hat euch aber bewogen, der h ö f -
l i c h e n W ü r d e zu entsagen, welche den Charakter des
französischen Adels ausmachte; ihr habt Räume und Klüfte
ausgefüllt, welche ihr hättet bestehen lassen sollen. Ich
suche eure g r o ß e n N a m e n; ich erkundige mich, ob
sie noch auf einer großen Bühne ihre Stelle einnehmen;
man gibt mir Bescheid, daß viele von denen, die sie tragen,
hinter den Kulissen und im Hintergrunde stehen, unfähig,
eine Rolle zu spielen. Ich frage, ob es noch M o n t a u -
s i e r s, D u G u e s c l i n s**), T ü r e n n e s***), C o u c i s,
F é n é l o n s in Frankreich gibt? Man antwortet: Ja. —Was
sind sie, was stellen sie vor? — Nichts. Diese Leute
hätten aber ihre Vorfahren f o r t s e t z e n sollen. Ich gehe
noch weiter und sage: der König, ihr Herr, hätte sie dazu
z w i n g e n sollen. Wäre ich der König gewesen, ich

---

*) son quant à soi.

**) Der Marquis D u G u e s c l i n (der letzte seines Namens,
weil die Herzogin v o n G e s v r e nicht dazu gerechnet werden
kann), war schon tot, als der Marquis v o n S a i n t H e l e n s
seine Frage aufwarf. Aber sieben bis acht Jahre früher wäre
die Frage sowohl als die Antwort begründet gewesen.
(V e r f.)

***) Die Nachkommenschaft T ü r e n n e s in gerader Linie
ist erloschen; aber Verwandte seines Hauses und Familiennamens,
de la Tour d'Auvergne, haben sich bis zur Revolution T ü r e n n e
genannt, und es gibt aller Wahrscheinlichkeit nach bis auf den
heutigen Tag Abkömmlinge, welche diese schwere Namenslast
zu tragen haben. (Verf.)

Gesellschaft und Lebensteile des politischen Körpers sind?
Dagegen muß ein schlafender Adel*), dem keine Pflicht
obläge, als in stolzer Ruhe seine Titel und Urkunden aufzu-
rollen, gewärtig sein, den Streich zu erhalten, der das Herz
trifft und dem Leben ein Ende macht; so wie ein Volk,
das keine Macht der öffentlichen Meinung kennt, unfehlbar
willkürlicher Gewalt zum Raube und das Eigentum eines
Despoten werden muß. Ihr Räsonnement, Mylord, muß
auf eine zusammengesetzte Grundlage gestellt werden;
Sie müssen nicht verlangen, daß die großen Häuser immer
große Männer liefern; Sie müssen aber darauf bestehen,
daß, wenn es der Fall ist, solchen auch ehrenvoll begegnet werde. Sie müssen das Volk auffordern, den Adel
gehörig zu achten, und es dem Adel zur Pflicht machen,
sich des Volks wegen selbst zu achten. Mit einem Worte,
Mylord, eines von beiden: lange Kriege oder neue Sitten,
wo nicht, so ist das achtzehnte Jahrhundert die unver-
meidliche Epoche unseres Verderbens!"

Kaum hatte ich den Marquis v o n S a i n t H e l e n s,
mit welchem ich diese halb feudale, halb philosophische
Unterhaltung hatte, verlassen, als ich dem Marquis D'...
begegnete, der, ehemals Offizier bei der Gendarmerie,
vor mir in England angekommen war, zu seinem Unglück
wieder nach Frankreich ging und auf dem Landsitz des
Herrn v o n C l... den martervollsten Tod fand.**) Sein
Anzug war in einer Unordnung, welche zugleich Mitleiden
und Ekel erregte und den Beweis des schmutzigsten

---

*) Es würde in Frankreich keine Revolution erfolgt, we-
nigstens keine besonders gegen den Adel gerichtet worden sein,
wären wir nicht in einem zu langen Frieden eingeschlummert.
(V e r f.)
**) Er wurde in einem Backofen, worin er sich geflüchtet,
mit Bajonettstichen durchbohrt. (V e r f.)

Elends gab. Sein Auge war hohl, sein Gesicht abgema-
gert, mit hervorstehenden Backenknochen, und zeigte eine
Todesblässe, die das Los anzukündigen schien, welches
ihn treffen sollte. In diesem Zustande*) traf ich ihn zu
seinem und auch meinem Glücke; denn ich konnte ihm
einen Dienst erzeigen, ohne mich in die Verlegenheit zu
setzen, ihm denselben erst a n b i e t e n zu dürfen; so
sehr sah ich ihm den Hunger an, der ihn quälte, so sehr
zu gelegener Zeit und im entscheidenden Augenblick kam
ihm meine Hilfe. Er dankte mir, aber wie stutzte ich,
als er hinzusetzte, er wolle mich aus Dankbarkeit glücklich machen. Mein Erstaunen stieg aufs äußerste. Ich
mußte ihn für verrückt halten und eilte daher, ihn zu
einer Erklärung zu bringen. Er gab sie mir, und nun
wußte ich nicht: sollte ich über ihn lachen oder Mitleid
mit ihm haben, als der Mann nahe an mich heranrückte
und mir ins Ohr sagte, er habe den Stein der Weisen
gefunden und die Kunst entdeckt, unsterblich zu sein.
Jetzt erst bemerkte er meine Bestürzung und setzte mit
tragischem Akzente hinzu: „Beleidigen Sie mich nicht
durch Zweifel; Sie wären es sonst nicht wert, die Bekanntschaft des erlauchtesten Sektenhauptes zu machen,
des Chevaliers v o n S a i n t Y l d . . . ., der kein an-

---

*) Nihil sub sole novum. Schon P h i l i p p v o n C o m -
m i n e s berichtet: Nach der Niederlage der Partei des Hauses
Lancaster im Kriege der roten mit der weißen Rose, habe er
in den Niederlanden den Herzog v o n S o m e r s e t, dessen
Vater nach der Schlacht von Hexham enthauptet worden war,
in der Lage und Tracht eines Bettlers angetroffen und mit eigenen
Augen gesehen, wie er sowohl als der Herzog v o n E x e t e r
im eigentlichsten Sinne auf der Straße die Leute um Almosen
ansprachen. Jener war lange Zeit die Seele und das Haupt seiner
Partei gewesen. — Ganz spät setzte P h i l i p p, Herzog von
B u r g u n d, beiden einen kärglichen Gnadengehalt aus, von wel-

derer ist als der Nachfolger des großen C o s m a*),·
welcher ihm vor tausend Jahren in Memphis die Geheimnisse seiner Kunst mitteilte, ehe er sich mit
J e s u s C h r i s t u s vereinigte. Der Chevalier verlangt einen blinden Glauben, und mit dem besten
Willen von der Welt würde es mir unmöglich sein,
Sie d e m M e i s t e r näher zu bringen, Ihnen an
seinen unschätzbaren Wohltaten Anteil zu verschaffen,
wenn Sie ihm kein lenksames, gelehriges Herz zu-
brächten." — Ich kniff mir den Arm, um die Ueberzeugung zu gewinnen, daß ich wachte und nicht träumte.
Wir waren in Pall-Mall. Ich schlug ihm vor, mit mir
in ein Kaffeehaus (in den Kokusbaum) zu treten, teils, damit er nicht fortführe, mich auf offener Straße, populi
stante corona, von seinen Geheimnissen zu unterrichten,
teils auch aus Neugierde, damit er mir seine Torheiten
und sein System weiter entwickeln möchte. Hier setzte
er das Gespräch fort: „Der Mann, welcher die unedlen
Metalle in Gold umwandelt und die Kiesel in Diamanten,
der Ueberwinder des Todes, wird Ihnen unleugbar beweisen, daß er bei der Eroberung von Konstantinopel
durch M a h o m e t II. zugegen war. Sie werden seine
Gattin, die Prinzessin I r e n e , kennen lernen, dieselbe,
von welcher einfältige Geschichtsschreiber behaupten, sie
sei von dem Sultan geschändet und nachher enthauptet

---

chem sie in der Stille und in der Vergessenheit lebten, bis
ein vorübergehendes Uebergewicht ihrer Partei sie nach England zurückrief, wo aber neues Unglück ihrer wartete und sie
ihr Haupt auf den Block legen sollten. — Ebenso lebte, während
der Kriege K a r l s I. mit dem langen Parlament, in einer an
Mangel grenzenden Lage, auf dem Festlande, s e c h z e h n
J a h r e , der Marquis v o n N e w c a s t l e , einer der trefflichsten,
ausgezeichnetsten Männer in diesen Zeiten der Verwirrung und
Unruhe, einer der reichsten Eigentümer des Landes.

(V e r f .)
*) Des Groß-Cophta?   (U e b e r s .)

worden. Denn so s c h r e i b t man und, was noch ärger
ist, so l i e s t man die Geschichte! Wollen Sie noch mehr
und noch Ueberzeugenderes? Mein Meister, und bald auch
der Ihrige, war in Palermo zur Zeit der Sizilianischen
Vesper, und da er das Probewort Ciceri nicht rein und
richtig aussprechen konnte, erhielt er zehn Dolchstiche,
und deren fünf mitten durchs Herz. Er stellte sich tot,
machte sich auf, schiffte sich ein. — Sie werden seinen
Stammbaum zu sehen bekommen. Er stammt von
A e g i a l e u s, dem Bruder des O s i r i s, und weiblicherseits in gerader Linie von der I s i s ab. Der Glanz der
größten und ältesten souveränen Häuser erblaßt, wie Sie
hören, gegen den seinigen, doch was Sie noch mehr
rühren wird — denn ich kenne Ihre gefühlvolle Teilnahme an den Schicksalen der Menschen — er, er selbst,
er allein ist die berühmte E i s e n m a s k e. Sie können
wohl denken, mein geliebter T i l l y, daß ich Ihnen alle
diese Tatsachen nur in der festen Versicherung mitteile,
Sie bald zu den Unsrigen zu zählen. Doch was sage
ich, b a l d? Schon in diesem Augenblick merke ich es
Ihnen und der Aufmerksamkeit, mit welcher Sie mir
zuhören, an, daß Sie bereits mit Ohren und Herzen der
Unseren einer sind. So wissen Sie denn, mein glücklicher Freund, daß eine wohltätige Menschenliebe die erste,
angeborene Eigenschaft des unsterblichen Chevaliers ist.
Gegen das Jahr Eintausendsechshundertundvierzig kam
er nach Frankreich, um daselbst Aufklärungen zu geben
und Offenbarungen zu machen, deren heilsame Wichtigkeit
die Revolution verhindert haben würde, wenn man auf
ihn gehört und geachtet hätte — die Revolution, welche
mir kein Hemde auf dem Leibe gelassen hat! Aber Sie
müssen sich's noch erinnern, wie der Chevalier — als
Eisenmaske — vom Kardinal M a z a r i n behandelt ward,
und nachher vom stolzen L o u v o i s, der ihn so lange
gequält hat. Er ist noch immer, wie damals, ein Freund
von feiner Leibwäsche und kritzelt gern mit der Messer-

15

spitze Hieroglyphen auf silberne Teller. Endlich spielte
er wieder in Paris die Rolle, welche ihm schon in Si-
zilien gelungen war, er stellte sich tot. Man begrub ihn
in unsrer Bastille, welche nachher vom Maulaffen-Pö-
bel*) umgestürzt worden ist. Im Einverständnis mit
C a g l i o s t r o, der seitdem . . ., aber damals sein treuer
Kammerdiener war**), wurde er unter seinen Augen und
mit dessen Hilfe beerdigt, dann wieder ausgegraben, reiste
nach Peking, ruhte sich dort ein paar Jahre aus, verband
sich mit der Prinzessin I r e n e und erhielt die erste
Ministerstelle beim Kaiser von China. Das sind", setzte
er mit einer Bewegung des Hauptes hinzu, „keine alltäglichen Begebenheiten." — „Nein, wahrlich," erwiderte
ich, „keine gewöhnlichen; aber ein Mensch, welcher nicht
stirbt, ist noch ungewöhnlicher." — „Ich bitte um Verzeihung," unterbrach er mich, „nicht so ungewöhnlich,
wie Sie wohl glauben. Wir sind unserer sechsundfünfzig
Unsterbliche auf Erden. Es wird nun von Ihnen abhängen, der siebenundfünfzigste zu sein; die Anzahl wird
aber nur bis sechzig gebracht, weiter hinaus erstreckt
sich die m i t t e i l e n d e K r a f t***) des Meisters nicht.
J e s u s C h r i s t u s, mit dem er sie bald zusammen-
bringen wird, da er ihn wenigstens alle Woche einmal
spricht, besitzt allein die volle, unsterblich machende
Kraft, doch hat man uns zu verstehen gegeben, daß er
nur selten und aus ganz besonderen Gründen und Rücksichten Gebrauch davon macht. Es wird auch bloß von
Ihnen abhängen, Personen aus Ihrer Familie, welche vor
fünfzig Jahren gestorben sind, oder einen Freund oder
eine verlorene Geliebte wiederzusehen, sobald Sie es wün-

---

*) des badauds.
**) Anspielung auf B i r o n und auf den Vers der H e n -
r i a d e: Qui depuis . . . mais alors il était vertueux.'
(U e b e r s.)
***) la force dispensatrice.

schen. Der Meister wird Sie überdies so reich machen,
daß Sie nach den ersten Tagen kein Vergnügen mehr
an Schätzen finden werden. Sie sehen mich freilich (setzte
er hinzu, als er hier den Blick auffing, den ich unwillkürlich auf sein höchst ärmliches Aeußeres warf) etwas
im Anzuge vernachlässigt, und der Vorschuß, den
Sie soeben die Güte hatten, mir zu machen, beweist, daß
meine Finanzen sich augenblicklich in keinem blühenden Zustande befinden; aber das kommt daher, weil sich
seit acht Tagen der Chevalier in der finstern Kammer
verschlossen hält. Er macht Gold für zwei nordische
Mächte, welche sich zugunsten Ludwigs XVI. rüsten,
um seinen etwas wurmstichigen Thron (wie ihn Mirabeau in einer Abendsitzung nannte) zu begründen und
zu befestigen. Morgen ist die Arbeit vollendet, der Chevalier erscheint, schüttelt den Goldstaub ab und glänzt
wie der schmachtende Opal und wie der blendende
Saphir, die unter seinen Händen hervorgehen."

Hier schwieg der Marquis D'... Ich blieb stumm;
er hingegen glaubte steif und fest an alles, was er sagte.

„Bis jetzt war ich der Meinung gewesen," nahm
ich das Wort, „Gott oder der Sohn Gottes pflegten sich
auf Erden ihren Auserwählten nicht so vertraulich zu
zeigen. Ich dachte so: wer sie einmal gesehen hat,
bleibt ewig im Lichte ihrer Herrlichkeit leben. Ich dachte
ferner: der Stein der Weisen befinde sich nur in den
Furchen eines wohlbestellten Feldes. Ich muß Ihnen auch
gestehen, daß ich mit der Idee einer irdischen Unsterblichkeit noch nicht hinlänglich vertraut bin, und daß
ich sogar mehr als einmal über die Langeweile nachgedacht
habe, welche ein solcher Zustand hier auf Erden auf
die Dauer mit sich bringen würde, zumal wenn man so
übermäßig reich ist, daß uns weiter nichts zu wünschen
übrig bleibt als — der Tod. Uebrigens aber beglück-
wünsche ich Sie zu Ihrer Verbindung mit einer Person,
von der Sie ohne Zweifel alles erhalten werden,

was Sie in diesem Augenblicke zu bedürfen scheinen: Gesundheit und Geld. Ich sage: Gesundheit, denn ich kann nicht voraussetzen, daß Ihr Freund Ihnen ein unverwüstliches Leben zugute kommen lassen und ein solches Geschenk mit Ungesundheit verbinden wird, da in meinen Augen „gar nicht leben" besser ist als „ein sieches Leben führen". Ich weiß wohl, daß man das Leben mit einer Geliebten verglichen hat, über welche man den ganzen Tag lang Klage führt, und mit welcher man die Nacht zubringt; auch angenommen, daß dieses übertrieben sei, so bleibt doch so viel wahr, daß das Leben, um eine Wohltat zu sein, keine Last sein muß."

„Sehen Sie," unterbrach er mich hier mit erhobener Stimme, „Sie haben ganz das Ansehen des Spötters, den Ton des Spottes und eine leichtfertige Miene, der ich nicht traue. Brechen wir ab. Doch da ich es mir einmal vorgenommen habe, über Ihren Unglauben Herr zu werden und Sie zu bekehren, so frage ich Sie: wo sind Sie übermorgen abend sechs Uhr anzutreffen? Geben Sie mir einen Ort an." —

Ich lief keine andre Gefahr, als mich zu langweilen; vielleicht, dachte ich, gibt es auch Kurzweil. Ich nahm das Anerbieten an und bestimmte den Ort.

Mein Adept war pünktlich. Es war aber nicht mehr der Mann von vorgestern. Seine erloschenen Augen waren neu belebt. Sein Anzug war sorgfältig gewählt; er hatte sich noch auf andre Weise gestärkt und vom edlen Wein gekostet. Halbtrunken, schien er mir nur halbverrückt; seine Schwärmerei hatte einen weniger finsteren Anstrich bekommen. Er kam und holte mich — in seinem Wagen ab. — „Wohin führen Sie mich?" — „In den Tempel der Tempel: nach Chelsea, wo der Statthalter des Ewigen diesen Abend — ich glaube fast, Ihnen und drei anderen Gläubigen zu Ehren — eine Sitzung abhält. Sie sind freilich noch ein Ungläubiger, aber Sie sollen bald bekehrt werden."

würde ihnen hohe Stellungen gegeben haben. Hätten ihre Aemter und Würden sie auch erdrückt, ei nun! so würde ich, ihr König, sie doch, wie gesagt, gezwungen haben, wäre es auch nur bei Feierlichkeiten, ihre Väter zu repräsentieren."

"Sehr wohl, Mylord," rief ich aus, "vortrefflich! Der große C h a t h a m selbst könnte nicht besser gesprochen haben! In Ihnen fließt noch das Blut des alten Rittertums; aber ach, es ist der letzte Funke einer Flamme, welche erlischt, und welche Sie vergebens versuchen wieder anzufachen. Mehr als je ist die Zeit einer analysierenden Philosophie an der Tagesordnung. Die großen Familien haben es jetzt mehr als je nötig, sich durch große Taten wieder emporzuheben und zu Ansehen zu bringen. Man muß die Buchstaben berühmter Namen wieder mit feinem Golde überziehen, wenn sie nicht unleserlich werden sollen, und ich fürchte sehr, daß um Achtung zu gebieten, kein Name an sich, allein und ohne Zusatz, sonorisch genug klingen wird. Es kann vom Könige kein Befehl ergehen, welcher einem Hause, wo sie fehlen, die großen Männer wiedergeben kann, die es entbehrt; so wie es keinen Gärtner gibt, der eine Pflanze wachsen lassen kann, wenn kein Same ausgestreut ist. Die alten Namen gleichen alten Schlössern und Burgen, deren Mauern verwittert sind; vergebens sucht man ihre Antlitzseite durch Mörtel und Anstrich zu verjüngen. Europa muß sich durchaus einer neuen Erziehung unterwerfen, um neue Begriffe zu erhalten, um alte Vorurteile abzulegen. Diese Vorurteile hatten ihr Gutes; sie verhalfen einigen zur Achtung, dienten anderen als Zügel, retteten alle vor Ungebundenheit und Sklaverei. Aber die Wahrheit liegt immer in der Mitte; geht man zu weit, tritt man die Einrichtungen und Satzungen der Vorzeit mit Füßen, was kann daraus entstehen? Wird man nicht mit Glück und Ruhe die Erfahrung teuer bezahlen, daß was man Vorurteile nannte, unerläßliche B e d i n g u n g e n der

Mußte ich nicht lachen? Ich war weit davon entfernt, den Schluß der Posse vorauszusehen. Wie konnte ich meine Befremdung über einen Mann bemeistern, den ich so lange für vernünftig gehalten, und als solchen gekannt hatte, und den ich so plötzlich in einen leichtgläubigen, einfältigen Duns umgewandelt sah? Aber das Elend ist eine Vorbereitung zu allen Arten und Gattungen von Schwachheit; es erklärt viele traurige Erscheinungen, aber auch ohne diesen Antrieb gibt es keine Art von Verirrungen, welche eine fixe Idee nicht in unserm Gehirn hervorbringen könnte? Pascal, der große Pascal, sah beständig einen Abgrund zu seiner Linken. Es ist klar und ausgemacht, daß er diesen Abgrund einmal gesehen hatte; seitdem träumte er ihn sein übriges Leben hindurch, weil er sich davor fürchtete. Konnte der Marquis D'... nicht ebenso gut einen Goldfluß vor seinen Füßen gesehen haben? Sein Patron war ein Gauner ... ist so mancher ehrliche Mann es nicht geworden? Hat aber wohl die Goldmacherkunst, oder wie sie von ihren Adepten genannt wird, die Hermetische Philosophie, so viele Uebel angerichtet als eine gewisse andre Philosophie, gegen welche ich mich nicht zu laut aussprechen will, weil man sie schon ohnehin mit zu vielen Vorwürfen überhäuft hat, und weil es mächtige Rezensenten und ausgezeichnete Literaten gibt, welche verlangen, man solle sie heutigen Tages in Ruhe lassen und sie nicht als Sündenbock in die Wüste verstoßen.

Mitten unter meinen Betrachtungen, welche aber den Wagen nicht am Fortrollen hinderten, kamen wir an, hielten still, stiegen aus und fanden uns am Eingang eines abgelegenen Hauses. Man empfing uns in einer schwarzbehängten, mit einer silbernen Lampe beleuchteten Vorhalle. Die Stiege, welche zu dem Saal führte, war ebenfalls mit schwarzem Tuch belegt, schwarz war die Livree der Dienerschaft. Ich trat ein und sah eine Versammlung von dreißig Personen aus allen Ländern, welche

sich in mehreren Sprachen, aber leise, unterhielten. Der
Herr, der Meister, das Haupt des Hauses war noch nicht
sichtbar. D'.... sagte mir von ihm, er befinde sich im
innern Kabinett, wo er mit der B e g e i s t e r u n g im
Kampf begriffen sei. Zugleich erbot er sich, das Amt eines
Einführers zu verrichten und mich der Prinzessin I r e n e
vorzustellen. Sie war, wie er mich belehrte, den fünf-
zehnten des Monats Februar im Jahre Eintausendvier-
hundertsechsunddreißig, abends elf Uhr, geboren. Alles
Geschmeide von Golconda und Masulipatam blitzte in
ihren Haaren, auf ihren Armen, auf ihrer Brust, auf
ihrem Gewande. Da es eine Kunst und eine Masse gibt,
welche die edlen Steine so treu und täuschend nach-
ahmt, daß man ein Juwelier von Handwerk sein muß,
um den Betrug zu merken, so unternehme ich es hier
nicht, den Grad des Zutrauens zu bestimmen, den das
Geschmeide der Prinzessin verdiente. Ihre Toilette war
vollständig, ihre Person entzückend; die Schelmin war
hübsch. Mein Begleiter stellte mich ebenfalls dem Lord
B.... vor, einem ausgemachten Narren. Er war einer der
Unsterblichen und des Meisters Stellvertreter.*) I r e n e
führte das Gespräch mit Geist und Grazie. Da ich aber
gewohnt bin, eine Frau, selbst wenn ich sie sehe, weniger
mit den Augen als mit der Einbildungskraft zu beurteilen, so schien mir ihre Schönheit — sowie alles übrige
an ihr — verdächtig. Ich ließ mich von ihr nicht einnehmen, nicht bezaubern. Ueberall ahnte ich Betrug.
— Endlich gingen beide Türflügel mit großem Geräusch
auf; ein Mann von hoher Gestalt trat ein. Sein braunes,
verbranntes Gesicht hatte etwas Angenehmes. Sein Blick
war durchdringend, sein Gang auf Eindruck berechnet;
er warf auf den Kreis einen Blick, welcher mehr Schlau-
heit als Freundlichkeit verriet. Ich brauche nicht zu sagen,
daß mein Einführer mich ihm mit lächerlicher Ehr-

---

*) subdélégué.

erbietung vorstellte. Ich verhielt mich passiv. Der Chevalier drückte mir die Hand, aber sein wohlwollender Händedruck war mir um so empfindlicher und schmerzhafter, als ich von jeher gern Ringe an den Fingern getragen habe. Seine erste Frage machte mich bestürzt. „Wollen Sie mich lieben?" redete der Zauberer mich an. Und als ich ihm die Antwort schuldig blieb, eilte D'..., mich zu vertreten, und versicherte dem Meister, mein brennendes Verlangen, eingeführt zu werden, habe ihn erbaut, und mein gegenwärtiges Schweigen, mein Erstaunen und meine Religion wären gleichbedeutende, ineinanderfließende Gefühle. — Jetzt wurde ich, im Gegensatz zu den Sitten des Landes, wo wir uns befanden, vom Meister umarmt, wobei ich mich etwas ungebärdig benahm, ihm die Erklärung dieser Bewegung ad libitum überlassend. Der Herr führte mich auf ein Sofa, ließ mich neben sich sitzen, fing an, mich methodisch zu befragen und zu bearbeiten. Mein Alter, mein Vaterland, der Tag meiner Geburt, die Art und Weise meiner Neigung für das schöne Geschlecht — das waren die Hauptgegenstände, womit sich der Fragende beschäftigte, und wobei er auf die umständlichsten Einzelheiten einging. Ich antwortete auf alles, wie es mir gerade einfiel, fast immer in die Quer und der Wahrheit zuwider.

Auf einmal erloschen zwanzig im Zimmer brennende Wachskerzen wie durch einen magischen Hauch. Ich sah nun eine Gestalt von übernatürlicher Größe erscheinen; sie war weiß gekleidet und trug auf dem Kopfe eine rote Kapuze, aus welcher Blut auf das weiße Gewand herabträufelte. Ein phosphorisches Licht schlängelte sich um die Haare und erhellte auch den Saal hinlänglich, um das Entsetzen zu vermehren und dem Zuschauer von dem, was er sehen sollte, nichts zu entziehen. Das Gespenst sprach einige seltsam klingende Worte, worüber der Meister unwillkürlich und natürlich zu schaudern schien. Mitten im Zimmer stand der Stumpf einer Säule

von Jaspis; sie trug einen kleinen Schmelzofen. Das darin
enthaltene Metall kochte mit großem Geräusch; eine grüne,
durchsichtige Rauchwolke stieg in Zylinderform die Decke
hinan. Einige der Herren stießen bei diesem Anblick
ein Freudengeschrei aus, das meinen Ohren nicht anders
klang als das Geschrei der Wahnsinnigen im Irren-
h'ause. Der Stellvertreter des Meisters gebot Schweigen;
und jetzt erfolgte tiefe Stille und Sammlung. Mein Nach-
bar war in ekstatisches Nachdenken versunken, woraus
ihn aber ein plötzlicher Donnerschlag weckte; das Haus
zitterte, der Donner rollte lange und dumpf nach, und
auf ihn folgte eine mitternächtliche Finsternis. Diese
machte sehr bald einem sanften Lichtscheine Platz, welchen einzelne Punkte an der Decke hervorbrachten. J e s u s
C h r i s t u s, ein Kreuz tragend, erschien. Aus seinen
Augen leuchtete ein etwas melancholischer, aber zugleich
wahrhaft göttlicher Blick. Sein goldgelbes Haar trug
die Dornenkrone. Das Kreuz war von ungewöhnlicher
Größe und schien mir von Holz zu sein wie das, woran
er sein Leben für unser Heil aushauchte. Er warf es
von sich, es zersplitterte wie Glas; im Fallen knisterten
die Scherben. C h r i s t u s hielt hierauf seinen Umgang
im Saale, und als er an mich herankam, berührte er meine
Stirn mit dem Finger, stellte sich dann mitten in den Kreis,
schaute um sich, redete die Versammlung hebräisch, französisch und englisch an und wiederholte in diesen drei
Sprachen, „daß er seinen Frieden und seinen Geist unter
uns lasse und uns ermahne zur brüderlichen Eintracht und
zum Glauben an ihn und an seine Allgegenwart." Er
ließ hierauf aus seinen geöffneten Händen einen knistern-
den Goldstaub fallen, der uns mit einer Menge Lichtfunken
überströmte, und den angenehmsten Wohlgeruch verbreitete. Der Chevalier, der indessen aufgestanden war,
stürzte sich ihm zu Füßen, hob Bruchstücke vom Kreuz
auf, küßte sie ehrerbietig und sammelte sie sorgfältig in
eine goldene Büchse. J e s u s C h r i s t u s reichte ihm

mit Wohlwollen die Hand, ergriff die seinige und ging
mit ihm an das äußerste Ende des Saals, wo er sich ziemlich lange und leise mit ihm unterhielt. -- Ein zweiter
Donnerschlag stürzte uns von neuem in die Finsternis.
Kaum aber war die Gottheit*) verschwunden, als das
Zimmer zu einem Feuermeer wurde. A r m i d e n s
Palast in Flammen war nichts in Vergleichung mit dieser
Glut. Sie nahm unmerklich ab, ließ aber Schein genug
zurück, um oben aus der Decke die Gestalt eines vor
fünfzehn bis zwanzig Jahren verstorbenen Mannes her-
absteigen zu sehen, dessen Erscheinen sein Sohn, einer
aus unsrer Gesellschaft, begehrt hatte. Es war die vollkommenste Karikatur des Komthurs im D o n J u a n.
Sie rief mit lauter Stimme den Sohn bei Namen und
redete ihm auf Italienisch zu, sich ohne Furcht zu nähern.
Der Sohn tritt aus dem Kreise, geht auf den Schatten
zu, will ihm in die Arme fallen und sinkt ohnmächtig
nieder. Der Chevalier schellt; es bricht wieder tiefe
Finsternis herein, zwei Kammerdiener erscheinen mit Ker-
zen, und an den Marquis von M a s s i m i aus Mailand
werden alle Hilfsleistungen verschwendet, bis er wieder
zu sich kommt. Spielte man mit i h m, oder spielte e r
s e l b s t eine Rolle?**) Ich weiß es nicht, konnte es ihm
wenigstens nicht anmerken; er schien ehrlich zu Werke
zu gehen, und sein Entsetzen kam mir nicht erkünstelt
vor. — Dem Meister gefiel es nun, mich zum zweiten-
mal, ohne mich zu befragen, mit seiner Umarmung zu
beehren; er legte mir zwei Finger auf die Stirn und
berührte gerade die Stelle, welche C h r i s t u s vorher
berührt hatte. Zugleich wurde mir zu der Kaltblütigkeit Glück gewünscht, welche mich während der erhabenen
Feierlichkeit keinen Augenblick verlassen hatte; und mir
ward die Versicherung gegeben, bei der nächsten Ver-

---

*) le bon Dieu.
**) s'il était bafoué ou mystificateur.

sammlung, wovon die gegenwärtige nur ein unvoll-
kommenes Bild sei, werde ,man mir Geheimnisse offenbaren, von denen der gemeine Haufe keine Ahnung habe;
ich solle dann in die große geheime Loge eingeweiht und für unsterblich erklärt werden. — Im
Vorübergehen vor einem Spiegel bemerkte ich auf der
Stirn einen goldenen Flecken. Meine erste Bewegung war,
ihn wegzuwischen, doch um mir nicht vergebens die
Haut zu verletzen, faßte ich mich in Geduld und ließ ihn
sitzen. — Jetzt verließen wir das Zimmer und traten
in den Speisesaal. Ein köstliches Abendessen wurde aufgetragen; die Gäste fielen wie Ausgehungerte darüber
her und zeigten sich als Kenner, Schmecker und Hoch-
gelahrte in der edlen Kochkunst und in der Gastronomie.
Ich machte die stillschweigende Bemerkung, daß die Unsterblichen, der Meister an der Spitze, ebenso gut
aßen und tranken als die gemeinen Sterblichen. Doch,
wie konnte das mich wundernehmen? Haben wir nicht
alle von den Göttergelagen im Olymp gehört? Heißt
es nicht im Sprichwort: „ein Göttermahl"? Mein Platz
wurde mir neben der Göttin des Hauses, neben der Prinzessin Irene, angewiesen. Sie führte die Unterhaltung
mit Geist und Verstand. Anfangs sprach man von gleichgültigen Dingen; kein Wort über das, was vorgefallen
war, keine Anspielung, keine Hindeutung. Nur zuletzt,
als jemand von der Gesellschaft sich des Glücks rühmte
und freute, tags vorher zwei Bekannte, welche eine Fehde
auf Leben und Tod vorhatten, ausgesöhnt zu haben, sagte
der Chevalier, er habe einmal in seinem Leben mit zwei
Freunden viel Mühe gehabt; sie hätten ihm, als dem
Vermittler, viel Kummer verursacht, und er müsse sogar
gestehen, es sei ihm nie gelungen, sie ganz vollkommen
miteinander auszusöhnen. „Meine beiden Freunde", setzte
er im nachlässigen Tone hinzu, „waren Franz der Erste
und Carl der Fünfte. Ich besaß beider ganzes Zutrauen und machte wohl zwanzig Reisen hin und her,

um die Stimme der Vernunft zu ihren Herzen dringen zu lassen. Ganz wider meinen Willen wurde die Schlacht von Pavia geliefert…" Niemand lachte — nur ich konnte bei aller Anstrengung das Lachen nicht ganz verbeißen. Die Prinzessin I r e n e bemerkte es; sie warf mir einen ernsten Blick zu. „Pfui," sagte sie, „wer wollte hier lachen? Das ist nicht gut, ebenso wenig und noch weniger, als daß Sie das Reiben der Stirn nicht lassen können; der Fleck wird schon von selbst vergehen."

Nach Tische begaben wir uns in eine ziemlich große Galerie, welche, mit Blumengewinden behangen und von Säulen in Baumgestalt getragen, woran Waffenrüstungen und Trophäen befestigt waren, einem bezauberten Walde im Kleinen glich. Hier wurde — zur Strafe für mein Spottlachen — der Geist F r a n z d e s E r s t e n gerufen; diese Erscheinung sollte der letzte Betrug, oder, um die Marktschreiersprache zu reden, der letzte Sieg über den Unglauben sein. Der Monarch gehorchte dem Aufruf; er erschien auf des Meisters Stimme, hoch zu Pferde, auf einem prächtig angeschirrten Apfelschimmel, in Begleitung des Admirals B o n n i v e t und eines armen Teufels von Stallmeister, ebenso unbekannt nach dem Tode wie im Leben. Das Kostüm des Zeitalters, die Tracht jener Kriegsepoche, Waffen, Bekleidung, alles war zeitgemäß, oder, wenn ich mich so ausdrücken darf, chronologisch richtig. Ich muß sogar gestehen, daß dieser F r a n z d e r E r s t e den besten Bildern, die ich von ihm gesehen habe, auf das vollkommenste glich. Er trug denjenigen Bart, den er zuerst eingeführt hatte, und, was noch mehr ist, sein Bart verbarg die Wunde nur halb, welche das Unterteil seines Gesichts verunstaltete. Tränen flossen ihm aus den Augen und benetzten seine Wangen. Er beweinte das Unglück, welches nach Jahrhunderten sein Haus treffen sollte. Beim Absteigen vom Pferde half ihm sein Stallmeister und übergab ihm zwei kreuzweise übereinandergelegte Schwerter. Er nahm sie, reichte eines dem Marquis D'.., das andere mir hin. „Möget ihr"„ rief er uns mit furchtbarer Stimme zu, „einen edlen und nütz-lichen Gebrauch davon machen!" Ich gestehe, daß d i e s e r Auftritt einen unbeschreiblichen Eindruck auf meine Phantasie machte, welche schon vorher vom Champagner und von den Augen der Prinzessin war bearbeitet worden. Ich kann überhaupt nicht genug sagen, wie fein, künstlich und pathetisch diese ernsthafte Posse angelegt war; mir ist, als sei sie erst gestern vor sich gegangen, so tief hat sie auf mich eingewirkt. Waren zum Beispiel die beiden Schwerter nicht ein redendes, weissagendes Sinnbild der Zukunft und der Sache, die wir verteidigen sollten? Zu-dem bestanden sie aus einer so zerbrechlichen Masse, daß sie, kaum in unseren Händen, zusammenfielen. F r a n z d e r E r s t e zog sich unter dem Trompetenschall einer kriegerischen Musik zurück, und gleich nachher sang die Prinzessin I r e n e unter eigener meisterhafter Begleitung eine Bravour-Arie.

C'est ainsi qu'en partant je vous fais mes adieux, sagte mir der Marquis D'..., und wir nahmen Abschied.

Als wir im Wagen saßen, redete er zuerst: „Nun, Herr Graf?" — Ich erwiderte: „Nun, Herr Marquis? Sie wollen meine Meinung wissen? Hier ist sie. Alles, was ich gesehen habe, ist seltsam, ist mehr und außer-ordentlicher als alles, was ich früher gesehen hatte; aber Ihr Meister — wie Sie ihn nennen, ist weder ein Zau-berer, noch ein Unsterblicher." — „Sie werden vielleicht an seine Macht glauben, wenn er sie mit Ihnen geteilt haben wird, wenn Sie, mit Schätzen und Lebensjahren beschenkt und überhäuft, nach tausend Jahren wieder mit mir zusammentreffen und wir weiter davon reden."

Jetzt waren wir vor meiner Tür angelangt. Ich stieg aus, und wir kamen überein, uns nächstens wieder-zusehen.

Mein Schlaf war äußerst unruhig. Ich war kein sol-cher Tor, daß ich in den Ereignissen des Abends etwas

Uebernatürliches gesucht und gefunden hätte, doch erregt, erschüttert hatten sie mich, und mein bewegtes Blut wollte sich nicht beruhigen lassen. Ich berechnete die ungeheuren Kosten einer so zusammengesetzten Maschinerie und so künstlicher Anlagen, wodurch die Täuschungen hervorgebracht und unterhalten werden mußten. Ich dachte über den tief und weit angelegten Plan nach und über die zur Ausführung erforderlichen Geldmittel. Endlich schlief ich ein.

Am folgenden Morgen, als ich mich im Spiegel besah, war es mir lieb, die Spur des Goldfleckes nicht mehr zu finden. Meine Freude glich der so vieler Ehe- und Ehrenmänner, welche ebenfalls Ursache haben, sich zu freuen, wenn ihre äußere Stirn fein glatt und eben ist, obschon sie Grund genug hätten, das Gegenteil zu befürchten. Als ich noch darüber nachdachte, ließ sich der Sekretär eines fremden Fürsten bei mir melden. Diese Eigenschaft und der Titel, den er sich gab, kamen mir bedenklich vor. Ich ließ nach näherem Aufschluß fragen. Man konnte aber nichts weiter aus ihm bringen. Jetzt nahm ich ihn an. Beim Eintreten erkannte ich ein Bruchstück*) des vornächtigen Mahles. Er überbrachte mir eine Quittung, auf dreißig Guineen für meine Einführung lautend. „Sie begreifen wohl, Herr Graf," sprach er mit einem gezwungenen, verzerrten Lächeln, „daß ein Mann, welcher Gold macht, keines von anderen bedarf, aber dieser Beitrag gilt für einen talismanischen Handel; wir nennen ihn in der Sprache der Alchimie die Jungfrauschaft des Schmelztiegels; er ist das Eigentumsteil**) des untergeordneten Geistes, welcher dem Keime vorsteht; er ist der erste auszustreuende Same, aus welchem die allgemeine Ernte aufgeht. — Mit einem Worte, was hier beobachtet wird,

---

*) un débris.
**) la quotité.

ist eine p h i l o s o p h a l e F o r m des Steins der Weisen, und, um Ihnen alles zu sagen, aus diesen dreißig Guineen erwächst binnen vierzehn Tagen Ew. Exzellenz so viel Gold, daß Sie nicht wissen werden, wo es zu lassen, und w a s damit anzufangen ist."

Jetzt klärten sich meine Ideen auf, das Rätsel war mir gelöst. Ich sann auf eine Antwort, fand es aber bequemer und einfacher, den Sekretär zu ersuchen, wieder vorzusprechen, und kaum war er gegangen, als ich schon Befehl gab, ihn nicht wieder vorzulassen.

„Sie haben recht, mein Herr v o n S a i n t Y l d r o," dachte ich bei mir selbst, „Sie machen G o l d, aber Sie würden Mühe haben, K u p f e r zu machen, wenn alle Ihre Kunden ihr Geld so gut verteidigen wie ich!"

Ich habe seitdem erfahren, daß er einen englischen Pair und einen reichen Neapolitaner, der ihm von Rom aus nach London gefolgt war, zugrunde gerichtet hatte und sich jetzt ihrer bediente, andere ebenfalls zugrunde zu richten. Auf alle Fälle kamen ihm die Reize der schönen I r e n e zu Hilfe, welche, so oft sich eine gute Gelegenheit darbot, sich zu geheimen chemischen Prozessen verstand und sich selbst in Umlauf setzte.

Was D'. . . betrifft, so hatte sein Glaube und sein Feuereifer so tiefe Wurzeln geschlagen, daß keine Hoffnung, ob er je von seiner Tollheit genesen würde, übrig blieb. Was überdies hatte ein Mensch zu wagen, der auf Gottes ganzer Welt weiter nichts besaß als einen schwarzen Rock und seinen Magen? Ich mußte noch eine Zeitlang seine Beweise zugunsten des erlauchtesten aller Menschen (bald hätte ich „aller S t e r b l i c h e n" geschrieben) und seine Klagen und Verweise über das Unschickliche meines Verhaltens anhören. Er hatte schon alle Spitzfindigkeiten und Kniffe seiner Schule dergestalt inne, daß ich ihn für unheilbar halten und aufgeben mußte. Ich begnügte mich, ihm zu versichern, daß solche herrliche Entdeckungen meiner Vernunft zuwider wären und meine schwachen Organe zu sehr angriffen. Ich gab ihm zu verstehen, es müsse wohl durchaus unmöglich für mich sein, in diesem Punkte Herr über mich zu werden, da eine so glänzende Laufbahn, die sich mir eröffne, nicht imstande sei, mich eines Bessern zu belehren. Aber als ich ihm vollends erklärte, daß mich die verheißenen Schätze nicht so sehr als das versprochene ewige Erdenleben von dem Entschlusse abschreckten, weiter auf die Sache einzugehen, — da konnte er mich vollends nicht begreifen, und ich schied von ihm mit dem Wunsche, daß er jene sowohl als dieses besitzen möge. Der Unglückliche hätte besser daran getan, bei dieser doppelten Hoffnung in England zu bleiben, als nach Frankreich zurückzukehren und daselbst (wie schon erwähnt worden) des grausamsten Todes zu sterben.

Lord F..., ein Sohn des Grafen von D..., hatte Gelegenheit gehabt, den Alchimisten S a i n t Y l d r o kennen zu lernen, und hat mir Nachrichten über ihn mitgeteilt, welche mich auf die ersten Spuren dieses Abenteurers gebracht haben.

Er war auf einer Insel des Archipelagus geboren und der Sohn eines Griechen, welcher sich im. Handel mit Edelsteinen bereichert hatte. Der Sohn beging tolle Streiche*), sah sich genötigt, nach Smyrna zu fliehen, versah sich aber auf der Reise mit einer Handvoll Perlen, Brillanten, Rubinen, Smaragden, Topassen usw. In Smyrna machte er die Bekanntschaft eines Gelehrten, der ihm seine Steine abnahm und sich damit für die Stunden, die er ihm gab, bezahlt machte. Jetzt blieb ihm nichts übrig, als in die weite Welt zu gehen. Er kam nach Italien, das damals der große Schauplatz war, auf welchem sich Scharlatane und Betrüger aller Art herumtummelten. In Florenz verband er sich mit einem Freudenmädchen, ganz dazu geboren, ihm in seiner

---

*) des fredaines.

Rolle beizustehen und selbst mitzuspielen. Er machte
sie zur Prinzessin I r e n e. Eine Zeitlang ging alles vortrefflich; sie lebten im Ueberfluß. Als er es aber
zu grob anfing und das Kirchengut, in dem Besitztum
zweier Kardinäle, angetastet hatte, wurde er von diesen
bei der heiligen Inquisition angegeben, mußte Italien
verlassen, kam nach London, fing sein Spiel von neuem
an, fand aber Widerstand von seiten der besonnenen,
kaltblütigen Nation. Ich weiß aus bester Quelle, daß
er nach Karthagena gegangen und daselbst (gewiß nur
a u g e n b l i c k l i c h) gestorben ist. Seine Quasi-Witwe
hat sich während der Entfernung ihres Gatten nach Kadiz
zurückgezogen, wo sie ihren Schatz von Juwelen und
Kleinodien weislich verborgen hält und unter einem andern Namen Musik und Liebe treibt. Ihre Stimme ist
ihr Talisman, ihre Augen sind ihre Zauberkraft.

Mein Zusammentreffen mit dem Könige F r a n z d e m
E r s t e n brachte mir Unglück. Einige Wochen nachdem
ich die Ehre gehabt hatte, seiner verstorbenen Majestät
aufzuwarten, überfiel mich (zu meiner Schande sei es
gesagt!) die Krankheit, an welcher er selbst gestorben
ist. Hätte ich dem Sekretär des großen Meisters die
eingeforderten dreißig Guineen zugestellt, wäre ich der
gehorsame Diener und Verehrer der Prinzessin I r e n e
geworden, hätte ich mich zum Adepten der Kunst an-
werben und einweihen lassen, so würde ich wenigstens
eine Beschäftigung gefunden haben, die mich vor einer
ab- und ausschweifenden Lebensart bewahrt hätte. So
aber ist nichts so gefährlich als Untätigkeit und Müßig-
gang. Der junge Mann, welcher sich dem Vergnügen
hingibt, weil der Liebe das Vergnügen nicht unähnlich ist,
findet mit jedem Schritte einen Fallstrick, worin er sich
fängt. Ich fiel wie tausend andere und mußte einem Wundarzt das Geständnis machen, daß ich mich in der Person
vergriffen hätte. Er hatte es in der Kunst nicht viel weiter
gebracht als sein Mitbruder, welcher F r a n z d e n E r-

s t e n in die Kur nahm, und es lag nicht an ihm, wenn ich dem Monarchen, der mir in dieser Welt erschienen war, nicht in jene gefolgt bin. Der Quacksalber war auf gutem Wege, mich ihm nachzuschicken, als ich, zu meinem Glücke und zu meiner Rettung, nach Brüssel mußte. Ich gab dem Zöglinge Aeskulaps mein Geld, und er gab mir dafür in einer kleinen Schachtel seine Pillen, welche seiner Versicherung nach Wunder tun sollten, noch ehe ich Brabant erreicht haben würde. Wie fand ich mich aber in dieser Hoffnung getäuscht, um so mehr, da ich seine Vorschriften sehr genau befolgt hatte. Zu diesen gehörte freilich der Umstand nicht, der mich in der Nähe von Dartford, zehn bis zwölf Meilen von London, befiel. Hier wurde ich von drei Männern zu Pferde mit verlarvten Gesichtern angefallen, welche mir auf ziemlich gebieterische Weise die Wahl ließen, ihnen meine Börse zu geben oder mich durch den Kopf schießen zu lassen. Die Wahl fiel desto leichter aus, da ich, eben aus dem Schlafe geweckt, nicht Zeit gewann, mich zu besinnen, denn als ich die Augen aufschlug, begrüßte mich der Mund eines höflichen Pistols rechts und zu gleicher Zeit ein zweiter Mund ebenso höflich und beredt links. Die Herren schienen eiliger als ich zu sein, doch waren sie so artig, nachdem sie mir vierzig Guineen, meine Uhr, und dem Kammerdiener die seinige abgenommen — uns beiderseits eine glückliche Reise zu wünschen. Entzückt über alles, was mir seit einiger Zeit begegnet war, eilte ich, mich einzuschiffen, und setzte nach Boulogne über, wo ich ans Land ging. Ohne mich aufzuhalten, ging's von da nach Brüssel, wo ich Zeit hatte, Betrachtungen anzustellen, ehe ich zur völligen Genesung gelangte.

Achtzehntes Kapitel.

Γῆρας ἀνϑρώπων τὰ βαλανεῖα.

Senectus hominum balnea calida.

(Lucian.)

Hebe führte mich in Hygieens Arme zurück. Meiner Jugend verdankte ich meine Genesung. Um sie zu vollenden, reiste ich auf den Rat meines Arztes nach Aachen ins Bad. Die heilsamen Quellen dieser alten Kaiserstadt zeichnen sich vor allen übrigen dadurch aus, daß sie nie beträchtlich nachteilig sind und dagegen, wenn sie anschlagen, die heilsamsten Wirkungen hervorbringen. Man kann sich ihrer mit der vollsten Zuversicht bedienen, da sie höchst selten und nur wenig schaden, fast immer und im höchsten Grade helfen oder wohltun. Ich kann die Bäder von Aachen nicht genug empfehlen. Der Ort selbst hat nichts Anziehendes, aber es ist ein wahrer Heilort; er läßt sich mit einer soliden Schönen vergleichen, die ihre Toilette vernachlässigt. Es gibt andre Bäder genug, die man besuchen kann, um sich die Zeit zu vertreiben, die aber, wenn man sie gegen wirkliche Uebel anwenden will und der unerfahrene Arzt, der sie uns angepriesen, sich geirrt hat, so nachteilig wirken, daß man den Irrtum nicht selten mit einem lebenslänglichen Siechtum bezahlen muß.

Aachen, Karls des Großen Wiege und Grab und die Krönungsstadt so vieler Kaiser, hat zwar seinen alten Glanz verloren, doch fand ich gute Gesellschaft in seinen Mauern. Ich machte sie mir zunutze. Um in meinen eigenen Augen die Schande auszulöschen, die ich mir durch eine schlechte Wahl und besonders durch die üblen Folgen derselben zugezogen hatte, beschloß ich — eine bessere zu treffen. Sie fiel auf die Gattin eines fremden Generals, der die Bäder gebrauchte. Ohne mich mit Frau v o n A... in ein förmliches Liebesverhältnis einzulassen, fand ich Geschmack an ihrem Umgange und eine angenehme Beschäftigung, zu einer Zeit, wo ich mich mit nichts Ernstem beschäftigen durfte. Die Dame war keine vollkommene Schönheit, auch nicht mehr in den jüngeren Jahren; was ihr noch an Reizen blieb, bewies, daß sie einst größere besessen hatte und noch jetzt gefallen konnte. Ebenso verhielt es sich mit ihrem Geiste; ohne außerordentlich gebildet oder weitumfassend zu sein, fehlte es ihm nicht an Lebhaftigkeit und Witz. Von ihr ist ein Bonmot, welches ich mit Unrecht anderen habe zuschreiben hören.*) Auf einer Redoute wurde sie beharrlich von jemandem verfolgt, dessen Person und Wesen ihr zuwider waren. Der lästige, unausstehliche Mensch nahm sich's besonders heraus, als sie mit drei Masken Whist spielte, sich hinter ihrem Stuhl aufzupflanzen. Endlich riß ihr die Geduld, und als sie eben im Verlust war, brach sie aus: „Mein Herr, ich bin nicht reich genug, um Sie immer in meiner Nähe zu haben."

---

*) Kann sie es nicht jenen anderen nachgesprochen haben? Die Anekdote erinnert übrigens an eine ähnliche. In einem Kaffeehause lehnte sich, bei einer Whistpartie, einem der Spieler ein unbekannter Zuschauer über die Schulter und sah ihm in die Karten. Um ihn los zu werden, zog jener sein Taschentuch hervor, kniff den Lästigen in die Nase und entschuldigte sich mit den Worten: „Bitte, um Verzeihung, ich habe mich vergriffen und Ihre Nase für die meinige gehalten."

(U e b e r s.)

Eine zärtliche Annäherung*) an sie würde mir nicht schwer gefallen sein, um so mehr, da wir beide wenig dabei zu wagen hatten. Sie schien sogar darüber verwundert, daß ich die Badezeit und die Badefreiheit so wenig zu benutzen suchte. Als sie mich aber in einer so wichtigen Angelegenheit ganz über die Maßen vernünftig fand, folgte sie meinem Beispiel und legte nicht größeren Wert auf die Sache als ich. Nur ging sie doch etwas weiter und gab mir zum Gehilfen**) einen Abbé, welcher kurz vorher Militär und Hofmann gewesen war. Ich nenne ihn mit Recht meinen Gehilfen, er selbst zeigte sich als solchen. Bis dahin war der Mann höflich, artig, bescheiden gegen mich gewesen, plötzlich wandelte er sich um, zeigte Laune und Uebermut, bewies mir, daß er der Glückliche sei. So kam es denn zwischen uns zu einem heftigen Auftritt, wobei ich (nach so vielen Jahren) nicht entscheiden will, auf welcher Seite das Recht war. Nur so viel ist mir erinnerlich und klar, er brach mit beleidigendem Ungestüm aus, ich blieb nicht zurück und überbot ihn. Zugegen waren der Baron von Batz und der Graf von D...

Wäre mein Gegner, Herr von La C...., ein Dorfpfarrer gewesen, so würde ich mich ganz anders bei der Sache benommen haben, so aber hatte ich mit einem Manne seines Namens, seiner Familie, seines Ranges, und der im Begriff gewesen war, es bis zum Dragoneroberſten zu bringen, andre Rücksichten zu beobachten; ich durfte die Schicklichkeit nicht aus den Augen setzen.

Der Generalleutnant und Ritter des Goldnen Vlieses Graf von Egmont war damals in Aachen; ein Mann, dessen Loyalität als Muster angeführt wurde, ein Mann, dessen ganzes Leben die schönsten, kräftigsten Eigen-

---

*) Un doux nenni, avec un doux sourire,
    Est tant honnête.   (Marot.)
**) adjoint.

schaften bewiesen hatte, der aber in eine Schwachheit verfallen war, welche so vielen Helden und Nichthelden gemein ist. Er war nämlich mit einer gewöhnlichen Frau in ein erstes, unschickliches Verhältnis, und von da in ein zweites, noch unpassenderes — in den Ehestand getreten.

> If thou not rememberest the slightest folly,
> That Love made thee fall into,
> Thou hast not loved.

Welcher Stern ist nicht unter dem weiblichen Einfluß erblaßt? Der Graf von E g m o n t ließ sich von einer Irländerin, die mit ihm als Wirtschafterin gelebt hatte, betören und machte sie zu seiner Gemahlin. Sie behauptete, von Adel und „adelig wie der König" zu sein. Das Publikum wollte es aber durchaus nicht glauben. Ich habe selbst eine Chanson gesehen, einen geschmacklosen Gassenhauer, worin ihr die niedrigste Abkunft vorgeworfen wird, denn wenn sich einmal der Strom der Verleumdung über jemand ergießt, der sich Feinde und Neider gemacht hat, so gibt es keinen Damm, der ihn zurückhält. So viel bleibt ausgemacht, sie war keine schickliche Partie für einen Mann von so hoher Geburt. Doch da sie ihm in seine Verbannung gefolgt ist, da sie durch sanftes und zuvorkommendes Wesen, durch sorgsame Pflege sein herbes Schicksal versüßt hat, da sie bis zu ihrem Ende sein Trost und sein Glück war, da sie, mit wenigen Verstandesgaben, aber mit einem immer gleichartigen, aufmerksamen, gefälligen Gemüt ihn dergestalt an ihren Umgang gewöhnt hatte, daß er ihren Tod nicht hat überleben können — so muß man daraus schließen und der Billigkeit nach zugeben, daß er im herannähenden Alter eine gute Wahl getroffen und einen sehr vernünftigen Entschluß gefaßt hatte. Man kann es ihm in jeder Hinsicht zutrauen, daß er mehr als seine Freunde imstande war, zu beurteilen, was sich am besten für sein Herz schickte; und der Herzog von H a r c o u r t, der sich unwider-

ruflich von ihm trennte, sobald er diesen Schritt getan,
hat in meinen Augen lächerlich gehandelt. Es ist zwar
die Pflicht des Freundes, dem Freunde nach Einsicht und
Ueberzeugung zu raten, wenn er glaubt, daß dieser im
Begriff steht, eine Sottise zu begehen; ist sie aber einmal
begangen, so sehe ich es als den sichersten Beweis der
Freundschaft an, wenn man die Sottise entschuldigt, sie
bemäntelt und gegen die Welt in Schutz nimmt. Muß der
Stolz — der Ahnenstolz — da nicht schweigen, wo das
Herz spricht und gebietet? Wo es auf eine Verbindung
ankommt, welche dem ganzen übrigen Leben Gehalt und
Farbe mitteilt? Jener Tote auf dem Gottesacker sprach zu
einem andern, der ihm, weil er im Leben vornehmer
gewesen war, den Weg vertreten wollte: „Schatten ist
Schatten; ich weiche dir nicht!" Läßt sich das nicht
schon von Lebenden sagen? Was sind die Menschen?
Sind sie nicht S c h a t t e n? Warum sollte es nicht erlaubt sein, den S c h a t t e n zu wählen, an dessen Hand
man durch das Leben gehen will, um mit ihm das Ziel
zu erreichen, wo alles — zu Schatten wird?

Der Graf v o n E g m o n t wurde nach wie vor allgemein geachtet, niemand verargte ihm seine Mißheirat.
Er war der Mann, an den ich mich wandte. Ich teilte
ihm alles Nötige mit, um über mich und den Abbé zu
entscheiden, und fragte ihn um Rat. „Die Sache," sagte
er, „ist so weit gediehen, daß ich I h n e n r a t e n m u ß,
sich mit Herrn d e l a C ... zu schlagen; bedenken
Sie indessen, daß man Sie sehr tadeln würde, wenn Sie
ihn totschössen, aber noch mehr auslachen, wenn Sie sich
totschießen ließen. Suchen Sie, so gut es angeht, sich
aus der Affäre zu ziehen." Sein Rat war, wie man
sieht, ziemlich verwickelt; ich dachte darüber nach, und
es gelang mir, die Frage zu vereinfachen.

Ich bewog nämlich den Baron v o n B a t z, uns
b e i d e n als Kampfzeuge zu dienen. Herr d e l a C...,
welchen er benachrichtigt hatte, fand sich auf dem Platz

ein, wo ich seiner wartete. Er gab sich ganz das Ansehen seines ehemaligen Standes. Der Baron von Batz
stellte uns zehn Schritte auseinander und entschied, wir
sollten auf ein gegebenes Zeichen zugleich schießen. Ich
erhielt das Feuer meines Gegners, er hingegen machte
mir den Vorwurf, nicht abgedrückt zu haben. Ich erwiderte: „Es hängt von Ihnen ab, den Kampf zu erneuern; was mich betrifft, so schieße ich nicht, wenn
ich unrecht habe." Er bestand fest auf einem zweiten
Gang und verlangte ausdrücklich von mir, ihn wegen
seines jetzigen Standes nicht zu schonen. „Auch habe
ich," sagte ich, „diesen Stand mit keinem Worte erwähnt." Auf diese Erklärung zwang ihn Herr von Batz,
mir die Hand zu reichen; als Freunde gingen wir Arm
in Arm nach Hause. Ich speiste beim Grafen von Egmont, welcher mein Benehmen billigte. „Herr Graf,"
erwiderte ich, „warum loben Sie mich? Ich verdiene Ihr
Lob nicht; der Zufall verdient es. Hätte mich der Zufall
erschießen lassen, was wäre ich in Ihren Augen? Ein
Narr."

Dieser Vorfall bewirkte, daß ich in der Gunst der
Frau von A... stieg. Ich fühlte aber, daß ich ihre Zuneigung nie verdienen, nie ernsthaft erwidern würde,
weil die Gefahr, in die ich mich ihretwegen begeben,
sie mir nicht teurer gemacht hatte.

Mein Vorsatz war längst gewesen, beim Herzog von
Maillebois in Maestricht einen Besuch abzustatten. Er
hatte mir geschrieben, er hoffe, in Holland angestellt zu
werden; alsdann könne ich versichert sein, unter ihm mit
Ehre und Vorteil zu dienen. Diesen anständigen Vorwand
benutzte ich, das leichte Joch abzuschütteln, welches nur
an einem Faden hing. Der Marquis von D... bot sich
mir als Begleiter an; wir reisten beide nach Holland und
kamen glücklich und gesund an, einige kleine Widerwärtigkeiten abgerechnet, welche auf schlechten Wegen, mit

schlechten Postillonen, schlechten Pferden und schlechtem Fuhrwerk unvermeidlich sind.

Ein Hauptgrund zu diesem Abstecher war, dem Herzoge von Maillebois eine Geschichte der Revolution mitzuteilen, woran ich arbeitete, und die ich fortzusetzen gesonnen war.*) Aber es ist abschreckend, die Geschichte seiner Zeit zu schreiben; so sehr mich anfangs die gewählte chronologische Form verführte, so sah ich doch bald ein, ich würde so nur ein mageres Gerippe herstellen, ohne Belege, ohne Verbindung und Folge der Begebenheiten, ohne die nötigen Aufschlüsse, die man nicht geben kann, weil man den Ereignissen zu nahe ist. Um die Geschichte schreiben zu können, muß man erstens sich selbst, wie beim Ueberblick einer Theaterdekoration, auf den rechten optischen Punkt stellen, zweitens muß man das Augenglas des Lesers von eben diesem Punkte ausgehen lassen. Wie schwer ist beides? Zu sehr abgekürzt, fließt alles vor dem Glase zusammen; zu weit hinausgeschoben, bleibt nichts deutlich. — Was tat ich? Ich verbrannte meine Schrift.**) Und weswegen? Weil mir, als ich sie meinen Freunden vorlas, nicht entgehen konnte, daß sie (wie alles auf Erden, selbst das Allerbeste) vom Parteigeist angesteckt waren: denn meine Freunde, von diesem Geiste hingerissen, lobten alles, alles ohne Ausnahme, fanden alles vortrefflich, unvergleichlich — sie, die zu einer andern Zeit an jedem meiner kleinen Gedichte, meiner leichten Chansons etwas zu tadeln gefunden hatten.

Ich kam von Maestricht mit dem traurigen Gefühl zurück, einen Mann von großen Verdiensten angetroffen zu haben, der bei herannahendem Alter in die Schlingen einer alten Ränkemacherin gefallen war, welche ihn in

---

*) Es sind einige Hefte derselben in London (1795) erschienen. (Uebers.)
**) Doch nur zum Teil. (Uebers.)

den Augen aller, die sie kannten oder nur einen einzigen Blick auf sie warfen, ohne Entschuldigung ließ.

———

Kann ich meinen Aufenthalt in A a c h e n verlassen, ohne an die seltsamen und lächerlichen Träume der dortigen Emigranten erinnert zu werden? Mit jeder Woche handelte sich's um nichts Geringeres, als in der nächstfolgenden in Frankreich einzurücken, einer gewissen Klasse von Menschen Verzeihung angedeihen zu lassen, eine andere gebührend zu züchtigen, dem Könige ein kraftvolles Ministerium beizugeben, um ihn vor seiner eigenen Schwäche zu schützen, die Armee auf einen andern Fuß zu setzen, sie besser und gründlicher zu organisieren, Paris zu bestrafen und den Sitz der Regierung nach Lyon oder a n d e r s w o h i n zu verlegen usw. usw. Schöne, harmlose, unschuldige Luftschlösser! Ihr wart der Trost von Männern, welche alles verloren hatten und größtenteils auf fremdem Boden nur ein Grab finden sollten! Die Köpfe waren dergestalt verdreht und verrückt, daß man mir ohne Rückhalt zu Leibe ging, als ich es einmal gewagt hatte, zu sagen, daß Frau v o n M a i n t e n o n (welche man, ich weiß nicht, warum, in ganz besonderen Schutz genommen hatte) ein Flecken in der Regierung L u d w i g s d e s V i e r z e h n t e n gewesen sei. Mit Zeichen des heftigsten Unwillens hörte man dieser Aeußerung zu, und als ich kurz darauf den Saal verließ, folgte mir Herr v o n R a b o d a n g e*) auf dem Fuß, holte mich an der Treppe ein und entließ mich mit folgender Strafpredigt: „Sie haben einen unverzeihlichen Fehler be-

———

*) Marechal de Camp, ein braver Offizier von gutem, alten Adel und was noch mehr sagen will, ein Mann von Ehre, ein Ehrenmann.

gangen! Ich begreife nicht, wie ein Mann von Ihrer Lebensweisheit — denn diese Eigenschaft räumen wir alle Ihnen ein — sich an einer F r a u hat vergreifen können, deren A n d e n k e n mit dem des g r ö ß t e n unserer Könige so eng verknüpft ist. Wissen Sie denn nicht, junger Mann, daß dergleichen Fragen nicht aufgeworfen, dergleichen Sätze nicht erörtert werden dürfen? Daß sie als h e i l i g anzusehen sind, und daß es in den Zeiten, worin wir leben, keinem biederen, treuen Franzosen e r - l a u b t ist, über dergleichen Gegenstände Zweifel auf- zuwerfen und Untersuchungen anzustellen?" — „Also," versetzte ich, „ist Frau v o n M a i n t e n o n eine Heilige und Pater L e T e l l i e r wohl auch ein Heiliger?" — „Freilich," erwiderte er. — „Nun wohl, es mag sein; die M a i n t e n o n heilig, L e T e l l i e r heilig! Dafür aber wagen Sie es beileibe nicht, von der Marquise v o n P o m - p a d o u r und vom Herzog d e l a V r i l l i è r e ein böses Wort zu sprechen! Gnade Gott Ihnen, vollends, wenn Sie sich je leichtsinnig über den seligen L u d w i g XI. vernehmen lassen." — Er bedeckte sich das Gesicht mit beiden Händen und rief: „Das sind für einen Mann, der so r e i n ist wie Sie, u n r e i n e, unanständige Späße!"

Ein andrer, der kleine Abbé S . . ., Verfasser einer guten Schrift, die aber nicht von ihm sein soll, wollte mir ebenfalls Lehren geben. Ich hatte ihm Stellen aus meiner G e s c h i c h t e d e r R e v o l u t i o n vorgelesen; „Sie schreiben unvergleichlich," sagte er, „Ihr Stil ist glänzend, nervig; Sie malen mit kräftigen Zügen*); aber erlauben Sie mir, es Ihnen zu sagen, Sie werden wenig Leuten gefallen, weil Sie für alle Parteien eintreten." — „Abbé," versetzte ich, „ich schreibe für die Wahr- heit, wenigstens für das, was in meinen Augen Wahrheit ist." — „Ein großer Irrtum, Herr Graf; in einem Werke

---

*) Ich durfte ihm nicht aufs Wort glauben; meine Leser dürfen es ebenfalls nicht. (V e r f.)

dieser Art muß man wie in einer beratenden Versammlung eine Partei ergreifen, sich kopfüber hineinstürzen, sollte sie auch die schlechte sein, und dann von der einmal angenommenen Linie nicht abweichen." — „Aber in dieser Handlungsweise liegt wenig Rechtlichkeit und Seelengröße." — „Eben deswegen kommt man auf diesem Wege weiter."

Ich fand in Aachen noch ein zweites Original, Herrn Senac von Meilhan, Exintendanten von Valenciennes. Der gute Mann brachte die letzte Zeit seines Lebens im Bette zu, ohne krank zu sein. Er starb ganz eigentlich am — Bettliegen; sein Tod gilt für sein bestes Werk, obschon er deren eine ganze Menge an das Licht gebracht hat. Es läßt sich in der Welt kein so ernsthafter Stolz, keine so ruhige Eigenliebe denken als die seinige. Rivarol war neben ihm und in seinen Augen — ein Zwerg. Ich bin zwar nicht der Meinung, daß Männer von großen Talenten die Bescheidenheit spielen sollen, haben sie sich im Leben zu hoch angeschlagen, so wird ihnen nach dem Tode ihr Recht schon widerfahren, ja, unter zehn widerfährt dieses schon neun im Leben. Das bescheidene Talent ist wie eine Münze von altem Gepräge; man hebt sie als eine Schaumünze auf, sie ziert ein Medaillenkabinett; will man aber damit bezahlen, so verliert sie viel von ihrem Nominalwert.

Herr von Meilhan wird mir nach seinem Tode, und seiner Eitelkeit unbeschadet, erlauben, eine Anekdote von ihm zu erzählen. Ein Buchdrucker in Aachen hatte eine schöne Frau. Wir pflegten sie Frau de la C... zu nennen, weil sie wirklich Aehnlichkeit mit ihr hatte. Dabei führte sie wie jene ein freies Leben, nur daß sie nicht, wie ich wenigstens glaube, bei Lebzeiten ihres

Gatten sich mit einem andern hat trauen lassen. Doch
dergleichen ist Sache des Geschmacks und des Charakters, und wenn man sich vom Manne scheiden läßt, um
sich mit dem Geliebten zu verbinden, so wird es sogar
erbaulich. Um wieder auf unsere Buchdruckerfrau zu
kommen, so hatte sie mehr als einen von uns glücklich
gemacht und keinen Liebhaber leer ausgehen lassen. Wenn
schon eine ehrsame Frau Mühe hat, e i n e n verschwiegenen
— Hausfreund zu finden, wie viel schwerer hält es für
eine, die sich m e h r e r e dergleichen anschafft, ein Verhältnis geheim zu halten, welches ihr Benehmen sozusagen zu einem öffentlichen macht, obschon dieser Umstand eigentlich keinen Ehrenmann zum Ausplaudern be-
rechtigen sollte. Meine Freunde und ich waren aber
schwatzhafte Ehrenmänner; wir teilten mit, was jeder
von uns erhalten hatte, und jeder von uns war begünstigt
worden. Herr v o n M e i l h a n hörte davon und wollte
sich's zunutze machen. Freilich hätte er sich kennen
und wissen sollen, daß er die Rolle eines lächerlichen
Liebhabers spielen würde; aber kennt man sich? Weiß
man, wie man beurteilt wird? Oder hält man es immer
für notwendig, liebenswürdig zu sein, um zu liebeln?
Kurz, Herr v o n M e i l h a n tritt in die Schranken. Seine
Toilette, wie gesucht; sein Wesen, wie gefällig; seine Mie-
nen, wie süß! Schon geht er die Straße auf und ab, wo
s e i n e S c h ö n e*) wohnt, vor dem Hause hinüber und
herüber, verweilt vor ihren Fenstern, schaut hin, räuspert
sich, um bemerkt zu werden, läßt seinen Brillantring blitzen,
wirft einen zärtlichen Kuß hinüber! — Noch mehr;
er ist Schriftsteller, folglich wird er auch s c h r e i b e n.
Sein Billett ist abgeschmackt wie seine Liebe: gleichviel.

---

*) Ich habe diese Redensart nie leiden können; sie klingt
so geschmacklos und ist so gemein geworden, daß man sie
schon in dem Munde aller Liebesschranzen und Liebes-
scherwenzler findet. (V e r f.)

Er hofft, die kleine Bürgerfrau wird das parfümierte Billett-doux r i e c h e n; das Pulver à la maréchale wird ihr süß entgegenduften; das Blättchen mit den rosenroten Vignetten und vergoldeten Rändern wird ihr in die Augen fallen; sie wird die Aufschrift lesen, die Worte: „Verliebt und verschwiegen" werden einen tiefen Eindruck auf sie machen; sie wird das Siegel betrachten; der Buchstabe L. und das Wort seule daneben! Was heißt das? „Ich hab's!" wird sie ausrufen: „Elle seule! Sie allein!" — „Ich allein!" — Ist das alles nicht rührend, herzbrechend, herzgewinnend? Wie manches, was in der Vorstadt Saint-Germain seinen Zweck verfehlen würde, gelingt im Ladenstübchen einer Landstadt — besonders im Nebenzimmer, welches die schöne Dame so gern zum Salon stempeln möchte.

Nach einigen Tagen zieht Herr v o n M e i l h a n mich und den Vicomte v o n C... auf die Seite, und mit geheimnisvoller Miene spricht er zu uns: „Ich weiß, meine Herren, daß Sie das Konterfei der Frau v o n C... bisweilen besuchen. Lassen Sie sich warnen. Sie laufen die größte Gefahr. Ich rede aus Erfahrung. Ich bin nahe daran gewesen, bei ihr das Leben einzubüßen. Der Mann war hinter dem Bette versteckt; er wollte mich umbringen. Ich konnte mich nur mit Aufopferung meiner Uhr und Börse retten. Es ist eine Raubhöhle. Gehen Sie um Gottes willen nicht wieder hin!" Diese Rede, begleitet von allen Zeichen des panischen Schreckens, von der Miene der Wahrheit und Ehrlichkeit, machte Eindruck auf uns. Der Vicomte gab mir die bestimmte Versicherung, er werde nie wieder einen Fuß in das Haus setzen. Ich war im ersten Augenblick derselben Meinung; da ich mir aber die Sache ruhiger überlegte, als ich den Charakter der sanften, gefälligen Frau zergliederte, ihr einfaches, offenes Benehmen mir dachte, mich an ihre oft bezeigte Aengstlichkeit, von dem Manne überrascht zu werden, erinnerte, und vor allen Dingen ihre treue und zärtliche Hingebung in den glücklichsten Augenblicken mir vormalte — da

schwanden meine Besorgnisse, meine Zweifel, da sagte
ich mir ohne alles Bedenken: „Der Herr Ex-Intendant ist
ein schamloser und ungeschickter Verleumder; die Frau
ist nichts weniger als ein Ungeheuer, als die Mitver-
schworene eines Mörders."

Gleich am nächsten Tage ging ich zu ihr. Ich ent-
sinne mich, ein Terzerol eingesteckt zu haben, es war aber,
dünkt mich, nicht einmal geladen und mehr eine Folge
der Gewohnheit, wenn ich auf Abenteuer ausging, als
eine Vorsicht, als eine Folge der Furcht. Ich brachte das
Gespräch auf Herrn von Meilhan und seine Erzählung. Anfangs lachte sie dazu wie eine Närrin; aber als
ich auf den Hauptpunkt kam, auf das Interessante der
Geschichte, geriet sie in den heftigsten Unwillen über
die schwarze, scheußliche Beschuldigung. Sie gestand mir,
ihn zweimal in allen Ehren und Züchten bei sich gesehen
zu haben; er habe ihr Greuel zugemutet, die sie schaudern
gemacht hätten; er sei ihr zu Füßen gefallen, habe ihr
alles, was er auf der Welt besitze, angeboten, wenn sie
ihn schlagen — wenn sie ihn (wer sollte sich dieses nec
plus ultra der Liebeswut denken!) — wenn sie ihn mit
Messerstichen verwunden wollte!! (O Menschen!
Menschen! Verächtliche, erbärmliche Menschen!) Sie habe
vor Entsetzen die Sprache verloren, habe ihn, sobald sie
wieder zu sich gekommen, beschworen, sie nicht weiter
zu verfolgen, habe stufenweise den Mut gefunden, ihm
zu erklären: er und sein Messer sollten ihr nie wieder vor
Augen kommen, sie werde sonst, trotz dem, was daraus
entstehen könnte, bei der Polizei Klage ein-
reichen. — Wütend über die Drohung und aus Furcht,
entlarvt zu werden, hatte er nun den allerschlechtesten
seiner Romane erfunden, und in der Hoffnung, schwache
Menschen zu finden, welche seiner groben Erdichtung
Glauben beimessen würden, war er der erste gewesen,
ein geheimes Verhältnis aufzudecken, welches ihn zum
Spott seiner sogenannten Freunde und der ganzen Stadt

machen mußte. Viele lachten darüber, ich aber gestehe, daß
mir der Vorgang Verachtung und Abscheu eingeflößt hat.

Ich zog mich von ihm zurück, denn es gibt eine
Art von Verachtung, die keinen andern Ausweg überläßt. Ich ließ ihn sich mit einem Manne herumzerren,
mit einer Art von Theater-Karikatur*), einem Seitenstück
zum Grafen von Tuffières**); nur in einer andern
Art; denn der Mann, von dem hier die Rede ist, besaß schätzbare Eigenschaften, war bieder, rechtlich, von
ritterlichem Ehrgefühl durchdrungen — nur dabei von
einer lächerlichen Außenseite. Er war ein Glorieux wie
Tuffières, wenn man das Wort im strengsten Sinne
nehmen will, aber sein Stolz war ergötzlich, nicht ab-
stoßend war sein Schild im Leben, bewahrte es vor
Flecken und Schuld, war der Stützpunkt, der ihn nicht
fallen ließ, weil seine überspannten Begriffe von der Würde
eines vornehmen Mannes ihm die damit verbundenen
Pflichten beständig vor Augen stellten.

Dieser Mann war der Graf von Escars.

Will man sein wohlgetroffenes Bild haben, so
stelle man sich einen Mann vor mit einem sorgfältig gepflegten lockeren, schwellenden***) Haarputz,
mit langem hageren Gesichte, mit vornehm ironischem
Wesen†), mit kurzem, eng zugeknöpftem Rocke, ge-
stickter Weste, altmodischen Berlocks auf zart- und
hellfarbigen Beinkleidern; vom frühsten Morgen an in
seidenen Strümpfen und Eskarpins mit der kleinen,
runden, goldenen Schnalle auf der Fußspitze; die Haare
in ein Beutelchen, Crapaud genannt, hinten im Nacken

---

*) personnage de comédie.
**) Destouches, in seinem Glorieux, hat diese Person
eingeführt, um die stolze Eitelkeit lächerlich zu machen und sie
zu beschämen. (Uebers.)
***) mousseux, wie Champagnerweinschaum.
†) superbement goguenard.

fest zusammengebunden; mit dem Paradestocke, dem
Armhute (à la brigadière), der zierlich gefalteten Halsbinde von Batist und der kleinen Demantnadel, die schon
von fern an das Oeil de boeuf erinnerte; mit dem großen,
blauen Bande, welches die vorsätzliche Bewegung der Hand
in der Weste blähte und aufpuffte; mit dem abgemessenen
Gange eines Mannes, der jeden Schritt für das Publikum
und für das Heil des Staates macht; mit dem ganzen
Aeußeren und Auftreten eines abgemagerten Höflings, der
seinen letzten Prozeß verloren hat, mit dem Zittern und
Wispern einer an sich haltenden, halb vertraulichen, halb
stockenden Stimme; mit vornehmer Gebärde; zehn-
mal in fünfzig Schritten anhaltend und stehenbleibend,
um dem Begleiter mit dem Daumen und Zeigefinger den
Sinn jedes seiner Worte einleuchtender zu machen; dabei
aber, und trotz allem diesem, der beste Mann von der
Welt, der artigste Weltmann, der über alles und von
allem gehörig und schicklich zu reden weiß, sich bei der
Tafel auf die Küchenchemie und die feinen Bestandteile
eines Gerichts so gut wie — auf seinen Stammbaum und
auf seinen Horaz versteht, und ein S c h m e c k e r, wie
es demjenigen zukam, der im Hofstaate eines Königs von
Frankreich die Stelle eines Oberst-Mundkochs zu ver-
walten hatte.

Ich habe ihn für d i e beschrieben, die ihn s e h e n
wollen; jetzt lasse ich ihn reden für d i e, welche ihn
zu h ö r e n wünschen.

„Die Verbindung, in welcher wir schon vor vier
Jahrhunderten mit dem Königlichen Hause gestanden
haben, gereicht weder diesem Hause noch uns zur
Schande. . . . . . Man ist gegen die Familie v o n
N o a i l l e s sehr ungerecht gewesen*). Ihr rasches Empor-

---

*) Das ist wahr. Die Herren v o n N o a i l l e s sind von
uraltem Adel und haben in allen Fächern mit Auszeichnung

kommen in den neueren Zeiten hat den Neid gegen sie
rege gemacht; man hat sie für Leute von gestern ausgegeben, da sie doch von gutem, alten Adel und sogar
mit uns verschwistert sind. Die Familie stammt aus Li-
moges, hieß ursprünglich N o a i l l a c und folgt auf die
unsrige. Das kann ihr niemand streitig machen." —
Dann kam eine Anführung aus Horaz; auf diese folgte
eine andere aus Tacitus; denn Herr v o n E s c a r s
wußte mehr Latein als der Pedant M e i l h a n. Sein
tapferer Bruder, welcher die Sprache ebensogut verstand, ist im Laufe der Revolution als General in die
Dienste einer großen Macht getreten, welche mit Frankreich Krieg geführt hat. Er war ein ganz vorzüglicher
Mann, gefällig, diensteifrig wie keiner; dabei sehr unterrichtet, ein guter Kenner der schönen Wissenschaften und
Künste, ein eben so guter Gastronom, dabei ein treff-
licher Offizier und so leidenschaftlich für dieses Handwerk
eingenommen, daß er es, als er noch in Frankreich war,
manchem, der unter ihm diente, verleidet hat. Er war
klug genug, in sein Vaterland zurückzukommen (aus
welchem sich überhaupt niemand hätte entfernen sollen),
als es noch Zeit war, um so mehr, da ihn das Ausland
nicht immer mit derjenigen Auszeichnung behandelt hat,
die er verdiente. Aber in welchem Lande von Europa
sind wohl die Ausgewanderten nach Verdienst aufgenommen worden?

Nach einem dreimonatlichen Aufenthalt in Aachen
sagte ich zu mir selbst: „Es ist genug!" und kehrte nach
Brüssel zurück. Brüssel ist eine Stadt, der es zwar am

---

gedient. Ob ein N o a i l l e s beim Hause B o u i l l o n — damals ein souveräner Fürstenstamm in Sedan — in Diensten gestanden oder nicht, tut nichts zur Sache.   (V e r f.)

Glanz und Umgang der ersten Stände fehlt, aber nicht an den übrigen Reizen der Geselligkeit und an vielseitigen Hilfsquellen für das angenehme Leben. Ich kannte außerdem viele Einwohner und hielt mich meistenteils zu den Engländern, wie es denn die Franzosen überall auf dem Festlande zu tun pflegen, obschon beide Nationen sich nur hochschätzen, aber nie lieben.

Ich sah beim Chevalier v o n R . . . ., dem reichen L i m a von Brüssel, eine Gräfin v o n G . . . ., schön und nicht schön, in die er verliebt war, und die er sich etwas — nur nicht zu viel — kosten ließ, denn der weise Sennor verstand sich vollkommen auf die Rechenkunst. Er hielt sich für geliebt und wurde auch wirklich — a n g e b e t e t, wie es die sechzigjährigen Liebesnarren zu glauben pflegen. Die Dame fühlte noch außerdem ganz eigentlich das Bedürfnis, ihn zu betrügen; ich bot mich ihr schnell zum Mitschuldigen an. Aber sie, welche ihre guten Gründe hatte, den Alten zu schonen, ahnte nicht sobald, daß er Lunte rieche, als sie mich verabschiedete, und das mit einem so niederländischen Phlegma, daß man Mühe gehabt haben würde, zu unterscheiden, welcher von uns beiden ihr der gleichgültigste sei.

Dieser kleine Schwärmer war nur der Vorbote eines großen Feuerwerks, eines förmlichen Liebeshandels, dessen Folgen beinahe tragisch für mich ausgefallen wären. Es bedurfte nichts weniger als der Dazwischenkunft eines Mannes, in dessen Händen sich damals die zeitige Obergewalt befand, um mich aus einer ziemlich verwickelten Lage zu befreien. Diese neue Leidenschaft bemächtigte sich meiner mit unwiderstehlicher Kraft und Herrschaft, trieb mich über Land und Meer, brachte mir in vieler Hinsicht großen Nachteil, fesselte meine Gedanken, hemmte meine Entwürfe, wurde mein ein und mein alles, der Hauptgegenstand meines Daseins, verließ mich dann wieder und versetzte mich in meine vorige Lage, unbeschäftigter und berufloser als je. Das Unrecht

bei der Sache ist ganz auf meiner Seite. Man hat sich
wohl nie so viel Mühe gegeben, einen Fehler zu begehen,
wie ich in diesem Falle. Gleichwohl muß ich gestehen,
daß die junge Person, mit der ich auf diesen Abweg geriet, durch ihre Reize, ihre Grazie, ihre verführerischen
Eigenschaften die Torheiten zum Teil rechtfertigte, zu
welchen ich sie verleitete und in welche sie mich hineinriß.

Wir hatten damals in Brüssel eine nichts weniger
als mittelmäßige Schauspielergesellschaft:

C'étaient d'assez beaux yeux pour des yeux de province*).

Die Loge des Herzogs von Aremberg war das
Rendezvous der feinen Welt. Der Prinz Louis machte
sich ein Vergnügen daraus, seinen Bekannten den Zutritt
anzubieten. Alles, was sie in sich schloß, stimmte mit
mir in die Bewunderung und in das Lob einer jungen
himmlischen Schönheit ein, welche ein bejahrter Engländer alle Abend ins Schauspiel führte. Sie schien
zwischen siebzehn und achtzehn; ihr Wesen war noch
einnehmender als ihre Reize. Wer war sie? Dieses wünschten wir alle zu erfahren. Ich meinesteils dachte: das
beste Mittel, sie kennen zu lernen, besteht darin, sie —
ein für allemal ihrem ewigen, unzertrennlichen Argus zu
entreißen. In dieser Absicht suchte ich mich ihr be-
merkbar zu machen; ich richtete es so ein, daß es ihr
nicht entgehen konnte, wie sehr ich mich mit ihr beschäftigte. Zugleich benahm ich mich dabei auf eine
Weise, die ihr beweisen sollte, daß meine Bescheidenheit
ein mir auferlegter Zwang sei und eine Folge der Furcht
sie bei ihrem Begleiter (sei dieser ihr Vater, ihr Oheim,
ihr Vormund oder was er sonst wolle, denn aus der

---

*) Gresset sagt in seinem Méchant (Act. III. Sc. 9):
Elle avait de beaux yeux pour les yeux de province.

(Uebers.)

Miene des Gentlemans ließ sich alles mögliche schließen)
— zu kompromittieren. Sobald ich sicher sein konnte,
daß sie mich verstanden habe, erwartete ich mit Ungeduld
den Tag, wo sie in Gesellschaft einer ältlichen Frau,
welche den männlichen Mentor bisweilen ersetzte, ausgehen würde. Endlich zeigte sich die günstige Gelegenheit. Zu meinem Unglücke regnete es den Morgen, als
wenn alle Schleusen des Himmels sich aufgetan hätten.
Doch das hielt mich nicht ab, ihr auf offener Straße
aufzulauern, und als sie aus der Tür trat, um in den
Wagen zu steigen, mich mitten in den Schmutz ihr zu
Füßen zu werfen. „Sie würden berechtigt sein," redete ich
sie an, „mich für einen Tollhäusler zu halten, wenn Sie
nicht schon in mein Herz geschaut, gelesen und die Gewalt
erraten hätten, die ich mir antue, jedem Ihrer Schritte
s c h w e i g e n d zu folgen. Fühlen Sie gar kein Mitleiden
mit einer Liebe, die ich nicht unterdrücken kann, und
die mir den Tod gibt, wenn Sie sich weigern, sie zu erwidern?" (Im Augenblicke, wo ich dieses schreibe, muß ich
selbst über das Pathos lachen, mit dem ich das vorbrachte;
aber bei Frauen muß man nie mit der Sprache der
Schwärmerei und mit dramatischen Formen und Formeln
markten und geizen*), besonders bei den jungen; denn
ältere und erfahrene lassen sich von dergleichen Floskeln
nicht betören; sie verlangen nicht, daß man sich diese
Mühe mit ihnen gebe, und man gibt sie sich auch nicht.)
— „Mein Herr (stammelte sie), mein Herr... Sie machen
mich unglücklich . . . stehen Sie auf!" — „Nein, Miß,
m i c h, m i c h machen Sie unglücklich, wenn Sie mich
nicht anhören, mir nicht antworten. . . Nur um ein Wort
flehe ich, nur um einen Augenblick. Und wenn ich nicht
das Glück habe, Sie zu überreden, so fliehe ich auf
immer aus Ihrer Gegenwart." — „Mein Herr, lassen Sie
mich los . . . lassen Sie mich gehen; ich beschwöre Sie!"

---

*) marchander.

— „Wo kann ich Sie wiedersehen?" — „Nirgends." —
„Ich folge Ihrem Wagen." — Sie stieg ein und fuhr mit
Pfeilesschnelle davon. Ich hinterdrein. Es war nicht weit.
Ich sah sie aussteigen. Ein Geschenk an den Bedienten
wird nicht gleich angenommen; ich verdoppelte die Gabe,
und der Mensch wird zahm, antwortet auf meine Fragen,
nennt mir den Namen der Dame, gibt mir eine Menge
wichtiger Aufschlüsse. Der Hauptpunkt für mich war,
mit der Kammerfrau Bekanntschaft zu machen. Mein
neuer Vertrauter verspricht mir, sie zu bewegen, eine
Türunterredung mit mir zu haben. Sie erscheint; einerseits beteuere ich ihr die Reinheit meiner Absichten, andernteils die Größe meiner Erkenntlichkeit, wenn ich meinen
Zweck erreiche. Nach einigen Minuten ersucht mich die
Frau, sie zu verlassen, die Weisung hinzusetzend: „ich
möchte mich keinem Bedienten anvertrauen", und
bestellt mich auf den nächsten Tag, abends zehn Uhr,
mit der Versicherung, sie werde versuchen, so weit es in
ihren Kräften stehe, mir in allem nützlich zu sein, was sich
mit ihren Grundsätzen von Ehre und Rechtlichkeit vereinbaren lasse. Sie setzte hinzu: „Ich zweifle nicht, daß
Sie der Herr sind, von welchem meine Miß mich oft
unterhalten hat." Diese Nachricht brachte ihr einen Louis-
d'or und einen Kuß ein, und ich verließ sie fast ebenso
glücklich, als hätte ich eine Zusammenkunft mit ihrer
Herrin gehabt.

Es ist nicht an dem Erfolg zu zweifeln, dachte ich
bei mir selbst; die Kammerfrau ist gewonnen, morgen
spreche ich sie wieder und sehe die Glückliche*), welche
beständig um den Gegenstand meiner Liebe ist, deren
Hand ihr Haar in Locken dreht, in Flechten bringt, ihr

---

*) Cherubin im Mariage de Figaro (Act. I. Sc. 7.) Que
tu es heureuse! A tous moments la voir, lui parler, l'habiller
le matin, et la déshabiller le soir, épingle par épingle. . . . .
(Uebers.)

das Gewand anlegt, das ihre Reize einschließt und erhöht, und alle Abend sie von dem Schmucke befreit, dessen sie so wenig bedarf. . . Sie hat von m i r gesprochen! W i r lieben uns! Das ist ausgemacht! Eine beiderseitige Sympathie bringt uns näher . . . wird uns verbinden . . . Ich will . . . es ist beschlossen . . . diese Liebe soll die letzte sein . . . die letzte? . . . vielleicht! Wenigstens soll sie keiner von den vielen Liebschaften gleichen, die ich gehabt habe; ihr Feuer soll sich von den wilden Flammen unterscheiden, die mich verzehrt haben, ohne auf dem Altar meines Herzens zu brennen — von der erkünstelten Wärme, die meine Seele verdorrt, nicht erquickt hat!

Man glaube nicht, daß ich hier übertreibe! Zwanzig-mal in meinem Leben habe ich dergleichen Entschlüsse gefaßt, zwanzigmal hat die böse Gewohnheit über sie gesiegt. Mehr als irgend jemand, ein zaghafter Neuling in der Liebe, galt ich in der Welt für einen Mann, der ein ehernes Herz im Busen trage, der sein einziges Ver-gnügen im Betrug finde, der nur nach Genuß strebe, und der unschätzbaren Gabe eines Herzens unwürdig sei. Wie konnte man mich aber anders beurteilen? Gab ich mir nicht geflissentlich das Ansehen, das zu s e i n, was ich s c h e i n e n wollte und nicht w a r? War ich nicht bemüht, vor der Welt die Gefühle zu verbergen, welche tief in mir lagen? Suchte ich nicht aus falscher Scham und schlechten Beispielen folgend die Sprache eines Taugenichts*) zu führen, welche meinem Herzen so fremd war, und zu verbergen, was in ihm vorging? Wie oft habe ich die Schwächen der Gutherzigkeit, die zärt-lichsten Rührungen, die zartesten Empfindungen, die mich des Glücks würdig gemacht hatten, nur e i n e Frau zu lieben, nur von e i n e r Frau geliebt zu werden, zurück-gedrängt! Aber so geht es. Man bringt sein Leben damit zu. sich den Schein eines — Bösewichts**) zu geben,

---

*) d'un mauvais sujet.
**) d'un méchant.

und die wahren Bösewichte stehen da und lauern und nehmen uns beim Worte. Ein schlechter Ruf entsteht, die Welt faßt alles auf, was ihn begründen kann, und wendet die Augen von dem ab, was ihn tilgen könnte. Und will man hinterdrein die böse Meinung verbessern, so ist es zu spät; sie steht auf eherne Tafeln geschrieben und eingegraben, die sie ganz ausfüllt und wo es zur Aufzeichnung ehrenvoller Tatsachen an Raum fehlt; die Fama hat in ihre Trompete gestoßen; sie hat gesprochen, und sie nimmt bekanntlich das einmal Gesprochene nur dann zurück, wenn es in Lob, nie aber, wenn es in Tadel bestand.

Wenn uns etwas grausam und zu Barbaren gegen die Frauen machen könnte, so wäre es der Gedanke, daß sie keine Schonung verdienen, weil sie gegen uns keine üben. Sie sind in der großen Welt die öffentlichen Nachrichter in den gesellschaftlichen Kreisen, wie die Revolutionsweiber auf den Straßen von Paris die Henkersknechte der Parteiwut und der blutigsten Rache gewesen sind. Ihre Bosheit verbirgt sich hinter ihrer Schwäche, wo sie der von ihnen verletzte und verwundete Mann selten aufsucht. Und wenn er sich's erlaubt, diese leichte Verschanzung zu durchbrechen, so nennen sie i h n, den sie so feige und sicher vor Gefahr angriffen, feigherzig und unedel, rufen um Hilfe, und Toren, welche sie m o r g e n ihren Launen aufopfern werden, sammeln sich h e u t e um sie, stimmen in ihre Anklagen ein, überschreien sie gar und verbinden sich mit ihnen gegen ihren natürlichen, gemeinschaftlichen Verbündeten — den M a n n — nicht bedenkend, daß ihnen Aehnliches bevorsteht, und daß sie die Pfeile gegen sich selbst richten, welche, wenn Männerhände sie nicht schärften, stumpf und ohnmächtig zu Boden fallen würden.

Ich stellte mich auf die Minute ein, und die dienstfertige Zofe war ebenso pünktlich. Ich erfuhr von ihr, daß ihre Herrschaft eine Dame von Stande sei, Fräulein von Saint F... de V... heiße und aus Korsika stamme. Ihre Mutter, eine geborene Schottländerin, hatte sie auf dem Totenbette einem Engländer, ihrem Verwandten, Herrn B...n, empfohlen, welcher jetzt mit ihr reise. Dieses kostbare Vermächtnis war wirklich in edle Hände niedergelegt worden. Herr B...n hatte das junge Mädchen wie seine Tochter empfangen und angesehen — bis auf den Augenblick, wo sich die heftigste Leidenschaft in sein Herz einschlich. Nun aber wollte er seine Rechte mißbrauchen und seine Lage benutzen. Ihm wurde von ihr mehr Widerstand entgegengesetzt, als er erwartet hatte; gleichwohl ward es ihr leichter, einem Vormunde Gegenliebe zu verweigern, als ihm ihre Liebe zu einem andern zu bekennen. Dies alles entdeckte mir die Kammerfrau, oder vielmehr sie bestätigte mir nur zum Teil, was mir schon dunkel vorschwebte. Mehr als je wurde eine Zusammenkunft mit ihrer Dame mein höchster Wunsch und meine wichtigste Aussicht. Die Zofe eröffnete mir, sie sei schon darauf bedacht gewesen, mir eine solche auszuwirken, und habe in dieser Hinsicht Worte fallen lassen, welche ihren Eindruck auf das Fräulein nicht verfehlt hätten; sie habe zugleich gegen sie die Besorgnis geäußert, ich würde mich zum Aeußersten entschließen, zu gewaltsamen Mitteln schreiten, mein Leben in Gefahr setzen. Die Furcht, mit in die Folgen verwickelt zu werden, habe ihre Lady sichtbar beunruhigt. Kurz, sie glaube, das Versprechen von sich geben zu können, durch List oder Ueberredung mir auf den morgenden Tag die so sehnlich gewünschte Zusammenkunft zu verschaffen. Es gelang. Der Erfolg übertraf meine höchsten Erwartungen. Ich wurde in das Innere des Heiligtums eingeführt und fand meine Göttin in ihrem Zimmer. Hier versuchte ich durch alle mir zu Gebote stehenden Mittel, sie zur

Verzeihung, zum Mitleid zu bewegen. Ich kniete, ich flehte, ich widmete mich ihrem Dienste; und aus ihrem Munde vernahm ich: ihr Herz sei frei; sie wisse zwar, daß: sich einer Leidenschaft überlassen, zugleich dem Glücke entsagen heiße, sie habe aber dem Vergnügen nicht widerstehen können, mich m ü n d l i c h zu ersuchen, von dem Entschlusse abzustehen, sie für mich zu gewinnen; sie rechne zu sehr auf mein Ehrgefühl, um besorgen zu dürfen, ich würde mit ihrer Ruhe ein paar kurze, glückliche Augenblicke erkaufen wollen; ihr Vormund werde bald über den Honig einer zärtlichen Empfindung den Wermut der Verfolgung und der Vorwürfe streuen usw. — Ich war im Begriff zu erwidern, als dieser Vormund sich auf dem Gange hören ließ. Ich hatte nur so viel Zeit, in ein anstoßendes Kabinett zu stürzen. Das Kabinett war kalt wie die Jahreszeit (wir waren im Januar). Ich verbarg mich hinter einem halb zerfallenen Bettschirm. Hier mußte ich aushalten und glaubte wirklich ganze zwölf Stunden ausgehalten zu haben, als ich erlöst ward. Vier gute Stunden wenigstens dauerte meine Gefangenschaft, denn Herr B...n setzte sich gemächlich vor den Kamin, unterhielt auf gut Englisch mit der Lady ein Gespräch, seinerseits bestehend aus lauter Einsilben: Yes, No, Lud, Damn, Hum, Ha, But, If, Well usw. Nachdem sich die angenehme Unterhaltung bis tief in die Nacht hingezogen hatte, nahm er mit einem good night seinen Abzug. Ich kroch nun aus meinem Hinterhalt hervor, aber die Schöne war so erschrocken und der Liebhaber so vor Kälte erstarrt, daß er sich nicht zweimal nötigen ließ, sich fortzuschleichen und an der Türe sich umzusehen, ob ihm niemand folge. Die Kammerfrau bot mir mit vieler Artigkeit, zum Trost und aus Mitleid, auf den folgenden Abend ein Stelldichein — auf der Straße an. Es sollte aber nicht stattfinden, denn wenn ich schon am frühen Morgen mit dem Leben davonkam, so ist dies einem Halbwunder zuzuschreiben. Es ist unmöglich, in einer größeren Gefahr zu schweben; meine Rettung habe ich dem besonderen Schutz der himmlischen Vorsehung zu verdanken.

Alles ist mir noch so gegenwärtig, als wäre es mir gestern begegnet. Ich wohnte mit einem leichtsinnigen jungen Mann zusammen, der sich nur auf zweierlei verstand, entweder selbst Narrheiten zu begehen oder sie anderen zuzumuten. Er quälte mich unablässig, ein Pferd zu reiten, welches er vor einigen Tagen gekauft hatte. Das Pferd, sagte er, ist ein Wunder von einem Pferde, ein Inbegriff aller Vollkommenheiten, es ist schön, sanft, leicht, sicher, zugeritten, der prächtigste Paßgänger, ein zweiter Bucephal. Ich will nicht glauben, seine Absicht sei gewesen, daß ich mir den Hals brechen sollte; es war weiter nichts von ihm, als daß er, selbst zu ungeschickt und zu furchtsam, es zuerst zu besteigen, mich vorschieben und mir Lust machen wollte, den Proberitt zu machen und mich den Gefahren des Erfolges auszusetzen.

Kaum habe ich mich in den Sattel geschwungen, als das verdamte Tier sich bäumt, nicht von der Stelle will, hinten und vorne ausschlägt und mit dem Reiter einen Kampf beginnt, den die Sporen ausmachen sollen. Mein Begleiter, der Vicomte von C..., merkt nun Unrat, ändert die Sprache, will mich zum Absitzen bewegen, führt den vernünftigen Grund an, es sei nichts so langweilig und verdrießlich, als mit einem stätigen Pferde spazieren zu reiten. Er hatte recht, aber nun bestand i c h auf dem Ritt, in der Gewißheit, Herr über das Tier zu werden. Es geht vorwärts. Wir gelangen auf den Wall. Hier begegnen wir einem kühnen Reiter, dem Grafen v o n G... Er setzt über einen Graben, ich ihm nach. Aber mein Pferd springt so unglücklich, daß es mit mir mitten in den Graben stürzt, sich wieder aufrafft, in vollem Galopp davonfliegt. Mein Fuß war im Steigbügel hängen geblieben; ich werde, wie Hektor um Troja, dreimal um die Wälle von Brüssel — ohne alle Uebertreibung, zehn

Minuten lang — geschleift. Zum Glücke werde ich ohnmächtig, so daß, als ich keine weitere Anstrengung machen
kann, meinen Fuß zu befreien, dieser von selbst nachläßt.
— Im Leben geht es tausendmal so, man erhält, was man
wünscht, nur dann, wenn man aufhört, sich darum zu be-
werben. — Man brachte mich nach Hause, ins Bett; ich
wurde ein paarmal zur Ader gelassen und verblieb vierundzwanzig Stunden in einer Art von Betäubung und Geistes-
abwesenheit. Als ich wieder zu mir kam, dünkte es mich
— wie im Traume — ich werde von sechs Pferden geschleift, immer in die Runde, immer am schmalen Rande
eines Abgrunds, immer den Augenblick erwartend, daß
ich hinabstürzen soll. Ich erinnere mich noch heute lebhaft an diesen Zustand; es war keine Einbildung, es war
ein physisches, mechanisches Gefühl; ich wußte, daß ich
im Bette lag, meine Vernunft redete mir zu, mich zu beruhigen, aber ganze acht Tage lang ward es mir unmöglich, Herr über meine Sinne zu werden und mich von der
körperlichen Empfindung, von der unwillkürlichen Bewegung loszumachen, welche mich längs dem Abgrunde
fortriß. Das Seltsamste dabei war, daß dieses Gefühl von
keiner peinlichen Aengstlichkeit begleitet wurde; es hatte
seinen Sitz in den Nerven. Ich richtete mich auf, ich
sah auf den Fußboden hinab, befühlte ihn, fand nichts,
was die geringste Aehnlichkeit mit einem Graben hatte,
schloß ich aber im nächsten Augenblick die Augen, gleich
war der Abgrund wieder da; die Nerven arbeiteten von
neuem; das Bild erschien von neuem; ich fühlte körperlich
den ganzen vorigen Zustand wieder; mein physischer
Aberglaube siegte wider Willen über meine kalte Vernunft.
Wer erklärt mir diese Widersprüche? — Das Fräulein v o n
S a i n t F... d e V... (ich werde sie von nun an F r a u
v o n V... nennen) erfuhr mit der ganzen Stadt meinen
Unfall. Er rührte sie. Als ich zu genesen anfing, schickte
sie, dicht verhüllt, ihre treue Zofe zu mir, sich nach meinem
Zustand zu erkundigen und Bericht abzustatten. Ich

schrieb, um mein Dankgefühl auszudrücken. Der Brief wurde angenommen. Auch der Briefsteller ward es, sobald er ausgehen durfte. Ich hatte das Glück, mich überzeugen zu können, daß ein den Pforten des Todes entronnener Liebhaber große Fortschritte im Herzen der Geliebten macht, wenn er ihr vorher nicht ganz gleichgültig war. Unbeschreiblich war die Zärtlichkeit, das Gefühl, das neuentstandene Verhältnis zwischen uns beiden; unbeschreiblich die erste Stunde unseres Wiedersehens, unsere abgebrochenen Reden, unsere Seufzer. Ich benutzte die Stimmung und machte den Vorschlag, uns nie zu trennen. Man war unschlüssig, man stockte. Wie ließ sich ein solcher Schritt tun? Wie konnte man sich dem Ansehen eines Vormundes entziehen, der ein unbeschränktes Recht über sein Mündel hatte, es überall zurückfordern durfte? — Und ich? Ich würde des gewaltsamen Raubes schuldig erklärt werden! Ich würde der Rache eines Mannes nicht entgehen können, der alles für sich habe: das Recht, die Vernunft und vor allem die Wut über eine fehlgeschlagene*) Liebe im Herzen. — Ich bat sie, die Besorgnisse über diesen letzten Punkt fahren zu lassen. Diese Wut übernähme ich zu zügeln, so daß, nach vielen Kämpfen mit sich, nach vielem inständigen Flehen, von ihr abzulassen, nach langem Widerstreben und häufigen Tränen (denn ohne Tränen gibt es keine wahre Liebe**) das süße Kind endlich nachgab und in eine

---

*) Désappointé — ein echt englischer Ausdruck. Disappointed gilt besonders von der vereitelten Hoffnung, von vereitelten Entwürfen usw. (Uebers.)

**) Viele haben es dem Virgil zum Vorwurf gemacht, daß er seinen Helden Aeneas so weinerlich darstellt: Sic fatur lacrymans — lacrymis affatur obortis usw. Ich will nicht behaupten, daß Tränen der Hauptbestandteil einer Epopöe sein sollten; so viel aber ist unstreitig: Tränen sind die Seele des Drama, wie die Liebe selbst. Ich wüßte nichts Unwiderstehlicheres als Tränen;

Entführung einwilligte. Ich setzte alles in Bereitschaft. Um Mitternacht stand mein Reisewagen unter ihrem Fenster. Sie warf in der Eile die unentbehrlichsten Sachen hinein. Der liebenswürdige Flüchtling zitterte und ermannte sich abwechselnd an meiner Seite, während wir fortrollten, um einen Hafen zu erreichen und nach Holland überzusetzen. Alles ging gut bis dahin. Aber welche Frau begeht nicht etwas Unüberlegtes? Welche zieht sich nicht durch Leichtsinn diese oder jene verdrießliche Affäre zu? Welche bereitet dem, der sein Schicksal an das ihrige knüpft, durch ihren Mangel an Folgerichtigkeit nicht Kummer? Meine Schöne nahm ein junges, sechzehnjähriges Mädchen, eine unzertrennliche Freundin, eine Kaufmannstochter aus der Stadt, mit sich. Auch ich war nicht ohne Schuld, denn in der Eile und Verwirrung einer nächtlichen Entführung und Abreise hatte ich zu wenig auf diesen Umstand geachtet, der eine Tochter ihren Eltern entriß und notwendig ernste und bedenkliche Folgen haben mußte. Hieß das nicht, zwei gefährliche Händel statt e i n e s sich auf den Hals laden? Hätte ich es nicht im voraus bedenken sollen?

Doch es war geschehen, und um meine Erzählung abzukürzen, genüge es, daß wir ein Schiff fanden, welches uns glücklich nach Vlissingen brachte. Hier, und erst hier, nahm die Göttin, welche der italienische Dichter C r u d e l i in seinem allerliebsten Sonett auf eine mailändische Schöne personifiziert hat, Abschied von meiner Geliebten*). Ich

---

nichts, was man einer weinenden Schönen — die ihre Tränen noch verschönern — versagen könnte.   (V e r f.)

   *) Del letto nuzzial' questa è la sponda;
      Più non lice seguirti. . . . .

Die Göttin der jungfräulichen Scham redet mit diesen Worten die Braut an, von deren Hochzeitslager sie weicht. Ich gebe für diejenigen, die das Original nicht besitzen oder nicht verstehen, eine schwache, doch treue Uebersetzung.

trat als ein Herr de la Tournerie auf, welcher als
Kunst- und Naturliebhaber mit seiner Gemahlin und einer
jungen Verwandten reiste. Unser Gefolge bestand aus
einer Kammerfrau und einem Bedienten; beide machten
sich während der ganzen Reise keiner Unbedachtsamkeit
im Reden und Handeln schuldig. Ich wünsche allen
denen, welche sich in der Notwendigkeit befinden werden,
in ähnlichen Fällen von ihren Leuten abzuhängen und
ihnen ihre Geheimnisse anvertrauen zu müssen, eine ebenso
diskrete Dienerschaft. Von Vlissingen begaben wir uns
nach Middelburg auf Walcheren. Hier ward mir bald die
süße Aussicht zu einer künftigen kleinen Familie; allein
sie verschwand ebenso schnell, denn von jeher ist das
Reisen Hoffnungen dieser Art nachteilig gewesen. Ein
Stoß des Wagens vernichtete die unsrige, und, ach! sie kam
nicht wieder zurück! Der zarte Rosenstock trieb keine
zweite Knospe.

Unsre Tage flossen und flogen schnell dahin. Nicht,
daß uns Middelburg viel Abwechslung dargeboten hätte,
aber die Morgenröte der Liebe und der Leidenschaft

Voici les bords du lit de l'Hyménée;
Je n'ai pas de t'y suivre obtenu la faveur.
Adieu! De tous tes pas compagne fortunée,
Tu fis ma gloire, et je fus ton honneur.

Tu deviendras épouse et mère
Si mes souhaits sont accomplis;
Bientôt l'amour effeuillera ces lis
Que sa main avec soin cultiva la première. . . .

La Déesse s'enfuit pour ne la plus revoir, —
Cette jeune Beauté, qui brule encore pour elle,
Par ses cris vainement, à trois fois, la rappelle.
Mais la Fécondité †), rayonnante d'espoir,
Descend, lui prend la main, vers son époux l'attire
Et soudain la douleur se change en un sourire.

†) Eine zweite personifizierte Göttin.

malt den Horizont mit tausend Farben aus, und man
zieht es vor (ich wenigstens) sich schweigend Arm in
Arm an stillen Orten zu ergehen, als im Taumel der gleichgültigen Gesellschaften lebhaftere Vergnügungen aufzusuchen. Aber unser Glück sollte nicht lange ungestört
bleiben. Jemand, der mich in Maestricht beim Grafen
von Maillebois gesehen hatte, verbreitete in Middelburg die Nachricht meiner Ankunft und meines Aufenthalts. Das Gerücht gelangte bis zum Groß-Pensionär
von Zeeland. Angetan mit einem betreßten, grüntuchenen
Rocke, einen mit Perlmutter ausgelegten Hirschfänger von
seltsamer Form zur Seite, beehrten mich eines Nach-
mittags Seine Hochmögenden in Begleitung zweier Al-
guasils von widrigem Aussehen, die er im Vorzimmer ließ,
mit seinem Besuche. Er hub seine Rede mit folgenden
Worten an: „Es müsse für die Regierungen gefährliche
Folgen haben, wenn sie es dulden wollten, daß Fremde,
von welchem Stande und Rufe sie auch sein möchten, sich
unter einem fremden Namen in das Land einschlichen und
niederließen. Je bekannter der wahre Name einer solchen
Person sei, desto mehr sei es ihre Pflicht, sich dessen
zu ihrer Ehre zu bedienen. Sich hinter einem falschen
verbergen, scheine anzudeuten, daß man geheime, gesetz-
widrige, strafbare Absichten habe; wenigstens setzte man
sich dem Verdachte aus, etwas gegen den Staat im
Schilde zu führen. Er ersuche mich zugleich, infolge
seines Eifers für die Erhaltung der öffentlichen Ehrbarkeit und Sittlichkeit, ihm meinen Ehekontrakt vor-
zuzeigen, ferner ihm zu gestatten, ein Protokoll über
die Gründe aufzunehmen, die mich bewogen hätten,
meinen Namen zu verändern und meinen Sitz in der
guten Stadt Middelburg aufzuschlagen. Ich möchte
ihm alles eröffnen, meine Absichten, meine Entwürfe,
meine Pläne, Vorhaben, Anschläge und künftige Ver-
richtungen." — Ich unterbrach sein breites Geschwätz,
indem ich den grünen Ehrenmann mit dem Hirsch-

fänger ersuchte, seine Lunge zu schonen, seinen Feuereifer abzukühlen und von der unnötigen Hitze abzulassen. Ich sei nicht gewohnt, mit einem Heiratskontrakt in der Tasche zu reisen; ich müsse den Herrn für einen ... ich weiß nicht was halten, wenn er glaube, ich würde ihm das Dokument vorzeigen, selbst wenn ich es bei mir führte; ich hätte nie die Absicht gehabt, mich in seiner Stadt niederzulassen, wo ich nichts Gutes vorfände als trefflichen Kabliau; und da ich mich nur kurze Zeit im Gasthofe zur „Silbernen Glocke" aufzuhalten gedächte, wo ich weiter nichts täte, als mein Geld verzehren und meine Zeche bezahlen, so hätte ich es für sehr gleichgültig erachtet, ob ich mich Peter oder Paul nenne. Ich hätte ihm überdies dadurch die Mühe ersparen wollen, meiner Gemahlin die Aufwartung zu machen (hier merkte das Männchen, daß ich seiner spottete), doch, um ihm seine kostbare Zeit nicht zu rauben, und um einen Besuch abzukürzen, der mir schon viel zu lang dünke (hier runzelte sich seine Stirn, und seine Augenbrauen zogen sich auf eine seltsame und widrige Art zusammen), wolle ich mich dazu bequemen, ihn einige Papiere sehen zu lassen, welche auf alles Antwort geben und alle seine Zweifel lösen würden. Mit diesen Worten schob ich ihm einen Paß des Grafen von Mercy, Gouverneur der österreichischen Niederlande, und ein paar Briefe des Grafen von Maillebois, dessen Name einem holländischen Ohre nicht fremd klingen konnte, unter die Nase. Während er die Papiere mit der Brille betrachtete, bat ich ihn trocken und lakonisch, sich nicht länger zu bemühen und mich und meine Gattin unserer stillen Häuslichkeit zu überlassen; ich machte ihm ziemlich bitter und scharf den Vorwurf, in ihr eine Ueberraschung erregt zu haben, welche einer Neuvermählten immer gefährlich werden könne, zumal da sein finsteres Aussehen nicht geeignet sei, das Unangenehme des Auftritts zu vermindern. Ich schloß mit der Versicherung, daß der nächste Morgen die Stadt, die das Glück hätte, seiner Oberaufsicht unterworfen zu sein, von uns befreien werde. — Dies alles brachte ihn auf. Er erzeigte mir die Ehre, zu antworten: Es beliebe mir wohl, das zu s a g e n , aber nicht zu t u n. Seine Pflicht gebiete ihm, sich meiner Abreise zu widersetzen, bis ein Schreiben des Grafen v o n M a i l l e b o i s , an ihn selbst gerichtet, mit seines Namens Unterschrift, ihm genügenden Aufschluß geben würde, weswegen ich mich in Zeeland aufhalte, und welches die Gründe meines Inkognitos seien. Ich erwiderte, wie sehr es mich freue, ihn so vernünftig zu finden, weil ich auf diese Weise meinen ersten Vorsatz erfüllen könne, noch acht bis zehn Tage in denselben Ringmauern mit ihm zu leben. Ich ersuchte ihn, sich zu setzen, während ich vor seinen Augen an Herrn v o n M a i l l e b o i s schreiben würde, indem es meine Absicht sei, zur richtigen und schnellen Bestellung in seine eigenen Hände den Brief zu geben, dessen Beantwortung meine F r e i h e i t erwirken sollte; denn, setzte ich spöttisch hinzu, ich betrachte mich als K r i e g s g e - f a n g e n e n in der Festung, in welcher Sie in F r i e d e n s - z e i t e n mit so großer Auszeichnung kommandieren. Er bemerkte mit vielem Scharfsinn, daß die Herren Franzosen feine Necker und lustige Vögel seien. Ich versicherte ihm meinerseits, daß ich sein Wesen viel drolliger fände als alle meine Reden. Nach diesem Kompliment, welches ihm sehr schmeichelhaft und treffend vorkam, begab er sich mit einer Menge von Bücklingen und Kratzfüßen weg, welche seinen übrigen Reden und Gebärden an Ungrazie nicht nachgaben. Er verlängerte und vermehrte sie aber dergestalt, immer rückwärts schreitend, weil er mir aus Höflichkeit die Antlitzseite nicht entziehen wollte, daß er, an die Stiege gelangt, stolperte, das Gleichgewicht verlor und die ganze finstere Treppe hinabrollte, ohne sich halten zu können. Seine beiden Nachtreter halfen ihm wieder auf die Beine. Ich stellte mich, als hätte ich den Unfall nicht bemerkt, blieb oben am

Geländer stehen, rief ihm ein „Empfehle mich! Guten
Abend! Nehmen Sie sich auf der Treppe in acht!"
nach, kehrte dann um, schloß meine Tür ab, verriegelte
sie, daß es es hören konnte, um ihm zu zeigen, daß, wenn
er unten den Hals bräche, er oben bei mir keine Hilfe
zu erhoffen hätte.

Ich hätte erraten sollen, daß das nicht mit
natürlichen Dingen zuging, daß Seine Hochmögenden
hier nicht von selbst, sondern auf geheimen Auftrag
von außen handelten. So war's auch in der Tat. Unser
Vormund hatte uns einen von den Ehrenmännern nach-
geschickt, welche allezeit fertig sind, sich für Geld mit
schlechten Aufträgen zu befassen. Sei's, wie es wolle,
genug, das Ungefähr ließ mich noch denselben Abend mit
dem Grafen von R... zusammenkommen. Er stand als
Oberst bei einem deutschen Regiment in Ihrer Hochmögenden Diensten; seine Garnison war unweit Middelburg; ich hatte in Spaa seine Bekanntschaft gemacht. Um
sie zu erneuern, lud ich ihn ein, mit meiner Gattin zu
Abend zu speisen, verhehlte ihm aber dabei nicht, daß
sie fürs erste nur den Namen führe. Er nahm die
Einladung an. Nun erzählte ich ihm der Länge nach
den Auftritt mit dem Pensionär. Das gab uns Anlaß zu tausend Scherzen. Am Schluß erbot er sich, mir
Pässe zum folgenden Tage zu verschaffen. Ich schlug
sie aus. Das Beste für mich war, in Middelburg zu bleiben
und das Ende ruhig abzuwarten. Zudem wollte ich diese
Stadt und Festung nicht anders als mit allen kriegerischen
Ehren verlassen. Auch ließ die Antwort des Grafen von
Maillebois nicht lange auf sich warten. Der Pensionär
gab sich die Ehre, sie mir in Person zu überbringen; er
ließ mir die freie Wahl zwischen der Abreise und dem Hier-
bleiben. Mein Entschluß war nicht zweifelhaft. Ich nahm
Abschied von ihm und erklärte, daß ich mich am folgenden
Morgen zur Abfahrt anschicken würde. Er war so höflich,
so artig geworden, so ganz um den Finger zu wickeln,

daß er mich ersuchte, ich möchte ihm die Ehre erzeigen, bei ihm zu speisen, was ich aus dem Grunde ablehnte, weil Frau von Tournerie nicht mit eingeladen war.

Es war nicht genug, Middelburg zu verlassen, wir mußten einen andern Aufenthalt wählen. Ein Entführer mit seiner Beute pflegt kein leichtes, gutes Gewissen zu haben. Seine Unruhe kommt so ziemlich der eines Missetäters nahe. Und ist Entführung nicht im Grunde eine Art von Missetat? Ich sann hin und her. Endlich schien mir Gent ein sicherer Zufluchtsort. Hier beschloß ich Frau von V... unterzubringen; ich für meine Person wollte nach Brüssel gehen, um den Boden zu untersuchen und dem Grafen von Mercy, von dessen Nachsicht ich Rat und Schutz erwartete, mein Geheimnis zu offenbaren. Wir machten uns bei dem schönsten Wetter nach Vlissingen auf, wo wir uns einschifften. Aber kaum waren wir unter Segel, als uns auf der kurzen Ueberfahrt ein so fürchterlicher Sturm überfiel, daß wir Gefahr liefen, zu stranden. Endlich landeten wir bei Sas van Gent, mitten unter Donner und Blitz und bei einem Gewitter, welches, wie meine beiden ängstlichen, halbtoten Begleiterinnen sagten, ein gegen uns verschworener Himmel über uns verhängt hatte.

Dort erwarteten uns neue Stürme anderer Art und neue Abenteuer.

Die Landesgerichte forderten die von einem Verführer ihren Familien entrissenen beiden Damen zurück. Ich hütete mich, den geringsten Widerstand zu leisten. Die Damen, sagte ich, wären zwei Reisende, die ich nach Holland begleitet hätte. Ihre Familien hätten wahrscheinlich triftige Gründe, sie zurückzuverlangen. Das Gesetz werde nach den Aussagen der Frau von V... entscheiden, ob sie strafbar sei... ob es andre seien... Es werde zum Beweis kommen, ob Herr B...n das Recht über sie habe,

welches er sich anmaße. . . . Man werde vor allem in
Betracht ziehen, ob er sich keiner andern Gefühle bewußt
sei als solcher, welche mit den Pflichten übereinstimmen,
die er am Sterbebette der Mutter seiner Mündel übernommen habe. . . . Das waren die kurzen und bündigen
Bemerkunegn, welche ich zwei oder drei in Schwarz ge-
kleideten Nachteulen vorlegte, die sich um einen Tisch
gesetzt hatten und ein Protokoll aufnahmen. Während
sie meinen Vortrag zu Papier brachten, hatte ich volle
Muße, mich mit den beiden scheu gemachten jungen
Frauen zu besprechen. Ich gab der Frau v o n V...
die heilige Versicherung, ich würde alles ins Werk
setzen, um in Brüssel die Affäre zu unterdrücken; ich
beteuerte ihr, mein ganzes Glück, mein ganzes Wesen,
meine Seele bleibe bei ihr zurück; ich könne, obschon
entfernt, in Gedanken nur mit i h r leben; Herr B...n
werde im Weigerungsfall den Prozeß zurücknehmen und,
falls er nicht seiner Tyrannei entsage, von meiner Hand
sterben oder ich von der seinigen.

Also sprach ich, also dachte ich; also denkt und spricht
die Leidenschaft. Herr B...n war in meinen Augen ein
Tyrann; warum? Weil er mir die Person rauben wollte,
die ich ihm wider alle göttlichen und menschlichen Gesetze
geraubt hatte; die es ihm Ehre und Gewissen zur Pflicht
machten, gegen den Verführer, der sie betört hatte, der
sie zugrunde richten wollte, in Schutz zu nehmen!

Auch i c h hatte ein Gewissen, auch in m e i n e r
Brust ließ sich eine Stimme, die man nie ganz erstickt,
heimlich und murrend vernehmen. Um sie aber zum
Schweigen zu bringen, gab ich ihr (und zwar nicht ohne
allen Grund) zur Antwort: Dieser Beschützer habe so
gut wie ich eine sträfliche Absicht gehabt . . . eine noch
straffälligere, da ihn Verbindlichkeiten an sein Mündel
fesselten, die mein Herz nicht belasteten . . . ich selbst
sei der Ritter und Retter der verfolgten Schönen geworden, der Rächer des gemißbrauchten Vertrauens, der

Rächer der unglücklichen Mutter, welche vom Himmel
herab Blicke des Zornes auf den Treulosen schleudere,
der die Bitten der Sterbenden angehört habe und jetzt
verhöhne . . . der mir von ihm gemachte Prozeß sei nur
ein Vorwand seines Hasses und eine hinterlistige Erfindung seiner Liebe . . . er berufe sich auf Gesetze und
Gerechtigkeit, bloß um sein schutzloses Opfer wieder in
seine Gewalt zu bekommen . . . mit einem Worte, da
sein Mündel nun einmal einen Fehltritt getan habe, sei es
weit einfacher und weniger anstößig, ihn mit mir, den
sie liebe, zu vollenden, als sich den Verfolgungen ihres
Vormundes preiszugeben, den sie nicht liebe, und doppelt
zu sündigen. Meine Zärtlichkeit für die Unterdrückte
gab diesen Betrachtungen neue Kraft; der Widerstand,
den ich fand, diente dazu, meine Leidenschaft zu vergrößern und den Gegenstand derselben mir tausendmal
teurer zu machen. Meine durch ein gerichtliches Verfahren gereizte Ehre goß Oel in das Feuer meiner Phantasie, und es ging so weit, daß ich mir schon ein Urteil
dachte, welches mich, den des Raubes und der Entführung Angeklagten, in einen Befreier und Retter der Unschuld verwandeln und mir Ehrensäulen errichten würde.

Mit dergleichen Trugschlüssen gelang es mir, einen
ebenso straffälligen als unbedachtsamen Schritt vor mir
selbst zu beschönigen, nur wollte es mir nicht ganz ge-
lingen, mich vor meinem Gewissen zu rechtfertigen. Gleichwohl hat der Sünder schon dadurch einen Vorsprung erhalten und ist mit seinem Gewissen bald im reinen,
wenn er — der Straffällige — Augenblicke des Zweifels
und Zwischenstunden der Ruhe gewinnen kann.

So schwankten meine Gedanken, während ich auf
dem Wege nach Brüssel war, bis ich, dort angekommen,
mich fest entschlossen fühlte, r e c h t haben zu w o l l e n.
Beim Aussteigen aus dem Wagen wartete ein Bekannter
auf mich, der viel beim Grafen v o n M e r c y galt und
mir riet, keinen Augenblick zu verlieren, den Grafen

für mich zu gewinnen. Er verhehlte mir nicht, daß
der Vorfall großes Aufsehen errege; man sei aufgebracht,
wütend auf mich in der ganzen Stadt, und was man
mir vorzüglich zum Verbrechen anrechne, sei die Entführung der jungen P... (der kleinen Kaufmannstochter,
an die ich kaum noch dachte). Sein Rat war: um den
Prozeß der Frau von V... schnell zu beendigen, mit
Herrn B...n ein paar Kugeln zu wechseln; er schien überzeugt, Herr B...n werde sich den Gang mit mir gern
gefallen lassen. Aber mit dem Vater der Demoiselle P...
liege der Fall anders; der schwerfällige Kontorist sei
halsstarrig, berechne den Handel kaufmännisch, wolle
seine Tochter mit der ganzen Ehrenemballage wieder in
seine Niederlage geschafft haben. Ich beteuerte meinem
Freunde, mit der ganzen Aufrichtigkeit eines schuldlosen
Herzens, daß der Ballen seit der Absendung unberührt
geblieben sei, daß ich ihn aufgeladen, fortgeschafft und
abgesetzt habe, ohne mich um den Inhalt zu bekümmern;
ich wisse nicht einmal, von welcher Gattung die Ware
sei, und habe das kleine, langweilige Ding nie darum
befragt. Mein Freund schien über diese Erklärung entzückt; ich glaube, auf Ehre, er hatte befürchtet, daß ich,
von der Entführungswut angesteckt, zwei Sabinerinnen
zugleich geraubt hätte. Meine Versicherung beruhigte ihn
dergestalt, daß ich den Augenblick sah, wo er mir den
Rat geben würde, mich für den Entführten auszugeben;
und in der Tat war ich, als wir abreisten, wenn ich es
recht überlege, von der kleinen Person gewaltsam überrascht worden, denn sie hatte sich ohne meine Erlaubnis
in unsern Wagen eingedrängt.

Ich eilte zum Grafen von Mercy und vergaß
in unsrer Unterredung nicht, diesen Umstand geltend
zu machen. Der Graf empfing mich anfangs höflich
kalt und mit strenger Würde; allmählich entrunzelte er
sich, und zuletzt, nachdem er meine Rechtfertigung angehört und sie sich zum Teil hatte wiederholen lassen,

versprach er mir seinen Schutz. Er gab mir zu verstehen, ich müsse mich vorläufig aus der Stadt entfernen oder ein sicheres Haus finden, wo ich mich eingezogen aufhalten könne. Ausgehen dürfe ich fürs erste nicht. Ehe ich diesen weisen Rat befolgte — denn ich fand es der Klugheit gemäß, ihn zu befolgen — begab ich mich zum Herrn B...n; er war im Begriff, sich niederzulegen. Ich erklärte ihm, daß er mir Genugtuung schuldig sei, indem er in Gott weiß welcher gerichtlichen Eingabe mich und meinen Namen beschimpft habe; wahr sei es, daß sein Mündel, die es nicht mehr sein wolle, sich entfernt habe, aber keineswegs auf mein Anstiften; sie sei geflohen, um den Versuchen, die e r sich erlaubt, und den gewaltsamen Handlungen, w o r ü b e r s i e K l a g e f ü h r e, sich zu entziehen; ich wolle hoffen, er werde sich durch eigne Ueberlegung und reifliches Nachdenken zu gemäßigteren, gescheiteren und vernünftigeren Gesinnungen zurückführen lassen; ich würde e i n i g e T a g e abwarten und verspräche mir, daß er mir dann durch Herrn v o n S... (den ich als Begleiter mitgenommen hatte) seinen bestimmten Entschluß zukommen lassen würde. „Die Aussagen der Frau v o n V... (fuhr ich fort) werden Ihnen begreiflich machen, Sir, wie sehr Ihr Interesse es erfordert, ein gerichtliches Verfahren abzubrechen, worin Sie die Rolle des Klägers mit der des Angeklagten vertauschen würden." — Er wollte nun eine zusammenhängende Rede anfangen — denn bisher hatte er nur einzelne Worte gestammelt — aber ich ließ ihn nicht zu Worte kommen und verließ ihn mit der Versicherung, unsere heutige Zusammenkunft werde nicht die letzte sein. Herr v o n S... warf mir einen bedeutsamen Blick zu und blieb noch zurück.

Der gute Freund, den ich bei meiner Ankunft getroffen, und der mir Beistand mit Rat und Tat versprochen hatte, war nicht untätig geblieben. Er reiste zur kleinen P..., sprach mit ihr und erhielt von ihr eine schriftliche

Erklärung, daß sie wider meinen Willen und einigermaßen ohne mein Wissen ihre Freundin von V... nach
Holland begleitet habe; sie habe sich nicht entschließen
können, diese Freundin, ihre große Gönnerin, auf ihrer
Flucht vor Herrn B... n allein reisen zu lassen. Sie beteuerte
ferner in dieser Schrift, man habe es an keiner Achtung
für ihre Person und ihr Geschlecht fehlen lassen; sie könne
von einem Spaziergange mit Vater und Mutter nicht
reiner, unschuldiger, ja selbst aus keiner Kirche erbauter
zurückkommen, als von diesem kleinen Ausfluge usw.
Man eilte damit, diese bündige Erklärung dem Grafen
von Mercy vorzulegen; er schien nur darauf gewartet
zu haben. Andrerseits waren die Aufschlüsse und Erklärungen der Frau von V... so sehr zu meinen Gunsten,
daß Herr B... n es für gut fand, seine feindlichen Ausfälle
gegen mich und seine prozeßsüchtigen Maßregeln und
Schritte einzustellen. Ich bin es der Wahrheit schuldig, zu
bekennen, daß es nicht die Furcht vor meinen Drohungen, sondern das edle, ruhige und feste Betragen seines
Mündels gewesen ist, welches ihn — einen wirklichen
Ehrenmann — bewog, von der Klage abzustehen.

Ich speiste von der Zeit an öffentlich beim Grafen,
obschon einige gutherzige Seelen der Meinung waren,
er hätte dem triumphierenden Laster einen Kappzaum an-
legen sollen*). Unter andern legte es einmal über Tafel
die alte Fürstin von Stahremberg darauf an, mich
in Verlegenheit zu setzen. Sie wandte sich während einer

---

*) Donner un coup de caveçon. (Cavecon ist offenbar
das deutsche Kappzaum, wie Lansquenet (Landsknecht), Lanspessade,
Anspessade (Landspieß [Unteroffizier]), Havresac (Hafersack),
Valise (Felleisen), Hallebarde (Hellebarte), Canapse (Schnapp-
sack), Chenapan (Schnapphahn). Die Schweizerregimenter in
Frankreich haben diese und eine Menge Trinkwörter (trinquer,
chinquer, brindes, carousse, larigot usw.) eingeführt.

(Uebers.)

Pause an mich. „Ei! (rief sie mir überlaut zu) Sind Sie
doch wieder da! Man hat sagen wollen, Sie hätten ein
junges Mädchen entführt. Nicht wahr? Ein bloßes
Märchen?" — „So? Hat man das gesagt? Nun, da wir
beide, gnädige Frau, Sie von Paphos, ich von Middelburg,
zurückgekommen*) sind, wird man nicht mehr davon
sprechen." Es erhob sich ein für die alte Matrone, die
weit über die Sechzig hinaus war, ärgerliches Gelächter.
Sie verdiente den Stich schon dadurch, daß sie noch die
Junge spielen wollte. Ich habe in meinem Leben keine
so ungeheure falsche Perücke gesehen, Schminke, finger-
dick aufgelegt und rot wie ein angestrichenes Wagenrad,
ein Schmuck, im vorigen Jahrhundert gefaßt, ein Gesicht
wie das einer Mumie.

Damit war nicht alles abgetan. Ich mußte mich wieder in den Besitz meiner Geliebten setzen und die Torheit
vollenden, von welcher ich freigesprochen war. Es wurden
mit Herrn B...n Unterhandlungen eingeleitet. Anfangs erfolgte seinerseits der tapferste Widerstand. Endlich ließ
er seinem Mündel das Liberum Arbitrium**), wie er sich
ausdrückte. Kaum waren beide Worte aus seinem Munde,
als ich ihn dabei festhielt und sie ihm so lange wiederholte, bis er sich entschloß, mich zur jungen Dame zu
führen, und ihr in meiner Gegenwart sagte: sie sei frei
und könne nach Willkür und eigenem Willen über ihr
Schicksal entscheiden. Ich siegte, ich frohlockte, ich
triumphierte. So viel muß ich aber auch zugleich gestehen,

---

*) revenir heißt sowohl alt geworden sein, als von einer
Reise zurückkehren; ein wörtlich unübersetzbares Wortspiel!
**) Die freie Entscheidung.

daß mein Sieg durch einen Umstand erschwert wurde.
Herr B...n führte sie an ein Fenster, stellte ihr ein Papier
zu, sprach einige Worte mit ihr; und nun sah ich sie
stocken, wanken, einen Tränenstrom vergießen. Schon
wollte ich mich entfernen, als sie mit großer Heftigkeit auf mich zustürzte, mich beim Rockschoß ergriff,
ihn dann wieder bescheiden und verwirrt fahren ließ.
Was mochte der Inhalt des Papiers sein? War es ein
Eheversprechen? War es ein Schreiben der Mutter? Ich
weiß es nicht und werde es ewig nicht wissen; denn
später, in den innigsten Augenblicken der Vertraulich-
keit, habe ich von ihr keinen befriedigenden Aufschluß
über ein Geheimnis erhalten, welches ich doch nur
vergeblich abzuringen versucht haben würde, weil es
immer nur von ihr abhing, der Wahrheit jede beliebige
Erdichtung unterzuschieben.

Gleichwohl kann ich es nicht leugnen: der ganze
Auftritt befremdete mich. Die tiefe Rührung des Herrn
B...n konnte mir nicht entgehen, nicht gleichgültig bleiben.
Sein Ton war einesteils so gemäßigt, andernteils so innig
und empfindungsvoll, er ging mir zu Herzen. Auch liebte
ich die Unruhe, die Aengstlichkeit, das (soll ich sagen?)
Schwanken nicht, welches ich an seinem Mündel bemerkt
hatte; aber ihre rasche Bewegung vor einem Zeugen, der
ihr im Wege stand, ihr Nachstürzen, als ich das Zimmer
verlassen wollte — das Andenken an diese Minute ergriff
mein Herz immer aufs neue, hob alle meine Bedenklichkeiten.

Ich bin mehrmals von Frauen verlassen worden, unter
anderen von einer, die ich angebetet habe. — (Ich
rede hier von einer späteren Zeit, von einem späteren
Falle.) — Diese Frau hat sich's aufs äußerste angelegen

sein lassen, während der ziemlich langen Verbindung, die
zwischen uns stattfand, Güte, Zärtlichkeit, kurz alles, was
ein Verhältnis wie das unsrige anziehend, reizend, lockend
machen kann, mit Bosheit, Härte des Herzens und der
empörendsten Handlungsweise zu vereinbaren. Der Tag
unsrer Trennung war der nämliche Tag, wo wir uns gegenseitig versprochen hatten, uns n i e zu trennen. Nie
hatte sie so viel Kunst verschwendet, mich an sich zu
zaubern. Ich fiel, als ich sie verlor, in einen Zustand
der Nichtigkeit. Sie hatte für mich die Welt entvölkert,
sie hatte mich in eine unendliche Einöde gebannt. Ich
irrte tagelang umher, an nichts denkend, an nichts denken
wollend, denken könnend, als an ihre guten Eigenschaften,
als an ihren Verlust, an die ewige Quelle meiner Tränen
bis zu meinem letzten Atemzuge. Ich war untröstlich, nahe
daran, den Verstand zu verlieren, mit Recht fürchtend,
ein Schmerz dieser Art, ohne Rast, Ziel und Ende, müsse
mich auf geradem Wege ins Tollhaus führen. Und dieses
würde auch unzweifelhaft mein Los und meine Bestimmung
geworden sein, hätte mir der Himmel nicht eine einfache Idee eingegeben, welche manchem wie eine Kinderei
vorkommen dürfte, die ich aber als die stärkste Kraft-
äußerung meiner Vernunft ansehen muß, weil ich ihr
die Erhaltung derselben schuldig bin. Ich setzte nämlich
ein umständliches, räsonierendes Verzeichnis von allen Bos-
neiten, Treulosigkeiten, grausamen Behandlungen, kalten
Mißhandlungen auf, die ich von dieser geliebten Person
erduldet hatte, sogar von einigen beißenden, giftigen
Stachelworten, die ihr entfallen waren; denn sie,
die liebenswürdigste, anziehendste, hinreißendste ihres
Geschlechts, sobald sie es wollte — und sogar, wenn sie
es nicht wollte — konnte auch die barbarischste Tyrannin
ihres Anbeters sein. Dieses Verzeichnis, in Form einer
Anklageakte aufgesetzt, las ich täglich morgens und abends
durch; ich trug es beständig bei mir, ich lernte es auswendig, und wenn Erinnerungen anderer Art dagegen

anstrebten, sie verscheuchen und sich meiner Phantasie bemächtigen wollten, so entfaltete ich mein Papier, las es mit lauter Stimme, spornte mich an, und es gelang mir dann — sie zu hassen . . ., wenigstens bildete ich mir es ein. Aber nun entstand ein Kampf in mir auf Leben und Tod; die Geliebte gewann wieder Raum, siegreich verfolgte sie mich bis an die entgegengesetzte Grenze ihres Reichs, und hätte ich mir in so widersprechender Lage nicht durch T r ä n e n Luft gemacht, ich hätte sterben müssen. — Endlich schlug sich der Sieg auf meine Seite, vier Monate waren verflossen; ich verschloß mein Verzeichnis in meinen Schreibtisch, in der festen Meinung, daß ich sie nun haßte, daß ich sie verabscheute. In den drei folgenden Monaten hatte ich nicht nötig, zu meinem Rezept zu greifen und ihre Grausamkeiten zu überlesen. . . . Ich hatte sie beinahe ganz vergessen, und dachte ich noch ab und zu an sie, so war es mit Unwillen (ein Gefühl, das ich dem Hasse vorziehe).

S i e b e n Monate, geliebter 'Leser, sind vorüber. . . Seit d r e i Monaten ist mein Sieg gewiß. . . . Du glaubst es und hältst mich für gerettet. . . Ich glaubte es selbst.

Es schlug acht Uhr abends. Wir waren im Herbst. Ich lebte in einer großen, damals etwas entvölkerten Stadt. An der Ecke einer breiten Straße bemerkte ich zwei Frauen. Die eine trägt sich weiß, mit einem Scharlachschal. Sie zieht meine ganze Aufmerksamkeit auf sich. Die Wohlgerüche, die sie verbreitet, sind mir bekannt, treffen meine Geruchsnerven. Ich höre sie zu ihrer Gefährtin sagen: „Da geht er" (und sie nennt mich bei Namen). Stolz gehe ich an ihr vorüber, aber schon hat ihre Stimme, die ich seit so lange nicht gehört hatte, einen Dolch mir ins Herz gebohrt. Vier Schritte weiter kehr' ich mich um . . . Allmächtige Götter! Wie ward mir? Auch s i e hatte das Haupt gewendet; ohne von der Stelle gewichen zu sein, blickte sie mich an. Jetzt verdoppelt sie ihre Schritte und entflieht. Ich mußte mich am nächsten Prellsteine festhalten, um nicht auf das Pflaster zu fallen, welches nicht kälter sein konnte, als ich es war. Endlich raffte ich mich auf, schleppte mich mit äußerster Anstrengung bis nach Hause. Alle meine Wunden sind wieder aufgerissen!!! Ich war genötigt, das verzweifelte Verzeichnis einmal, zweimal, dreimal abzuschreiben und ein-, zwei-, dreimal wieder zu überlesen, ehe ich mich sammeln und mich in meine vorige Lage hineinarbeiten konnte. Zu einem vollkommenen Seelenfrieden bin ich nicht eher gelangt, als bis ich den Ort verlassen habe, wo die Feindin meiner Ruhe lebte, und ich ganz sicher sein konnte, sie nicht anders als jenseits des Grabes wiederzusehen.

Frauen! Frauen! W o l l t e ich euch sagen, k ö n n t e ich euch sagen, was d i e s e Frau für mich gewesen ist, was sie für mich getan hat, welches Liebeszeichen ich von ihr erhalten, ihr würdet begreifen können, wie ich mich habe über ihren Verlust trösten können. Setzte ich euch in Kenntnis des Geheimnisses, welches in meinem Herzen verborgen ist — entdeckte ich euch aber zugleich, was für überlegte schwarze Handlungen, welche Infamien ich ihr vorzuwerfen habe, ihr würdet ebenso wenig begreifen können, wie es mir möglich gewesen, mich wieder nach ihr zu sehnen. — —

Wie bin ich darauf gekommen, diesen Abschnitt zu schreiben, diesen Teil meiner Geschichte vorweg zu berühren? Wie? Jetzt besinne ich mich. Es ist bei Gelegenheit meines Verhältnisses zur Frau v o n V... geschehen, bei Erwähnung meines Wunsches, mich mit ihr zu verbinden, bei dem gleich darauf eingetretenen Bemerken ihrer Unschlüssigkeit, und bei der erneuerten leidenschaftlichen Empfindung meines Herzens, welches ihr gleich wieder entgegenflog. Ich kehre wieder zu mir, zu ihr, zu Herrn B...n zurück.

———

Doch nein, ich muß vorher noch meinen Lesern ein psychologisches Rätsel aufgeben, welches diejenigen von ihnen, die mit dem menschlichen Herzen nicht ganz bekannt sind, schwerlich lösen dürften. Hier ist das Rätsel und mein Bekenntnis. Während meines innern Kampfes mit und um Frau von V . . . hatte sich in mir für — eine andere ein ziemlich lebhaftes Gefühl eingefunden. Ich stand auf dem Punkt, einer neuen Schönen zu huldigen; wenigstens durfte ich glauben, eine neue Eroberung gemacht zu haben, und meinem Abenteuer diesen Namen geben.

Ein Rechtsgelehrter von Brüssel hatte eine hübsche Tochter, welche nicht immer die Grausame gespielt hatte. Sie war mehrmals, in ihren Mantel gehüllt, in einen Garten aus dem Tore gekommen, wie Rousseaus Julie in ihre Sennhütte, um in meiner und anderer Saint-Preux Gesellschaft Milch und Erdbeeren zu essen. Eines Morgens begegnete ich ihr vor dem Schlosse. Ich biete ihr den Arm, führe sie in einen der menschenleeren Höfe, ersuche sie, mich anzuhören, und ohne weitere Vorrede entdeckte ich ihr, daß mich geheimer Kummer drückt, daß ich höchst unrecht getan habe, leicht zu haschenden Vergnügungen zu entsagen, um sie gegen Tage der Bitterkeit und der Angst zu vertauschen. Ich fühle in diesem Augenblick den ganzen Verstoß gegen Galanterie und Sitte, dessen ich mich schuldig machte. Ob sie es nicht auch fühlen mochte? Ob meine Bemerkung sie nicht empfindlich verletzte? Genug, sie lächelt; in ihrem Lächeln lag ein sonderbarer Ausdruck; gleichwohl gab sie mir ein Rendezvous auf denselben Abend, elf Uhr. Die Verabredung war, ich sollte die Weise pfeifen: Où peut-on être mieux usw.; dann werde sie herabkommen, mir aufmachen und mich einlassen. Ich war pünktlich; ich pfiff, pfiff noch einmal. Hätte ich aber auch die ganze Oper Lucile in Variationen gesetzt, es wäre niemand erschienen. Voll Ungeduld und instinktmäßig nähere ich mich der Tür, versuche, finde sie halb offen. Sie aufstoßen, die Treppe leichtfüßig hinaufsteigen, mich auf den Zehenspitzen in das Vorzimmer einschleichen, war das Werk eines Augenblicks. Aber im Begriff, die Türe zu öffnen, où Rose respire, fühle ich mich plötzlich von einem Paar athletischen Armen umfaßt — eine Umarmung, welche mit der schwanenweichen Umspannung einer Geliebten nicht das geringste gemein hatte. Ich sträubte mich, umsonst; ich will mich losmachen, umsonst; ich bin einmal der Schwächere und werde überwältigt. Man zieht, schleppt, stößt mich gewaltsam der Treppe zu. Jetzt kenne ich mich nicht mehr vor Wut. Ich schlage um mich, und da mir der eine Arm lahm wird und wie zerbrochen schmerzt, wehre ich mich mit Fußtritten wie ein wildes Tier. Nun werde ich ohne Umstände auf die Erde geworfen; man bindet mir mit einem Strick die Arme hinter den Rücken; ich beiße um mich, man reißt mir die Haare aus. Ich fühle ein Knie, das mir die Rippen eindrückt. Meine Hände werden in einen Schleifknoten gebracht, und in diesem Zustande läßt man mich mit Lebensgefahr die Treppe hinunterstolpern. Man schiebt mich mit der größten Höflichkeit auf die Straße und schließt die Tür hinter mir ab. Ich bin nie — und werde, wie ich hoffe, nie wieder — in einer solche Raserei geraten. Was war zu tun? Wozu sollte ich mich entschließen? An meine Haustür pochen, hieß mich lächerlich machen und war überdies bei gebundenen Händen fast unmöglich. Doch blieb mir kein anderer Ausweg übrig. Ich stieß mit den Füßen an und zog es vor, mich in diesem Auszuge lieber vor meinem Bedienten als vor einem Fremden bloßzustellen. So kam ich denn glücklich vor dem Pförtner vorüber, ohne von ihm bemerkt worden zu sein, und half mir bei meinem ziemlich einfältigen und ehrlichen Kerl mit einer Lüge durch. Mit innerer Beschämung erdichtete ich ein höchst unwahrscheinliches Märchen von Dieben, die mich angefallen hätten.

Er hörte mir mit offenen Augen und Ohren zu und konnte gar nicht begreifen, wie sie es so gnädig mit mir gemacht, mich so unvollständig bestohlen und mir meine Uhr gelassen hätten, deren Kette er hervorhängen sah. Das kleinste Kind würde dieselbe Bemerkung haben machen können. Vielleicht sah er weiter als ein Kind; vielleicht dachte er bei sich: „Mein Herr ist ein Lügner!" — Man muß gestehen, daß ein verliebter Abenteurer bisweilen eine seltsame Rolle zu spielen hat.

Der Ungewißheit, worin ich mich mit Frau von V . . . . befand, mußte ein Ende gemacht werden. Ich hatte endlich eine bestimmte Aussprache mit ihr. Die Art, mit welcher sie mich versicherte, sie könne nur mit mir glücklich sein; der Ton, mit welchem sie diese Versicherung Herrn B . . n vor mir wiederholte, ließ mir keinen Zweifel zurück, hob alle meine Bedenklichkeiten und genügte dem forschendsten Zartsinn. Ich bin Herrn B . . . n bei dieser Gelegenheit die Gerechtigkeit schuldig, anzuerkennen, daß er sich mit einer Festigkeit waffnete, die ich nicht in ihm gesucht haben würde, und daß er sich, im ausgedehntesten Sinne des Worts, als Mann zeigte. Er gab sich sogar Mühe, bei diesem Auftritt, wo er sich zum letzten Male mit dem Ansehen eines Vormunds zu zeigen und die Regungen eines geheimen Liebhabers zu verbergen hatte, die ganze Würde eines edlen, rücksichtsvollen Gemüts zu zeigen. Er rief den Himmel zum Zeugen, wie sehr er wünsche, daß die Verantwortlichkeit, die ich von nun an übernähme, nie anders als zu meinem Glück ausschlüge, wie sehr er wünsche, daß ich es nie bereuen möge, aus eigener Wahl ein Joch mir auferlegt zu haben, dessen Bürde mit ihrem ganzen Gewicht zu übernehmen, eine kältere Betrachtung mich gewiß abgehalten haben würde. Er nahm keinen Anstand hinzuzusetzen, und zwar mit einem gefühlvollen und unparteiisch scheinenden Tone: Er zweifle, ob das ·Band, welches ich geknüpft habe und nicht ohne die größte Straffälligkeit zerreißen könne, mir ein dauerhaftes Glück gewähren, und ob ich es lange würde ertragen können, ohne bitter zu fühlen, daß es mich drücke. Er fuhr fort: „Die Schönheit der Frau v o n V . . . ist alles, worauf Sie Bedacht nehmen; wird sie aber immer in Ihren Augen schön sein? Ihr liebenswürdiger, gefälliger Geist, wird er Ihnen ewig gefallen? Ihr Gemüt ist leicht und wandelbar*); das lebhafte Aufwallen ihrer Jugend, die Beweglichkeit ihrer Neigungen leisten Ihnen keine Gewähr für die Zukunft, sind im Gegenteil Besorgnis und Mißtrauen erregende Anzeichen." Er fuhr fort: „Wäre mir bisher noch einige Ungewißheit über der Miß Charakter und über die Meinung geblieben, die ich mir längst von ihr gebildet habe, so würde der rasche, dreiste, gewagte Schritt, den sie sich mit Ihnen erlaubt hat, jeden Zweifel heben." Er wollte nicht (so schloß er) den vielen Betrachtungen, die er darüber angestellt habe, Raum geben und Luft machen, um nicht bei der Sache befangen und eingenommen zu scheinen; er wünsche im Gegenteil inbrünstig und mit der ganzen Reinheit und Aufrichtigkeit seines Herzens, daß die Worte, die er gesprochen, sich tief ins Gedächtnis der (dabei gegenwärtigen) Frau v o n V . . . eingraben und sie bewegen möchten, ihn durch ihr künftiges Betragen Lügen zu strafen. Hierauf wendete er sich besonders an mich und machte die Z e i t zum Schiedsrichter zwischen uns beiden, zwischen seiner Furcht und meiner Hoffnung.

Frau v o n V . . . weinte heftig, während er sie mit trockenen Augen, aber mit blassen, zitternden Wangen und

---

*) Varium et mutabile semper femina.

einem Blick betrachtete, worin sich der finstere, zurück-
gehaltene Schmerz sichtbarlich malte. „Noch wäre es Zeit!
(sprach ich zu mir). Noch ist der letzte Schritt nicht
getan! Noch könnte ich sie ihm abtreten, zurück-
geben!... Ich sollte es tun!... Doch nein... es
ist zu spät; sie würde zu unglücklich sein .... und
ich auch."

Herr B...n behielt uns den Abend bei sich und
gab mir alle erforderlichen Mitteilungen über sein Mündel
und ihre Familie. Ich mußte ihm versprechen, sie immer
mit Güte und Sanftmut zu behandeln, auch wenn sie es
nicht immer verdienen sollte, und ihr zu erlauben, bisweilen an ihn zu schreiben. Dann zog er aus einem
Kästchen ein Bild hervor, und als er sah, daß die Züge
mich tief bewegten, beeilte er sich mir zu sagen: „Es
ist von P l y m e r für ihre Mutter gemalt worden, wenig
Wochen vor deren Tode. Ist Ihnen durchaus alles daran
gelegen, so trete ich es Ihnen (mir das Bild hinreichend)
von ganzem Herzen ab!"

Ich hätte das Opfer nicht angenommen, wäre auch
mein Leben der Preis gewesen. Innig gerührt, konnte
ich nur mit einer bedeutsamen Bewegung des Kopfes
danken. Es wäre mir unmöglich gewesen, ein Wort, einen
Laut vorzubringen. Nach zwei Stunden einer peinlichen
Lage, die ihm nicht entgehen konnte und ihn an uns
rächte, verließen wir ihn, nachdem er uns beim Weggehen versprochen hatte, am andern Tage mit dem
frühesten Abschied von uns zu nehmen. Er kam nicht.
Ich danke ihm noch heute für dieses Zartgefühl.

Ich reiste nach Paris ab, ein zweiter P a r i s, dem
eine zweite H e l e n a Qualen die Fülle bereiten sollte.
Schon unterwegs fand ich Gelegenheit zu bemerken, daß
die Frau, welche man uns streitig macht, in einem ganz

andern Lichte erscheint als die, welche uns abgetreten wird.

O Phantasie, Einbildungskraft, folle de la maison, wie dich ein Dichter mit Recht nennt, der Unglückliche, den du beherrschest, den du führest und leitest, hat nicht zwei Stunden hintereinander denselben Grund, dieselbe Ansicht, dasselbe Vergnügen; dagegen sind seine Leiden desto dauerhafter. Du weißt sie zwar auch ins Unendliche zu vervielfachen. Umsonst steht die Vernunft dir gegenüber; sie hat dir nichts entgegenzusetzen, keinen Zügel dir anzulegen. Du durchläufst den ganzen Kreis des Lebens, während deine kalte Rivalin untersucht und berechnet, wohin sie den Fuß setzen soll!

Ich selbst sollte den Fuß wieder in Paris setzen, in das Paris, welches ich fürchtete nie wiederzusehen, welches ich seit fast anderthalb Jahren verlassen hatte, aus welchem ich mich seit einem ganzen Jahrhundert verbannt und entfernt glaubte. Hätte ich damals eine wirkliche Verbannung geahnt, sie vorhergesehen! Hätte ich, ein Spiel des Schicksals zu Land und zur See, ein Opfer der Menschen und der Dinge, mir die lange Zukunft, die grenzenlose Verbannung gedacht, in welcher ich abwechselnd Tage der Verzweiflung und der Hoffnung durchleben würde, — wie hätte ich den bloßen Gedanken überleben können!

Als ich 1791 Frankreich wiedersah, war mein Vaterland in einen schwärzeren Schleier gehüllt als bei meiner ersten Entfernung; es war ein Trauerflor, der über demselben hing. — Ich mietete Zimmer für mich und Frau von V.... auf der Chaussée d'Antin; ich suchte ihr einen ziemlich beschränkten gesellschaftlichen Kreis aus;

es war mir daran gelegen, daß sie an einer eingezogenen Lebensart Geschmack fände, denn Eingezogenheit ist die erste Gewähr für Frauentreue, weil sie den Frauen die Gelegenheit entzieht, sie zu brechen. Nichtsdestoweniger überließ ich mich allen Anfechtungen einer marternden Eifersucht, weil ich bemerkte, daß die, welche sich meine Freunde nannten, kein Mittel unversucht ließen, meine Geliebte zu verführen. So machen es die Freunde, sie, die sich am wenigsten das Recht anmaßen sollten, den Hausfrieden zu stören und Herzen zu rauben! Von zehn Fällen gibt es gewiß acht, wo es gerade unser bester Freund sein wird, der sich's erlaubt, uns dergleichen Streiche zu spielen, weil er dazu die beste Gelegenheit hat und wir ihm am meisten vertrauen zu können glauben. Nichts ist leichter, als einen Ehemann oder Liebhaber, der unser Freund ist, hinter der Larve der Ehrlichkeit zu betrügen; auch die meisten Frauen sind mit dieser Art von Betrug einverstanden, weil sie das Unwahrscheinliche lieben und von Natur zu allem hinneigen, was einer Treulosigkeit ähnlich sieht. Anbetungswürdige Hälfte des Menschengeschlechts, wirf nicht den ersten Stein auf mich! Wer von euch hier eine Ausnahme macht, wird mich verstehen und die Schwierigkeit und Größe der Ausnahme zugeben; wer nicht zu den Wenigen gehört, wird mich noch besser verstehen und an die Unmöglichkeit der Ausnahmen glauben. Ich sah die Revolutionsmänner meiner früheren Bekanntschaft wieder. Aus meinen Beobachtungen, aus meinen Unterhaltungen mit denen, welche damals die ersten Rollen auf dieser tragischen Bühne spielten, ersah ich, daß sich ein Bürgerkrieg entspinnen würde, oder daß, wenn es nicht dazu käme, wir uns so lange zwischen einer zerrütteten*) Monarchie und einer unmöglichen Republik zerarbeiten, uns hin und her zerren lassen würden, bis ein Mann aufstände, der

---

*) déchirée.

es auf sich nähme, Toren und Bösewichter zu zerstreuen und Ordnung und Eintracht wieder herzustellen.

Der unglückliche L u d w i g hatte sich als Gefangener in die Tuilerien begeben und dadurch den letzten Beweis seiner Schwäche gegeben, sein Absetzungs- und Todesurteil selbst unterzeichnet. Von nun an konnte nichts die Gesetzgeber abhalten, sich auf blutigem Kampfplatze in Gladiatoren zu verwandeln, sie, die man nur durch Widerstand zur Nachgiebigkeit hätte zwingen können. Vergebens hatte L u d w i g XVI. die Konstitution (dieses Epigramm auf das Königtum) angenommen und beschworen; vergebens hatte er die beweglichen, rührenden Worte gesprochen: „Ich will meinen Sohn frühzeitig auf die neue Ordnung der Dinge vorbereiten, welche eine Folge der Umstände ist usw."; vergebens hatte er verboten, auch nur einen Tropfen Blut zu vergießen; — um so mehr folgten Beleidigungen auf Beleidigungen, und der bittere Kelch der Schmach, den man ihn leeren ließ, war unerschöpflich und ohne Grund, wie die Ewigkeit. Mit der Königin und Madame E l i s a b e t h allein geblieben, mit ihnen bestimmt, als Opfer der Wut und der Unmenschlichkeit zu fallen, hatte sich der unglückliche Fürst von seiner ganzen übrigen Familie verlassen gesehen. Seine Tanten, die sich in einem vorgerückten Alter hätten berufen fühlen sollen, ihn mit Trost zu unterstützen und mit ihren letzten Lebensjahren weniger zu geizen, hatten sich klüglich nach Italien zurückgezogen. Wut, Rachsucht und Schmähungsgeist lagerten sich um die Türen seines verwaisten Schlosses, und sein Herz konnte, bei dem unausgesetzten Kummer, der daran nagte, nicht einmal die spärlichen Freuden der Einsamkeit genießen. Allen Demütigungen und Erniedrigungen preisgegeben, hatte er sich über alle erhaben gezeigt; nur e i n e sollte ihn niederwerfen, nur der letzten Tyrannei konnte er die Stirn nicht bieten. Er unterlag ihr. Es war, als man ihm die Erlaubnis verweigerte, in Saint-Cloud ein paar Tage des Friedens, im Schoße der

Andacht und der Gottesverehrung, zu suchen. Damals sah man den K ö n i g v o n F r a n k r e i c h auf seinem Schloßhofe in einem empörenden Kampfe begriffen; man sah den K ö n i g v o n F r a n k r e i c h von aufgewiegelten Untertanen umzingelt, mit Schmach belegt, angetastet, fest- gehalten; man sah den K ö n i g v o n F r a n k r e i c h mit tränenschweren, geschwollenen Augen sich zurückziehen und den Vorsatz aufgeben, zwei Stunden von Paris, in Saint-Cloud, frische Luft und den Frieden mit Gott und den Menschen zu genießen. Man sah ihn nicht für sich selbst, nur für einen treuen Diener zittern*), den er den Wütenden mit der Gebärde, mit der Stimme, mit der Bitte zu entreißen strebte. Herr v o n L a F a y e t t e meinte es diesen Tag ehrlich, konnte es aber nicht erreichen, daß dem Könige, dem die wirkliche Freiheit längst ge- nommen war, ein Anschein von Freiheit gelassen würde**). Der Halbrevolutionär machte bei dieser Gelegenheit die Erfahrung, daß ein schwankender Aufrührer***) in den Augen des Pöbels nur ein Gliedermann ist, der ihn wohl einen Augenblick in Bewegung bringen, aber nie leiten und anführen kann. Die vielen Empörungen hatten den wahren Sinn der Nation für Patriotismus und Volks- freiheit geschwächt, derselben nur den leeren Namen einer Nation gelassen und sie dem Joche einiger Tyrannen unter-

---

*) Für den jungen Marquis v o n D u r a s, seinen ersten Gentilhomme de la chambre. Das wütende Volk riß ihn (den 18. April 1791) vom Kutschenschlage herab. Vergebens hielt ihn der König bei der Hand zurück. Man trennte sie. „Versprecht mir nur, ihm das Leben zu lassen!" rief der König und erhielt das Versprechen, daß seinem Liebling kein Leid geschehen solle.

(U e b e r s),

**) Es war bestimmt und festgesetzt, daß der König nicht über zwanzig Stunden Weges im Umkreis sich von Paris ent- fernen dürfe. (U e b e r s.)

***) un pâle factieux.

worfen. Das Königtum, die wahre Schutzgottheit des französischen Volks noch mehr als jedes andern, glich einer verstümmelten Bildsäule, welche man noch aufrecht erhält, um ihre Verletzungen recht sichtbar werden zu lassen. Der König schien nur noch zu leben, damit er die Zielscheibe der niedrigen Beleidigungen würde, womit man alle Kronen in den Staub treten wollte; er sollte sozusagen der Stellvertreter der in seinem Namen gekränkten und in der Person des ältesten Monarchen der Welt*) verhöhnten und erniedrigten Souveräne Europas sein.

Mirabeau, welcher von dem Augenblick an, wo man nicht mehr wollte, daß er der Mann des Volks sei, der Mann des Hofes geworden war, hatte sich insofern verrechnet, als ihm nicht Zeit gelassen wurde, sein gegebenes Wort zu halten und das übernommene Werk zu vollbringen. Es ist, als habe über dieser ganzen Revolution der Geist des Bösen gewaltet, gewacht und die Fülle seiner Kraft ausgeschüttet, und als sei gegen alles, was ein guter Geist versucht und vermocht hätte, um das Uebel abzuwenden und die Ordnung wiederherzustellen, ein eisernes, unübersteigliches Bollwerk erstanden.

Mirabeau ist, so sehr man auch das Gegenteil behaupten will, an Gift gestorben. Es hat zwar seine Richtigkeit, daß die Ausschweifungen, welchen er sich wenige Tage vor seinem Tode überließ, dazu beigetragen haben, die Wirksamkeit des Giftes zu erhöhen und seiner Krankheit einen entschieden gefährlichen Charakter beizulegen. Die Exzesse allein haben es aber nicht getan; er war längst daran gewöhnt, er lebte davon, und sein athletischer Körperbau würde ihnen noch lange widerstanden haben, hätte man nicht seine Zuflucht zum Gifte

---

*) Man wird hoffentlich Frankreich das Recht, die älteste christliche Monarchie zu sein, nicht streitig machen wollen.

(Verf.)

genommen, mit welchem er nicht so vertraut war als M i t h r i d a t. Aber, sagt man, sein Leichnam ist geöffnet und keine Spur von Vergiftung gefunden worden. Als wenn jede Giftart eine Spur hinterließe! Genug, ich behaupte: Er ist an Gift gestorben. Nicht ganze zwei Tage nach d e m, wo er von der Bühne herab verkündete, er wolle die Faktionisten angeben, entlarven, bekämpfen, fühlte er sich von einer S c h w ä c h e befallen, welche — wie er selbst zu einer Freundin sagte, von der ich es habe — er n i c h t z u b e s c h r e i b e n v e r - m ö g e n d sei. Ich habe noch überdies andere Gründe, es zu glauben; ich verschweige sie, weil ich kein Libell schreibe und es immer besser ist, nicht z u v i e l zu sagen, wenn man nicht g e n u g sagen kann. — Der König ließ oft nach seinem Befinden fragen; ja, ich fand einmal vor seiner Tür einen Mann, der das volle Vertrauen der Königin besaß und sich nach seinem Zustande erkundigt hatte. Der Hof gab sich keine Mühe bei seinem Absterben, den tiefen Eindruck zu verbergen, den dieser Tod auf ihn machte. Mit diesem großen Verbrecher, welcher nur ein Jahr Zeit bedurft hätte, um sich zu entsündigen, sank die letzte Hoffnung eines Monarchen dahin, auf dessen Haupt sich die allerhärtesten Streiche des Schicksals vereinigt hatten. M i r a b e a u starb mit der Ergebung und der Festigkeit eines Gerechten. Dem Vorwurfe, es fehle ihm an Mut, begegnete er durch die einfache, edle, prunklose Art, auf welche er endigte. Man veranstaltete ihm das prächtigste Leichengepränge. Der allerbeste Staatsbürger, der Mann, der die größten Verdienste um sein Vaterland gehabt hätte, der Tugendhafteste in einem weitläufigen Reiche, würde nicht geehrter, beweinter, bedauerter und mit sprechenderen Zeichen von Dankbarkeit und Achtung seiner Mitbürger in die Gruft haben gesenkt werden können, als M i r a - b e a u. Ich sagte mir, als ich seinen Staub der Erde wiedergegeben sah: „Niemand kann durch den bloßen Gebrauch, durch die bloßen Handlungen seiner Gewalt es dahin bringen, daß man ihn im Leben und nach dem Tode hochschätze und verehre; es hing ebensowenig von diesem riesenhaften Genie, von diesem aus Talent und Immoralität zusammengesetzten Koloß ab, daß an seine leblose Asche diese Ehrenbezeigungen verschwendet wurden, als es früher von ihm abhing, nicht im Kerker von Vincennes zu schmachten und viele Jahre ohne Glanz und sogar ohne Achtung in Europa umherzuirren." — Und als sein Leichnam ausgegraben, aus der Ehrengruft verstoßen und seine Asche in die Luft zerstreut wurde, muß da nicht die ganze Welt gedacht haben wie ich: „Eine Nation im Wahnsinn*) kann ebensowenig einen wahren Ehrenpreis austeilen, als sie Strafen der sogenannten öffentlichen Meinung verhängen kann." Was es mit der Vergötterung des großen Haufens auf sich habe, so hat sowohl M i r a b e a u als C r o m w e l l es treffend ausgedrückt; der erste, wenn er ausruft: Es ist nur ein Schritt vom Kapitol zum Tarpejischen Felsen; der zweite, wenn er zu seinem Schwiegersohn I r e t o n spricht: Du hältst den Beifall dieses Lumpengesindels für etwas? Wisse, daß er zehnfach lauter sein würde, wenn man uns jetzt zum Galgen führte!

Eine große, unsterbliche Lehre, von den beiden größten Faktionshäuptern neuerer Zeiten gegeben!! Eine verloren gegangene Lehre!!!

---

*) en délire.

Neunzehntes Kapitel.

Districtus ensis cui semper impia
Cervice pendet, non Siculae dapes,
Dulcem elaborabunt saporem,
Non avium citharaeque cantus
Somnum reducent.

(Horat. Od. III. 1.)

Vois-tu ce malheureux qu'un tyran de Sicile
Appelle à son festin. Pâle, et tout effrayé,
De cette menaçante et sinistre amitié
Il goûte avec effroi les délices perfides,
Porte en tremblant la coupe à ses lèvres livides,
Vers les lambris dorés lève un oeil éperdu,
Et croit voir sur son front le glaive suspendu.

(Delille.)

Pourra-t-il retrouver un sommeil agréable,
Peut-il de Philomèle aimer la douce voix,
Celui qui, même assis à la table des rois,
Voit le fer suspendu sur sa tête coupable?

(Daru.)

Wenn schrecklich blinkend auf das verruchte Haupt
Ein Schwert herabhängt; nie wird Siculischer
Festschmaus ihm Wohlgeschmack erkünsteln,
Vogelgesang und Gitarr' ihm nimmer
Den Schlaf zurückziehn. —

(Voß.)

Habt ihr nie ein Kind am Rande eines Abgrundes spielen gesehen? Es pflückt das bescheidene Blümchen im Grase und hüpft schäkernd am Abhange hin, welcher bald unter seinen leichten Tritten einstürzen wird! Dunkel schwebt ihm die Gefahr vor Augen, allein es achtet ihrer nicht. Fern vom sorgsamen Blicke der Mutter, deren zärtliche Stimme es so oft warnte und zurückrief, besteht es auf seinem Willen, auf seinem Spiel längs der jähen Wand und überläßt sich der letzten Freude eines Alters, das nicht voraussieht. Es w i r d hinabstürzen — es i s t gefallen; — sein Instinkt reichte nicht hin, es zu retten; es ist ohne Hoffnung verschwunden.

Ebenso lebte man von einem Tage zum andern, von einer Stunde zur andern, auf der Lava von Paris, wo so viele eines entsetzlichen Todes sterben sollten; wo das Sybaritenleben, die Libertinage und Räusche aller Art die Köpfe schwindeln machten und eine Zukunft in Nebel hüllten, deren Anblick in der Ferne jedoch wohl diejenigen in Furcht und Schrecken versetzen konnte, die nicht zu den K i n d e r n gehörten, wie auch die, welchen bloßer Instinkt den Rat gab, einen vulkanischen Boden zu verlassen, der alle Augenblicke mit dem Ausbruch drohte und Lavaströme des Todes erwarten ließ. Aber der große apathische Haufe bestand darauf, den feuerspeienden Berg nicht zu verlassen, und brach sogar die farblosen Blumen, die seinen Krater umgaben.

Ich ließ mich wie so viel tausend andere vom reißenden Strome, von der gefahrvollen Torheit fortreißen. Ich war verliebt, eifersüchtig, dem Spiele ergeben; und — um das Verzeichnis meiner guten Eigenschaften vollständig zu machen — ich war ein feuriger Anhänger und Jünger des Weingottes geworden, so daß ich schon anfing, der Meinung zu sein: Das Beste im Leben sei, des Lebensharms vergessen und das Sorgenheer verscheuchen, welches sich mit uns an die Tafel setzt. Die schönen Verse des Dichters D e l i l l e , welche man zu Anfang des Kapitels gelesen hat, dieses lebhafte Bild aller Genüsse der Menschen, aller Unruhen, aller Besorgnisse und sogar aller Hoffnungen, machte auf mich einen besonderen Eindruck. Aber damit es ja nicht jener künstlichen Ruhe, die ich mir zu verschaffen strebte, an Gegensatz und Gegen-

gewicht fehlen möchte, sorgte mein feindseliges Verhängnis dafür, daß ich im Innern meines häuslichen Lebens
alle Qualen einer gewaltsamen Leidenschaft und alle Beängstigungen der Eifersucht fände. Mit jedem Tage schuf
ich mir neue Trugbilder — denn jetzt bin ich völlig
überzeugt, daß es leere Hirngespinste waren, und daß
Frau von V .... nie etwas getan hat, sie zu verwirklichen. Unsere Tage flossen in Gezänk vorüber; nichts
war mir, der die Veranlassung suchte, leichter, als sie
zu finden; sie war bereit zum Zwist und ebenso bereit
zur Versöhnung. Ihr Charakter stimmte sie zum einen
wie zum andern. So lange Liebe, Zartgefühl und Empfindung die stürmischen Wechselauftritte*) begleiteten, so
lange Fehde und Friedensschluß aufeinander folgten, lag
ein gewisser Reiz in dem Verhältnis; es war abstoßend-
anziehend. Als aber beide Teile anfingen zu gnittern
und zu nörgeln, da fühlte man zum mindesten das Joch
unerträglich und sah in der Zukunft nur einen Hoffnungs-
schimmer — die Freiheit.

Allein Ergebnisse anderer Art sollen mich bald gegen
meinen persönlichen Kummer unempfindlich machen; über
die Schicksale meines Vaterlandes vergaß ich die meinigen.
Der König hatte sich endlich entschlossen, seine Hauptstadt zu einer Zeit zu verlassen, wo man es am wenigsten
dachte, obschon man sich dessen alle Tage hätte gewärtig
sein sollen. Der unglückliche Monarch suchte in seiner
verzweifelten Lage den letzten Glückswurf in einer Maßregel, welche sich sehr natürlich und wie von selbst einem
gefangenen und aller Attribute seiner Macht beraubten
Fürsten aufdrang; — denn ist man noch König, wenn das
Wesentlichste abgeht, wenn man die Guten nicht durch
Belohnungen ermutigen, die Bösen nicht durch Drohung
und Strafen schrecken kann?

---

*) alternative.

Längst unter den Streichen der Rebellen gefallen, fühlte das Opfer, daß es bestimmt sei, den letzten Streich zu empfangen, und suchte nur durch Zeitgewinn das Beil des Henkers von sich abzuhalten. L u d w i g XVI. ließ bei seiner Flucht der Versammlung eine Erklärung zurück, welche zu ihrer Zeit für parteiisch und übertrieben galt; als ob ein Souverän, ein rechtlicher Mann, den seine Untertanen beraubt, herabgewürdigt haben, wenn er sie für Rebellen erklärt, zu weit gehen könnte!! Als ob man ihm in dieser Erklärung, welche die Nachwelt g e m ä ß i g t nennen wird, etwas anders vorwerfen kann, als daß er sich in die Notwendigkeit versetzt habe, sie von sich zu geben!! Alle Welt kennt den Erfolg seines Versuchs; er schmiedete seine Ketten noch fester. Man weiß, daß, dem menschenfreundlichen Grundsatze getreu, dessen Folge gewesen ist, in ganz Europa S t r ö m e B l u t s fließen zu lassen, er nicht zugeben wollte, daß um seinetwillen nur e i n B l u t s t r o p f e n fließen sollte, und daß er es vorzog, anstatt über wenige Leichen die Grenze zu gewinnen, selbst als eine lebende Leiche nach Paris zurückgebracht zu werden, gefesselt an den Triumphwagen der Volkstyrannen und auf immer in den Augen der Menge herabgesetzt, welche den nie wieder achten lernt, der einmal von ihr entehrt und in den Staub getreten worden ist*).

---

*) Am Tage der Abreise des Königs begegnete mir in den Tuilerien ein (in seiner Partei) ziemlich bedeutender Deputierter, der später wichtige Stellen bekleidet und sich denselben völlig gewachsen gezeigt hat. „Nun, mein Herr," rief er mir entgegen, „Sie triumphieren; warten wir aber noch zwei Tage! Uebrigens, wenn Ihnen die Trümpfe bis zuletzt zufallen, und wir nicht alle aufgeknüpft werden, so mache ich mich auf und bringe meine übrige Lebenszeit in Nord-Amerika zu." — „Fürchten Sie nichts," erwiderte ich lachend, „ich nehme Sie in meinen Schutz; wir Aristokraten besitzen eine unversiegbare Quelle von Großmut." — Als bald nachher die unselige Nachricht einlief, daß der König

Dieses Ergebnis mit seinen im voraus zu berechnenden, unvermeidlichen Folgen hatte teils finstere Schrecknisse, teils eine tödliche Traurigkeit in mir erregt und mich auf eine Zeitlang über meine eigenen Angelegenheiten betäubt. Als ich aber wieder auf mich und meine Lage zurückblickte, erwachte in mir der Entschluß, mich von den Banden, die mich drückten, zu befreien, ohne mich von den Annehmlichkeiten zurückhalten zu lassen, die sie mir noch hätten darbieten können. Kurz, es entstand in meinem h ä u s l i c h e n L e b e n ebensogut eine Revolution, als ich deren täglich neue um mich entstehen und sich entwickeln sah.

Ich hatte einen Kammerdiener, der mein ganzes Vertrauen besaß. Ich überraschte ihn einst, als er der Frau von V.... ein Papier zustellte, welches sie ihm mit Verwirrung und Eile abnahm. Da gerade jemand ins Zimmer trat, gewann sie Zeit, es zu verbergen oder zu vernichten, so daß, als ich darüber nachfragte, sie die Stirn hatte, mir ins Gesicht zu behaupten, sie habe nichts erhalten. Das hieß, mich blind machen wollen. Mein Vertrauter hatte die Unverschämtheit zu leugnen und in ihre Lüge, in ihre Versicherung einzustimmen. Ich jagte ihn auf der Stelle fort; das war ganz natürlich. Nun wendete ich mich zur Frau von V.... Ich erklärte ihr unumwunden, daß ich die Geschichte vergessen wolle, daß ich es sogar verschmähe, sie näher zu untersuchen, daß wir uns aber noch vor Abend trennen müßten, wenn sie auf einem Betruge beharre, der sie selbst erniedrige, indem er mich herabsetze. — Ihre kurze Antwort war

---

erkannt und aufgefangen sei, sah ich jenen Mann wieder. Welch ein Unterschied in seinen Gesichtszügen und besonders in seinem Betragen. „Allons," rief er mir zu, „Mut gefaßt; den Mut nicht sinken lassen; ich stehe Ihnen für Ihr Leben." — Er lachte; ich hatte keine Lust zu lachen. Seit der Zeit haben wir uns nicht wieder gesehen   (V e r f.)

„meinetwegen*)!“, eine Antwort, die mich mehr befremdete als betrübte.

„Wo gedenken Sie hin?“

„Nach England, zum Herrn B...n.“

„Sind Sie gewiß, ihn da zu finden und daß er Sie
wieder aufnehmen wird?“

„Mich wieder aufnehmen?... Das ist meine Sorge.“

„Nun in Gottes Namen; ich begleite Sie bis Calais
und verlasse Sie nicht eher, als bis Sie das Paketboot be-
stiegen haben.“ —

„Sie geht zu ihrem Herrn B...n“, dachte ich; „er
liebt sie noch immer; und ich? ich?... Oh, wenn ich
es zu spät gewahren sollte, daß ich sie noch liebe, daß
sie mir notwendig ist?... Sei ein Mann, Tilly (sprach
ich weiter zu mir selbst), halte dich fest; sieh zu, ob
sie sich besinnt!“

Zwei Tage verstrichen unter Vorbereitungen und Zu-
rüstungen zur Reise. Ich bemerkte an ihr dieselbe Unschlüssigkeit, die mich quälte. Abwechselnd zeigte sie ein
leichtes, unbefangenes Wesen**), dann aber auch wohl
ein mehr als trübsinniges Gefühl.

Endlich ging die Reise vor sich. Wir verließen
Paris. Unterwegs herrschte auf beiden Seiten die äußerste
Achtung, ein zärtliches Zuvorkommen, die größte Artigkeit. Jetzt waren wir in Calais, am Ziel. Eine Stunde
vor dem letzten Lebewohl brach sie das Schweigen. „Hier
ist es,“ sagte sie, es mir überreichend, „das unglückselige
Papier, der verwünschte Brief; er ist von B...n; lesen
Sie ihn; er handelt von nichts als von meiner Familie,
enthält nur Hausangelegenheiten. Sehen Sie selbst zu,
ob es der Mühe lohnte, einen solchen Aufstand zu erregen, so viel „Lärm um nichts“ zu machen. Lesen Sie;

---

*) j'y consens.
**) un air dégagé.

ich will nicht von Ihnen scheiden, ohne Ihre Achtung mitzunehmen."

„Ich mag ihn nicht lesen," sagte ich, „der unschuldigste Inhalt könnte doch das Unrecht nicht auslöschen, ihn mir so lange verheimlicht zu haben, ihn auf eine versteckte Weise erhalten, einen meiner Leute, der mir bis dahin immer treu gedient hatte, verführt, und vor allem, sich mit ihm zu einer niederträchtigen Lüge verbunden zu haben. Ihr spätes Bekenntnis macht die Sache nicht schlimmer, kann sie aber nicht ungeschehen machen." — Ihre Augen füllten sich mit Tränen; ich meinerseits war ebenso schwach. „Was soll hieraus werden?" fragte ich, „lieben wir uns noch?" — „Ich fürchte, so ist's", gab sie zur Antwort; „sei dem aber auch so," setzte sie hinzu, „mein Rat ist, wir bleiben fest bei unserm Entschlusse; nach dem, was vorgegangen ist, haben wir kein Glück im gemeinschaftlichen Umgang zu hoffen. . . Wünschen Sie es aber, nun wohl, so kehre ich um." — „Leben Sie wohl," rief ich mit großer Anstrengung, „Sie haben tausend- und tausendmal recht; lieber fest bleiben und sich eine Zeitlang härmen, als wanken und sich einander ohne Ende wehe tun. Unsre Aussöhnung würde nicht von der Art sein, daß sie die Vergangenheit vergessen ließe und uns ungestörte Freuden und Genüsse versprechen könnte; es gibt eine Grenze, die der Zwist der Liebenden nicht berühren, viel weniger überschreiten darf, wenn sich Liebe nicht in ein anderes Gefühl verwandeln, nicht alle Dornen des Hasses auf den Weg streuen soll."

„Nun denn, so leben Sie wohl!"

„Leben Sie wohl, und bleiben wir wenigstens wahre, aufrichtige Freunde!"

„Für immer!"

„Für das Leben! —"

Wir handelten weise und haben es uns gestanden, als wir uns wiedersahen. Es verstrichen viele Jahre, ehe das geschah; und es tut mir wehe, daß es nicht früher geschehen ist. Die Torheiten, welche wir gemeinschaftlich begangen haben, ihre entzückende Schönheit, ihr so liebenswürdiger und dabei so seltsamer Charakter, kurz, alles malte mir jene stürmischen Tage vor Augen, welche keine Zwischenräume vollkommener Ruhe gewährten. Mit inniger Teilnahme habe ich alles Glück erfahren, was ihr begegnet ist; nur weiß ich nicht, ob ich ihre Vermählung mit dem Fürsten von Salm mit dazu rechnen soll.

Ich kehrte nach Paris zurück, einerseits von einer Last erleichtert, andererseits mit einem Kummer erfüllt, den ich mir nicht erklären konnte; eine Gewohnheit war mir abgestorben und hatte mich zu ihrem Witwer gemacht. Einem Freunde verdankte ich meine Heilung; er setzte mir, wie man zu sagen pflegt, den Kopf zurecht, ohne die Gabe seiner Beredsamkeit dabei anzustrengen. Er gab mir nämlich zu, Frau von V... sei ganz allerliebst, allein, fuhr er fort, bei ihrer und meiner Gemütsart würde das Ende des Liedes früher oder später doch eine Trennung gewesen sein, und je länger ich dagegen angekämpft hätte, desto schmerzhafter wäre die bittere Notwendigkeit für mich geworden; denn (sagte er), wenn man sich mit einer Frau aus Liebe verbunden hat und hinterher fühlt, man könne sich von ihr trennen, so ist schon die Gewohnheit an die Stelle der Liebe getreten und erschwert nur die Trennung.

So ist es; ich fühlte es in mir selbst, und doch war es mir lieb und ein Trost für mich, daß mein Freund es ebenfalls fühlte und mir es als einen Erfahrungssatz aufstellte. Es gibt Augenblicke und Punkte im Leben, wo die geringste Idee von außen unser inneres Dunkel aufhellt, wo der einfachste Rat uns aufheitert, wo die natürlichste Betrachtung eines andern eine Wohltat für uns wird, ungefähr so, wie die schwächste Stütze oft hinreicht, uns vor einem Fall zu bewahren. Man bedarf des Hilfsmittels, sich von einem Freunde wiederholen zu lassen, was uns nichts Neues lehrt, was wir schon wissen, und vielleicht besser noch wissen, als er es uns sagen kann; es geht ungefähr damit zu, wie mit üblichen Redensarten, welche nichts bedeuten, deren man aber im geselligen Umgange einmal nicht entbehren kann.

Die Fortuna des Spiels war mir eine Zeitlang gewogen, und ich fing an zu bedauern, ihre Gunstbezeigungen nicht mit meiner Freundin teilen zu können. Ich gewann ungeheuer im Trente-un und bildete mir ein, mit meinem Gewinn Frau v o n V... glücklicher und mich in ihren Augen liebenswürdiger gemacht haben zu können. Die Frau, die in Zerstreuungen lebt, hängt natürlich mehr an dem Manne, der sie ihr verschafft, als die Sklavin, welche Langeweile hat, an ihrem Gefangenwärter!

Doch bald vergaß ich Spiel, Liebe und Reue über neue Auftritte und über einen neuen Akt des furchtbaren und endlosen Trauerspiels, welches sich vor mir entfaltete. Die Absetzung des Königs wird von allen Seiten mit Wutgeschrei vom Pariser Pöbel verlangt. Der wilde, unbändige D a n t o n organisiert das Marsfeld und ruft von allen Seiten die Horden zusammen, dem Rollen des fernen Donners ähnlich, der bald durch die erschütternden Schläge des näheren ersetzt werden sollte. Schon fließt Blut und schreibt auf den Boden das Todesurteil des unglücklichen B a i l l y, der in den Sternen die Geschichte der politischen Erdumwälzungen nicht gelesen hatte*), und dem seine staubigen Bücher und seine tiefe Gelehrsamkeit den Erfahrungssatz nicht hatten beibringen können,

---

*) Anspielung auf B a i l l y s Geschichte der Astronomie.

daß der rohe Haufe seinen Freunden und Lieblingen nur ein Gefühl und ein Geschenk aufbewahrt: Undank und den Tod. Sein Blut sollte den Keim der bald darauf folgenden Insurrektionen befruchten; von seinem Todesstahl entsprang der Blitz, der dem Donner des z e h n t e n A u g u s t vorausgehen sollte.

Frankreich hatte mit eben so vielem Unverstand als Leichtsinn und Unhaltbarkeit der Gründe**) den Krieg an die Mächte Europas erklärt; denn konnte es wohl Männern an Gründen gelegen sein, denen die Folgen gleichgültig waren? Oder vielmehr, war ihr persönliches Interesse nicht ihr alleiniges Motiv? Mußte das Blut des Volkes, des wahren französischen Volkes, nicht vergossen werden, um ihren Plänen und Aussichten behilflich zu sein? Waren die ersten Unglücksfälle und Niederlagen der Armeen nicht für sie der beste Vorwand, den König und das Königtum zu morden?

Schon lange war ich den wütendsten Leitern der demagogischen Partei als Opfer bezeichnet und die Zielscheibe ihrer Rachsucht. Ich hatte früher mit dem niederträchtigen F a b r e d'E g l a n t i n e einen Zwist gehabt, worin ich ihn mit einem f e u d a l e n Uebergewicht, mit einem aristokratischen Hochmut behandelte, den mir sein Stolz nicht verzeihen konnte. Er schwieg damals und steckte die Schmach ein, aber in einem Herzen wie dem seinigen mußte seitdem ein unauslöschlicher Haß kochen. Dazu kam noch ein Federkrieg mit Herrn v o n C o n d o r c e t, und half die Gefahr vergrößern, in welcher ich schwebte. Es gibt eine Menge Ehrenmänner, welche dem

---

**) futilité dans ses motifs.

letzteren ihre Achtung noch immer nicht versagen wollen; ich für mein Teil kann mich nicht enthalten, ihn im Grunde meines Herzens und in der aufrichtigsten Ueberzeugung für einen der niedrigsten Agenten zu halten, welche die Revolution auf die Bühne gerufen hat. Endlich darf ich noch von mir sagen, daß ich — und zwar bis ganz zuletzt — mit einer Dreistigkeit und einem Freimut geschrieben hatte, der wenig Nachfolger gefunden hat, und der vielleicht damals ebenso sehr als das Talent eine Bedingung des Erfolgs war. Ich ging selten zu Bett, und gerade in diesen stürmischen Zeiten habe ich das Schlafen beinahe ganz verlernt. Nichts schien mir schätzbarer als das Gegenteil, das W a c h e n. Jetzt ist es anders mit mir geworden; jetzt besteht mein sehnlichster Wunsch darin, mein übriges Leben verschlafen und alles vergessen zu können, was ich wachend getan habe, was mir wachend widerfahren ist — alles zu vergessen, sowohl mein nutzloses Leben als die vielen Leiden und Widerwärtigkeiten desselben!

Den Tag über und einen Teil der Nächte brachte ich mit Spielen zu, das übrige verwendete ich auf die Ausarbeitung von Aufsätzen, die mir zu nichts gedient haben, die der Wind zerstreut hat, und deren Schicksal und Bestimmung wahrscheinlich gewesen ist, von der Welt — nur freilich mit Ausnahme meiner Feinde — vergessen zu werden.

In den Händen der letzteren mögen sie wohl noch immer eine Waffe sein!

Ein Raub meiner unsteten, verzehrenden Unruhe, alles fürchtend, außer den Tod, trieb ich mich überall umher, in den Klubs, im Schauspiel, auf Spaziergängen, — und war nirgends. Nie hatte Paris so sehr das Ansehen einer regellosen Stadt, eines unwürdigen Schlupfwinkels, einer Niederlage für die Befriedigung sinnlicher Leidenschaften gehabt; man lebte im Gewühl der Exzesse aller Art. Es war, als sähe man die kurze Dauer der Lebens-

genüsse voraus, als sähe man das gähnende Grab, das
uns mit jedem Augenblick zu verschlingen drohte, und
die nicht zu berechnenden unglücklichen Ereignisse, die
sich gegen uns anhäuften und als D a m o k l e s - Schwert
über unsern Häuptern schwebten. Man stürzte sich mit
heißem Durst in die Wollust einer Sekunde, um sie —
vielleicht die letzte — in gieriger Hast zu verschlingen.

Ich stelle hier als an der passenden Stelle das
Bild meiner letzten Liebe in Frankreich dar, das Bild
meiner letzten Jugendflamme neben der Sonne meines
Herzens, die für mich nicht mehr jenen geweihten Boden*)
beleuchtet, den i c h (ach, eine einzelne, unglückliche Ausnahme!) nie wieder zu betreten verdammt zu sein scheine.
Gezeichnet von der Hand des unerbittlichen Fatums, durch
einen unbegreiflichen Spruch meines Schicksals bestimmt,
von der Gnade eines Helden ausgeschlossen zu sein, dem
ich — einer der ersten — meine Huldigung darbrachte,
als er zur Oberherrschaft gelangt war und man noch
zweifeln und besorgen konnte, ob sie auch fest begründet
sei — verstoßen aus einem Vaterlande, als dessen Retter
und Wiederhersteller ich ihn laut begrüßt hatte — aus
einem Vaterlande, für dessen eifrigsten, enthusiastischsten
Verehrer ich im Auslande gegolten und von Ausländern
bitter genug verschrien worden bin — was bleibt mir
übrig? Die Ergebung in den eisernen Willen des Ge-
schicks, in die Tyrannei meines Verhängnisses! Es steht
auf den ehernen Blättern des ewigen Buchs geschrieben,
daß, nachdem ich in fremden Ländern umhergeirrt, nachdem ich unwirtsame Küsten berührt haben werde, meine
vergessene Asche nicht mit der Asche meiner Vorfahren
sich vermischen soll! Mögen die, welche mir die Pforten
Frankreichs verschlossen haben (und ich habe den Trost,

---

*) cette terre privilégiée.

zu wissen, daß es **n i c h t** der große Mann ist, dem Frankreich seine Wiedergeburt verdankt), in ihrem Vaterlande
alles finden, was sie mir genommen haben, mögen sie
das verzehrende Fieber der Sehnsucht, den Hunger und
Durst nach der vaterländischen Luft, das Bedürfnis nie
kennen und gekannt haben, die Schwelle des Vaterhauses
mit Tränen der Freude zu benetzen und sich auf der
Grenze unsers Geburtslandes vor Gott niederzuwerfen*)!

Und du, junge, rührende Schöne, letzter Gegenstand der Huldigungen meines Herzens in Frankreich,
in dem schönen Frankreich, wo in unglücklichen Tagen
dein Haupt unter dem Beil des Nachrichters fiel — du
würdest es bezeugen müssen, wenn du noch reden könntest
— habe ich nicht alles versucht, was in meinen Kräften
stand, dich zu retten? Mit der Schilderung der Zärtlichkeit, die mich für dich beseelte, mit dem Gemälde der
wahren und letzten Genüsse meiner verflogenen Jugend
will ich das zu lange Verzeichnis meiner Verirrungen
und den weiten Kreis meiner in den Augen der Vernunft
und Moral so strafwürdigen Torheiten schließen.

Ich soll nicht mehr Frankreichs Sohn und Zögling
sein? ... Länder sollen mich von meiner Wiege trennen?
... Nein, mein Herz wird nie aufhören, für seine Mutter
zu schlagen! ... Der tief eingegrabene Name **F r a n k -
r e i c h** bleibt unauslöschlich... Nur mit dem Leben
kann er mich verlassen!

---

*) Als durch das sogenannte Deuxième Sénatusconsulte orga-
nique du 6 Floréal an X. (26. Apr. 1802) den Emigranten die
Rückkehr nach Frankreich verstattet wurde, gehörte der Graf
von T i l l y zu den wenigen Ausnahmen, denen diese Wohltat
nicht widerfuhr. Er schreibt, mit Grund, diese widerwärtige Auszeichnung nicht einem besondern Hasse B u o n a p a r t e s zu, sondern den Intrigen der Hofumgebung. Doch erhielt er später die
Erlaubnis zur Rückkehr.   (Uebers.)

Wer hat nicht Mademoiselle d e S a i n t - A m a r a n -
t h e und ihre durch ihre Ausschweifungen und durch ihre
Tochter doppelt berühmt gewordene Mutter gekannt?
Diese Mutter von vornehmer Abstammung (eine geborene
S a i n t - S i m o n d'A r p a j o n) war mit einem Herrn v o n
S a i n t - A m a r a n t h e, dem Sohne eines 'General-Finanz-
Einnehmers, vermählt worden. Ihr Gatte war für seine
Person Rittmeister und sehr reich, doch würden diese
beiden Eigenschaften wahrscheinlich nicht hingereicht
haben, die Hand des Fräuleins v o n S a i n t - S i m o n ihm
zu verschaffen, hätte sie nicht sehr frühzeitig in Be-
sançon, wo sie mit ihrer Mutter lebte, dem Beispiele
dieser Mutter folgend, ich weiß nicht welchen kleinen
Jugendstreich begangen, der sie ins Gerede brachte. Man
sieht, daß es der jungen S a i n t - A m a r a n t h e in ihrer
Familie an nachahmungswürdigen Vorbildern nicht
fehlte!

Herr v o n S a i n t - A m a r a n t h e war ein ausge-
machter Narr, besaß zwar, wie ich gesagt habe, ein großes
Vermögen, allein für seine ausschweifenden Lüste und
Gelüste*) war es zu klein. Er kam mit seiner jungen
Frau nach Paris; hier wurde er in kurzer Zeit teils durch
seine g u t e n F r e u n d e, die er eben nicht in der besten
Gesellschaft wählte, teils durch seine Mätressen, die er
sich aus dem Opernpersonale holte, zugrunde gerichtet.
Ein Raub der Freunde und Freundinnen, wurde der Gimpel
bald von ihnen kahlgerupft; und nachdem sie ihm alle Fettfedern ausgerissen, ließen sie ihn ohne weitere Umstände
laufen und schickten ihn nach Madrid, wo er als wohl-
bestallter Fiakerkutscher gestorben ist. Herr v o n F é n é -
l o n hat mir versichert, er habe ihn dort auf seinem Kut-
scherthron vor einer Kirchtür halten gesehen, und weil er

---

*) ses goûts.

ihn wiedererkannt, habe er ihm den Vorzug gegönnt, sich
von ihm fahren zu lassen, und ihm nebst dem Fuhrlohn
noch ein Almosen gereicht.

Frau von Saint-Amaranthe — des Kutschers
Frau — war eher hübsch als schön, eher begehrenswert
und anlockend als hübsch; es hatte ihr nicht an ausgezeichneten Liebhabern gefehlt. Unter andern zählte sie den
verstorbenen Prinzen von Conti darunter. Der Fürst
benahm sich edel gegen sie. Ich könnte noch mehrere
nennen, die sich bei ihr eingefunden haben, wozu aber?
Es würde ebenso überflüssig als unschicklich sein. Dieser
Umgang hatte für sie die natürliche Folge, daß sie bald
im größten Ueberfluß, bald in der drückendsten Verlegenheit lebte; kurz, sie ging alle Stufen und Klassen
des Industrielebens durch. Man fand bei ihr neben der
besten Gesellschaft eine sehr gemischte; sie sah abwechselnd beide. Ich muß ihr aber doch eine seltene
Eigenschaft zuerkennen; sie besaß die schwere Kunst
(schwerer als man glaubt), so viel Freundschaft in die
Liebe einzuweben, daß sie die Liebe überlebte. Das war
um so mehr ein Talent zu nennen, da sie in ihrem Charakter wenig Festigkeit, im Herzen wenig Erhabenheit zeigte,
folglich nicht den Anschein hatte, auf eine moralische und
uneigennützige Verbindung viel Anziehendes verwenden
zu können. Doch, um in der Sache ein richtiges End-
urteil zu fällen, hätte man ihr Liebhaber gewesen sein
müssen, und mir ist diese Ehre nie zuteil geworden. Ich
war nur von Zeit zu Zeit in ihrem Hause gewesen; der
Vicomte von Pons hatte mich in meiner frühen Jugend
bei ihr eingeführt. Eben dieser Vicomte, der den größten
Teil seines Lebens mit ihr zugebracht hat (insofern nämlich
die Gewohnheiten des Hofes und die Pflichten seiner
Stellung in der Welt es ihm gestatteten), fand an demselben
Tag und in derselben Stunde wie sie den Tod unter der
vom Arzt Guillotin erfundenen Köpfmaschine. Der
gute Doktor glaubte vielleicht, seine Kunst habe nicht

genug Opfer geschlachtet oder habe sie zu lange hin-
gehalten; er war darauf bedacht, den Zerstörungsprozeß
schneller und lakonischer herbeizuführen, und sogar stolz
darauf, dem fressendsten Mordstahl, den es je gegeben
hat, seinen eigenen Namen beizulegen.

Uebrigens gibt es eine Menge Menschen, welche weit
mehr zu bedauern sind als der arme Vicomte de Pons,
denn ist es nicht im Grunde angenehm, mit Personen,
welche man lieb hat, aus dem Leben zu scheiden?

Frau von Saint-Amaranthe hatte eine Tochter,
welche später in ganz Paris für einen Engel von Schönheit galt, allgemein als ein solcher angesehen wurde
und, nachdem sie durch ihre Reize berühmt geworden,
zu einer Zeit, wo es etwas Gemeines war, Mut auf dem
Blutgerüste zu zeigen, durch den außerordentlichen Mut,
mit dem sie starb, ihren Tod ausgezeichnet hat. Damals
starb alles in Paris wie die Schauspieler auf der Bühne;
man hatte sich dergestalt mit dem Tode vertraut gemacht,
daß man sich allgemein darauf legte, wie die Gladiatoren
in Rom mit Anstand und Grazie zu fallen. Um aber
wieder auf das Fräulein von Saint-Amaranthe zu
kommen, so hatte ich sie als Kind bewundert, aber mehrere
Jahre lang nicht wiedergesehen. Als ich aber von meiner
letzten Reise zurückkam, fand ich mich wieder im Hause
der Mutter ein. Wie fand ich es verändert! Die glänzendste und besuchteste Spielgesellschaft — der ausge-
lernteste Koch — ungeheure Fonds zu einer Bank von
Trente-un — der ausgesuchteste Männerverein, besonders
zu einer Zeit, wo es wenige Häuser von einer gewissen
Ordnung gab, die ihnen zum Sammelplatz dienen konnten,
wenige Stützpunkte und Versammlungsorte für die höhere
Welt — ein fast ebenso anständiger Ton, als würde in
diesem Hause nicht gespielt — die Reize beider liebenswürdigen Wirtinnen (denn die Mutter, obschon von der
Tochter verdunkelt, erhielt sich immer noch im Wert)
— andere Frauen, denen ich so eigentlich nicht ihren

Platz anzuweisen wußte — (so wenig kannte ich den Maßstab ihrer Tugend), welche aber größtenteils das Verdienst hatten, hübsch und liebenswürdig zu sein — kurz, alles traf zusammen, das Haus zu einer reizenden Galerie zu machen, in welcher man sich gern mehr als einmal des Tages einfand.

Was mich betrifft, so hatte ich kaum das erstemal diese Schwelle betreten, als ich nur einen Gegenstand erblickte, das junge Fräulein v o n S a i n t - A m a r a n t h e, die mich alles andere vergessen ließ, nur d a s nicht, was mir der Vicomte v o n P o n s früherhin gesagt hatte und mir jetzt, bei meiner Einführung, leugnen wollte. Als das Fräulein nämlich noch Kind war, hatte er mir geradezu gestanden, er sei ihr Vater, und jetzt, da sie achtzehn Jahre zählte, wollte er mir das Gegenteil versichern. Ich will wünschen, daß seine erste Einbildung eine Selbsttäuschung und sein gegenwärtiger Glaube der richtige war — denn seine Absichten liefen auf nichts Geringeres hinaus, als die junge Schöne zu seiner Geliebten zu machen. Ich hielt es anfänglich für Scherz, aber er benahm sich so ernst und ließ es sich so angelegentlich sein, sich von der Vaterschaft loszusagen, daß ich aufhörte, darüber zu spotten und sogar davon zu reden. Nur konnte ich mich nicht enthalten, die Kleine zu warnen. Ich fing damit an, ihr das heilige Versprechen abzunehmen, niemandem ein Geheimnis zu offenbaren, das ich ihr zu entdecken hätte; dann stellte ich ihr mit glühenden Farben vor, was die Blutschande für ein abscheuliches Verbrechen sei. Es gelang mir, ihren Abscheu rege zu machen; ich erhielt das Versprechen von ihr, sie wolle in allem Ernst überlegen, welche Art von Erkenntlichkeit, welche Gattung von Gefühlen sie mir wegen meiner Eröffnung und meines dienstfertigen Eifers schuldig sei. Der Vicomte folgte mir überall mit spähenden Blicken, seine gelbe Farbe zeugte von Eifersucht und Mißtrauen; es war ihm nicht möglich, seine üble Laune zu verbergen, obschon ich mich stellte, als merke ich nichts. Jetzt wandte er sich aber an die Mutter, die ihm an Verstand überlegen war; er schilderte mich ihr als den gefährlichsten Besucher ihres Hauses. Der Mutter wäre ein Liebhaber für ihre Tochter nicht unwillkommen gewesen, nur i c h — ich sollte es nicht sein. Was geschieht? Sie nimmt die Tochter ins Gebet; das arme Kind wird befragt, inquisitorisch verhört, gemartert, gegen meine h ö l l i s c h e n A n s t i f t u n g e n und Anschläge eingenommen. Was geschah weiter? Die Tochter, wie man denken kann, schloß sich mir näher an; meine Sache stand besser als je. Doch war ich nichts weniger als ruhig, denn so sehr die Galle des Vicomte mich ergötzt hatte, so sehr setzte mich der Zorn der Mutter in Furcht; es war noch nicht Zeit, über sie zu lachen. Ich entschloß mich daher zur Verstellung und sprach mit der Tochter nur selten und wenig, nur das Notwendige, was mir Höflichkeit und ein allgemeiner Umgang zur Pflicht machte; heimlich aber wechselten wir Briefchen, und ich gab ihr zu verstehen, ich würde zum Schein und auf einige Zeit und bis zu einem gewissen Punkt ihrer Mutter den Hof machen. Der Einfall schien ihr unvergleichlich. Ich hatte dabei einen doppelten Zweck. Erstlich wollte ich ihr zeigen, wie leicht es für mich gewesen sein würde, diejenige schwach zu finden und nachgiebig zu machen, welche sich jetzt das Ansehen der Strenge gegen ihre Tochter geben wolle, zweitens wollte ich die Eifersucht der Tochter rege machen, um desto schneller zum Ziel meiner Wünsche zu gelangen; denn es ist eine ausgemachte Wahrheit, ein Erfahrungssatz, daß die Frau, selbst wenn sie im Voraus unterrichtet ist, daß man mit einer andern ein verstelltes Liebesspiel treiben will, diese Art von P r o b e s z e n e mit ihrer vermeintlichen Rivalin nicht ohne Mißtrauen beobachtet. Und wirklich nahmen meine Scheinaufmerksamkeiten für Frau v o n S a i n t - A m a r a n t h e einen so guten Fortgang, daß ich selbst darüber unruhig wurde, und daß ihr Fräulein Tochter, welche anfangs dazu lachte, zuletzt üble Laune bekam und sie mir nicht verbarg. Ich merkte es besonders an einem kleinen Umstand. Wir schrieben uns alltäglich, das Fräulein und ich — kein Mittel kommt einer heimlichen Liebe so sehr zustatten wie dieses. Meine Briefe waren mit Blut — von einer kleinen Nadelwunde — geschrieben. Sie antwortete mir auf gleiche Weise, aber mit roter Schminke, die sie in Wasser zergehen ließ; und als ich ihr den leicht entdeckten Betrug vorhielt, schrieb sie mit gewöhnlicher Tinte. Es kam zur Erklärung, denn man muß das schelmische und boshafte schöne Geschlecht auf keine Weise glauben lassen, daß sie uns in Kleinigkeiten hintergehen dürfen, — und nun verlangte sie ihrerseits geradezu von mir, die Intrige mit ihrer Mutter abzubrechen und deren Herz nicht weiter zu bestürmen; sie erklärte rund heraus, dieser Schattenkrieg und diese Liebesfabel seien ihr unerträglich. Jetzt mußte ich also andre Saiten aufziehen und mich von der Mutter losmachen; ich schützte Brustschmerzen und die Notwendigkeit einer Milchkur vor, da ich aber oft bei ihr speiste und einen Appetit mitbrachte, den man allen Mitessern als Muster aufstellen konnte, wurde die Mutter böse und merkte, daß ich sie mit meiner vorgeschützten Enthaltsamkeit zum besten hatte. Jetzt erfolgte, was ich vorausgesehen; meine im Stillen verehrte Schönheit erkannte, daß es Zeit sei, sich zu entschließen und mir früher zu gewähren, was sie mir später zugedacht hatte, da ihre Mutter uns neue Hindernisse in den Weg legen konnte.

B..., welcher, ohne daß ich seinen Namen auszuschreiben brauche, in ganz Paris als ein Narr bekannt war, der sich nicht darüber trösten konnte — nicht von Adel zu sein, obschon hunderttausend Taler jährlicher Renten diesen Manegl selbst in den Zeiten der altadeligen Monarchie schon ersetzen konnten, — B... hatte im Hause ein ihm gehöriges Zimmer zum An- und Auskleiden, auch gelegentlich zum Schlafgebrauch, wenn es zu spät war, nach Hause zu fahren. Er lieh mir den Schlüssel dazu. Nach einer Oper, welche für mich kein Ende nehmen wollte, und wohin ich Frau und Fräulein von Saint-Amaranthe begleitet hatte, schlich ich mich unter einem Vorwand vorher weg und in das beschriebene Zimmerchen; hier erwartete ich Amalien. Ihrem Versprechen getreu, erschien sie in der Dunkelheit; ihr Herz pochte; sie war, wie der Dichter sie beschreibt:

odoratos nexa capillos;

. . . vestis tenuissima, cultus amantis.

Das verabredete Zeichen waren drei leichte Schläge an die Türe; ich öffnete und empfing in meinen Armen Flora, die Blumengöttin, reizender und frischer als der Strauß, den sie am Busen trug. Nachdem die göttlichen Momente mit zu schneller Eile verflogen waren, verließ sie mich und kehrte in den Gesellschaftssaal zurück. Ich folgte ihr etwas später nach — als ein bescheidener Sieger, der den Verdacht von sich entfernen und der jungfräulichen Schamhaftigkeit Zeit lassen will, sich von der Niederlage zu erholen und eine sichere Haltung anzunehmen. Frau von Saint-Amaranthe, von einer mütterlichen Sympathie, ohne daß sie es wußte, elektrisch bewegt, hatte mich nie so freundlich empfangen, noch mit so vielen Aufmerksamkeiten überhäuft. Sie fragte mich einmal über das andere mit dem einschmeichelndsten Tone, woher ich so spät komme? Ich antwortete: „Von einem notwendigen Besuche, bei dem mich nichts schadlos hielt als der beständige Gedanke an Sie." — „Sehr verbindlich," erwiderte sie, „aber es ist in der Welt nur eins notwendig, nämlich der Zeitvertreib. Besuche! Besuche! Man macht keine Besuche mehr." — „Der meinige," versetzte ich, „gehört zu der kleinen Zahl derer, welche man von Anfang der Welt gemacht hat und bis an das Weltende machen wird." — „Ich mag nichts weiter davon wissen," gab sie mit abgewendetem Gesichte zur

Antwort. — „Glauben Sie mir, Madame, Sie sind die Person auf der Welt, der ich am liebsten durch mein Schweigen gehorche." — Sie war den ganzen Abend in der lustigsten, angenehmen Laune; die früher so aufgebrachte Bruthenne hatte sich in ein Täubchen verwandelt; einige von ihren Atomen umschwebten mich noch, ich war der Sohn ihres Instinkts, trotz der Antipathie ihrer Vernunft.

Ihre liebenswürdige Tochter, die engelhafte A m a l i a, glich einer Rose, die man berührt hat, die am Stengel hin und her schwankt, und deren Rot lebhafter erscheint, wenn ihre Blätter vom Zephyr leicht angeweht worden sind.

Nichts bleibt lange Zeit verborgen. A m a l i a hatte einen Bruder, der später, im sechzehnten Jahre, vom Blutrichter F o u q u i e r - T i n v i l l e gemordet ward. Was entgeht dem spähenden Auge des Knabenalters? Er schöpfte Argwohn, mutmaßte unsre Zusammenkünfte, lauerte auf, hielt Schildwache, sah die Schwester aus B . . . s Zimmer kommen, verließ seinen Posten nicht eher, als bis er auch mich heraustreten sah, und nun schlich er sich fort und entdeckte noch denselben Abend alles der Mutter.

Es läßt sich denken, daß ich mit dieser einen stürmischen Auftritt zu bestehen hatte. In der Erklärung, die es gab, ersparte sie mir die Namen: „Ungeheuer", „Verführer", „Mörder der Unschuld" nicht. Was die letzte Benennung betrifft, so wußte ich, woran ich war, und inwieweit ich sie verdiente. Auch rührte sie mich wenig. Ich hatte die sicherste Kunde, daß ein anderer, ein Schützling der Mutter, der gedachte privilegierte Räuber war und die Schuld auf sich genommen hatte. Frau v o n S a i n t - A m a - r a n t h e verbot mir das Haus und schwor dabei, ihre Tochter sollte in einem Kloster das Vergehen büßen. Ich hörte eine Weile schweigend zu, die Beredsamkeit ihrer Wut und die Moralität ihrer heftigen Aufwallung bewundernd. Sie führte die Sprache einer Tugendhaften, der n i c h t nachgestellt wird, und die sich dieses Vorteils überhebt, um streng zu sein; sie predigte gegen das Laster, weil der Sünder die Schuld nicht mir i h r geteilt hatte. Als sie ausgetobt*) — denn ich ließ sie ruhig schreien — erwiderte ich mit sanfter Stimme, daß ich zweifle, ob sie ein Recht habe, die Tochter ins Kloster zu schicken, weil diese sich einen Geliebten nach ihrem Geschmack gewählt habe, nachdem ihr früher wider ihren Willen von der Mutter einer aufgedrungen worden sei; was das übrige betreffe, so würde ich die Befehle des Fräuleins v o n S a i n t - A m a r a n t h e befolgen, aber niemals die i h r i g e n. Nach diesen wenigen Worten begab ich mich weg und hörte im Abgehen den Strom von Schmähungen, der mir nachrauschte, die Türen, die sie wütend hinter mir zuwarf, und das Zerschlagen des unschuldigen Porzellans, an welchem sie ihre ohnmächtige Raserei ausließ.

Ich teilte A m a l i e n mit, was sie auch ohne mich würde erfahren haben; ich meldete ihr: Der Augenblick, uns zu trennen, trete unabwendbar ein, wenn es ihr bei dieser Gelegenheit an Charakter und Geistesstärke fehlen sollte; ich erinnerte sie an ihr so oft gegebenes Versprechen, es im Fall einer Entdeckung ihrerseits daran nicht fehlen zu lassen. Sie übertraf meine Erwartung. Ihre Kammerfrau kam noch denselben Nachmittag zu mir und berichtete: Ihr Fräulein habe mit ihrer Frau Muttei einen lebhaften Auftritt gehabt und erwarte mich abends sieben Uhr. Ich war pünktlich. Sie erzählte mir, was vorgegangen war; wie ihre Mutter sie erst mit Vorwürfen und endlich mit Bitten bestürmt habe; wie sie standhaft geblieben, fest und unveränderlich erklärt habe, sie sei durch die Opfer der Vergangenheit hinlänglich berechtigt, mit der Gegenwart zu schalten; sie sei zu allem

---

*) débagoulé.

entschlossen, selbst, wenn es sein müßte, das Haus zu
verlassen; tyrannisch werde sie sich auf keinen Fall behandeln lassen; im Schutze und mit dem Beistand des
Mannes, dem sie a l l e s entdeckt habe, was sie seit ihrem
Eintritt in die große Welt beträfe, werde es ihr nicht an
Mitteln fehlen, ihre Freiheit wieder zu erlangen, wenn man
gesonnen wäre, sie ihr zu rauben; sie werde vom Luxus des
mütterlichen Hauses und vom Ueberfluß, in welchem sie
schwimme, wenig bestochen; Glanz und Pracht mache
sie nicht glücklich; sie habe keinen andern Wunsch, als
mit dem, der ihr Herz besitze, im ruhigen Wohlstande
zu leben; mein Vermögen sei für ihre Bedürfnisse hinreichend, und überdies seien zehntausend Louisdor beim
Notar T r . . . niedergelegt, ihr Eigentum, und dies sei
mehr, als sie zu ihrem Unterhalt in der Lage, die sie
allen übrigen vorziehe, bedürfe. — Diese und noch mehr
Gründe, mit ruhiger Festigkeit vorgetragen und am Schluß
mit Tränen begleitet, machten einen tiefen Eindruck auf
Frau v o n S a i n t - A m a r a n t h e; sie erschrak ganz besonders, als sie erfuhr, daß ich mit ihren Geheimnissen
vertraut sei, so daß sie mit ihrer Tochter in aller Güte
übereinkam, sich von Stund an des mütterlichen Ansehens
zu begeben, A m a l i e n als eine Schwester anzusehen, ihre
bisherigen Befehle in guten Rat zu verwandeln und sich
mit dem aufrichtigen Wunsch zu begünstigen: Sie (die
Tochter) möge es n i e bereuen, das Joch der Klugheit
und Erfahrung ihrer Mutter zu früh abgeschüttelt zu
haben. Der erste Rat, den sie ihr gab, war, mich unverzüglich einzuladen, damit ich aus ihrem (Amaliens)
eigenen Munde mein ganzes Glück erführe: — ein Rat,
den die Tochter, wie wir gesehen haben, mit Freuden
befolgte, so wie ich den ihrigen, am folgenden Tage der
Mutter meine Aufwartung vu machen, was ich mit dem
besten Anstand tat.

Ich fand die Matrone sanft wie ein Lamm, wie das
friedfertigste Lamm von der Welt. Es ging so weit, daß

es nur von mir abhing, zu glauben, ich sei ihr Sohn, ihr vielgeliebter Schwiegersohn, von ihr gewählt und ausgesucht. Sie bat mich ausdrücklich, ihr die damit verknüpften Gesinnungen zu schenken; sie setzte hinzu: Sie sei versichert, ich würde ihre Tochter nie ins Gerede bringen, so wie ich gleichfalls versichert sein könne, sie werde ihrerseits nichts unterlassen und ihren ganzen Einfluß dazu anwenden, ein Band zu verewigen, welches seine Entschuldigung, seine Rechtfertigung in Zeit und Ausdauer finden würde. Ich sei (setzte sie hinzu) A m a l i e n s erste Liebe, und sie (die Mutter) schmeichelte sich, ich werde ihr von jetzt an die Gefühle eines Herzens widmen, welches sich bisher zu wenig an einen Gegenstand gefesselt habe. Sie ging noch weiter und nahm keinen Anstand, auf den zarten Punkt einzugehen; sie nannte mir den Verführer ihrer Tochter (ich kannte ihn schon); er habe mit schwerem Golde die Gunstbezeigungen der Schönheit und der hingeopferten Unschuld erkauft. G e z w u n g e n sei Amalie nie worden; die Abrede sei gewesen, „der Mann, der ihre (der Mutter) Arglosigkeit benutzt und gemißbraucht habe, solle sie ehelichen"; überhaupt könne sie mir die aufrichtige Versicherung geben, sich so wenig als möglich in diesen vertrackten Handel gemischt zu haben; sie habe es sogar verschmäht, nach den Gründen zu fragen, welche diese Ehe rückgängig gemacht hätten, wie auch nach den Ursachen, aus welchen bei ihrer Tochter der Widerwille gegen den Mann entstanden wäre, dessen Huldigung sie anfangs angenommen hätte usw. — Ich ließ sie reden, so viel und so lange es ihr beliebte, und gab nur ab und zu durch Zeichen eine Art von Zustimmung zu verstehen, gab aber zugleich meinen Zügen einen Ausdruck von Zweifel und Ungläubigkeit, um sie immer in meiner Gewalt zu behalten und nicht wieder in die ihrige zu fallen. Mit Haß und Feindschaft im Herzen verschwendete sie tausend Eidschwüre einer ewigen Liebe und Freundschaft

an mich; ich meinerseits beteuerte und schwor, sie sei
nächst ihrer Tochter der Gegenstand meiner zärtlichsten
Zuneigung auf der ganzen Welt. Ich betrog sie, aber
ich haßte sie nicht. Daher versuchte ich es auch, sie zu
überreden, daß sie vorzüglich in dieser Angelegenheit
meine ganze Achtung gewonnen habe; und da das
von allen meinen Unwahrheiten die größte war, so begleitete und verstärkte ich diese Falschheit mit allen Eid-
schwüren, womit eine Lüge nur immer sich den Anstrich der Wahrheit zu geben sucht. Ich fand sie nicht
ungläubiger, als sie mich gefunden hatte.

Als ich ihr Kabinett verließ, befanden wir uns beide
in der Sache selbst gerade auf demselben Punkt wie bei
meinem Eintreten. Wie groß war aber der Unterschied
in der Form, im Aeußern? Wie war zum Schein alles
ganz anders geworden. Die vollkommenste Aussöhnung,
die zarteste Behandlung, die beste Harmonie, der schönste
Einklang, die feinste Aufmerksamkeit, ein gegenseitiges Zuvorkommen — kurz alles, was ein Dritter nur verlangen
konnte. Sie lud mich zu Mittag ein; ich erschien. Ein
paar von der Gesellschaft unbeobachtete Blicke schleu-
derten mir wie Blitze den Tod zu. Gleich darauf schwebte
ein Lächeln auf ihren Wangen. Als wir aufstanden und
ich sie führte, dankte sie mir mit einem zärtlichen Händedruck, daß ich die ganze Zeit über nicht ein einziges
Mal A m a l i e n angesehen hatte. Es sei unmöglich, sagte
sie mir dabei leise, den Besitz einer Geliebten auf eine
so gezwungene Weise zu verbergen. Ich meinerseits
gab ihr den Dank zurück; ihr Lob sei äußerst schmeichelhaft für mich; es sei das Lob eines Meisters in der
Kunst. Zwar hätte ich ihr einwenden können: Für eine
so geübte und kunsterfahrene Frau habe sie doch fehl-
geschossen, denn La Bruyère (wie ich glaube) hat irgendwo mit Recht bemerkt: Sich immer ansehen und sich gar
nicht ansehen, gebe zu demselben Verdacht Anlaß.

Wir liebten uns, A m a l i e und ich, seit drei Monaten und glaubten uns nur seit vierundzwanzig Stunden zu lieben, oder glaubten auch wohl, unser Lebelang nichts anders getan zu haben. Aber ein dreimonatliches Glück ist ein langer Zeitraum in der Lebensbahn. Wieviel Menschen sind gestorben, ohne drei glückliche Monate in ihrem Leben gezählt zu haben! Wir wurden gestört. Ein Schwarm von Freiern*) summte herbei. Der eine führte einen alten Namen, war aber nichts weniger als angenehm gestaltet; der andere war der Sohn eines ehemaligen Ministers, weiter aber auch nichts; der dritte, dessen Vater ebenfalls Minister und zu sehr Minister gewesen war, Sartines, meldete sich ebenfalls und schloß späterhin den unglücklichen Bund mit ihr, welches ihn und sie aufs Blutgerüst geführt hat; ein Schicksal, welches ihn freilich ebensogut allein hätte treffen können, zu einer Zeit, wo es ebenso leicht war, den Kopf zu verlieren, als — den Schnupfen zu bekommen.

Mich, der nicht heiraten, sondern nur das behalten wollte, was das Höchste ist, dessen sich Ehemänner zu erfreuen haben können, — mich wurmten alle diese Heiratsanträge; ich ward verdrießlich, mürrisch, unzugänglich und von einer so verschlossenen Eifersucht ergriffen, daß ich quittengelb wurde. Endlich brach das Ungewitter los; kein Tag verging ohne Zwist; es folgten Fehden auf Fehden. Ich hatte, wie ich schon oben gesagt, bedeutende Summen gewonnen; ich verlor den größten Teil davon in diesem Hause, welches ich nun als die Klippe ansah, an welcher meine Ruhe und mein Glück scheiterten. Man ist nichts weniger als liebenswürdig, wenn man eifersüchtig ist und es vor so vielen Zuschauern verbergen will und — nicht kann; denn die Frauen haben für diesen Fall ein Luchsauge; sie dringen in unser Innerstes, lesen das Wort „Eifersucht" im verstecktesten Winkel des Herzens, haben einen ganz eigenen

---

*) épouseurs.

Takt, das Lächerliche dieser Empfindung aufzufinden, finden etwas Abstoßendes darin und fühlen bald Abneigung und Widerwillen gegen den Unglücklichen, den sie zu dieser Torheit verleitet haben.

Der Gedanke, unter die Haube zu kommen, nachdem sie alles getan hatte, was ihr die Hoffnung dazu hätte benehmen sollen, wurde im Kopfe des Fräuleins von Saint-Amaranthe zur fixen Idee; ihre Mutter bestärkte sie darin, und ich konnte es ihr nicht verdenken. Es verband sich damit in ihrem Herzen die Sehnsucht nach äußerer Achtung; mit einem Manne, d. i. mit einem Ehrenmanne, schmeichelte sie sich, zumal bei ihrem bedeutenden Vermögen, zu größerm Glanze zu gelangen; so gut hatte sie ihr Jahrhundert und den Zeitgeist kennen gelernt, der zum Motto wählen sollte: „Weg mit euren Urkunden! . . . ein andermal mag von euren Tugenden die Rede sein! Für jetzt zeigt mir nur — euer Gold!"

Genug, die sentimentale Amalie nahm es auf sich, nachdem sie von ihrer Mutter einstudiert und zugestutzt worden*), mich um einige Augenblicke Gehör und Aufmerksamkeit zu ersuchen — ungefähr wie Augustus es vom Cinna verlangte. Sie rückte mir einen Sessel hin,

Prends un siége, Cinna, prends . . . .

hob ihre Rede an und teilte mir den Entschluß mit, sich zu verheiraten. Sie kenne mein Herz zu gut, sagte sie, um von dieser Seite Widerspruch oder Einwendungen zu erwarten. Sie ersuche mich, in dieser Hinsicht meine Besuche auf einige Zeit einzustellen. „Ich bin überzeugt," fuhr sie fort, „Sie werden als ein Mann von Ehre auf alle boshaften Fragen antworten, die man über mich an Sie richten wird; mein Herz bleibt immer für Sie, was es von dem ersten Augenblick unserer Liebe gewesen ist; Sie werden mich wiederfinden; der

---

* catéchisée.

Tod allein kann die Gefühle vernichten, die Sie mir eingeflößt haben." — Und nun schloß sie damit, wie so
viele andere vor ihr, mir ein Bild, welches ihr nicht
sonderglich gliche, und Briefe zurückzufordern, welche zu
wenig Geist und Gehalt hätten, um einigen Wert für
mich haben zu können.

Ich empfing diesen honigsüßen Abschied mit ziem-
lichem Stoizismus; ich war darauf vorbereitet und fühlte
mich dem Umstande mehr als gewachsen. Ich fing damit an, ihr zu danken, daß sie mir die Gerechtigkeit
widerfahren ließe, mich für den Mann zu halten, dem
kein Opfer zu schwer falle, wenn es darauf ankäme, das
Schicksal und Glück ihres ganzen Lebens zu begründen.
Ich eröffnete ihr ohne Umschweif, daß ich mir von jetzt
an a u f i m m e r den Zutritt in ihr Haus untersagen würde;
ich versicherte sie, es werde nie ein Wort über meine
Lippen kommen, wodurch Hymens Kranz auf ihrem Kopfe
auch nur ein Blatt verlieren könnte, und schloß damit:
Sie habe vollkommen recht von ihrem Bilde geurteilt;
es gleiche ihr zu wenig, um die Ehre zu verdienen, ihr
wieder zurückgegeben zu werden, aber dabei auch zu
sehr, als daß es mir nicht peinlich sein sollte, es in
andere Hände übergehen zu sehen. Sie erbot sich hierauf,
es zu vernichten. „Nein" (gab ich zur Antwort); „ich
bin abergläubisch genug, um mich der Zerstörung eines
gemalten Gegenstandes zu widersetzen; ich kann mich
dabei des Gedankens nicht erwehren, daß dergleichen oft
der ahnungslose Vorbote eines reelleren Unglücks sein
und die traurigsten Folgen für das Urbild nach sich ziehen
könne. Was Ihre Briefe betrifft," fuhr ich fort, „so habe
ich es meiner ersten Geliebten und einem meiner Großeltern auf dem Sterbebette versprechen müssen, keinen
Brief unter irgendeinem Vorwand zurückzugeben. Aber
auch abgesehen von diesem allgemeinen Grundsatz, von
dieser festen und unverbrüchlichen Vorschrift, gehorche
ich hier, in diesem einzelnen Falle, einem höhern Gebot;

mich bestimmt ein zärtlicheres Interesse; mir macht es ein unbeschreibliches Gefühl unmöglich, mich von so schmeichelhaften und zugleich so tröstenden Zeugnissen zu trennen, die, an Ihre Treue mich mahnend, mich noch mit Täuschungen über Ihren Wankelmut unterhalten werden."

Ich küßte ihr hierauf die Hand mit ehrerbietiger Gleichgültigkeit; sie erwiderte es mit der kalten Höflichkeit, mit der sie mich wie einen gewöhnlichen Besucher entließ.

Ich will es jedoch nicht verhehlen, daß mir diese Verabschiedung lange sehr schmerzlich war, daß sie mir wehe tat und daß ich mir viel Mühe geben mußte, mich zu trösten und meinen aufrichtigen Schmerz vor ihr geheim zu halten.

Jetzt blieben mir nur Pflichten anderer Art zu erfüllen, — die Pflichten des Hofmannes. Ich zeigte mich öfter und emsiger bei Hofe, zu einer Zeit, wo die Macht schon dahin war und nichts von derselben mehr zu erwarten war. Zwar hatte die Königin von ihren Vorurteilen gegen mich nichts aufgegeben (denn sie hat nie über sich vermocht, zu keiner Zeit und gegen niemand, von der einmal gefaßten Meinung zurückzukommen); gleichwohl bezeigte sie mir, so oft ich ihr in den Tuilerien, sei's in den Stunden, wo gespielt wurde, sei's zu jeder andern, meine Aufwartung machte, außerordentlich viel Güte und Wohlwollen. Sie erwies mir sogar die Ehre, mir einst zu sagen: Ich hätte seit ihren Unglücksfällen und Widerwärtigkeiten nichts geschrieben, was sie nicht gelesen habe; ja, sie gab mir zu verstehen, sie finde Vergnügen daran, mich so anhänglich zu sehen, obschon sie mich mit Strenge behandelt hätte; nur fürchte

sie oft (setzte sie hinzu), meine Dreistigkeit werde mir
schaden, ohne ihr zu helfen. — Ich versetzte: „Dolche
lassen sich schwerlich mit Federn widerlegen; so lange
mir aber meine Finger gestatten, eine Feder zu führen,
soll mich nichts abhalten, nach den Eingebungen meines
Gewissens zu schreiben*)." — Das Auffallendste**) dabei
ist, daß sie seitdem nur noch einmal mich angeredet hat
(den 21. Jun. 1792). Vermutlich fand sie in meinem Eifer
und meiner Festigkeit mehr Gründe zur Beunruhigung
als zur Ermutigung. Und dann war es auch ein von
ihr angenommener Grundsatz, fast nur diejenigen anzu-
reden, von denen sie wußte, daß sie in offener Fehde
mit dem Throne begriffen waren. Damals hieß es, wie
immer: „Mache dich furchtbar!" Von jeher ist diese
Taktik die Grundlage und das sicherste Mittel aller Erfolge gewesen, und die arme Königin zeigte hier wenig
Hof- und Menschenkenntnis, wenn sie versuchte, durch
Herablassung Männer zu gewinnen, welche in diesem Betragen nichts weiter suchten und fanden als einen Beweis des Hasses, der Vorurteile und der Furcht, — Männer,
welche ihrem Zerstörungsplane treu, in ihren Verbindungen
mit dem Hofe sonst nichts sahen als eine Gelegenheit
mehr, das unglückliche Opfer, dem sie nachstellten, sicher
und unfehlbar zu treffen. Beweinenswerte Fürstin! Du
zeigtest mehr den Mut, der dich zugrunde richten mußte,
als den, der dich gerettet haben würde! Du hast es
nie gewagt, einer höheren Regung nachzugeben, eine große
Idee durchzuführen! Du bist in engen Kreisen, ohne
bestimmten Plan, ohne Festigkeit umhergeirrt! Bedauerns-
werter Hof, der nur unnütze oder gefährliche Freunde
und so überaus geschickte Feinde hatte, daß man sich
wundern mußte, wie es ihnen möglich sei, so viel In-
telligenz mit so viel Wildheit zu verbinden! Man suchte

---

*) que j'écrivais sous la dictée de ma conscience.
**) le merveilleux.

nur bei solchen Rat, die keinen andern als verderblichen geben konnten; fand sich ein Mann von starkem Geist, so entfernte man ihn, und nur selten meldete sich einer. Ach, und warum so selten? Weil der K ö n i g kein Vertrauen einflößte, und weil sich dem S c h w a c h e n , welcher ratschlagt, wo es notwendig gewesen wäre, wie C o r t e z die Schiffe zu verbrennen, nur selten die Kraft zum Dienste anbietet.

Der Tag, welcher auf das Haupt L u d w i g s XVI. mehr Schmach und Beleidigungen häufen sollte als sein nachmaliges Gefängnis und selbst als das Blutgerüst, rückte näher. Der einundzwanzigste Juni — ebenfalls eine Schande für unsere Annalen — war ihm vorausgegangen und hatte auf einige Stunden den König in einen Helden verwandelt, als seine geheiligte Stirn, befleckt und entweiht durch das Tragen der schändlichen Mütze der Gesetzlosigkeit, sich würdiger als jemals zeigte, das Diadem L u d w i g s d e s H e i l i g e n zu tragen. Als das wütende Heer der Faktionisten in das Asyl des Palastes drang, weil es wußte, es sei bei diesem Frevel keine Gefahr zu befürchten; als es seinem Könige die Krone abforderte, weil es wußte, daß er sie schon abgelegt habe; als es sein Blut, sein Leben verlangte, weil es sah, daß man beides schlecht verteidigte; — da zeigtest du, s e c h - z e h n t e r L u d w i g , im Angesichte der wilden Tiger, die dich umbrüllten, was der Mut der Seelenruhe vermag; waffenlos und allein tratest du in ihre Mitte und gingest einem fast gewissen Tode entgegen, g i n g s t i h m e n t g e g e n , und eben dadurch e n t g i n g s t du ihm. Du sahest, erhabener Märtyrer, daß Seelengröße und Geistesmut allem die Spitze bieten*), sich überall den Sieg

---

*) servent et répondent à tout.

erringen, und daß die Mörder, welche dich, hinter den
zersprengten Türen deines Palastes feige und zitternd versteckt, umgebracht haben würden, als du sie ihnen selbst
öffnetest, vor deinem verklärten Blick zurückwichen und
beinahe dir zu Füßen gefallen wären. Dieser große
Moment genügt, um auf den letzten Akt deiner Regierung ein glänzendes Licht zu werfen. Die Reinheit deines Herzens hatte deinem Geiste volle Gegenwart und Fassung mitgeteilt. Du konntest in diesem einzigen Augenblick erkennen und fühlen, was ein Volk
sei, was ein König sei. Alle Lehren, alle Ratschläge,
alle Vorwürfe drängten sich in diesen Trauerauftritt zusammen ... vielleicht wäre es noch Zeit gewesen, sie
anzuhören und sie zu benutzen!

Auch die Königin entwickelte den erhabensten Mut.
Madame Elisabeth gab dem ihrigen das Edle und
Würdevolle ihres ganzen Lebens. Ihr engelhafter Mund
sprach in der gemeinschaftlichen Gefahr ein Wort, welches
sie zur historischen Hauptperson der Gruppe, zur Licht-
gestalt des Gemäldes macht; denn als sie merkte, daß
die Wütenden sie für die Königin hielten, und daß einer
von den Ihrigen ihnen den Irrtum benehmen wollte,
lispelte die Heilige ihm leise zu: „Laßt sie bei dem
Wahne*)!" Läßt sich etwas Erhabeneres denken als dieses
Wort? Ist es nicht die bewundernswürdigste Vereinigung der Größe in Handlung und Ausdruck, in Entschluß
und Sprache? Ne les désabusez pas!

---

*) Wie haben Journalisten und Kompilatoren dieses einzig
erhabene Wort verwässert, anstatt es unverletzt zu wiederholen:
Ne les désabusez pas! Wie haben sie sich um die Wette bemüht, es zu umschreiben, zu erläutern und auszulegen! „Sagt
ihnen nicht wer ich bin! Laßt sie bei dem Glauben, daß ich
die Königin sei; mein Tod verhüte ein größeres Verbrechen;
usw. usw. usw." — Wozu die weitläufigen Paraphrasen? Nichts
als die Worte: Ne les désabusez pas! Die Sprache der Erhabenheit und Tugend ist lakonisch.   (Verf.)

Jene vierstündigen Mißhandlungen, deren
die ganze Geschichte kein ähnliches Beispiel aufzustellen
hat; diese dem französischen Namen und dem König-
tume zugefügte Schmach mußte jeden, der noch für
Tugend und Menschlichkeit Gefühl hatte, dem noch ein
Herz im Busen schlug, belehren: Es sei die höchste Zeit,
ein Land zu verlassen, wo die letzte Anstrengung, der letzte
Versuch, dem triumphierenden Verbrechen entgegenzu-
arbeiten, darin bestehe, die unglücklichen Opfer dem Blut-
durste zu entziehen. Mit jedem Tage faßte ich den Entschluß, auszuwandern; eine geheime Macht verhinderte
mich, ihn zu verwirklichen.

Ich hatte mich so oft und so unumwunden gegen
die Emigration ausgesprochen; sollte ich dem Beispiele
folgen, das ich verdammte? War es edel, aus Ungeduld,
aus Furcht, aus Abscheu vor den sich ereignenden Vor-
fällen das zu tun, was ich nicht aus kaltem, ruhigen Entschluß, aus Nachahmungstrieb, aus Konvenienz hatte tun
wollen? War es edel, einen König zu verlassen, der sich
selbst verlassen hatte? War es edel, in den Reihen, die
ihn umgaben, nur solche zu lassen, welche seinen Fall
vorbereiteten, welche nach seinem Blute dürsteten? Mußte
man nicht dem Leichenbegängnis der Monarchie beiwoh-
nen, wenn man Zeuge ihres Einsturzes gewesen und so
lange auf ihren Trümmern verweilt hatte? Ich legte freilich für meine Person kein großes Gewicht in die Schale;
allein wäre sie nicht vielleicht — und aller Wahrscheinlichkeit nach — auf die entgegengesetzte Seite gesunken,
wenn nicht mehrere gedacht und gesprochen hätten: „Ich
bin nur ein kleines Gewicht in der Schale!"

Während ich mit mir überlegte, entstieg der Au-
gustmonat Eintausendsiebenhundertund-
zweiundneunzig — aus der Nacht der Zeiten, um
mit einem umgestürzten Thron in eben diese Nacht zu verschwinden.

Bis zu diesem furchtbaren Zeitabschnitt war ich dem

von mir selbst gefaßten Entschlusse, das Fräulein v o n
S a i n t-A m a r a n t h e nicht wiederzusehen, treu geblieben.
Aber mit den ersten Tagen des August stieg in mir eine
furchtbare Vorahnung des Schicksals auf, welches ihr von
der Vorsehung bestimmt war; mein Herz bewegte sich heftig in mir und flog der Unglücklichen zu. V e r g n i a u d,
mit welchem mich ein unvorhergesehener Umstand früher
zusammengebracht hatte und der mir aufrichtig gewogen
war, hatte nichts unterlassen, um mich aus Frankreich
zu treiben und meine Unentschlossenheit zu bekämpfen.
Auch e r sah die Zukunft voraus; alles, was erfolgt ist,
selbst sein eigener Tod, lag ihm klar und deutlich vor
Augen. Nur aus E h r g e f ü h l, vielleicht auch aus Trägheit, blieb er auf seinem Posten und verfolgte die Bahn,
die er eingeschlagen hatte.   Er wollte es nicht Wort
haben; m i r aber hat er es mehr als zwanzigmal eingestanden.   Am Vorabend des schrecklichen Tages
(10. August 1792) sah ich ihn noch. Es war Mitternacht, als ich ihn verließ. Ich wollte nach Hause, um
einige Papiere zu verbrennen. Unwillkürlich zog und trieb
mich mein inneres, dunkles Gefühl zu Frau und Fräulein
v o n S a i n t - A m a r a n t h e. Ihnen einen heilsamen Wink
geben; ihnen über ihre Lage, die sie nicht ernsthaft genug
bedacht haben mochten, Aufschluß geben; sie warnen;
ihnen raten — das war eben nicht schwer und bedenklich in meinen Augen. Aber mich der Gefahr aussetzen,
um sie ihnen zu ersparen und mit ihnen den Gefahren
trotzen, denen ich sie entziehen wollte; — das schien
mir eine schwerere, aber auch süßere Pflicht, und die
erste und natürlichste in unserer gegenseitigen Lage. Ich
ging also hin, ließ einen Kammerdiener rufen und mich
von ihm in ein einsames Zimmer führen. Hier schrieb
ich einige Zeilen mit Bleistift und ersuchte beide Damen,
die Gesellschaft im Salon zu verlassen und auf einen
Augenblick zu mir zu kommen. Sie fanden sich ein,
empfingen mich mit sichtbarer Bewegung und — ich

möchte sagen — mit Zärtlichkeit. Ihr erstes Wort war: „Sind Sie unserer Hilfe benötigt? Ist Ihnen etwas Unglückliches widerfahren? Haus, Geld, Freunde, Kredit, Vermittlungen, alles bieten wir Ihnen an; alles, was wir besitzen und in unseren Kräften ist, steht Ihnen zu Diensten." Diese freundschaftlichen Anerbietungen geschahen mit einem solchen Feuer, solchem Nachdruck, solcher Heftigkeit, daß kein Zweifel über die Aufrichtigkeit derselben aufkommen konnte.

Nachdem ich ihnen meine ganze Rührung über ihr Wohlwollen zu erkennen gegeben hatte, ersuchte ich sie, sich zu setzen. Ich erinnere mich, daß ich zu A m a l i e n s Füßen Platz nahm. Ich sagte ihnen hierauf: „Was Sie bereit waren, für mich zu tun, das eilen Sie für sich selbst zu tun; kaum bleibt Ihnen noch so viel Zeit übrig, sich aus Paris zu entfernen. Die Stadt wird unverzüglich ein Schauplatz nicht zu berechnender, nicht abzusehender Ereignisse und Auftritte werden; ein Schauplatz unabwendbaren Elends, ohne Hilfe und Schutz, besonders bei Frauen. Das ungeheure Glück, welches Sie gemacht haben, und Ihre gesammelten und zu jeder andern Zeit Ihnen so nützlichen Schätze werden Ihnen in sehr kurzer Zeit Verderben und den Todesspruch zuziehen." — Ich erbot mich nun und machte mich anheischig, ihnen zu morgen in der Frühe Pässe nach England zu verschaffen und sie dahin zu begleiten. Ich beteuerte auf meine Ehre, daß, sobald wir den Fuß in London würden gesetzt haben, ich eine von der ihrigen entfernte Wohnung mieten würde, und daß sie in mir den treuesten, uneigennützigsten Freund finden sollten, so wie ich, seitdem ein zu lockeres Band gelöst worden, der verschwiegenste gewesen sei.

A m a l i e schwankte oder vielmehr sie war bereit. Aber die Mutter blieb unerbittlich? „Wie sollte," sagte sie, „Frauen etwas Widerwärtiges begegnen können? und außerdem scheint mir der Tod weniger schrecklich als das wüste Herumirren und Landstreichen*) der Emigranten, als die Flucht aus dem Vaterlande ins Ausland. Meine Finanzen sind von der Art, daß sie sich nicht so schnell zu Gelde machen lassen können. Ich mag auf keinen Fall mein Vermögen, mein Haus, meine Habe dem Ungefähr und der Plünderung preisgeben. Ich finde es tausendmal gefährlicher, Frankreich zu verlassen, als ruhig daheim zu bleiben. Wieviele Opfer sind auf der Flucht gefallen, die man in ihrer Abgeschiedenheit würde vergessen und am Leben gelassen haben usw.!"

Hierauf reichte sie mir die Hand; mit sanfterer Stimme sprach sie das Wort: „Leben Sie wohl!", schied aus dem Zimmer und ließ mich mit ihrer Tochter allein. Diese versicherte mir: Sie sei nicht glücklich und habe mir ihr Herz nie entzogen. Sie ließ einer aufwallenden Rührung freien Lauf, nahm mich aber selbst zum Zeugen, rief mich zum Richter auf: „Ob es wohl möglich sei, ihr Schicksal von dem ihrer Mutter zu trennen! Ich bin überzeugt," fuhr sie fort, „daß diese Handlung der Ergebung in den Willen meiner Mutter mir teuer wird zu stehen kommen, und daß ich das Opfer ihres Eigensinns sein werde."

Sie trat jetzt näher zu mir, um mich zu umarmen, und als sie mir die Wange hinhielt, fühlte ich sie naß von Tränen; sie träufelten auf mein Gesicht. Ich nahm sie in meine Arme, drückte sie an mein Herz, beschwor sie, von neuen abzureisen, mir zu folgen. „Ich kann nicht", sagte sie seufzend; Tränen schossen aus ihren Augen; sie entfernte sich langsam. . . . Ich hätte sie zurückhalten sollen . . . es hätte vielleicht ein Mittel gegeben, sie zu bestimmen . . . ich habe es verfehlt. — Noch immer sehe ich ihr weißes Gewand, wie ich von ungefähr auf die Schleppe trat und sie einriß, wie der abgerissene Teil nachlässig hinter ihr nachwallte; wie das Kleid oberhalb

---

*) Le vagabondage.

den himmlischen Wuchs, die reizenden Konturen umspannte
und abzeichnete. Noch immer sehe ich das Engelsantlitz,
das sich nach mir umdreht und mir ein Lächeln zusendet,
dem die Träne, die im Auge zittert, neuen Wert gibt. —
Es war meine letzte Unterhaltung, mein letztes Zusammentreffen, mein letzter Verkehr mit der in ganz Frankreich durch Schönheit und Liebreiz berühmtesten Frau;
einer Frau, welche die Natur mit ihren seltensten
Schätzen ausgeschmückt, mit ihrem höchsten Reiz übergossen hatte, und der Erde nur deswegen gezeigt hat,
damit man ihr nicht den Vorwurf mache, sie hätte noch
etwas Vollkommeneres, als es bis dahin gab, hervorbringen
können*). Sie war schwach, aber grundgut und sanft,
und mit einem edlen Stolz begabt, welcher, besser ge-
leitet, sie vermocht haben würde, nur das Edle zu lieben.
Sie besaß mehr Verstand, als man ihr allgemein zugeschrieben hat, weil sie kalt war und den ihrigen zu
verbergen strebte, und weil man überhaupt geneigt ist,
einer Person, die so viele Vorzüge an sich hat, einen
Teil davon streitig zu machen. In ihr lag eine Feinheit,
eine Zartheit, die nur dem schönen Geschlechte eigen
ist, die aber den geistreichen Frauen oft, und denen, die
keinen Verstand haben, allezeit abgeht. Sie starb mit einer
Beherztheit und einem Heldenmute, den sie ihrer ganzen
Familie mitteilte, welche sich geschämt haben würde, sie,
die so viele Gründe hatte, das Leben zu lieben, nicht

---

*) Dieses Lob wird nur denen übertrieben vorkommen, welche
das Fräulein Amalie von Saint-Amaranthe nicht gekannt haben. Sie war zu ihrer Zeit die schönste Frau in Paris;
sie war eine vollkommene Schönheit. Jeder Maler, jeder
Bildhauer würde in ihr sein Ideal gefunden haben. In allen
Ländern habe ich viele Schönheiten angetroffen, aber keine, die
mich an sie erinnert hätte, keine, die mich sie hätte vergessen lassen,
keine so einzig, so vollkommen Vollkommene. Mein Herz hat
andere mehr geliebt als sie; bewundert wie sie habe ich keine
andere. —

nachzuahmen und nicht wie sie mit Gleichmut das Blutgerüst zu besteigen und auf ihre Mörder mit Verachtung
herabzublicken. Sie war in ihren Urteilen, die sie doch
nur insgeheim abgab, außerordentlich streng und
verlangte viel von denen, die sie nicht mit weiblichen
Augen betrachtete. Sie hat mir manchmal gesagt, daß
diejenigen, welchen jeder Mann gefällt, der Gefahr ausgesetzt sind, allen zu gefallen. Mit einem Worte, A m a l i a
war eine von den Frauen, deren es so wenige gibt,
über die nur der, welcher in der intimsten Verbindung mit ihnen stand, das Recht hat zu sprechen, weil
nur er in dem Fall gewesen ist, sie von Grund aus kennen
zu lernen.

Der letzte Auftritt mit ihr, unser Abschiedsgespräch,
hat mich enger mit ihr verknüpft, ihr Andenken tiefer
meinem Gedächtnis, meinem Herzen eingeprägt, ihr Bild
tiefer in meine Seele gegraben, wo es noch immer lebendig
ist, als die früheren Bande, welche sich um uns geschlossen
hatten. Was mich zu diesem letzten Besuch bewogen, den
mir ein gebieterisches Gefühl zur Pflicht machte, ist der
redende Beweis, daß sie nie aufgehört hatte, mir teuer
zu sein. Die Ahnung, das Vorgefühl ihres Unglücks war
in mir der Instinkt einer nie erloschenen Liebe. Die Erinnerung dessen, was ich, nach einer ziemlich langen
Trennung, in ihrem Herzen für mich wiederfand, tat mir
wohl und rechtfertigt die Gefühle der meinigen. Sie stellt
sich meiner Phantasie dar, wie ich sie an jenem Abend sah,
wie sie mich mit eindringenderem Zauber als jemals erfüllte, wenn sie ohne andere Schleier, als den der Liebe,
sich an mein glühendes Herz warf.

Angebetete Unglückliche, wie oft habe ich unter
einem fremden Himmelsstrich deinen Tod, dein schreck-
liches, dein, ach, so frühzeitiges Ende beweint! Nein,
ich kann es mir nicht verzeihen, dich nicht in der
Stunde der Trennung in meine Arme geschlossen, dich
nicht dir selbst entrissen, dich nicht fortgeführt und

alle Klagen über Gewalt nicht mit meinen brennenden Lippen von deinem Munde weggeküßt zu haben! Wie oft habe ich mir nicht selbst vorgeworfen, daß ich dich nicht wider deinen Willen rettete, als es mir möglich war! — Der Streich, der ihr Haupt traf, hat noch lange nachher das meinige getroffen... Ich lebte mit ihrem Schatten, der mich beständig umwallte, aber ihren Namen aussprechen zu hören war mir unerträglich... Jetzt ist dieser Name mein Trost ... ich spreche ihn aus, ich könnte immer und immer von ihr reden hören und selbst reden... Bisweilen sehe ich sie im Schauspiel, in ihrem vollen Glanze, von keiner ihrer Rivalinnen verdunkelt, nicht einmal erreicht... Ein andermal erscheint sie mir als blutiges Opfer der scheußlichsten Grausamkeit, und dann möchte ich, wie Lady M a c b e t h, sprechen: „Alle Wohlgerüche Arabiens können dies Blut nicht tilgen!" und wie M a c b e t h:

Kann wohl Neptunens ganzer Ozean
D i e s   B l u t vertilgen?

Ihr Mord, der schändlichste unter so vielen schändlichen Mordtaten — ihr Mord, dem sogar die gerichtliche Form fehlte, — ihr Mord ist in meinen Augen, nach der Hinrichtung L u d w i g s XVI., der empfindlichste Schlag, der mich in dem ganzen politischen Orkan, der über mich hinweggestürmt ist, betroffen hat.

Einige Jahre später*) versuchte ich in schwachen Zeilen die Geschichte ihres Mutes, ihres Todes zu schildern, ihre letzten Worte nachzuhallen, welche selbst auf ihre Henker Eindruck machten, sie erschütterten — aber nicht rührten, weil nichts sie rühren konnte.

---

*) Im Jahre 1797 in einer Ode funèbre à la mémoire de Madame de Sartines, née Amélie de Saint-Amaranthe. Dieses 14 achtzeilige Strophen lange Trauergedicht findet sich nicht in den Oeuvres mêlées des Verfassers. Wir nehmen ebenso sehr Anstand, die Ode zu übersetzen, als sie, ihrer Länge wegen, im Original zu geben. (U e b e r s.)

Zwanzigstes Kapitel.

The cloudcapt towers, the gorgeous palaces,
The solemn temples, the great globe itself,
Yea, all which it inherent, shall dissolve!
And, like the baseless fabric of a vision
Leave not a wreck behind. — We are such stuff
As dreams are made on, and our little life
Is rounded with a sleep.   (Shakespeare.)

Postquam res Asiae, Priamique evertere gentem
Immeritam visum Superis.   (Virgil.)

Fern von uns der eitle Stolz des Geschichtsschreibers, der sich mit seiner Wissenschaft bläht, und ebenso wenig die Grenzen derselben als des Weltalls, der Zeit und des Raums anerkennt, obschon alles ihm zuruft:

the great globe itself shall dissolve!

begnügen wir uns, das zu berichten, was wir mit Augen sehen, mit Händen fühlen und mit unserm Verstand erreichen können. Seien wir bescheiden, wie es sich für beschränkte Wesen, für Blinde, für Nachtwandler geziemt, deren ganzes Leben ein Traum ist, und denen es überall an mathematischer Gewißheit fehlt, besonders in der Geschichte, welche selbst nicht mehr als eine für wahr angenommene Fabel ist. Beschränken wir uns auf kurze Betrachtungen, unterwerfen wir sie einem lobenswerten Zweifel, lassen wir das Schauspiel dieses Lebens vor uns vorübergleiten, sammeln und berichten

wir einige Tatsachen, die uns Tatsachen zu sein s c h e i -
n e n , weil wir Zuschauer oder Mithandelnde gewesen
sind!

V e r g n i a u d , dessen ich schon Erwähnung getan
habe, V e r g n i a u d , der größte Redner unter den Volksrepräsentanten, wenn man unter Beredsamkeit die Gabe
versteht, auf das Gemüt einzuwirken, die verhandelten
Fragen zu beleben, die Leidenschaften zu erregen —
V e r g n i a u d hegte eine tiefe Verachtung gegen alles,
was Faktion hieß, und gewiß die allergrößte gegen die,
zu welcher er selbst gehörte. Aber seine Eitelkeit, seine
Sucht, als Redner zu glänzen, und sein erster Impuls
fesselten ihn an die einmal getroffene Wahl. Gern hätte
er ein ehrenvolles Mittel ergriffen, sich loszumachen (als
wenn es eines ehrenvollen Vorwandes bedurft hätte, aus
einem Verein auszutreten, der ohne alle Ehre war)! Er
machte kein Hehl daraus. „Die Ruhe und zwanzigtausend
Livres jährlicher Renten*) wären mir weit lieber als das
L ä r m e n in der Versammlung und d a s B l u t auf den
Straßen." So sprach er, so d a c h t e er gewiß auch;
gleichwohl fehlte es ihm an Entschlossenheit, eine Bahn zu
verlassen, die ihn mit Ekel und Widerwillen erfüllte.

Er hat mir mehr als einmal wiederholt: „Ich halte
den König für einen Biedermann, aber er ist nicht zu
retten**); er danke ab, er begebe sich mit der Königin
wohin er wolle, er lasse uns seinen Sohn. Noch ist es
Zeit. Ich habe es übernommen, auf seine Suspension
anzutragen; lassen Sie ihm eine Warnung zukommen,

---

*) Ich habe von Herrn L a p o r t e den Auftrag und die
Berechtigung gehabt, ihm noch mehr anzubieten.
**) Il est *insauvable* — je le crois honnête homme.

wenn Sie wollen; er läuft die größte Gefahr und hat nur das eine Mittel, ihr zu entgehen, und nur einen Augenblick, sich zu entschließen*).

Als in London ein Herr Abbé von M..., ein Herr Chevalier von P... und andere zwar zugaben, mein Schreiben an den König vom 27. Juli 1792**) sei gut gedacht und gut verfaßt, mir aber das Recht absprachen, es geschrieben zu haben — sagten die Herren (mit ihrer gütigen Erlaubnis) eine Sottise und eine Armseligkeit. In einem so feierlich wichtigen Zeitpunkte, wie dieser war, hatte jeder Franzose das Recht und einen Beruf, an den König zu schreiben und ihm nützliche Wahrheiten zu sagen. Vor allen anderen konnten diejenigen, die durch ihre Verbindungen, ihre bekannte Ergebenheit, und durch eigenes Interesse über allen Verdacht und Zweifel in Hinsicht der Lauterkeit ihrer Absichten erhaben waren, nicht des Mangels an Ehrerbietung beschuldigt werden, selbst wenn sie in dem Feuer ihres Eifers zu weit gingen.

Dem sei, wie ihm wolle, dieses Schreiben, welches so oft angeführt, in fremde Zeitschriften aufgenommen***) und in mehrere Sprachen übersetzt worden ist, war mit einer prophetischen Dreistigkeit abgefaßt. Es enthielt

---

*) Am 11. August erinnerte ich ihn an diese Worte, die er vor nicht ganz acht Tagen zu mir gesprochen hatte. Ich bat ihn, die Abdankung des Königs zur Sprache zu bringen, und ein Dekret zu veranlassen, welches Ihre Majestäten ermächtigte, mit einem angemessenen Jahrgeld aus Frankreich zu scheiden usw. Er gab mir zur Antwort: „Es hängt nicht mehr von mir ab; der günstige Augenblick ist vorüber."

**) Man findet es in den Oeuvres mêlées du Comte Alexandre de Tilly. Berlin 1803. S. 158—181. Es ist mit Anmerkungen und folgendem Motto versehen:

Ploravere suis non respondere favorem
Speratum meritis.

***) Z. B. in die englischen Zeitungen. (Uebers.)

Wahrheit und Weissagung; es war ein Todesurteil, sobald man die Mittel verwarf, die es zur Ab-
wendung des Streichs vorschlug. Der König dachte
anders darüber als der Herr Abbé von M... und der
Herr Chevalier von P... Er ließ mir durch Herrn de la
Porte danken. Er tat noch mehr, und die schriftliche
Antwort, die Se. Majestät mir zustellen ließ, und die
ich an sicherem Orte aufbewahre*), wäre hinreichend,
den Neid und die Bosheit zum Schweigen zu bringen;
sie reicht wenigstens zur vollständigen Beruhigung meines
Gewissens hin und ist in meinen Augen der schönste
Lohn der Treue und der Pflichten, die ich mir damals
so feierlich und heilig auferlegen zu müssen glaubte.

Noch rauchte und glimmte die Asche in den Tuilerien.
Ich irrte auf den Straßen von Paris umher, angetan mit
den Lumpen des Elends und der Dürftigkeit, im schmutzigsten Aufzuge, — denn das war für den Augenblick
die beste und einzige Sicherheitskarte. Ich mischte mich
unter die furchtbaren Pöbelhaufen, von denen sich meine
Blicke mit Abscheu wenden mußten, und die ich mich
gleichwohl nicht entschließen durfte zu verlassen. Ich tat
Fragen, auf welche oft abscheuliche, oft verständige Antworten erfolgten, worin aber jederzeit der Blutdurst und
die Zerstörungswut vorherrschend waren. Keiner dieser
Mordsüchtigen wollte sich erinnern, daß er unter einem
König geboren sei, daß er diesen König als eine sicht-
bare Gottheit verehrt habe; keiner erinnerte sich an die
angeborene Ehrfurcht für privilegierte Stände. Alle hatten

---

*) Sie hat sich unter den Papieren des Grafen von Tilly
nicht gefunden. (Uebers.)

die unsichtbare, aber heilige Kette gesprengt, welche sich in einem Staate um die gesamten Bürger wie um eine einzige Familie schlingt. Während die wildesten Horden sich ihren Gesetzen fügen, schien es, als wenn in Paris nur ein Gesetz herrschte und Gehorsam erheische: das Gesetz des Blutbades, der Zerstörung; der Tigerinstinkt, der, ohne gereizt zu sein, würgt, um zu würgen. Keine persönliche Furcht — ich darf es behaupten — drang in mein Herz, desto tiefer fühlte ich ein unüberwindliches Entsetzen beim Anblick der Ströme Blutes, die mit kannibalischer Barbarei auf Befehl einer Regierung vergossen wurden, welche damals die einzige in Frankreich war.

So kann man gegen sein e i g n e s Leben gleichgültig werden, dasselbe vergessen, dasselbe geringschätzen, und doch vor Greueln zurückschaudern, die die Allgemeinheit betreffen.

Die Verhaftungen vervielfältigten sich, alles schwebte in Furcht und Schrecken; nur Exzesse und Frevel blieben unbestraft. Auf der einen Seite dumpfes Hinbrüten der Bestürzung und Angst, auf der andern ungebundene Frechheit; hier Entsetzen ohne Hoffnung, dort losgelassene Wut; nirgends unbefangene Ruhe auf den Zügen und in der Haltung. Schon mehr als einmal waren die Trabanten und Söldner des Mordes und der Anarchie bei mir eingedrungen, bald mit offener Gewalt, bald mit verstellter List. Schon hatte ich aus Vorsicht auf vierundzwanzig Stunden meine Wohnung verlassen — aber was tut nicht die Liebe zur Heimat — ich schwankte noch immer, ob ich sie mit dem Rücken ansehen sollte. Seine Mutter fliehen, selbst wenn sie die Kinder, die sie erzeugt hat, mit unmenschlicher Härte von sich stößt, sie enterbt oder wie Medea ermordet — welches Kind vermag es ohne langen Kampf mit sich selbst?

Der Abbé d'E s p a g n a c, den ich bei einem Freunde antraf, gab mir den Rat, zu D a n t o n zu gehen, und bot sich mir als Begleiter an. D a n t o n empfing mich mit Anstand und Teilnahme. ' Er sagte mir zwar gleich im Eingange: „Ihre 'Grund'sätze und Denkungsart sind mir wohl bekannt, Sie haben sie nie verleugnet; Ihr Verhalten war immer offen, folgerecht und von der Art, daß ich es dem v e r s t e l l t e n J a k o b i n i s m u s der Leute von Ihrer Kaste vorziehe. Ich werde Ihnen Beweise meiner Achtung geben; Ihr Freimut ist tausendmal mehr wert als ein erheuchelter Patriotismus und gewisser Menschen vorgegebene Liebe zu einer Revolution, welche sie im Herzen verwünschen und verabscheuen, vielleicht in ihrer Lage mit Grund. Kann ich nicht mehr für Sie tun, so verspreche ich Ihnen wenigstens das L e b e n." — Im Augenblick meinte er es so, wie er sagte*).

Aber zu jeder Zeit haben die T r i u m v i r n bei Staatsumwälzungen mit ihren Schlachtopfern Schacher getrieben. Schon am folgenden Tage erfuhr ich durch M a n u e l (und ohne Zweifel durch diesen von D a n - t o n selbst), daß ich dem verruchten F a b r e d'E g l a n - t i n e überlassen und preisgegeben und mein Kopf der Gegenstand eines heftigen Kampfes und eines langen Widerstandes gewesen sei!... Manche Witzköpfe werden hier vielleicht sagen, mein Kopf wäre keines langen Kampfes, keines heftigen Widerstandes wert gewesen, aber es hat Leute gegeben, deren Kopf noch weniger galt, und die doch alles getan haben, ihn auf den Schultern zu behalten.

Es kann mir kein Zweifel über C o n d o r c e t bleiben. Er hatte seine Hand im Spiele. Er gehörte zu meinen Verfolgern, zu denen, welche die geheime Rache an mir zu üben gedachten, die sie längst bei sich herumtrugen.

Kundschafter, deren mehr als verdächtiges Ansehen sie verriet, wurden in meiner Nachbarschaft bemerkt. Ihr Auflauern, und noch mehr als dieses, ihr Forschen, ihre

---

*) il était de bonne foi.

versteckten Fragen, öffneten meinem Diener, der auf sie acht gab, die Augen. Er hielt sich zu ihnen, gab ihnen zum Schein falsche Aufschlüsse, tat seinerseits Fragen, und erfuhr bestimmt, nachdem er sie treuherzig gemacht, w e r sie abgeschickt hatte. Sechs Wochen später, und als ich glücklich in London angelangt war, gab ich ein Schreiben heraus*), welches ziemliches Aufsehen machte und hinreichend war, den heimlichen Verschwörer gegen meine Freiheit und mein Leben zu entlarven und zu brandmarken.

Ein berühmter Arzt, dessen Eitelkeit ich verletzt haben mochte und der in der Revolution einigen Einfluß gewonnen hatte, verfolgte mich ebenfalls mit Erbitterung; er wollte mich wie einen seiner Kranken behandeln.

Bei so vielen und guten Gründen und Beweggründen war es mir wohl vergönnt, nicht länger unschlüssig zu bleiben. Und so widerstand ich denn auch nicht länger den dringenden Vorstellungen und Bitten einer Freundin, welche mehr über mich vermochte und mich schneller zu dem Entschluß brachte, Frankreich zu verlassen, als alle Ratschläge, Reflexionen und vorschwebende Gefahren. Sie verschaffte mir einen Paß, den ich selbst mit einem falschen Namen ausfüllte, nachdem ich auf einer Fensterscheibe, so gut es sich tun ließ, die Namen der beiden Munizipalbeamten D a ... und T a ... kopiert und eingetragen hatte. Dieser Paß, der mich hundertmal hätte verraten müssen, wenn die Beschauer ein paar Augen im Kopf gehabt hätten, half mir überall die ganze Reise durch und brachte mich glücklich an die Küste. In Saint Denis, wo ich ihn zuerst keck vorzeigte, erhielt er die erste Sanktion, und nun ging's, wie mit der Göttin Fama, vires acquirit eundo: von Stadt zu Stadt gewann

---

*) S. das Schreiben des Grafen von T i l l y an Condorcet vom 5. Nov. 1792, in den Oeuvres mêlées du Comte Alexandre de Tilly. Berlin 1803.

das Papier an Ansehen und Wert, denn war es nicht zuerst in Saint Denis von den Zivil- und Militärbehörden visiert und unterzeichnet worden? Nur in Abbeville hätte es mir übel ergehen können. Ich hatte den Fehler begangen, bei hellem Tage in einer Postchaise, die ich auf der vorigen Station gemietet hatte, einzufahren. Ich wurde nun auf das Stadthaus gebracht — und zwar während einer Sitzung der Notabeln (zu Deutsch, der Honoratioren). Diese Herren waren die ausgemachtesten Demagogen, die es damals in einer Provinzialstadt geben konnte; die ärgsten Wichte, die von ihren Mitbürgern an die Spitze der Verwaltung gestellt waren, fünf oder sechs Rasende, die sich einbildeten, sich auf den Gipfel ihres neuen Berufs geschwungen und die Höhe der Revolutionsprinzipien und der Zeit erreicht zu haben. Sie müßten — so erklärten sie sich — an ihre B r ü d e r, an die Munizipalität von Paris, schreiben. — Ich gab einen wichtigen, geheimen Auftrag vor und machte sie für jeden Verzug verantwortlich, den ihr patriotischer Eifer meiner Eile in den Weg legen würde. Mein Gesicht, einige Spuren älterer Toilette und eines nicht ganz abgelegten Anstandes wollten ihnen nicht behagen, obschon ich mich anstrengte, meinen Worten den ganzen Ton des Sansculottismus zu geben, und sie von den Maßregeln unterhielt, welche w i r nach dem Fall des letzten T y r a n n e n in Paris getroffen hätten. Endlich stimmte der Mindestbesessene der Bande für ein „Laissez-le aller!" und sein Wort ging durch. Hier nun, wo ich das meiste zu befürchten hatte, erhielt ich die größte Sicherheit für die übrige Reise, denn auf meinen Wisch von Paß hatte ich die Freude, den schützenden Zusatz zu erhalten: „Vu passer en Conseil permanent dans le lieu de nos séances, le présent passeport dûment examiné et vérifié, et y ayant à ces causes apposé nos signatures etc. etc."

Bevor ich Paris verließ, hatte ich meinem Freunde C h a m p c e n e t z den Schlüssel zu meinem Sekretär zu-

gestellt und ihn ersucht, unmittelbar nach meiner Abreise, sobald es sich wenigstens in voller Sicherheit tun
ließe, sich in meine Wohnung zu begeben und daselbst
zwei Bündel Briefe, mit der Nummer 5 versehen und
grün versiegelt, zu verbrennen. Ich hatte ihm ferner
angelegentlich empfohlen, mit allen nur möglichen Mitteln
zu versuchen, mir ein Bildnis zukommen zu lassen, auf
welches ich einen unendlichen Wert legte. Allem Anschein nach ist es ihm unmöglich gewesen, beide Teile
meiner Bitte zu erfüllen, denn nicht nur habe ich nie
das gewünschte Porträt erhalten, sondern von jemandem,
der sehr wider Willen damals angestellt war, erfahren,
daß meine beiden Briefpakete nach der Munizipalität gebracht, dort gelesen worden wären und die gestrengen
Herren überaus b e l u s t i g t hätten.

Das war an sich zwar lustig genug, weniger lustig
aber war es, daß durch dieses öffentliche Vorlesen eine
Person, deren Achtung mir teuer ist, in den Augen des
Mannes, den sie vor allen anderen Ursache zu schonen
hatte, verlor und kompromittiert wurde. Sollten diese
Memoiren bis zu ihr gelangen, so würde sie ohne Zweifel
bedauern, den Brief geschrieben zu haben, den ich 1797
in Hamburg von ihr erhielt. Sie würde einsehen, daß
mir weiter nichts zuschulden kommt, als daß ich zu lange
gesäumt hatte, die Beweise eines Gefühls zu vernichten,
welches s i e in ihrem Briefe so ganz vergessen zu haben
vorgibt.

Was aber den unglücklichen C h a m p c e n e t z betrifft, was habe ich nicht getan, ihn den Henkern zu
entreißen, die ihn gemordet haben? Es war nicht schwer
vorauszusehen, daß ein Mann, der über alles gespöttelt
hatte, auf das Blutgerüst kommen würde, um dort ernsthafter bespöttelt zu werden. Ich bewies ihm klar und
bündig, es würde für ihn kein Wunder geschehen, und
ein wahres Wunder würde es sein, wenn er einer so
allgemeinen Verdammnis entginge, von welcher man sich

nicht anders als durch die Nacht der Vergessenheit und
des Schweigens retten könne. Ein Mann wie er, der
sein ganzes Leben darauf verwendet, Geräusch und Aufsehen zu machen, heute ein Bonmot zu sagen, damit
es morgen überall nachgesprochen würde, andere zum
Lachen zu bringen oder über sie und über sich selbst
ein schallendes Gelächter zu erheben — ein solcher war
freilich weit von dem Verdachte entfernt, ein Verschwörer
zu sein. Um so mehr aber war es vorauszusehen, daß
er ein auffallender Visierpunkt sein und zu einer Zeit
nicht verfehlt werden würde, wo man gewohnt war, die
Schlachtopfer in derselben Rangordnung aufs Schafott
zu bringen, als sie bisher in der Welt aufgetreten waren,
und wo das einzige Mittel, sein Leben nicht zu verlieren,
darin bestand, für tot zu gelten. Sein Verstand ging auf
meine Gründe ein, aber seine Trägheit begriff mich nicht.
Ja, noch mehr, er tat, was er konnte, mich selbst in sein
Unglück hineinzuziehen, versuchte alles, mich in Frankreich zurückzuhalten, bot mir ein Bett und die Hälfte
seiner Wohnung an. Er ging noch weiter und wollte
mir bange damit machen, daß jeder Versuch zur Flucht
zu spät komme, die Barrieren von Paris seien verschlossen,
aller Augen geöffnet, alles, was reisen wolle, verdächtig,
jeder Ausweg versperrt, alles unter den Waffen; ich würde,
wenn ich auch wirklich durchkäme, auf freiem Felde
ergriffen, als der wahre T i l l y erkannt und entweder
zurückgebracht oder jämmerlich ermordet werden.

Es lag nicht in meinem Verhängnis, dem Unglücks-
propheten zu glauben. Ich bestand auf meinem Entschluß und sagte ihm das letzte Lebewohl auf Erden.
Später suchte ich mit Herzensbangigkeit seinen Namen
auf jedem Totenverzeichnis und fand ihn später, als
ich es vermutete, auf jenen Mordblättern, welche ganz
Europa mit Entsetzen und Unwillen erfüllten und die
Namen der Opfer enthielten, die wie Herden schutz-

loser Lämmer von blutgierigen Tigern in ihre Höhlen geschleppt, nacheinander von ihnen zerfleischt wurden.

Die Freundin, welche mich zur Abreise überredet hatte, war zugleich auf das rechte Mittel bedacht gewesen, meine Flucht zu sichern. Sie hatte einen Begleiter für mich gefunden, auf den sie wie auf sich selbst zählen konnte. Als ich von C h a m p c e n e t z zu ihr kam, fand ich diesen Mann bei ihr, der schon auf mich wartete. Er setzte mir einen Bortenhut auf, knöpfte mich in einen Kutscherüberrock und ließ mich in diesem Aufzuge hinten auf sein Kabriolett steigen. So gelangten wir in der Nähe von St. Denis an ein abgelegenes Haus, wo ich die Nacht in einem Zimmer zubrachte, welchem ich, wenn ich es mit einer Bodenkammer vergleichen wollte, viel Ehre antun würde. Sowie der Morgen anbrach, trennte ich mich von meinem Führer, um, wie ich oben erzählt habe, mich von Stadt zu Stadt durchzuschleichen und den nächsten Hafen zu gewinnen. Meistenteils reiste ich des Nachts, bald zu Fuß, bald auf Mietswagen, hielt mich am Tage verborgen, war dreimal nahe daran, mich unterwegs zu verraten oder erkannt zu werden, und erreichte so am 25. August 1792 um 10 Uhr in der Nacht Boulogne.

Mein Signalement war vor mir eingetroffen.

Ich hatte mich schon unterwegs entschlossen, mich einer Engländerin, der Eigentümerin des British-Hotel, anzuvertrauen. Wie oft war ich in diesem Gasthof abgestiegen, in einer ganz anderen Lage, unter ganz anderen Umständen, zu einer ganz anderen Zeit als in dieser nächtlichen Stunde. Ich schaute im Hofe durch die Fenster, welche erleuchtet waren, ob ich nicht Mistreß K n o u t h entdecken würde. Zum Glücke fand ich sie; ich trat ins Zimmer, sie war zu meinem noch größeren Glücke allein. Meine schmutzige, bestäubte Kleidung, mein verzerrtes, von der Reise angegriffenes Gesicht, mein leises Auftreten und die dringenden Bitten um Verschwiegenheit bewirkten, daß sie ein paar Schritte zurückwich und mich, den sie nicht gleich wiedererkennen konnte, für eine der Gespenstergestalten hielt, welche ihre Landsmännin, Mistreß Radcliffe, mit so verschwenderischen Händen in ihre Romane einstreut, die sie ohne Zweifel auf Gottesäckern entworfen und zu Papier gebracht hat. Ich nannte mich, und noch bedurfte es einiger Zeit und Besinnung, ehe sie mich zu einem der Bewohner dieser — schlimmsten Welt rechnen mochte. Ich fragte sie endlich, als sie sich meiner erinnert hatte, ob sie entschlossen sei, mein Zutrauen zu verdienen und zu rechtfertigen, oder ob sie mich anzugeben gedenke. Ich bat nur um eins: „Lassen Sie mich nicht lange in Zweifel." Sie bedachte sich keinen Augenblick, führte mich selbst auf mein Zimmer, schloß hinter mir die Türe ab, kam bald wieder, brachte mir zu essen und wünschte mir eine gute Nacht. Ich schlief fünfzehn Stunden hintereinander und vergaß die ganze Zeit über, daß es eine Revolution, daß es Munizipalbeamte, daß es Räuber und Mörder und Tyrannen in Frankreich gab. So ruhig mein Schlaf, so ruhig und angenehm waren meine Träume.

Als ich erwachte, meldete sich ein Herr Parker, Gehilfe der guten Mistreß, und schlug mir vor, mich der Gelegenheit eines Fahrzeugs zu bedienen, welches soeben die Leute und Pferde des Lords Gower nach England brächte. Als er mich sehr geneigt fand, das Anerbieten anzunehmen, beeilte er sich, den Schiffskapitän zu holen, um Verabredung zu treffen. Der uneigennützige Engländer versprach mir, gegen Erlegung von fünfundzwanzig Louisdor mir am Bord eine Schütte Stroh zu geben und mich mitzunehmen. Ich würde das Opfer gebracht haben, wenn er mir die gehörige Sicherheit hätte geben können, daß sein Schiff vor der Abreise nicht von den Douane- und übrigen Beamten visitiert werden würde. Doch hiervon konnte mich seine ganze Beredsamkeit nicht überzeugen, und somit zerschlug sich das Geschäft, nachdem ich mit einem bedeutenden Geschenk sein Schweigen erkauft hatte.

Nach einiger Zeit ließ sich Parker von neuem in meinem Versteck sehen und brachte einen Mann mit sich, eine wahre Galgen- und Spitzbuben-Physiognomie. Er sei, sagte er mir, ein grundehrlicher Schmuggler, der die heiligste Versicherung und seinen Kopf zum Pfande gäbe, daß er mich heil und gesund in Dover einschwärzen wolle. Er war noch uneigennütziger als der Kapitän und verlangte nicht mehr als vierzig Louis.

Wer war mir aber gut dafür, daß dieser Mensch, der von Betrug lebte, mich nicht verraten oder, um sein Boot zu erleichtern, mich nicht über Bord werfen würde? Ich hatte nicht Zeit, alle diese Betrachtungen anzustellen, und überließ mich ihm mit Leib und Seele. Jetzt mußte ich eine Jagdtasche umhängen, eine Flinte auf die Schulter nehmen und ihm folgen. In diesem Kostüm erreichte ich mit ihm das Ufer, bis wohin vom Hotel d'Angleterre bekanntlich nur wenige Schritte sind. Es war Flut, und wir mußten längs der Küste bis an die Knie im Wasser waten. Mein Kompagnon schoß von Zeit zu Zeit; ich tat dasselbe auf sein Geheiß. Wir verfehlten die Seemöwen, die nicht einmal in Schußweite bei uns vorbei oder über uns weg flogen. Er zielte so wenig als ich, denn uns war nur um den Lärm zu tun, nicht um den Vogel. So ging's zwei Stunden lang fort, immer die See entlang, bis wir eine letzte Anstrengung machten und, bis an die Brust im Wasser, uns endlich einem Boote, einem Kahne näherten, der an dem kleinen Mastbaume kein Segel, wohl aber ein altes, durchlöchertes Laken zu hängen hatte. Ich fand in diesem respektablen Fahrzeuge, womit ich das Meer durchschiffen sollte, zwei Matrosen, deren Spra-

che und Aeußeres nicht gerade dazu angetan waren, um
mir Mut einzuflößen. Mein Führer sprach einige Worte
mit ihnen, die ich nicht verstand, packte mich um den
Gürtel, hob oder vielmehr schwenkte und schleuderte mich
in den Kahn wie einen, von dem man bezahlt worden
ist, um dessen Arme und Beine man sich aber nicht
weiter bekümmert. Meine Lage war nichts weniger als
glänzend und erfreulich. Ich übersah sie in ihrem ganzen
möglichen Umfang und entschloß mich schnell zu Maßregeln, wodurch ich sie verbessern könnte. Ich setzte
mich an dem einen Ende des Kahns nieder, und indem ich
meine Pistolen hervorzog und den Hahn spannte, redete
ich die beiden Bootsknechte an: „Seht her und hört mich
an: sowie einer von euch mir um einen Schritt näher
kommt, ist er des Todes. Dagegen aber, bringt ihr mich
vor neun Uhr abends nach Dover oder einen andern
englischen Hafen, so sind meine letzten zehn Louisdor
euer." — Meine Anrede schien sie zu befremden und Eindruck zu machen; sie erwiderten kein Wort, und ohne
während einer zehnstündigen Ueberfahrt von beiden Seiten einen Laut von uns zu geben, ging es vorwärts, bis
wir noch vor sieben Uhr abends in Stockport einliefen,
naß wie die Katzen und nasser als der Opernsänger, der
dem Schiffbruch entkommen ist.

Der Pfarrer des Orts und der Friedensrichter fanden
sich bald nachher bei mir ein und machten mir die
zuvorkommendsten gastfreundlichen Anerbietungen. Mit
ihrer Menschenliebe, mit ihrem patriotischen Eifer verband sich ein guter Teil Neugierde und der Wunsch,
von der wahren Lage der Dinge in Frankreich so viel als
möglich zu erfahren. Ich befriedigte die Fragelustigen
in der Kürze, und sobald vorgefahren war, beurlaubte ich
mich mit Worten und Gefühlen der Dankbarkeit, stieg in
die Postchaise und schlug die Straße nach Dover ein,
welches ich in zwei Stunden erreichte.

Hier angekommen, atmete ich frei und dankte Gott, der mir gegen alle Wahrscheinlichkeit zu dem Glücke verholfen hatte, meinen Feinden und ihren Verfolgungen und Schlingen zu entgehen, und mit dessen Hilfe und Beistand ich in ein schützendes Land gelangt war; der tröstende Anblick desselben konnte mich aber nicht die Heimat vergessen lassen, aus der ich so sehr wider meinen Willen und allen meinen Wünschen und Neigungen zuwider mich verbannt sah.

Ich brachte zwei Tage in Dover zu. Unaufhörlich und unwillkürlich irrte ich an dem Gestade umher; in meiner Unruhe, in der Verwirrung meiner Gedanken fragte ich die See nach den Ursachen des schnellen Wechsels, von Stürmen zur Ruhe, von Ruhe zu Stürmen; ich fragte sie, wie sie so plötzlich ihre Wellen gegen die Wolken schleudere und ebenso plötzlich eine spiegelglatte Oberfläche zeigen könne; ich fragte sie nach der Hand, welche ihre Wogen aus der Tiefe hervorwühle und sie in ihren Kerker zurückdränge. Eine hohle, tosende Stimme schien zu antworten: der Gott der Stürme sei auch der Gott der Revolutionen; alles im Meere und auf Erden sei Wechsel und Unbeständigkeit; nichts geschehe, was nicht eine Folge der ewigen Ordnung, der Ratschläge, der Weisheit des höchsten Wesens sei; alles liege im allgemeinen Plan einer festen, auf berechneten Grundsätzen ruhenden Bestimmung.

Jetzt warf ich einen Blick des Bedauerns auf Erde und Meer und hob ihn gen Himmel. Nur im Himmel war mein Hoffen, weil alles, dieses einzige, letzte, unbekannte Asyl ausgenommen, wo die Hoffnung ihren Sitz hat, den Menschen verläßt und verrät.

In Dover fand ich den Lord Cholmondley, dessen Bekanntschaft ich in Frankreich gemacht hatte, und seine liebenswürdige Gemahlin. Sie standen wie ich am Ufer und betrachteten die See, nur aus anderen Beweggründen als ich. Sie waren glücklich,

s i e hatten ein Vaterland, s i e besaßen alles, was der
Heimat Wert geben kann; s i e lebten im Genuß eines
unermeßlichen Vermögens. Lady C h o l m o n d l e y liebte
das Leben, nicht wie eine ihres Geschlechts überhaupt
— denn dieses Geschlecht hängt weniger daran als unseres und achtet es gering, wenn eine große Leidenschaft im weiblichen Herzen vorwaltet — aber wie eine
glückliche und im Glück gleichgültig gewordene Frau.
Im Begriff, sich nach Neapel einzuschiffen, um zu ihrer
sterbenden Mutter, der Herzogin v o n R u ... zu eilen,
stand sie am Rande des Meeres, zitternd und zagend,
und hätte es gern befragt, ob es sie sicher zu Italiens
Küste tragen werde. Sie schien die Wellen zu beschwören, fand sie aber nicht heiter und ruhig genug, und
ihr Gemahl, der ihr vergebens Mut einsprach, teilte ihre
Besorgnisse und suchte den Augenblick der Trennung
so lange als möglich zu verschieben. Ach, sie bedach-
ten nicht in ihrer Hoffnung auf Meeresstille, daß das
falsche Element nie gefährlicher ist, als wenn es seine
Gefahren im tiefen Schoße verbirgt, und daß die
Stunde des Sturmes gleich nach der wolkenlosen Stunde
schlägt. Frankreich war ja auch still, ruhig und sonnig
gewesen.

Nachdem ich einige Geschäfte mit dem Bankhause
M i n e t & F a c t o r, auf welches ich Wechsel hatte,
in Ordnung gebracht, machte ich mich nach London auf
den Weg und erreichte es noch vor Nacht.

Zur Steuer der Wahrheit muß ich sagen, daß ich
alle Klassen der Nation über die Unruhen, Trübsale und
Aussichten von Frankreich bestürzt und niedergeschlagen
fand. Die Schicksale meines Vaterlandes erregten eine
allgemeine Teilnahme von den ersten Klassen der
Gesellschaft bis zu den letzten. Der Mann, der
die Zügel der Politik Englands in Händen hielt und
seine Leitung über ganz Europa ausdehnte, der Mann, den
Frankreich mit Recht den Urheber und das Werkzeug

seines Umsturzes und seiner Leiden nennen kann; — dieser Mann, P i t t, verabscheute sicherlich als M e n s c h die Grundsätze, die er als b r i t i s c h e r M i n i s t e r befolgte. Ich will hoffen, er werde mit hinreichenden Gründen vor den Richterstuhl des Allerhöchsten getreten sein, um Rechenschaft abzulegen, warum er die Flamme angeschürt hat, welche Frankreich verzehren sollte — welche es langsam verzehrte, bis durch eine rettende Hand hier der Brand gelöscht worden ist, während er s e i n e m Vaterlande ein Vermächtnis künftigen, i n F r a g e s t e h e n d e n Unglücks hinterlassen hat, dessen Ahnung ihm auf dem Totenbette Worte erpreßte, welche seine letzten waren: „Oh the times! Oh my country!" — Diese letzten Worte des Sohnes des großen C h a t h a m sind auch die meinigen!!!

Ich lege hier die Feder nieder; aber ehe ich sie wieder aufnehme, um den zweiten und interessantesten Teil meiner Lebensgeschichte (einen Zeitraum von fünfzehnjährigen Irrsalen in den Hauptstaaten von Europa und in der Neuen Welt*)) zu schreiben und zu beschreiben, will ich das Urteil eines Richterstuhls abwarten, dem ich diesen ersten unterwerfe. Dieser Richterstuhl, der nie täuscht, wenn man ihn bescheiden, gelehrig und ohne Vorurteil befragt — dieser Richterstuhl ist — Z e i t und U e b e r l e g u n g. Beide sollen mich bestimmen. Vor allem aber will ich, daß dieses mein Werk — mein, mindestens gesprochen, n i c h t g e w ö h n l i c h e s Werk — ohne Gefahr, ohne Galle, ohne Gift zu erregen, erscheinen und weder dem Verfasser noch denen schaden soll, die darin erwähnt und aufgeführt sind. Das sicherste Mittel, diesen heilsamen und moralischen Zweck zu erreichen, ist — nach reiflicher Ueberlegung — daß es nur dann hervortrete, wenn beide — Verfasser und Beteiligte — nicht mehr sind.

---

*) Von 1792 bis 1807.

23*

Nachtrag.

Biographische Notiz über den Verfasser
dieser Memoiren.

———

Hier enden die handschriftlichen Memoiren des Grafen Alexander von Tilly. Die von ihm bestimmt
und wiederholt ausgesprochenen Bedingungen, sie nach
seinem Tode mit Auslassung dessen, was gegen die Zeit-
politik verstößt, und nur mit den Anfangsbuchstaben gewisser Namen erscheinen zu lassen, sind erfüllt worden.

Die Absicht des Grafen von Tilly war, seine Arbeit
fortzusetzen. Er verspricht es sich und seinen Lesern
am Schlusse der Schrift und nennt sogar diesen Schluß:
Fin de la première partie.

Seine hinterlassenen Papiere zeigen deutlich, daß er
nicht stehen bleiben wollte. Doch sind die Materialien
zu einer vollständigen Fortsetzung bei weitem nicht hinreichend und können ebenso wenig in ihrer jetzigen Gestalt
einzeln und ohne Zusammenhang dem Publikum vorgelegt werden.

Der Uebersetzer, dem seit der angefangenen Bekannt-
machung der Memoiren noch mehrere Papiere des Grafen
zugekommen sind, liefert hier mit Benutzung dieser Schriften als Anhang einige biographische Notizen über
einen Mann, von dem man wohl nicht gern einen so
plötzlichen Abschied nehmen möchte. Er ist imstande,

alles, was hier folgen wird, mit Belegen nachzuweisen, und da er nun nicht mehr als Uebersetzer den Verfasser reden lassen muß, so ist es ihm verstattet, sich freier zu bewegen, den dünnen Schleier vom Gemälde abzuziehen und das Bild des Mannes, den man längst erraten haben wird, offen vor aller Augen hinzustellen.

Der Graf Alexander von Tilly ist der in Frankreich, England und Deutschland gleich sehr bekannte (wir hätten beinahe gesagt berüchtigte)

Peter*) Alexander, Graf von Tilly.

Eine Menge Umstände, die er von sich anführt, seine Anstellung als Page bei der Königin Marie Antoinette von Frankreich und nachher als Oberst der Kavallerie, seine Teilnahme an den bekannten Actes des Apôtres, seine übrigen Schriften, zu denen er sich im Laufe des Buches bekennt, seine Familienzwiste usw., lassen so wenig Ungewißheit über seinen in den Memoiren nicht ausgeschriebenen Namen, daß es ebenso zwecklos als lächerlich sein würde, diesen länger zu verschweigen. Wir machen, wie billig, den Anfang mit den

Familien-Nachrichten.

Peter Alexander, Graf von Tilly, der älteste Sohn Jakobs, Marquis von Tilly, und der einzige von dessen erster Gemahlin, aus dem Hause Chasille, stammte aus einer alten normännischen Familie, die von dem Schlosse Tilly im Amtsbezirke von Caen den Namen hat. Sein erster, mit diplomatischer Gewißheit bekannter Ahnherr

---

*) Der Name Peter ist überall, bei Unterschriften, auf Pässen, selbst im Malteser-Ordensritter-Diplom, weggelassen.

war Umfroy, Sire de Tilly, welcher W i l h e l m d e n
E r o b e r e r nach England begleitete und 1068 Schloß-
hauptmann (Châtelain) von Hastings wurde. O l d e r i c u s
Vitalis, Mönch in Saint-Evroul, im elften und zwölften
Jahrhunderte, nennt in seiner Historia ecclesiastica den
Ritter Umfroy: natus de stemmate Danorum. Das Wappen
der Familie, eine rote Lilie im goldenen Felde, mit der Um-
schrift „Sic tinctum sanguïne nostro" bezeichnet die den
französischen Königen geleisteten Dienste und ist einem
der ältesten Ritter dieses Hauses von seinem Könige erteilt worden, als jener einen Ritter Vaspan im Zweikampf
erschlagen hatte.

Wir finden im zweiten Bande der Memoiren, daß
d e m Zweige der Familie der Grafen von Tilly, aus
welchem unser Graf entsproß, die Ebenbürtigkeit, ja selbst
die Verwandtschaft eine Zeitlang streitig gemacht worden
ist, und daß dieser Streit Veranlassung zu einem Zwei-
kampfe zwischen dem Grafen und einem Familiengliede
gegeben hat. Was indes der Genealog Cherin sowohl
als der Gerichtshof der Marschälle von Frankreich unentschieden gelassen haben, dürfte doch, einer achtungswerten Quelle (dem Nobiliaire universel de France, par
M. de Saint-Allais, T. 8. Paris 1816) zufolge, keinem
Zweifel unterliegen können. In diesem Werke findet man
die ununterbrochene Genealogie des Hauses Tilly und
sieht, wie dieses mehrere zum Teil noch lebende Zweige
getrieben hat, aus deren jüngeren einem man den Grafen
Alexander hervorgehen sieht. Schon R o b e r t v o n
T i l l y, welcher Marquis (Markgraf) genannt wird und
nach einem Schloß, welches er 1138 in England erbaute,
auch Graf v o n R o d e b e r t (Robert) hieß, hatte zwei
Söhne, welche die Stammväter zweier Linien wurden.
Die männlichen Nachkommen des ä l t e s t e n Sohnes
Johann (welche die Baronin und Güter Beauffou, Beuvron,
de la Motte-Cesny, Grimboise, Tury, Tilly, Auvilliers, Cuye,
Fontaine-le-Henri, Couvains, Putot, Saint-Martin-de-Sallon,

Barneville, Plannes, Seuvray, Juvigny usw. in ihren Besitz vereinigt hatten, und welche unter ihren Familiengliedern auch Luce de Beauffou, eine Abkömmlingin der jüngeren Linie der Herzöge von der Normandie — Könige von England — zählten), erloschen nach 1360, und deren sämtliche, soeben genannte Güter gingen mit Johanna von Tilly an das Haus Harcourt, von welchem die nachmaligen Herzöge von Harcourt abstammen, über. Der jüngere Sohn Roberts, Alain de Tilly, Seigneur de Barou, bildete eine Linie, von welcher nach 1200 Nicolas, Marquis de Tilly abstammte, der durch seine zwei Söhne die Linien Blaru und d'Escarbouville gründete. Von jener stammte ohne Zweifel der Graf Charles de Tilly-Blaru, mit welchem der Verfasser dieser Memoiren das oben erwähnte Duell hatte; von der andern aber ganz bestimmt — und zwar von dem Zweige der Seigneurs de Prémarais — unser Graf Alexander. Das Duell, welches um der behaupteten und geleugneten Verwandtschaft willen stattfand, beweist, daß der Stammbaum beider damals nicht in Ordnung war, sonst würden die Kämpfer gewußt haben, daß sie allerdings so nahe verwandt waren — wie man es durch einen gemeinschaftlichen Ahnherrn, der vor 500 Jahren verstorben ist, sein kann, und daß beide wenigstens mit gleichem Rechte Tillys waren. Daß der Graf Charles trotz des Duells und der folgenden herzlichen Aussöhnung indes keine feste Ueberzeugung gewonnen hatte, geht aus seinen Briefen hervor, worin er den Grafen Alexander immer Monsieur le Comte, seinen Freund, seinen Mitbruder als Malteserritter, aber nur ein einziges Mal seinen Verwandten*) nennt.

---

*) Er schreibt aus Weimar an ihn (10. April 1801): Il m'est doux de trouver à la fois un ami, un parent, dans un confrère.

Uebrigens ist die Korrespondenz des Grafen die sicherste Quelle, aus der wir zur Aufstellung der uns fehlenden Nachrichten schöpfen; denn was manche Sagen über ihn, sowohl in Berlin als außerhalb, betrifft, so sind sie nicht zuverlässiger als — Sagen und Legenden überhaupt. Selbst wenn sie vollständiger wären, als sie es wirklich sind, würden wir Bedenken tragen, sie aufzunehmen. Was er selbst nicht von sich gesagt hat, was aus eigenen Aufsätzen oder aus an ihn gerichteten Briefen nicht authentisch hervorgeht, bleibe unberührt und unerwähnt. Nur das, was wir auf d i e s e m Wege finden, wollen wir g l a u b e n und berichten. Ehe wir, so weit dieses Wissen reicht, den zweiten Teil seines Lebens ausfüllen, vollenden wir seinen Stammbaum und seine Familiennachrichten.

Mit dem Grafen Alexander ist der Zweig des Hauses Tilly, welcher den Beinamen Prémarais führte, ausgestorben, denn auch sein jüngerer Bruder aus der zweiten Ehe des Vaters mit einem Fräulein Ameslon de Saint-Cher, welcher sechs Jahre unter den Royalisten der Vendée gedient hat und noch vor einigen Jahren lebte, hat keine männlichen Erben hinterlassen, da er nur einen früh verstorbenen Sohn gehabt hat. Ein Oheim der beiden Brüder, René-Louis, stiftete die noch blühende Linie de la Maulnière, war einer der Verteidiger des Königs am 10. August 1792, ward verwundet und starb im Gefängnisse, ehe man Zeit gehabt, ihn hinzurichten. Der älteste Sohn dieses Oheims ward 1799 in der Vendée in Stücke gehauen, der jüngere hat 1792 bis 1794 unter dem Prinzen von Condée, 1795 bis 1799 unter dem Grafen Frotté in der Vendée gedient und, treu seiner Devise „nostro sanguine tinctum", eine Kompagnie der wenigen treu gebliebenen Scharen angeführt. Sein Ende ist unbekannt.

Zur Vervollständigung der weiblichen Genealogie des Grafen gehört noch, außer der mütterlichen Familie von Chasille, der Name seiner Großmutter väterlicherseits, eines Fräuleins von Guéroult de Boiscléreault, der Tochter eines Herrn Guéroult von Saint-Loup. Wir finden in der Korrespondenz ein Schreiben seines Vetters, Guillaume-Guéroult (de Boiscléreau), aus Philadelphia. (vom 17. März 1801).

Aufenthalt in England.

Daß der Graf bei seiner dritten Reise nach England am 26. August 1792 in Stockport gelandet und von da über Dover nach London geeilt ist, haben wir von ihm selbst vernommen. Aus seiner Korrespondenz läßt sich nachweisen, daß er sich von 1792 bis Ende 1796 in England aufgehalten, 1797 sich nach den Vereinigten Nordamerikanischen Staaten begeben hat, 1799 nach England zurückgekehrt ist, es aber noch in demselben Jahre wieder verlassen hat, um in Deutschland zu leben.

Von seinem Aufenthalte in England lassen sich nur Bruchstücke angeben. Er hielt sich vorzüglich zu den vornehmen, französischen Flüchtlingen, dem Prinzen Léon (de Poix), dem Vicomte de Noailles, den Herren von Bouillé, Vater und Sohn, dem Baron von Breteuil, dem Grafen von Tressan, dem Marquis von Champignolles, den Familien von Vaudreuil, Matignon und anderen. Aus einzelnen Briefen geht hervor, daß er allgemein geachtet und geliebt wurde. Wovon er lebte, da er selbst uns seine Umstände bei seiner Abfahrt von Paris und Boulogne nichts weniger als glänzend schildert, ist ein Geheimnis. Es scheint, der Vicomte de Noailles und er seien in Geldgeschäften miteinander verbunden gewesen. Es scheint auch, er habe im Spiel und bei Damen Glück gemacht. Wie schwierig damals die Lage der Emigranten in England überhaupt war, mag folgender Brief beschreiben. Er ist aus Edinburgh, vom 20. Nov. 1796, und ohne Namensunterschrift, doch von einem bekannten Freunde des Grafen (dem Grafen von Vaudreuil),

wie aus der Handschrift zu erkennen ist. Nach dem gewöhnlichen Eingange heißt es: „Ich fange bei mir selbst
an und beschreibe Ihnen meine Lage. Sie wissen, daß seit
langer Zeit Monsieur*) wünschte, wir möchten zu ihm
nach Edinburgh kommen. Ich hatte es immer, wegen der
Länge und Schwierigkeit der Ueberfahrt, abzulehnen, wenigstens aufzuschieben, gesucht, aber Monsieur schickte
uns eine Brigg, und wir mußten uns, Frau von Vaudreuil
und ich, zur Einschiffung entschließen. Nach sechstägiger,
beschwerlicher Reise und Seekrankheit sind wir endlich
äußerst ermüdet angelangt. Unsere Wohnung allein kostet
uns vier Pfund monatlich. Man lebt hier zwar wohl-
feiler als in London, aber noch teuer genug für Leute,
die, alles in allem, nur zehn Pfund monatlich zu verzehren haben. Monsieur schickt uns täglich vom Schlosse
zwei Schüsseln, um unsere magere Kost zu verbessern.
Das ist aber auch alles, was er für uns tut und
tun kann; er selbst ist nichts weniger als im Vollen**),
da alle seine Einnahmen ausbleiben. Ich gestehe (doch
dies unter uns), daß ich auf etwas mehr gerechnet hatte;
aber ich muß wohl darauf verzichten, da der Prinz nicht
imstande ist, seinen eigenen Hofhalt zu bezahlen***). Es
bleibt also bei den zehn Pfunden, und ich weiß wahr-
haftig nicht, wie ich auskommen soll; der Kopf geht
mir um. Wie gern käme ich nach London, aber ein
Platz in der Postkutsche kostet zehn Guineen. Wie traurig!
Wir leben auf derselben Insel, mein guter Tilly, und können
uns nicht umarmen; ich hätte Ihnen so viel zu sagen
und zu vertrauen .... Ich habe einen Brief von
Alphonse†) erhalten, er verlangt Geld. Ich beschreibe
ihm meine traurige Lage und lege meine Antwort hier
ein, um das Porto zu ersparen usw."

---

*) Der Graf von Artois
**) Bien mal à son aise.
***) Payer sa maison.
†) Seinem Sohne.

Es scheint nicht, als habe der Graf mit großen, englischen Häusern in Verbindung gestanden. Dagegen verdienen zwei weibliche Bekanntschaften jede ihren besonderen Abschnitt.

Der Graf hatte bei dem Markgrafen von Anspach,
der seit 1791 mit seiner Gemahlin in London lebte, Eingang gefunden. Die erste Bekanntschaft ging bald in
ein engeres Verhältnis über, so, daß man sich an ihn
wendete, wenn man bei dem Markgrafen eingeführt zu
sein wünschte*). Noch mehr. Es finden sich in der
Korrespondenz mehrere Briefe von der Hand der Mark-
gräfin, voller Freundschaft, Zärtlichkeit, inniger Vertrau-
lichkeit. Sie ganz abzuschreiben erlauben Inhalt und
Raum nicht. Einige Hauptstellen werden genügen, den
Grad des Verhältnisses anzudeuten. (Die Briefe fallen in
das Jahr 1793.)

1. Mich kannst du boshaft nennen? Ich eine Bos-
hafte**)? Ich gegen dich? Ich, die es nicht einmal gegen
d i e sein kann, die ich hasse? Du scherzest, liebster Freund!
Weit entfernt, deinen Plänen mit D . . .***) etwas in den
Weg zu legen, habe ich dich nur warnen wollen, auf deiner
Hut zu sein. — Was den Markgrafen betrifft, so ist er
auf deine Nation wütend, vor allem aber auf D. M....
Er beantwortet alle Briefe mit schweigender Verachtung.
Lord Thurlow speist Sonntag bei uns. Ich hoffe, sein
Ansehen zu meinem besten, zum Ankaufe eines Landgutes
als Witwensitz, zu benutzen. Noch nie war ich dem
Markgrafen so unentbehrlich. Seine furchtsame Seele
flüchtet sich in den Schoß der meinigen.... Diesen
Morgen lief ein Schreiben an ihn ein, ihn zum Ab-
schlusse des Ankaufes von Colney-Chapel einzuladen. Ich

---

*) Ein Graf von Saint Farre läßt eine schriftliche Bitte dieser
Art an ihn ergehen.
**) Moi, méchante?
***) Der Graf war auf D . . . . eifersüchtig.

ließ anspannen, machte Toilette und begleitete ihn. Ich weiß ihm zu schmeicheln, ihn aufzurichten. Das Volk in London grüßt mich und sagt: „There she is*)", und das macht ihn seelenfroh. . . . Als ich ihn heute früh wecken wollte, fand ich ihn wach und nachdenkend. Er sprach von nichts als von D. M. und dessen schändlichem Betragen gegen mich. „Was?" rief er, „mir m e i n e F r a u rauben wollen! Mich mit m e i n e r F r a u zusammenhetzen!" Dann sagte er: „Wenn du mich verließest, wer würde mich trösten?" Und dann: „Die damned bitch**) mit ihrem Liebäugeln; ich hab' es ihr wohl angemerkt, als du in Bristol warst; aber ich bin nie wieder hingegangen; sie ist ein damned bitch." — Dies alles ist allerliebst; es wird alles gut gehen, ich verspreche dir's. Ich bin g u t; er ist a u f r i c h t i g und zärtlich. Aber auch du sollst g u t und mit mir glücklich sein. — Gott ist mein Zeuge, daß, wenn ich dem Vergnügen entsage, dich einige Wochen hier zu sehen, ich dem Liebsten auf der Welt entsage; aber es m u ß sein; die Umstände gebieten es. — Deine Abreise wird allen Rechten, die ich auf den Markgrafen habe, den Ausschlag und dir das Ansehen geben, der einzige zu sein, der ihn nicht betrogen hat. — Ich umarme dich. Bringe in deiner Antwort irgendwo in einem Winkel ein kleines Kreuz an, küsse es, und wenn ich das Schreiben erhalte, will ich es aufsuchen und ebenfalls küssen. Adieu, mein liebster, mein einziger Freund! Liebe mich, schone dich an Leib und Seele; beweise mir dadurch, daß du mich glücklich machen willst. Küsse diese Stelle. (Hier hat die Schreiberin einen Kreis, wie ein Taler groß, auf das Papier gemalt.)

2. In einem anderen Schreiben sagt sie: Ich habe diesen Morgen einen neuen Tränenstrom vergossen. Was

---

*) Da ist sie!
***) Die verfluchte Metze.

für Greuel und Abscheulichkeiten verübt man gegen die unglückliche Königin? — Herr R e e d ist von Portsmouth angekommen. Er hat da die Ritter gesehen, die sich einschiffen sollen und vor Ungeduld sterben wollen. — Herr Reed, der bei uns frühstückte, hat mir Empfehlungen von den Herren v o n G a n d, v o n D u r a s und v o n P o i x gebracht. Du siehst, daß ich dir alles melde, auch wenn ich mit jemanden nur zwei bis drei Worte wechsele. — Mit dem Markgrafen habe ich eine lange Unterredung über meine Angelegenheiten gehabt. Er hat sich dergestalt ereifert, vergessen und das Unrecht auf seine Seite gebracht, daß ich — alles aus ihm machen werde, was ich werde wollen. Ich kann dir für jetzt nichts mehr sagen, als daß er ganz allerliebst ist. Er geht Sonntag nach Colney-Chapel und bleibt bis Mittwoch. Ich bin dann ganz frei. Willst du in der Zwischenzeit noch einmal zu mir kommen, ohne daß es jemand erfahre, so wähle von den beiden Wegen, die ich dir vorschlagen lasse, welchen du willst. Lord Turlow wird dir den gestrigen Auftritt mit dem Markgrafen erzählen. Ich drücke dich an mein betrübtes Herz.

3. Ein drittes Schreiben hebt an: Meine Tränen ersticken mich. Ich halte es nicht für geraten, dich zu sehen. Du weißt nicht, w i e ich liebe, wenn ich liebe. Du kannst dir nur einen schwachen Begriff davon machen. Glaube nur nicht, daß ich den Markgrafen gegen dich einnehmen werde. Ich führe nur eine Sprache und habe nie Umwege bei ihm nötig gehabt. Auch gebe ich mir nicht einmal die Mühe, ihn zu betrügen — eine sehr überflüssige Mühe; denn sobald du fort bist, mache ich aus ihm, was ich will. Was ich nicht sagen will, — verschweige ich. Nur vermeide ich so viel als möglich, mit ihm von dir zu reden; denn ich fürchte, mich zu verraten. Mein Herz wird zu einem fünfzehnjährigen; es schlägt, es pocht, wenn man nur deinen Namen ausspricht. Ich erröte dann und bin der Ohnmacht nahe. — Ich suche ein Haus in

London nur für mich allein und für so viel Aufwartung, als mein Sohn bedarf. Ich werde es so einrichten, daß du unbemerkt bei Tage und bei Nacht zu mir kommen kannst. — Lerne aber, mein guter Freund, dich vor dir selbst in acht zu nehmen, mehr noch als vor Feinden und Gottlosen. (Sie warnt ihn vor D . . .) Du weißt ja, daß es oft nur eines zufälligen Umstandes, einer Kleinigkeit bedarf, um die, welche dein einziges Glück ausmacht, in die Klasse der Beschimpften*) zu bringen. Habe nur m i c h zur Freundin; deine Feinde benutze, wenn sie sich freundschaftlich stellen. — N a c h s c h r i f t. Der Markgraf kräht wie ein Gockelhahn; er hat das große Wort und zieht gegen die Franzosen los. Soeben sagt er mir: „Was die Ungeheuer jetzt in Paris verüben, sei das Seitenstück und der zweite Teil dessen, was er bei seinen Truppen gesehen habe, worunter sich zweihundert Franzosen befanden. Nichts als Komplotte, Rebellion, Mord und Totschlag, Umbringen der Korporale usw." Ich lasse ihn reden.

4. Wir schließen noch etwas aus einem v i e r t e n Schreiben an: Eine neue Qual, eine neue Todesmarter für mich ist, in deiner Nähe, in der Nähe des Mannes zu sein, ihn nicht sehen zu können. Mir ist heute etwas besser, aber ich bin noch weit von der Besserung entfernt. Ich verspreche dir, für meine Gesundheit Sorge zu tragen. Warum verschweigst du mir aber deinen Zustand? Schicke mir deinen Heinrich, damit ich ihn fragen könne. Ich möchte ihn sehen, wäre es auch nur, weil er dich gesehen hat. Erhalte mir alle Kräfte deiner Seele, damit du mich lieben könntest, wie ich geliebt zu sein verdiene. Und sollte je dein Herz sich verändern, so sei R i t t e r genug, es mir nicht zu verheimlichen. Ich rechne darauf, aber noch mehr auf meine und deine Zärtlichkeit. Beide versprechen mir, daß du dich nie ändern wirst. Ich umarme

---

*) des infames.

dich mit der innigsten Zärtlichkeit. Ich bin in diesem Augenblick hoch betrübt. Lebe wohl! —

In einem englischen Briefe bekämpft sie die Eifersucht des Grafen gegen den oft vorkommenden D . . ., der ihr Freund, nie ihr Geliebter, gewesen sei.

Weiter erstreckt sich diese bedeutende und bedeutsame Korrespondenz nicht, welche, in einem besonderen Einschlusse enthalten, Marg.-of-Ans. überschrieben ist.

Eine zweite Bekanntschaft des Grafen ist Frau von Lartigues. Er machte sie, wie es scheint, durch den Prinzen Léon de Poix. Charlotte Marie Bobin, vermählt mit dem Doktor Arnauld André Roberjot-Lartigues in Port-au-Prince auf San Domingo, lebte, entfernt von ihrem Gatten, mit ihrer Tochter in London. Aus der Korrespondenz geht hervor, daß sie sich oft in Geldverlegenheit befand und alsdann ihre Zuflucht zum Prinzen und zum Grafen nahm. Den Vorwurf, daß sie sich ihre Lage durch Leichtsinn und Mangel an Wirtschaftlichkeit zugezogen, macht ihr freilich außer ihrem Gatten auch ein Freund desselben, ein Herr Beauvernet in Boston-Roß. Dem sei wie ihm wolle, die Herren von Poix und von Tilly halfen ihr zu verschiedenen Malen in den Jahren 1794 und 1796 aus dringender Not. Unter andern belief sich die Rechnung der Vorschüsse des Grafen allein auf 1668 Pfund, wobei 18 Pf. 19 Sch. Kosten — um deren Rückzahlung er schon 1795 durch Herrn Beauvernet, den Prinzen von Poix und den Baron von Breteuil bei dem Gatten anhalten ließ, der in seiner Antwort (Port-au-Prince, 1. Nov. 1795) sich auf den jugendlichen Leichtsinn und die unüberlegte Lebensart seiner Frau beruft, die unglücklichen Umstände auf San-Domingo anführt, sich auf die seiner Mei-

nung nach hinreichende für seine Frau und Tochter aus-
geworfene Pension bezieht, in deren Folge er die von ihr
gemachten Schulden weder begreifen noch billigen kann.
Sein Schreiben soll (so heißt es am Schlusse) dem Grafen
durch einen Freund in London, Herrn Dumont, zugestellt
werden, welcher zugleich den Auftrag habe, über diese
Angelegenheit weiter zu sprechen und zu unterhandeln.
Ein Jahr später (1796) legte der Graf Herrn von Lartigues
eine von dessen Gattin bescheinigte und unterzeichnete
Liquidation der Summen vor, welche er sowohl derselben,
als sie in Bath verarmt war und Schulden halber festgenommen werden sollte, als für das Kostgeld ihrer Tochter vorgeschossen 'hatte. Der Aufsatz trägt das Datum:
London, den 27. Jul. 1795. Es scheint aber nicht, daß
Herr von Lartigues die Schuld anerkannt habe, obschon
die Rubriken beweisen, daß der Graf, um den Belang
herbeischaffen zu können, Juwelen, Ringe, Pferde, Bücher
und Pistolen versetzt und verkauft habe. — Noch weniger
hat jener die Schuld berichtigt; denn es findet sich ein
Mahnschreiben des Grafen an Frau von Lartigues vor, worin er ihr mit einiger Bitterkeit die ihr geleisteten Dienste
vorhält und sie an ihre schriftlichen*) Verbindlichkeiten
erinnert. Der Brief ist von Berlin (3. Dez. 1801) nach
Bordeaux gerichtet, wo sich die Dame damals aufhielt.

---

*) Je jure, affirme et proteste, que le compte cy dessus
de 1649 livres sterling, argent d'Angleterre, est de toute exactitude,
justice et vérité, ainsi que la reconnaissance éternelle, que moi
et ma fille devons à Mr. Alexandre de Tilly, qui m'a empêchée
de mourir de faim et de maladie et de misère à plusieurs époques
(devant tant de témoins les plus respectables, qui le certifient).
Dans les intervalles, où je ne recevais point de pension (et
où j'étais perdue de dettes) et surtout ces derniers quatorze mois,
ou ayant beaucoup de dettes, je ne recevais aucune pension,
abandonnée de toute ma famille, et obligée enfin de recourir depuis
quatre mois aux secours que le gouvernement anglais accorde aux
indigens, et cela, lorsque toutes mes propriétés sont en plein

Ihre Antwort vom 20. März 1802 enthält teils Aeußerungen der Dankbarkeit, teils eine Schilderung ihrer Unglücksfälle, seitdem sie nach San-Domingo zurückgekehrt war (ihren Gatten erwähnt sie mit keiner Silbe), teils Aufschlüsse über ihre gegenwärtige Lage.

Hier einiges aus ihrem Schreiben. „Ich bin nicht, wie Sie es sagen, der tödlichen Beschaffenheit des Klimas (auf San-Domingo), sondern der blutdürstigen Wut der Neger entgangen. Diese haben mich zwei Monate in ihrer Mitte gehalten. Ich war mit meiner Familie und 28 Weißen alle Augenblicke der Gefahr ausgesetzt, ermordet zu werden. Die ganze Zeit habe ich die Wäsche nicht wechseln können und keine Nahrung bekommen, als die mir von den Menschlichsten dieser Unmenschen gereicht ward, und die ich fast ganz an meine Kinder und meinen Vater verteilte, deren Leben mir teurer war als das meinige. Nach zwei Monaten ließen uns die Ungeheuer frei; nun mußten wir ohne Nahrung, ohne Schuhe und Strümpfe, sogar der letzten Hemden beraubt, neun Meilen durch unwegsame Wälder irren, bis wir glücklich in Port-au-Prince anlangten. Hier habe ich drei Monate lang nur von den Wohltaten der Prinzessin von Borghese gelebt. Als aber die französischen Truppen die Insel räumen mußten, begab ich mich nach New York, wo ich acht Monate kümmerlich vom Schneidern mich erhielt, bis der Himmel es fügte, daß meine Tochter den besten Gatten, ich den edelsten Schwiegersohn fand, der für mich und

---

rapport. Je reconnais, dis-je, que 'la susdite somme de 1649 livres sterling, argent d'Angleterre, portée cy-dessus, Lui est dûe de la plus légitime manière, et que Lui, Alexandre de Tilly, est autorisé devant le ciel et les hommes, à prendre tous les moyens possibles sur tout ce que je possède et posséderai, sur tout ce que possède et possédera mon mari, pour se rembourser d'une dette aussi sacrée. Londres, 27. Juillet 1796.

Charlotte Marie Bobin Roberjot de Lartigues.

meinen Alexander*) gesorgt hat. Seitdem ich nach Bordeaux zurückgekehrt bin, lebe ich sechs Monate bei ihm, dessen Einkünfte beschränkt sind, und sechs Monate bei den Verwandten meines Gatten. — Sie können hieraus entnehmen, ob ich meine Verbindlichkeit anders als durch Gefühle und Worte erfüllen kann usw." —

Aufenthalt in den nordamerikanischen Freistaaten.

Wir finden plötzlich den Grafen (zu Ende 1797) in die neue Welt versetzt und in den nordamerikanischen Freistaaten wieder**). Aber noch weit überraschender als die Reise selbst und die Niederlassung ist seine, durch kein Wort von ihm vorbereitete und von seiner bisherigen Denk- und Handlungsweise noch weiter als die neue Welt von der alten entfernte Vermählung am 11. April 1799. Mehr mit seinem Charakter übereinstimmend ist die unter gewissen Bedingungen getrennte Ehe (im Juni), die Abreise des Grafen nach England (im Juli), seine Ankunft in London (im August) und seine bald nachher

---

*) Bei diesem Namen können wir einen geheimen Gedanken nicht unterdrücken.

*) Die einzige Spur des Datums seines Erscheinens in jener Hemisphäre ist ein Schreiben des Vicomte von Noailles, aus Philadelphia, vom 2. Nov. 1797, an den Grafen in New York. „Frau von Lartigues," heißt es darin, „hat mir Ihren Plan mitgeteilt, zu uns zu kommen. Ich habe ihn für eine Fabel gehalten, denn hierzulande ist nichts Romanhaftes. Aber Ihr Schreiben aus New York vom 28. Oktober beweist mir, daß Sie Ihre Idee verwirklicht haben . . . Es wird mich freuen, Sie wiederzusehen, aber ich muß Ihnen frei gestehen, daß der Augenblick hier nichts weniger als günstig ist, etwas zu unternehmen (d'entreprendre des affaires)."

erfolgte Abreise nach dem Kontinente (noch in demselben Monate).

Diese summarisch-chronologische Angabe wird uns als Leitfaden dienen, um, so viel es uns die Korrespondenz möglich macht, die besonderen Umstände und Ereignisse dieses Hauptpunktes im Leben des Grafen aneinanderzureihen.

Seine erste Bekanntschaft mit einem reichen und respektablen Hause in Philadelphia, mit der Familie des Herrn William Bingham Esqu., war durch den (in Amerika nur General genannten) Vicomte von Noailles, ohne alle nähere Absicht, vermittelt worden. Sie hatte bald die wichtigsten und unerfreulichsten Folgen. Wie es scheint, war der Graf nach Amerika gereist, um dort auf dem Wege einer oder der andern Spekulation (siehe das Schreiben des Vicomte von Noailles) sein Glück zu machen. Das Wörtchen m e r k a n t i l i s c h wurde mit einem andern „m a t r i m o n i a l i s c h" vertauscht; es handelte sich nicht um Waren, sondern um Herzen. Der Graf hatte in sehr kurzer Zeit bei Mutter und Tochter Bingham Eingang und Zuneigung gefunden. Daß ihm die Mutter gewogen war, geht aus mehreren Briefen hervor, worin sie erwähnt wird. Von der noch sehr jungen Tochter ist dies um so weniger zweifelhaft, da sie selbst mehrere Briefchen an ihn geschrieben hat. Diese, gegen die jungfräuliche, englische Sitte überhaupt verstoßende, vom Grafen sorgfältig aufbewahrte, an sich zwar ganz unbedeutende, aber in den Augen und im Herzen der Schreiberin nichts weniger als unwichtige Korrespondenz „auf Seidenpapier, umrändert mit goldenen Kanten", und mit Bewilligung der Eltern geführt, leitete und verleitete allmählich zu dem Schritte, den sie sich einige Monate später erlaubte, den sie später schmerzlich bereute, der ihrer Mutter (1801) und vielleicht auch ihrem Vater (1804) das Leben gekostet und sie selbst lange unglücklich gemacht hat — zu einer Entweichung aus dem

Elternhause und zu einer heimlichen Verbindung mit dem Grafen am 11. April 1799.

Mögen ihre kleinen Zettel, als Belege zur Geschichte des weiblichen Herzens, im Original hier stehen.

1) Monsieur et Madame Bingham prient Monsieur le Comte Alexandre de Tilly, de vouloir bien leur faire l'honneur, de dîner chez eux en famille Dimanche prochain*).

(Ohne Namens-Unterschrift, aber von ihrer Hand, das en famille war unterstrichen.)

2) Miss Bingham presents her compliments to Count Tilly. She takes the liberty of sending him some chocolate, having remarked yesterday, that he approved of it —

3) Miss Maria Mathilda Bingham takes the liberty of offering Count Tilly some fruit just taken from the tree**). She hopes, it may prove acceptable to Count Tilly in his indisposition.

Weit wichtiger als jene kleinen Vorboten der Liebe ist nachstehendes auf dieses Gefühl von der Hand der Kirche aufgedruckte Siegel:

Ich bescheinige hiermit, daß am elften Tage des Monates April im Jahre unseres Herrn ein tausend sieben hundert und neun und neunzig Jakob Alexander Graf von Tilly, mit Maria Mathilde Bingham getraut worden ist

von mir, Thomas Jones, Prediger der allgemeinen Kirche in Philadelphia in Pennsylvanien***).

---

*) Warum schrieb nicht der Vater selbst? Hatte er doch eine Einladung des Grafen zum Tee eigenhändig beantwortet und angenommen.

**) Wahrscheinlich Winterfrüchte aus Treibhäusern.

***) This is to certify, that on the 11. day of Apr. in the year of our Lord, one thousand seven hundred and ninety nine, James†) Alexander Count de Tilly was married to Maria Matilde Bingham.

By me, Thomas Jonas, Minister of the Universal-Church in Philadelphia, Pennsylvania.

†) Den Namen Jakob hat der Graf von Tilly sonst nirgends geführt.

Die Ehe war so gültig, wie nur irgendeine in ganz
Nordamerika sein konnte — bis auf den vom Grafen
unrichtig angegebenen Taufnamen J a k o b. Man denke
sich aber die Bestürzung, den Schmerz, den Unwillen
der Eltern, als sie ihnen bekannt wurde. Man denke sich
die Monate April, Mai, Juni in einem Hause, dem bisherigen Sitze der Einigkeit, der Ruhe, des Glücks! —
Mit der Familie Bingham verbanden sich die verbrüderten
Familien Willing und Francis, nebst Herrn Alexander
Baring, auf einer Seite und auf der andern der General
von Noailles, Herr Wilhelm Gueroult von Boisclereau,
Herr Peter Aupois, um die Sachen dahin einzuleiten,
daß alle Verbindung zwischen dem Ehepaar aufhöre und
auf jede vom Grafen gemachte Bedingung eingegangen
würde, sobald er die Erklärung abgäbe, seine Gemahl-
lin (die Gräfin von Tilly) aller ihrer Verbindlichkeiten
gegen ihn zu entbinden und sich selbst aus Philadelphia
und Nordamerika zu entfernen. Nach vielen Rücksprachen
wurde der Zwist gütlich beigelegt und zwischen dem Grafen
und Herrn Alexander Baring die Bedingungen aufgesetzt,
bewilligt, unterzeichnet und erfüllt. Der Graf verlangte
1. eine bare Summe von 5000 Pfund zur Bezahlung
seiner Schulden; 2. eine Leibrente von 500 Pfund jähr-
lich, mit der Freiheit, sie überall beziehen und verzehren
zu können; 3. eine Bürgschaft, daß man ihn, in Hinsicht
seiner Ehe, auf keine Weise beunruhigen werde; 4. eine
schriftliche Ehrenerklärung vom Herrn Alexander Baring*).
— Dagegen versprach der Graf, bei dem Verlust seiner
Leibrente sowohl als seiner übrigen Geldforderungen, die
Familie Bingham niemals und auf keine Weise zu beunruhigen, die Briefe der Gräfin von Tilly an ihn ihrer
Mutter zurückzustellen und, im Falle eine Ehescheidung
zu ihrem Glücke beitragen könne, derselben nichts in den

---

*) Herr von Noailles hat sie in Herrn Barings Namen auf-
gesetzt und sich dafür verbürgt.

Weg legen und nie einen Schilling Abstandsgeld oder Reukauf verlangen zu wollen. „Sobald (schließt er) die Bedingungen angenommen und berichtigt sind, verspreche ich, ein Land zu verlassen, worin ich nur gar zu unglücklich gewesen bin*).“

Die Bedingungen wurden am folgenden Tage angenommen. Der Graf bekam 5000 Pfund in zwei Hälften bar und einen bindenden Kontrakt auf eine Leib- und Lebensrente von 500 Pfund. Er übergab beides in die Hände seines Beauftragten, Herrn Peter Aupois in New York, am 2. und 9. Juli und verließ gleich darauf Nordamerika auf immer.

---

*) Wir geben den wichtigen, vielleicht in seiner Art einzigen Kontrakt im Originale.

Je demande les choses suivantes.

I.

1. Cinq mille livres Sterlings argent comptant pour solder mes dettes.

2) Un traitement annuel, payable où je voudrai, de cinq cents livres Sterlings — dans tous les pays — exceptant les Etats-Unis.

3. Une sécurité que l'on ne m'inquiétera d'aucune manière quelconque par des poursuites pour tous les faits possibles relatifs à mon mariage.

4. Je demande que M. Baring m'écrive ou me fasse dire par le Général de Noailles qu'il m'a poussé dans un moment de tumulte — à raison de l'état où était Mad. sa femme — et jamais sur mon honneur 'dans ce pays ou ailleurs je ne troublerai la paix de sa famille ou la sienne de la manière la plus distante.

Ces quatre articles étant accordés et ratifiés sous la responsabilité du Gén. de Noailles et de M. Th. Willing, je m'engage à quitter immédiatement Philadelphie et l'Amérique de suite.

II.

Je donnerai de ma part toute espèce de sécurité qu'il plaira de m'imposer, comme par exemple la perte de mon traitement

Seine Vermählung hatte sowohl in der neuen als in der alten Welt Aufsehen gemacht. Schon am 29. April bekam der Graf aus Frederiksburg in Virginien von Herrn Dawson, und später im Jahre, als er schon in London war, von seinem Freunde, dem Herzoge H. von Fleury in Mitau, eine Anfrage darüber. Noch von New York aus hatte er dem Vicomte von Noailles vorgeschlagen, einen seiner Söhne oder seinen Neffen mit der Gräfin von Tilly zu verbinden, worauf dieser (am 28. Juni) edel, stolz, kalt und kurz antwortet: „Ich hege die zärtlichste Zuneigung für Maria, die innigste Verehrung für Mistreß Bingham (ihre Mutter), aber unter keinem Vorwande würde ich je zugeben, daß eines meiner Kinder der Schwieger-

---

annuel et un bon de jugement pour la somme qui m'aura été allouće pour le paiement de mes dettes, que jamais je ne donnerai aucune inquiétude quelconque à la famille de M. Bingham et à la famille de Mess. Willing et Francis. Je renverrai les lettres de la comtesse de Tilly à sa mère, et si on croit à quelqu'époque que ce soit, qu'un divorce puisse contribuer à son bonheur, je m'y soumettrai à la première réquisition sans demander pour cela un scheling d'indemnité. Je désire avoir la signature de M. Bingham†) sur ces articles avant deux heures après-midi, et que demain matin avant dix heures le reste absolu de ces conditions soit rempli, de manière qu'à l'instant je quitte un pays où j'ai été trop malheureux.

Signé: Philadelphie le 10. Juin 1799.

Alex. de Tilly.

Pour copie —

Louis de Noailles.

†) Herr Bingham stellte die verlangte Erklärung aus: Mr. Bingham has received the paper containing certain conditions offered on the part of Monsieur de Tilly — which under certain modifications, not substantially affecting the terms, he will agree to. The necessary Paper, to carry the same into operation, shall be prepared immediately, so that Monsieur de Tilly may leave town to morrow morning.

Monday morning. Wm. Bingham.

sohn des Herrn Bingham würde; um keinen Preis in
der Welt würde ich ihn in die Notwendigkeit versetzen,
von der Gnade seines Schwiegervaters zu leben. Mein
Neffe, Justus von Noailles (wie man sagt), mit Fräulein
von Durfort vermählt, ist mir ganz fremd. Sie können
von dieser bestimmten Antwort den Gebrauch machen,
den Sie für gut halten werden."

Aus einem Schreiben des Herrn Barnett an den Grafen
geht deutlich hervor, daß Herr Alexander Baring, Sohn
des Sir Francis Baring — derselbe, der mit dem Grafen
Streit hatte, — die junge Marie später (1806) geehelicht
hat*).

Noch im Laufe des Jahres 1799 empfing der Graf
vom General von Noailles aus Philadelphia, vom 16. November, einen Brief, aus welchem wir das die Familie
Bingham Betreffende ausheben und nur mit Mühe den
mit so vieler Würde, Größe und Biederkeit geschriebenen
politischen Teil übergehen**). „Sie verlangen Freimütigkeit von mir. Sie wissen, daß ich sie oft bis zur Rauhheit
gesteigert habe. So hören Sie denn. Die Familie hat
sich mit einer doppelten Idee beschäftigt, mit einem doppelten Plane. Der erste war eine gerichtliche Trennung,
der zweite eine förmliche Ehescheidung. Herr Bingham
und seine Tochter bestehen auf der Scheidung. Die Formen
werden nichts Anstößiges für Sie haben; man wird sich

---

* Das Konversations-Lexikon bestätigt es, sagt aber zugleich,
daß zwei Brüder Baring sich mit zwei Schwestern Bingham vermählt
haben, deren jede einen Brautschatz von 100 000 Pfund zugebracht. Es ist in der ganzen Korrespondenz von keiner Schwester
Marias die Rede. Die zweite verehelichte Baring ist vielleicht
eine geborene Willing, eine Halbschwester von Marien.

**) Der Vicomte sagt: „Ich ginge nicht von Philadelphia
bis Gray's Ferry, könnte ich auch durch die wenigen Schritte
den höchsten Posten in Frankreich, wie es jetzt ist, und unter der
neuen Regierungsform, die man ihm zu geben gedenkt, erlangen
usw."

begnügen, die Verschiedenheit des Alters und Ihre Ver-
führungskünste als Gründe anzugeben. · Noch hat sich
kein Franzose dadurch beleidigt gefunden, daß man ihm
süße Ueberredung und unwiderstehlichen Zauber schuld
gegeben hat." — Der General wälzt nochmals den Verdacht von sich ab, als suche er eine Verbindung zwischen
Marie und seinem Neffen Justus zu vermitteln, und fährt
fort: — „Den ganzen Sommer hindurch haben sich viele
Freier bei Marien eingefunden. Ihre Flucht aus dem
väterlichen Hause hat bloß für einen unüberlegten
Schritt*) gegolten, für weiter nichts. Sie hat von seiten
des Geistes und der Bildung bedeutend gewonnen und
in den eleganten Künsten Fortschritte gemacht. Ihr
erster Versuch, von der Ehe zu kosten, ist ihr so teuer
zu stehen gekommen, daß es schwer halten wird, sie zu
einem zweiten zu bewegen. Sie besitzt eine ganz besondere Gabe, die Herzen zu gewinnen; sollte sie aber
jemals den Bund der Ehe schließen, so bin ich überzeugt, es wird nur die Folge einer heftigen, lange von ihr
bestrittenen und von ihren Eltern, deren Abgott sie ist,
gebilligten Leidenschaft sein**). — Uebrigens habe ich seit
Ihrer Abreise weder in der Familie Willing noch in der
Familie Bingham Ihren Namen ein einziges Mal aussprechen gehört. Herrn Bingham habe ich Ihr Schreiben
an mich teilweise mitgeteilt. Er stellt es Ihnen völlig
frei, den Ort Ihres Aufenthalts nach Ihrem Belieben zu
wählen. Ich darf noch hinzusetzen, daß Mistreß Bingham
Ihnen aufrichtig wohl will und Ihnen Gesundheit und
Glück wünscht. Ich vereinige meine Wünsche mit den
ihrigen."

---

*) étourderie.

**) Wir finden in einem Briefe des Herrn Barnett, daß der
Graf seit der Trennung mehrere Male an Maria (und auch an ihre
Mutter) geschrieben hat, und daß dies für einen Bruch des Kon-
traktes seinerseits vom Vater angesehen werde.

Im übrigen Laufe des Jahres 1799 und im folgenden ist jede Spur der Verbindung zwischen dem Grafen und der Familie Bingham verwischt und verschwunden; wenigstens schweigt die amerikanische Korrespondenz ganz. Nur 1801 beginnt sie wieder, als der Graf Lust bezeigte, die Annuität gegen Barzahlung eines zweiten Kapitals von 5000 Pfund zu vertauschen. Er trug seinen beiden Freunden, Noailles und Gueroult de Boisclereau, die Verhandlung auf. Sie ließen es an Versuchen nicht fehlen, konnten aber nichts ausrichten. Herr Bingham blieb standhaft bei dem ersten Vertrage, aus Furcht (wie er selbst gestand) den Grafen unabhängig, folglich gefährlich, zu machen; um so mehr, als dieser den Vertrag schon in einigen Punkten verletzt, an seine Tochter geschrieben, auch sich geäußert habe, nach dem Tode der Eltern auf Ansprüche an die Erbschaft der Tochter berechtigt zu sein. Aus allen diesen Gründen müsse er auf dem Buchstaben des Vertrages bestehen. — Selbst seine Gattin fand ihn unerbittlich, wozu noch kam, daß es ihr an Kraft zu Bitten und Vorstellungen fehlte. Denn, im Laufe des Jahres 1800 von einem bald nachher gestorbenen Sohne entbunden, verfiel sie nach dem Wochenbette in einen so bedenklichen Gichtzustand, daß die Aerzte die Luft von Madeira als das einzige Genesungsmittel vorschrieben. Demzufolge schiffte sich am 15. April 1801 die ganze Familie nach Lissabon ein. Die Mutter starb, ohne Madeira erreicht zu haben. Vater und Tochter begaben sich über Paris nach England, um sich dort niederzulassen, und Herr Bingham, dem nach einigen Jahren zur Wiederherstellung seiner geschwächten Gesundheit die Bäder von Bath empfohlen worden waren, erreichte den gewünschten Zweck so wenig, daß er zu Anfang Februar 1804 sein Grab dort fand, nachdem er noch vorher seiner Tochter drei Vormünder in Nordamerika und einen in London gesetzt hatte. Mit Hilfe eines Freundes, des Rechtsgelehrten Barnett, erlangte der Graf nach vielfältigen bei den Vormündern und Sir Francis Barnett angestellten neuen Versuchen, wie es scheint 1805 oder 1806, den Rückkauf der Annuität durch ein entsprechendes Kapital. Die weitläufigen Verhandlungen gehören nicht hierher.

Noch vor seiner Abreise von Amerika hatte Herr Bingham (in seiner Eigenschaft als Senator) es so weit gebracht, daß mit Beihilfe und Unterstützung der Regierung das Gesuch seiner Tochter um Auflösung der Ehe mit dem Grafen die öffentliche Sanktion erhielt. Als Grund war ihr Alter angegeben worden, welches einen ohne Vorwissen und Einwilligung der Eltern geschlossenen Ehebund ungültig machte. Ob sie bei diesem Schritte ihrem Herzen oder dem väterlichen Geheiß und Willen gefolgt sei, bleibt unentschieden. Wenigstens gibt die Korrespondenz an, daß Mistreß Bingham und Marie mit dem General von Noailles noch immer freundschaftliche Briefe gewechselt haben.

Rückkehr des Grafen nach Europa.

Der Graf langte im August 1799 wieder in London an und meldete sich am 14. im Alien-office zur Aufenthalts-Freiheit (licence). Er bediente sich aber der erhaltenen Lizenz nicht lange und erbat sich schon im September sowohl von der englischen Regierung als von den kaiserlich-österreichischen und königlich-dänischen Gesandtschaften Pässe nach Dänemark und Deutschland*).

Wir sehen den Grafen mit hinlänglichen Pässen versehen aus England abreisen. Seine Ankunft, seinen ersten Aufenthalt in Hamburg, meldet uns ein Schreiben des Herzogs H. von Fleury aus Mitau (vom 25. Oktober), der den Grafen in Hamburg verließ. Von da an aber

---

*) Der englische Paß bezeichnet ihn, 34 Jahre alt, 5 Fuß 5 Zoll groß, mit schwarzen Haaren usw. — Die übrige Beschreibung ist nachher vom Grafen unleserlich gemacht.

und wo er das Jahr 1800 zugebracht hat, ist keine andere Spur aufzufinden als eine bloße Vermutung, daß er sich in Dresden und Leipzig aufgehalten, denn von Dänemark geschieht nirgends Erwähnung. Ein Brief des Herzogs von Choiseul (aus Prag vom 11. November 1800) sagt: „Ich erfahre, daß Sie in Leipzig sind." Ein Familien-Geldgeschäft aus Weimar vom 23. Oktober 1800 gibt den näheren Aufenthalt des Grafen nicht an, scheint aber doch ebenfalls in der Nähe abgemacht worden zu sein. So viel ist gewiß: Die Briefe aus England und Amerika von 1799 bis 1801 sind nach Leipzig an den Bankier C r a y e n gerichtet.

Aufenthalt in Berlin.

Wir müssen schon die Hoffnung aufgeben, die Lücke von 1800 auszufüllen, und begleiten den Grafen (1801) nach Berlin. Hier gewinnt seine Geschichte neues Licht und neues Leben. Von hier aus führt ihn ein königlich-preußischer Paß am 3. April nach Dresden; ein zweiter von der kaiserlich-österreichischen Gesandtschaft am niedersächsischen Kreise nach Teplitz, um die dortigen Bäder zu gebrauchen*).

Das Jahr 1801 zeichnet sich für den Grafen durch zwei fast zu gleicher Zeit erhaltene ehrenvolle Auszeichnungen aus. Der König von Preußen ernannte ihn zu seinem Kammerherrn, der Kaiser Paul von Rußland zum Malteserritter. Der Graf sah Schlüssel und Bulle als Mittel an, ihm die Tore von Frankreich zu öffnen. Zwei königliche Schreiben vom 14. April und 29. August lassen

---

*) Wir geben aus diesem Passe die Personalschilderung wieder, weil sie den Grafen ziemlich vollständig darstellt. (Er galt bekanntlich für einen der schönsten und ebenmäßigst gebauten Männer seiner Zeit.) „36 Jahre alt, mittlere Statur, ovalen und etwas bleichen Gesichts, mit schwarzen Haaren, großen schwarzen Augen und regelmäßiger Nase."

über seine Absicht um so weniger einen Zweifel obwalten, als mehrere Schreiben des Grafen Tilly-Blaru an ihn und er selbst von Versuchen sprechen, die er gemacht hat, in sein geliebtes Vaterland zurückzukehren. Er beschwerte sich mit Schmerz und Bitterkeit, daß, als im deuxième Senatusconsulte du 6. Floréal an x. (26. April 1802) den Emigranten die Rückkehr nach Frankreich verstattet wurde, er zu den t r a u r i g e n A u s n a h m e n gehört habe, denen diese Wohltat nicht zuteil ward. Er schreibt diese ungünstige Stimmung und Auszeichnung nicht einem besonderen Hasse Buonapartes zu, sondern den Intrigen seiner Umgebung. Später suchte er durch Vermittlung seiner Freunde am Hofe des Königs von Holland durch dessen Fürsprache die Erlaubnis zu erwirken, sich im Haag oder in Brüssel aufhalten zu dürfen. Von da, hoffe er, sei es nur e i n Schritt über die Grenze und bis nach seinem lieben Paris.

Es scheint auch wirklich, nach jahrelangen vergeblichen Versuchen, daß sie ihm zum Teil (1807) gelangen und er die Erlaubnis zur Rückkehr erhielt; denn wir finden seinen Namen unter den Personen angeführt, denen das Kreuz der Ehrenlegion zuteil wurde*).

Doch wir kehren fürs erste mit ihm wieder zu dem Jahre 1801 zurück.

Die ehrenvolle Auszeichnung des Königs von Preußen war nicht die einzige, die ihm am Berliner Hofe widerfuhr. Er genoß von seiten der königlichen Familie sowohl als des hohen Adels einen seiner Geburt entsprechenden und zugleich für seine Person schmeichelhaften näheren Zutritt und eine Behandlung, die er nicht genug zu rühmen weiß. Die von ihm aufbewahrten Briefe vom Königlichen Hause und von höchsten und hohen fürstlichen Personen

---

* In dem Aufsatze der Biographie universelle (welchen wir am Schlusse wiedergeben) wird seine Rückkehr anders und später angegeben. Auch sein Alter und sein Todestag sind dort unrichtig.

dienen zum Belege. Unter den fremden Gesandten stand der Baron von Krüdener obenan; das Haus desselben war das seinige. Einer seiner fleißigsten und freundschaftlichsten Korrespondenten war der berühmte Fürst von Ligne*).

Wir haben den Baron von Krüdener genannt, um Gelegenheit zu haben, den Grafen in einem unter seinen Papieren befindlichen Aufsatze Sur le Baron de Krüdener selbst wieder auftreten zu lassen. Wir rücken ihn um so lieber ein, da er uns zugleich über den Aufenthalt des Grafen in Berlin (in den Jahren 1801 und 1802) genügende Aufschlüsse gibt.

„Der Baron von Krüdener stammt aus einem vornehmen, livländischen Hause, war kaiserlich-russischer Gesandter in Berlin und starb dort plötzlich, dem Scheine nach mit einem Körperbaue und einer Gesundheit begabt, welche ihm ein langes Leben verhießen. Sein Geist besaß einen richtigen Blick, Ausdehnung und Kraft, dabei einen großen Reichtum mannigfaltiger, nützlicher und angenehmer Kenntnisse. Er zeichnete sich durch seltene diplomatische Gaben aus, behandelte die Politik mit Weltkenntnis, ohne Trug und ohne Leichtsinn. Seinen Auftrag, einen der mächtigsten und größten Monarchen zu vertreten, erfüllte er auf eine edle, den Kaiser und sich ehrende Weise, nur vielleicht nicht mit der ökonomischen Pünktlichkeit und Ordnung, worin mittelmäßige Geister ihr Verdienst suchen. Nach seinem Tode gab sein Souverän zu erkennen, daß ihm sein Andenken am Herzen lag; er ließ die von seinem Gesandten eingegangenen Verbindlichkeiten berichtigen und sprach ihn dadurch von jedem Vorwurfe frei.

„Herr von Krüdener machte ein großes Haus in Berlin, welches, besonders in außerordentlichen Fällen, seine Kräfte überstieg. So gab er sich ein fast kaiserliches

---

*) Wir teilen weiter unten etwas aus dessen Briefen mit.

Ansehen bei dem ersten Erscheinen der schönen J u n g -
f r a u d e s C o r r e g g i o in Berlin*), als er die Ehre hatte,
die Fürstin von M e c k l e n b u r g - S c h w e r i n zu empfangen und zu bewirten, diese liebenswürdige, unglückliche Prinzessin, welche vom Bankett des Lebens abtrat,
als sie sich kaum zu demselben niedergesetzt hatte. . .
Der Kaiser kam bei dieser Gelegenheit seinem Minister
großmütig zu Hilfe.

„Der Tod des Herrn v o n K r ü d e n e r hat mich empfindlich gerührt, obschon ich ihn die letzten acht bis zehn
Monate seines Lebens weniger sah, und das aus dem
Grunde, weil eine sinnlose, ungereimte Verleumdung sich
gegen mich entsponnen hatte. , Es war dem plumpsten
Verdacht gelungen, sich bis zu ihm zu schleichen. Abwechselnd fand er Gehör und wurde abgewiesen, setzte
ihn aber mir gegenüber immer in Verlegenheit, sei es in
den Augenblicken, wo er sich hatte einnehmen lassen,
sei es in denen, wo er einsah, daß man mich zum Vorwand gebrauchen wollte.

„Bei meiner Ankunft in Berlin überhäufte mich der
Baron mit Zeichen und Beweisen einer zärtlichen Teilnahme, welche zuletzt in die wärmste Freundschaft über-
gingen, besonders nachdem er den Verkehr mit R i v a r o l
abgebrochen hatte. Denn so sehr ein Mann von seinem
Verstande diese Bekanntschaft suchen mußte, so sehr
mußte ein Mann von seiner Klugheit sie meiden. Ich rede
hier von seiner diplomatischen Klugheit. R i v a r o l ist

---

*) Helena Pawlowna, Kaiser Pauls erste Tochter, Kaiser
Alexanders erste Schwester, des (1819 verstorbenen) Erbgroßherzogs
Friedrich Ludwig von Mecklenburg-Schwerin erste Gemahlin,
starb am 24. September 1803 in der schönsten Fülle aller geistigen
und körperlichen Eigenschaften. Der Erbgroßherzog (seit 1816
Großherzog) von Mecklenburg-Strelitz sagte mir eins: „Das eine
Auge hat etwas von der Venus, das andere etwas von der heiligen
Jungfrau." Wie hübsch gesagt! (A n m e r k u n g d e s G r a f e n.)

bekannt genug. Man weiß, mit welcher kecken Politik dieser Mann von Geist, dieser schöne Geist, den Gesandten, den Staatsmann, den Diplomaten umspinnen konnte, und wie leicht es in der damaligen Lage von Europa war, einen Schritt über das Ziel zu tun. In seinem Kabinette konnte der Baron — freilich nur im Felde der Politik — den Grafen*) mit gleichen Waffen bekämpfen; nur an seiner Tafel eine Lanze mit ihm zu brechen, wie es R i - v a r o l gar zu oft ihm zumutete, mußte ihm höchst zuwider sein und auf die Dauer unausstehlich werden.

„Ich speiste gerade an dem Tage, als R i v a r o l starb, bei dem Gesandten. So vielen Anlaß er mir zum Bruche und zur Klage gegeben, muß ich dennoch gestehen, daß mir der Gedanke „R i v a r o l liegt im Sterben" peinlich war und sich sichtbar bei mir äußerte. Es war mir zumute, wie in den blühenden Tagen unserer ersten Bekanntschaft. Ich dachte an den schönen Redestrom, der so bald versiegen sollte, an das herrliche Instrument, welches so harmonische Töne von sich gegeben hatte und im Begriffe stand, vom Tode zerschmettert zu werden, an die lebendige, künstlich zusammengesetzte, seltene Organisation, welche am Rande des Grabes und der Vernichtung stand. — Ich dachte an dieses alles.... Ich hatte R i v a r o l nie gehaßt ... ich glaubte, in diesem Augenblicke zu fühlen, daß ich ihn noch liebte.

„Als ich dem Herrn v o n K r ü d e n e r vorschlug, sich nach seinem Zustande erkundigen zu lassen, gab er mir zur Antwort: „Eben dachte ich daran", und schickte sogleich einen seiner Leute hin, der den Bescheid brachte, Herr von R i v a r o l werde den morgigen Tag nicht erleben.

---

*) Er war nie Graf. Eines Gastwirts Sohn, hatte er in der Jugend den Namen Abbé de Parcieux angenommen, mußte ihn aber, als diese Familie klagbar einkam, wieder ablegen.

(U e b e r s.)

R i v a r o l, sagte der Baron, ist ein sehr außergewöhnlicher Mensch; er stirbt zu früh. Schade, daß es ihm an Zeit gemangelt zu haben scheint, etwas Dauerhaftes zu hinterlassen, was ihn der Nachwelt und ihrem richtigen Urteile empfehlen könnte. Ich fürchte, was man von ihm hat, ist nicht hinreichend*).

Ihr Urteil mag vielleicht zu strenge sein; so viel aber ist gewiß, die Gabe der Unterhaltung, die er besaß, wird nie aufhören, gerühmt zu werden, und nie ersetzt. Viele Schriften großer, berühmter Männer sind vergessen. R i v a r o l s Talent wird die Nachwelt ewig erwähnen und ihn für den ersten Sprecher (parleur), sowie seine Unterhaltung für das bewundernswürdigste Schauspiel erklären. Andere müssen sich unsterblich s c h r e i b e n, er hat sich unsterblich g e s p r o c h e n**).

Ließ ich mich nicht schon wieder von der Wut, Exkurse zu machen und Episoden einzuschalten, hinreißen? Ich sprach von Verleumdung; dies brachte mich auf einen der Verleumder, auf R i v a r o l, und dieses wieder auf seinen Tod, auf meine Verzeihung, auf seine Lobrede. — Also wieder eingelenkt!

Frau v o n K r ü d e n e r, eine Enkelin des berühmten Feldmarschalls M ü n n i c h, der als Fremder nach Rußland versetzt und dort durch seine großen Eigenschaften und

---

* R i v a r o l hatte sich über den Baron v o n K r ü d e n e r ein schmutziges Wort erlaubt, welches wir deswegen auch nicht übersetzen. Der Baron erfuhr es und fand sich mit Recht beleidigt. „Je ne mets plus le nez-là", hatte der Zyniker von ihm gesagt, „il pète son esprit". In der Tat pflegte der Baron seine Worte aus dem Munde sprudeln zu lassen; es war kein Stottern, es war ein Geräusch anderer Art, ungefähr das, was R i v a r o l nur zu deutlich ausdrückte.

**) Sein Discours sur l'universalité de la langue française hat ihn überlebt und wird nur mit der Académie des sciences de Berlin, welche diese Abhandlung gekrönt hat, zu leben aufhören.

seine noch größeren Unglücksfälle eingebürgert war, hatte
für mich viel Güte, die unschuldigste Zuneigung und ein
reines Wohlwollen, welches ich tief und dankbar empfand.
Die Baronin von Krüdener war eine Frau von großem
Verstande, von vielen Arten und Gattungen von Verstande;
vor allem aber war sie, was man bei Männern einen
Sonderling nennt. Sie war in die Einsamkeit, in die un-
gezwungene Freiheit, in das dolce far niente wie verliebt.
Sie liebte aber auch die schönen Künste und die französische Literatur und hat in dieser Sprache einen Roman
geschrieben*), der von keiner starken Phantasie zeugt,
aber einen zarten, melancholischen Anstrich hat; der Stil
ist zwar etwas maniert und grenzt an Gesuchtheit, wo
er aber glücklich genug ist, diesen Klippen zu entgehen,
hat er Frische, Reife und Neuheit. Für sie, für eine
Ausländerin, kann das Buch ein halbes Wunder genannt
werden; von einem weiblichen französischen Autor würde
man urteilen, es sei ein sehr gelungenes Werk.

Uebereinstimmung in Geschmack und Meinungen
bringt uns oft einander näher als die Zuneigung des
Herzens. Es ließ sich aus diesem Grunde einfach und
natürlich erklären, wenn Frau von Krüdener**) einiges
Interesse für mich zeigte. Sie hätte vielleicht weniger
Anteil an meiner Fehde mit Herrn von Rivarol nehmen
sollen, die damals ganz Berlin beschäftigte und das Publikum in Parteien spaltete. Doch mir kommt es am wenigsten
zu, mich über die Wärme zu beschweren, mit welcher
sie meine Verteidigung führte. Man weiß ja, daß die
Frauen überhaupt gar zu gern an dergleichen Streitigkeiten

---

*) Valérie, ou lettres de Gustave de Linar à Erneste de
G . . ., in welchem sie ein Verhältnis schildert, das ihr selbst
teuer gewesen war.

**) Der Graf schreibt: Monsieur de Krüdener, Madame de
Krüdener. Letztere unterschreibt sich: Krüdner. Ihre Tochter
schreibt: Krüdener.

Anteil nehmen, wo der Parteigeist herrscht, und wo sie durch ihren Scharfsinn glänzen können; man weiß, wie sehr sie sich darauf verstehen, mit Hilfe der Phantasie den Faden eines Prozesses auszuspinnen und den Zwist zu verlängern.

Herr v o n   K r ü d e n e r bildete sich vermutlich ein, daß von einer gewissen Seite zu weit gegangen würde, und in dieser Einbildung geschah es, daß er selbst, ganz ohne Grund, viel zu weit ging. Wenn noch in jener Welt von sublunarischen Dingen dieser Art die Rede sein könnte, so würde er ganz gewiß längst von seinem Irrtume zurückgekommen sein.

Gleichwohl hatte das Ereignis mit R i v a r o l zur Folge, daß er in seinem Umfang mit mir eine 'Zurückhaltung an den Tag legte, die mir nicht entgehen konnte. Ich folgte seinem Beispiele und trat von meiner Seite um eben so viele Schritte zurück, als er von der seinigen. Konnte ich in meiner Lage anders verfahren? Mußte ich nicht so handeln, wie es jedem Vernünftigen zukommt, der in einem Dachstübchen*) haust und sich mit jemandem überwirft, der einen Koch hält und ein großes Haus macht?

Herr v o n   K r ü d e n e r suchte mich wieder auf, als er sah, daß ich nichts tat, mich ihm zu nähern und ihn wieder zu gewinnen; aber der Zauber war zerstört. Auf beiden Seiten fehlte es an Offenheit. Verlegenheit, Mißtrauen, Mißbehagen drängten sich zwischen uns. Er, der sonst so gern mit mir plauderte, hatte mir fast nichts mehr zu sagen. Ich hatte noch ein Ohr ihm zu leihen, aber das Herz war nicht mehr da, ihm zuzuhören und ihm zu antworten.

Ich sah ihn nur noch äußerst selten, als ihn der Tod überfiel. Gleichwohl hatte ich zu oft Gelegenheit gehabt, seine schöne Seele und seine vortrefflichen Eigenschaften kennen und schätzen zu lernen, um seinen Ver-

---

*) un grenier.

lust nicht inniger und aufrichtiger zu fühlen als so viele andere, welche mehr Ursache hatten als ich, ihn zu beweinen*).“

Aus den Familienbriefen des Grafen K a r l v o n T i l l y - B l a r u heben wir nur dasjenige hervor, was, ohne ihn und die Seinigen zu kompromittieren, in die Geschichte unseres Grafen eingreift. Schon im Jahre 1800 (am 23. Oktober) war ihm der Graf in einer augenblicklichen Verlegenheit auf die edelste Weise von Leipzig aus zu Hilfe gekommen. Ein Brief vom April 1801 aus Weimar, dessen Schluß aber nicht vor uns liegt, gibt dem Grafen Alexander den Rat, nach Paris zu reisen und dort den Bruder des Grafen Karl zu bewegen, etwas für seinen unglücklichen Bruder zu tun, ihm wenigstens gewisse Beweise und Dokumente, die er in Händen habe, zu schicken.

---

*) Herr v o n K r ü d e n e r hinterließ einen Sohn und eine Tochter, Sophie, nachherige Frau von Berkheim. Sie beantwortet in ihrem und ihres Bruders Namen das Beileidsschreiben des Grafen über den Tod ihres Vaters. Der Brief schließt mit den Worten: Vous m'annoncez une lettre pour maman; si vous voulez me l'envoyer, je la soignerai. Herr und Frau v o n K r ü d e n e r waren geschieden. Der Graf hatte die Bekanntschaft der letzteren 1801 in Leipzig und Teplitz gemacht.

Wir geben hier einen Brief der Frau v o n K r ü d e n e r an den Grafen mit diplomatischer Genauigkeit abgedruckt:

Par une Négligence de Sophie; qui voulait à toute force Se Charger d'une de mes Lettres pour Vous et y ajouter quelques mots, Vous n'avés pas reçu cette Lettre, et je vois d'ici Monsieur Le Comte, toutes Les acusations que je ne merite qu'en apparance, je me hate donc de Vous dire que Vous avés bien tort, Si Vous Osés douter des Sentimens d'affection, et du Souvenir d'une

In einem kurzen Schreiben vom 4. Februar 1802 wünscht er, durch Vermittlung des Grafen, seines Freundes (ami), vom Baron von Krüdener einen russischen Paß nach Paris zu erhalten, wo er spätestens in Monatsfrist ankommen mußte, wie ihm die Komtesse de Tilly, seine Gemahlin, schreibt, um die eheliche Verbindung seiner

---

famille qui Vous est bien dévouée. Ces demoiselles ont reçus Vos fleurs; elles S'en parent, et elles aiment à Vous devoir nouvelles graces, car elles Se rappellent fort bien que Vous Vous plaisiés a leur en accorder. Sophie devait nommément Vous remercier de touts ces charmants bouquets de toutes ces guirlandes, Mais Son Etourderie l'a decouragée. Le tems S'est passée et je me charge actuellement des remercimens, des excuses et de L,indulgence que je promets en Votre Nom.

On me défend d'ecrire, car mes Nerfs ne Sont pas badins, ne Viendrés Vous pas essaïer des Eaux d'ici qui Sont excellentes — Vous trouverés de beaux Arbres de beaux Sites, de belles Montagnes, ce qui n'ennuie jamais, Vous trouverés aussi le Prince de Ligne qui est toujours for gai†) — et puis une troupe de Seigneurs allemands avec un cortege de Ridicules qui amusent toujours, puis j'espère que Vous me trouverés et que Vous serés bien aise de me Voir, toujours bonne et franche pour mes amis, toujours en guerre Ouverte avec les Allemands aux 32 quartiers; toujours aimant ce qui est aimable, vrai, Simple — n'exigeant rien, vivant à Ma Mode, et vivant Sur une Reputation de bizarrerie fort commode; parequ'on fait ce qu'on veut, qu'on ressemble alors aux pays de montagnes qui par leur diversité n'ennuii jamais:

Il est tems de ne plus abuser de Votre Patience. Portés Vous bien, et pensés quelque fois à ceux qui Vous Sont dévouées, et desirent Vous revoir, j'ai l'honneur d'etre en attendant ce plaisir la

Toeplitz, 3. julliet 1801.

V. t. h. et t. ob. S.
Bar. de Krüdener
née de Vietinghoff.

†) Hier stand an der Stelle und ist ausgestrichen, doch noch lesbar: qui a le même privilége.

Tochter abzuschließen. Er habe schon, meldet er, durch seine Gattin die gehörige Ausfertigung der surveillance empfangen. Es ist aber aus seiner Reise ebensowenig etwas geworden, als aus der von ihm dem Grafen Alexander vorgeschlagenen, denn ein neuer Plan beschäftigt ihn 1803, wie wir aus einem Schreiben aus Karlsruhe vom 2. Februar ersehen. Er wünscht sehnlichst, in kurfürstlich bayerische Dienste zu treten; nur gibt er den Wunsch zu erkennen, daß die Anstellung ihn nicht zu sehr herabsetze. Er sei 48 Jahre alt, habe 32 Jahre mit Auszeichnung gedient, sei als Major bestimmt gewesen, in das Dragoner-Regiment Penthièvre und von da in das Gardedukorps zu treten. Die Königin habe seinen Namen eigenhändig gestrichen, um den letzteren Eintritt zu verhindern (zur Strafe wegen seines Duells mit dem Grafen Alexander). In diesem Briefe kommt unter andern eine Auseinandersetzung des Ursprungs und hohen Alters der Familie T i l l y vor und eine Vergleichung mit dem Hause v o n E r l a c h. „Will man behaupten," heißt es, „daß die Familie E r l a c h von den Königen von Burgund*) abstamme, so dürfen Sie dreist behaupten, die Familie T i l l y stamme männlicherseits von den Königen von Dänemark und weiblicherseits von den Königen von England, Herzogen von der Normandie ab**), was sich, wie mich dünkt, wohl gegeneinander aufwiegen läßt***)." Der Graf setzt hinzu: „Ich habe Urkunden und Schriften gesammelt und 300 bis 400 Folioseiten über unsern Stammbaum zusammengetragen, welche die schlagendsten Beweise enthalten. Ueberdies haben die Nachkommen des berühmten bayeri-

---

*) De la Bourgogne transjurane.
**) Letzteres ist ein Irrtum. Luce de Beauffou, welche im vierzehnten Jahrhundert einen Tilly heiratete, stammte zwar wohl von diesen Herzogen der Normandie (von einer jüngeren Linie) ab; allein ihre männlichen Nachkommen sind schon in der dritten Generation nach ihr erloschen, und die jetzigen Grafen T i l l y stammen alle von einem jüngeren Zweige dieses Hauses.
***) Ce qui, je crois, vaut bien l'autre.

schen Feldherrn, G r a f e n T i l l y, sich für unsere Verwandten erklärt, was ihnen zu keiner geringeren Ehre
gereicht als uns*)." —

Aus dem allen wird von ihm der Schluß gezogen:
„Der Kurfürst werde sich nicht weigern, einen T i l l y
ebensohoch im Dienste anzustellen, und wohl noch höher, als er es in Frankreich gewesen sei." Er erwähnt
seine sehr bedrängte Lage, sein Alter, seine Hilflosigkeit
und seinen Bruder, der Frankreich nicht verlassen habe,
und dort von hunderttausend Franken jährlicher Einkünfte lebte. — Auch einen Sohn hat er, in kaiserlich-
österreichischen Diensten, im Regimente des Fürsten v o n
L i g n e.

Der Name des Fürsten v o n L i g n e mahnt uns,
aus seiner Korrespondenz mit dem Grafen dasjenige aus-
zuheben, was die Lebensgeschichte des letzteren betrifft.
Seine Bekanntschaft mit dem Fürsten schreibt sich aus
Brüssel her**). Sie wurde in Teplitz persönlich und in
den Jahren 1804 bis 1806 schriftlich fortgesetzt. Die
Briefe des Fürsten atmen eine solche Zuneigung, Teilnahme und aufrichtige Freundschaft für den Grafen, eine
solche Hochschätzung für seine Geistesgaben, eine so
richtige Beurteilung der Eigenschaften und Fehler seines
Herzens und Wandelns, daß wir der Versuchung nur mit
Mühe widerstehen, sie, wenigstens teilweise, abdrucken zu
lassen. Die ersten sind aus Wien, die letzten aus Teplitz
und der allerletzte vom 6. Juli 1806, sämtlich nach Berlin
gerichtet. Sie enthalten wiederholte Einladungen, zum
Fürsten zu kommen. Je suis bien charmé de Vous lire***)

---

*) Et cela leur fait autant d'honneur qu'à nous.
**) Vielleicht aus Paris.
***) Der Graf hatte dem Fürsten seine Memoiren mitgeteilt.

et de croire Vous parler; j'aimerais pourtant mieux encore Vous entendre, car je Vous verrais par la même
occasion .... Quel dommage que nous soyons séparés
par une mer de sable! S'il Vous prenait une fois l'envie
d'en sortir, que ce soit pour expier dans nos eaux salu-
taires d e l i c t a j u v e n t u t i t s t u a e, et me récompenser
des sentimens que Vous m'avez inspirés. ... Der hier
gleich folgende Zusatz im Briefe ist merkwürdig und
schildert die damalige Zeitlage (Julius 1806) mit kurzen,
scharfen, treffenden Zügen. On ne sait trop à présent où
aller quand on n'aime des r u ï n e s que dans un jardin
anglais*). Aux bains, on ne sait pas où l'on est, on se
fait illusion. C'est une petite République sans Doge et
sans bonnet rouge. On y va a u x b a r r e s**), quand on
y c o u r t, mais point à l a b a r r e. On n'y a point de
gazettes usw. usw. Der humoristische Schreiber setzt die
Parallele zwischen der Badewelt und der politischen Welt
auf eine höchst sinnreiche und anmutige Weise fort.

In diesem sowie in den übrigen Briefen gibt er dem
Grafen nach vielem aufrichtig erteilten Lobe seiner Memoiren guten Rat, wie er sie am besten und vorteilhaftesten
herausgeben könne. Er wünscht, sich darüber mit ihm
zu besprechen. Si je vais à Berlin, comme je l'espère,
ou si Vous voulez venir à Teplitz, je serai Votre servante
de Molière. Depuis les Mémoires sur la Cour de Louis XIV
et un peu sur celle du Régent, il n'y a eu que des
Porteurs de chaise de Versailles, qui aient écrit. Il est
temps que le reste des beaux temps de la France soient
en bonnes mains. An einer anderen Stelle schreibt er:
Couchez-Vous à Berlin, et traversant une mer de sable,
qui ne dérangera pas Votre sommeil, levez-Vous au bout

---

*) Freilich war damals ganz Europa, bis auf England, „eine
große Ruine".
**) Ein bekanntes Badespiel, unser „Kämmerchen vermieten".
Uebrigens ist das hier angebrachte witzige Wortspiel unübersetzbar.

de deux jours à Teplitz à la fin de Juin (1806). Apportez vos manuscsrits. Je suis assez sensé pour en être le Censeur, sans être un Caton, et Votre Censeur est censé un Approbateur, car il n'y aura qu'à Vous rendre justice. — Des Fürsten Rat bezieht sich sogar auf das Finanzielle, auf den Verleger, auf den Druckort, Berlin, Leipzig, Hamburg, Weimar; vor allen empfiehlt er Walther in Dresden, der ihm (dem Fürsten) tausend Dukaten für einige Bändchen seiner Schriften gezahlt hat. Der geistreiche Verfasser nennt diese scherzhaft: „Les bêtises qui me passent par la tête, et qui, en détail, m'ont fait plus de plaisir qu'à mes lecteurs; und einige Zeilen weiter mes pauvres petits vermisseaux de société." Er ist in seinen Briefen unerschöpflich in Anekdoten vom Hofe Ludwigs XVI. Auch hier würde es uns schwer fallen, diese unseren Lesern vorzuenthalten, wenn wir es uns nicht in mehreren brieflichen Auszügen zum Gesetz gemacht hätten, nur dasjenige mitzuteilen, was den Schreiber und den Empfänger persönlich berührt*).

---

*) Nur als ein kleines Beispiel der Anekdoten folgende, weil sie Ludwig XVI. gar zu treffend charakterisiert. Madame de Cassini me dit un jour: La Reine se méfie de Mr. Necker. Il y a dix ans (1776), que faisant des rêves d'ambition, sans croire pourtant les réaliser, Necker dit à mon frère (le Marquis de Pesai): Vous serez mon enfant perdu. Je Vous ferai écrire de lettres au Roi (Vous savez le reste). Dans une de ces lettres il lui écrivit: „Sire, vous êtes dépourvu de grâce. Jetez vous d'un autre côté; que ce soit celui de l'autorité. Vous irez demain à une course de cheveaux. Vous verrez un notaire écrire le pari de Monsieur le Comte d'Artois et de Monsieur le Duc d'Orléans. Vous demanderez: quel homme c'est (le notaire). On vous le nommera; et vous direz: „En faut-il entre des Gentilshommes?" Et cela fut exécuté. C'était à Fontainebleau; et je l'ai entendu. „Quel grand mot, s'écriat-on, pour le Roi!!" — Dans une autre lettre il lui écrit: „Sire, si en sortant de Votre Cabinet par la porte de glace, Vous ne tournez pas la tête à droite, ma Correspondance cessera." Le Roi le fit. Necker fut pris usw. — Wir brechen hier ab.

Der Graf gab im Jahre 1803 bei seinem Freunde, dem damaligen Buchhändler M e t t r a in Berlin, unter dem Titel: Oeuvres mêlées du Comte Alexandre de Tilly, und mit dem Motto: Immensum gloria calcar habet, in einer zweiten vollständigeren Ausgabe, eine Sammlung von Gedichten und prosaischen Aufsätzen heraus, welche schon früher (Paris 1795) Beifall gefunden hatten und nicht ohne Wert sind. Er eignet sie der Gräfin v o n A n .... zu und erwähnt in der Zuschrift Namen und Erinnerungen, wozu er allein den Schlüssel hatte.

In eben diesem Jahre trug sich, wie er selbst es nennt, das traurigste Ereignis seines Lebens zu. Eine Dame in Berlin, die er zärtlich geliebt hatte, und die ihn noch immer über alles liebte, suchte und fand ihren Tod in den Wellen. Nicht ohne tiefes Schmerzgefühl untersuchen wir im Augenblick, wo wir im Begriff sind, diese Notizen zu schließen, ein kleines schwarz versiegelt gewesenes und entsiegeltes Pack, mit der Aufschrift von des Grafen Hand versehen: Monument de la plus grande infortune, d'un regret, d'une douleur éternels*), und finden — neben anderen Liebeszeichen und Angedenken, ein Abschiedsschreiben von der Hand seiner C l a r a, auf welches ihr Tod bald nachher folgen sollte.

„Ich erkläre Ihnen, mein lieber T i l l y, daß ich aus eigener Bewegung, mit meinem freien Willen das folgende schreibe:

„Ich schwöre, daß alles, was ich meinem geliebten T i l l y bis jetzt gesagt habe, wahr ist, daß ich ihn niemals, bei Gott, niemals betrogen, auch nur mit einem Gedanken verraten habe! Wenn dieser Schwur falsch ist, möge mich Gott auf das Schrecklichste strafen, durch den Tod, durch das Unglück meines angebeteten T i l l y. Er möge mich, wenn ich vor seinem Richterstuhl erscheine, ohne

---

*) Denkmal des größten Unglücks, einer ewigen Reue, eines ewigen Schmerzes.

Barmherzigkeit von sich stoßen; meiner Kinder Glück und Seligkeit soll hier und dort verloren sein.

Diese Schwüre gelten auch für die Zukunft, wenn ich je Sie betrüge, was nie, nie möglich sein wird, ohne Ihnen vorher zu sagen, daß ich Sie nicht mehr liebe. So treffe meinen Tilly, meine Kinder, mich alles Unglück, was ich eben von Gott erbeten habe. Sie, Tilly, können dann dieses Papier bekanntmachen und mich vor der ganzen Welt für eine Ehrlose erklären.

Noch einmal schwöre ich im Angesicht Gottes, bei Ihrem Tod, unserer Seligkeit, daß keiner der Schwüre, selbst in unbedeutenden Kleinigkeiten, die ich Ihnen bisher getan, falsch war; daß ich von heute an nie etwas gegen mich unternehmen will, was Ihnen Kummer machen kann (!), daß ich mit Fassung und Ruhe das erwarten und ertragen will, was Gott über mich verhängt hat. (?!)

Berlin, den 13. Dezember 1803.

C. E. P... née St...

N. S. Die Geschichte mit den Haaren ist mir selbst ein Rätsel; aber alle diese heiligen Schwüre gelten dafür, daß sie von keinem Manne sind, den ich kenne."

Die Unglückliche hielt nicht lange, was sie versprochen und beschworen hatte. Sie stürzte sich in die Spree.

––––––––

Seit diesem unglücklichen Vorfall verfolgte die rächende Nemesis den Grafen. Seine Achtung und sein Kredit sanken in Berlin. Seine Schulden vermehrten sich. Seine Gläubiger drängten ihn. Die Versuche und Unterhandlungen, wieder in sein Vaterland zu kommen, nahmen im Frühjahr 1806 ihren Anfang und blieben das ganze Jahr über ohne Erfolg. Im Frühjahr 1807 (nach dem

30. April) verließ er Berlin, brach alle dortigen Verhältnisse ab und verschwand.

Hier hören unsere Nachrichten auf und wir verlieren
die Spur des Grafen, insofern er selbst sie uns vorgezeichnet hat.

Als Ergänzung, doch ohne die Richtigkeit zu verbürgen, geben wir den Artikel über den Grafen Tilly
aus der Biographie Universelle, T. XLVI, p. 67 et suiv.
von M i c h a u d dem Jüngern.

„Der Graf Alexander von Tilly, geboren 1754*) in
der Normandie**), stammte von einer uralten Familie ab,
widmete sich schon in früher Jugend den Waffen und
zeigte sich von Anfang an der Revolution abgeneigt. 1790
und 1791 rückte er in den Actes des Apôtres und in der
Feuille du jour Aufsätze ein, welche sich durch eine
kräftige Schreibart und die Wärme, womit er seine Meinungen verficht, auszeichnen. Im Jahre 1792 zeigte er
in der Verteidigung Ludwigs XVI. viel Entschlossenheit
und hatte den Mut, am 27. Juli desselben Jahres ein langes
merkwürdiges Schreiben an den Monarchen zu richten,
worin er ihm mit großer Freimütigkeit Rat erteilt und
ihn vor den bevorstehenden Gefahren zu warnen keinen
Anstand nimmt. Dieses Schreiben machte der Verfasser
selbst 1792 in Paris***) und 1794 in Berlin bekannt. Es
befindet sich ebenfalls im XI. Teile von Bertrand von
Mollevilles Geschichte der Revolution. Man weiß nicht, ob
das Schreiben, welches der Graf Tilly dem Könige zu
übersenden gewagt hatte, gut aufgenommen worden ist;
nur so viel weiß man, daß der Monarch den weisen und

---

*) Muß heißen 1764 oder 1765.
**) Muß heißen Le Mans.
***) Muß heißen L o n d o n. (1803 in Berlin.)

herzhaften Rat des Grafen nicht befolgt hat. Nach dem 10. August sah sich dieser in die Notwendigkeit versetzt, Frankreich zu verlassen. Er ging nach England, ließ sich dann späterhin in Berlin nieder*) und kam 1814, nach der Restauration der Bourbons, nach Frankreich zurück, folgte ihnen bei ihrer zweiten Entfernung nach und nahm sich das Leben, den 23. Dezember 1816 in Brüssel**). In einer Note seiner Epistel an C h a m f o r t (1785) verdammt er den Selbstmord***). — Man hat von ihm: 1. Oeuvres mêlées, Paris 1785, 8⁰, 160 S. Berlin 1803, 8⁰, 214 S. 2. Lettre à Monsieur Philippe d'Orléans (Londres) 1790, ohne Namen, ½ Bogen, mit einer anderen Broschüre: A moi Philippe! verbunden. Es ist zweifelhaft, ob beide vom Grafen sind. — 3. Sechs Romanzen, von Garrat in Musik gesetzt 1792. 4. An Herrn von Condorcet, Mitglied der Nationalversammlung. London, 5. November 1792. 5. De la Révolution française à Londres 1794. 8⁰. Das so allgemein bekannte Distichon auf Ludwig XVI.

Il ne sut que mourir, aimer et pardonner.

S'il avait su punir, il aurait su régner†).
ist vom Grafen T i l l y.

E n d e.

---

*) Vom Aufenthalt in Nordamerika schweigt die Biographie.

**) Sein Tod wird auf verschiedene Weise erzählt und ist f r ü h e r erfolgt.

***) Un coup de pistolet, n'est-ce pas de la belle et bonne P h i l o s o p h i e? Messieurs de la Secte, un suicide n'est-ce pas un membre distungué de votre secte? (C h a m f o r t und T i l l y haben sich beide das Leben genommen.)

†) In diesem Distichon, von der eigenen Hand des Grafen geschrieben, heißt es: Il auarit dû régner, was einen viel besseren Sinn hat.

Louis Marcus Verlagsbuchhandlung in Berlin SW. 61
Tempelhofer Ufer 7.

Das Sexualleben unserer Zeit

in seinen Beziehungen zur modernen Kultur.

Von

Dr. med. Iwan Bloch,

Spezialarzt für Sexualleiden in Berlin-Charlottenburg
: Verfasser von „Ursprung der Syphilis" usw. usw. ::

Sechzigstes Tausend.

Siebente bis neunte vermehrte Auflage.

Lexikonformat 882 Seiten stark.

Preis broschiert Mark 8,—, Gebunden Mark 9,50.

... Ein Fundamentalwerk, dem keine Literatur etwas Aehnliches an die Seite stellen kann.
        Professor Dr. Petermann, Dresden.
   Das vollständigste Werk über das menschliche Geschlechtsleben.

Louis Marcus Verlagsbuchhandlung in Berlin SW. 61
Tempelhofer Ufer 7.

Die Prostitution

Von

Dr. med. Iwan Bloch

Spezialarzt für Sexualleiden in Berlin-Charlottenburg

Verfasser von

„Das Sexualleben unserer Zeit"

„Ursprung der Syphilis"

etc. etc.

Mit einem Namen-, Länder-,
Orts. und Sachregister.

**Zwei Bände in Lexikonformat im Umfange
von mehr als 1800 Seiten.**

Preis broschiert à Mk. 10.—, eleg. geb. à Mk. 12,—.

Vor uns liegt ein Werk von dem bekannten Forscher auf dem Gebiete der Sexualwissenschaft Dr. Iwan Bloch: „Die Prostitution". Rühmlich reiht sich dieses neue Werk den schon erschienenen an: „Das Sexualleben unserer Zeit" u. a. m. Was jedoch der Verfasser durch diese neue geschichtliche und soziale Untersuchung bis zum Ende des Mittelalters bietet, gewährt uns Einblicke in das Menschenleben, das oft zum Grauen und Schaudern führt, ja uns allen Bemühungen gegenüber, die Menschheit zum Höhern zu bringen, hoffnungslos werden lassen könnte, wenn wir nicht wüssten, dass neben diesen Sümpfen und Niederungen auch das Grosse und Edle stets vorhanden gewesen ist.

Das Buch zur Hand nehmen, um es nicht wieder zurückzulegen, bevor es beendet ist, dürfte für alle diejenigen massgebend sein, die in der Lösung der sexuellen Frage im allgemeinen, in der Prostitutionsfrage im besonderen den Kernpunkt zu einer höheren und freieren Gestaltung der Menschheit sehen.

Louis Marcus Verlagsbuchhandlung in Berlin SW. 61
Tempelhofer Ufer 7.

Die

Homosexualität

des Mannes und des Weibes

Von

Dr. Magnus Hirschfeld

Arzt für nervöse und psychische Erkrankungen, Dozent an der
Freien Hochschule in Berlin.

Lexikonformat.   ca. 1000 Seiten stark.

Preis broschiert Mk. 10.—, eleg. geb. Mk. 12.—.

Der Verfasser, anerkannt in Fachkreisen als die erste
wissenschaftliche Autorität auf diesem Gebiet, als gerichtlicher
Sachverständiger fast in allen größten Prozessen zugelassen,
die sich auf dem Gebiete der Homosexualität in den letzten
Jahren abgespielt haben, bringt hier zum ersten Mal die **Ge-
samt-Ergebnisse seiner Forschungen und der reichen
Erfahrungen**, die er im Laufe von **20 Jahren** an mehr als
10 000 homosexuellen Männern und Frauen sammeln
konnte.

Druck von Ferdinand Heyl in Egeln.